中国高等教育学会秘书学专业委员会专家审定
21 世纪高等院校秘书学专业系列教材
总主编　杨　锋　张同钦

秘书文档管理（第三版）

主　编　陈祖芬
副主编　贺　军　范明辉　任　越
编　委（以姓氏笔画为序）
邓海涛　左福生　任　越　李　军
谷文波　张艳红　陈祖芬　范明辉
贺　军　谢诗艺

中国人民大学出版社
·北京·

总　序

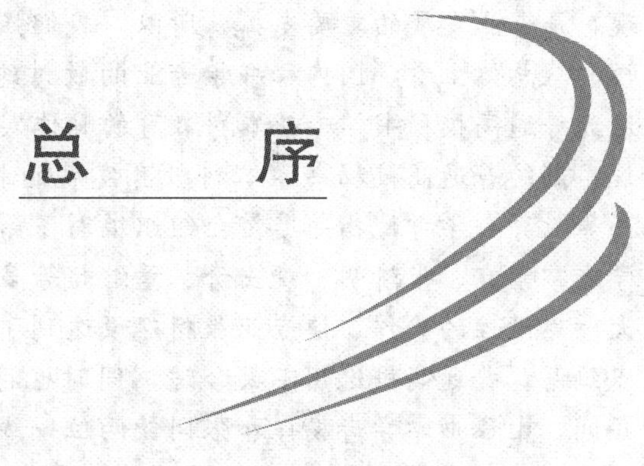

鉴于秘书学专业人才培养宏观政策的变化，以及这套“21世纪高等院校秘书学专业系列教材”扩容的需要，借2011年版部分教材修订之机，我们对系列教材的“总序”作了适当调整。

进入新世纪以来，国际国内形势日益发生着迅速而深刻的变化。随着我国经济体制改革的不断深入，随着社会主义民主政治建设的推进和依法治国方略的实施，随着科学技术特别是信息技术的快速发展，各级各类社会组织的管理理念和管理方式也在不断改进和发展。

秘书工作隶属于领导工作，秉承领导意图、围绕领导工作的需要而开展，以提高社会组织整体管理效率为目的。秘书工作是各级各类社会组织管理系统中重要的辅助系统，是完整的管理系统中不可或缺的有机组成部分。在前述背景下，对各社会组织负有参谋助手职能的秘书机构和秘书人员，必将面临更多新的课题、更加紧迫的任务和更为严峻的挑战。这对我国高等教育秘书学专业建设与发展提出了更新、更高的期望和要求。

20世纪80年代初，我国高等院校开始了成批培养现代秘书的专业教育。迄今为止，秘书专业教育在培养规模上有了长足的发展，但在培养层次上存在着明显不足。我们认为，目前我国在大力发展秘书职业教育的同时，应积极推进秘书学专业本科教育的规范和发展。2012年9月14日，教育部印发的《普通高等学校本科专业目录（2012年）》，正式把“秘书学”（专业代码：050107T）纳入其中。一方面，阶段性地规范了本专业的归属门类和授予学位；另一方面，作为特设专业，也为各地高校根据自身发展状况办好专业预留了空间。自此，结束了秘书学挂靠在公共管理类、汉语言文学类专业之下的被动局面，开启了学科发展与人才培养的新纪元。

教材是教学内容的知识载体，是教学活动的基本工具；教材建设是教学改革的重要体现，是专业发展的重要支撑。所以，我们强调好的教材起码应具有现代性、先进性、代表性。从总体上看，国内秘书学专业的教材建设近十几年来处在一个高速发展的过程之中，这为普通高校秘书学专业本科教育的具体实施提供了十分重要的保障。但从严格意义上来说，制约普通高校秘书学本科教育发展的教材问题此前长期存在。2000 年前后，由全国高等教育自学考试指导委员会组织编写了第一套全国统编秘书学本科教材，秘书学界前辈学者常崇宜、张清明、饶士奇、董继超等多位教授为秘书学学科体系建设和课程规范做了大量建设性的工作，使专业教材建设达到了一个新的高度。但这套教材系结合自学考试特点编写，普通高校选用不太合适，同时也存在教材选用制度方面的限制。2004 年至 2006 年间，由秘书学学者杨锋和张同钦两位一线专业负责人牵头，组织全国开设秘书学本科专业多年的八九所院校，历时三年，编写了“现代秘书学系列教材”（暨南大学出版社出版）。该系列教材对秘书学科的贡献有：一是第一次打破了同类教材编写各自为战或小范围区域合作的局面。二是通过编写教材，规范了秘书学专业课程体系和专业体系，明确了秘书学专业核心课程，第一次从根本上解决了秘书学专业体系混乱的问题。在学科理论建设和课程规范方面，较好地解决了秘书学基础理论对秘书实务的引领以及二者作为各自独立的教材的剥离的问题；同时基于秘书工作中文书档案工作前后密切关联的实际，基于文档管理一体化的理念，在课程设计上解决了秘书文档管理与秘书实用写作相对独立的问题。三是这套教材作为当时唯一系列性的普通高等院校秘书学本科教材，在 2011 年秘书学申报本科专业时发挥了重要作用。从教材的使用范围和大量的信息反馈来看，该系列教材赢得了同行专家尤其是一线教师的广泛赞誉。

为适应高等教育秘书学本科专业发展需要，适应社会对秘书人才的要求，2011 年，我们对暨大版教材作了修订和升级，由中国人民大学出版社出版了“21 世纪高等院校秘书学专业系列教材”，先期出版了《秘书学概论》《秘书实务》《秘书实用写作》《秘书文档管理》和《秘书礼仪》。参与该系列教材编写的专家学者来自广州大学、河南财经政法大学、陕西师范大学、上海大学、广东外语外贸大学、莆田学院（福建）、华北科技学院、重庆师范大学、广西财经学院、内蒙古财经大学等（排名不分先后）。此外，延安大学的姚怀山、绍兴文理学院的何宝梅等秘书学学者为这套教材的编写提供了重要的意见和建议。

2013 年暑期，我们策划和研讨了《会议管理》《中国秘书史》等核心课程教材的编写方案，这几本教材随后陆续出版。

从 2004 年深圳小梅沙全国秘书学年会上的发起到行动，至今历时已经十年，我们始终在为建设和完善秘书学本科专业教育而不懈努力，忠诚地做秘书学学科的守望者。在这套教材的编写上，我们始终精益求精，并坚守三点：

一是注重参与院校的专业办学历史。上述十余所院校大都有长期开办秘书学专业的历史，像陕西师范大学、广州大学、河南财经政法大学等院校，专业办学历史都在 20 年到 30 年，上海大学还是国内开办秘书类专业的先行者。

二是注重参编者的专业教学经历和前期科研成果的积累。

三是注重吸纳近年来国内秘书学学科研究的最新成果，强调使用有关秘书工作最新的法律法规，强调理论阐述与秘书工作实践的结合，强调课程体系意识。

这套教材的编写与出版是秘书学专业领域一次重要的探索，是秘书学界的一次成功的合作。当然，由于水平所限，不足之处敬请同行专家和广大读者批评指正。

最后，衷心期望秘书学百花园繁花似锦，拥有更加美好的明天！

编委会
2014 年元月

第三版修订说明

《秘书文档管理》自前两版出版以来，深受广大读者欢迎。第二版还被评为福建省本科优秀特色教材。为了更好地服务广大读者，适应档案工作的新变化，我们在中国人民大学出版社的大力支持下，启动了本书第三版的修订工作。本次修订保留了原有的知识体系，根据相关行业新规的变化和秘书工作形势的发展，对部分章节做了大的调整。如第三章融入了2015版《归档文件整理规则》的内容；第六章重点讲解"互联网+"档案服务和"两微一端"；第七章新增"大数据时代的电子文件管理"；第八章把"磁记录档案管理"换成"数码照片档案管理"；第九章融入了2015版《会计档案管理办法》和2018版《干部人事档案工作条例》的内容，等等。

第三版的修订人员也有所变化，特说明如下：陈祖芬负责全书审稿统稿并修订前言、第一章以及附录，范明辉负责修订第二章，贺军负责修订第三章和第四章，邓海涛负责修订第五章，任越负责修订第六章，谢诗艺负责修订第七章，谷文波负责修订第八章，李军、陈祖芬负责修订第九章。

在本书的修订过程中，中国人民大学出版社的刘静同志付出了辛勤劳动，在此对他表示感谢。尽管我们在修订过程中努力做到认真负责，但仍可能有错漏之处，敬请读者斧正！

编者

2019年1月20日

前 言

文书与档案是对人类各种社会活动的重要记录，对各类组织的正常运转起着至关重要的作用，也是秘书人员重要的工作对象，文书工作和档案工作相应地就成为秘书人员的重要职责。

在我国早期的秘书专业课程体系中，“文书学”和“档案管理学”是单独设置的。当时，文书学既是一门应用性的学科，也是秘书专业的一门课程，主要以文书现象和文书工作规律为研究对象，其中发文办理中的草拟环节涉及文书写作，文书写作类课程又是秘书专业重要的必修课，因此，各校都把文书写作课从文书学中剥离出来，这样文书学的授课内容就会相对减少。档案管理学则是以档案管理活动为研究对象的学科，原本是档案学中最基本的学科[①]，当作为一门课程被列入秘书专业课程体系后，就显得涉及面过大，尤其是其中关于档案馆工作的内容对于秘书专业学生来说不免有些多余。

在这种情况下，高校秘书学界开始进行课程改革。由于意识到文书与档案的密切关系，学界试图将文书学与档案管理学合并为一门课程。从学科的角度来看，长期以来秘书学界对秘书学和文书学、档案学、档案管理学的相互关系，一直没有定论：有的学者认为它们是并列关系，有的学者认为它们之间有包含关系，有的学者认为它们之间有交叉关系。随着社会的发展和秘书、文书、档案工作的发展，这一问题仍有继续讨论的空间。然而，从课程的角度来看，学者们的观点则是基本一致的，将文书学与档案管理学合为一体设置课程已成为大多数院校秘书专业的通行做法。于是，一门专门针对秘书专业开设的文书档案管理类课程不仅诞生了，还成为我国各院校本、专科秘书专业必修的核心课程。各校都根据自己的理解为其命名：有的高校称“文书档案学”，有的高校称“文书与档案管理”，有的高校称“文档管理”，有的高校还把资料工作或信息工作纳入其中，称“资料与文书档案管理”或“信息、文书与档案管理”。这些做法既体现了秘书专业培养目标的要求，又体现了秘书专业自身的特点和办学特色，还体现了现代教学精简优化、课程规格小型化的趋向。总之，“秘书文档管理”已经成为秘书专业课程体系的重要组成部分。

在这种背景下，适应秘书专业教学需要的高职高专层次的教材层出不穷。其中不乏上乘之作，突出了高职高专理论教学的“必需”“够用”原则要求，强调了技能学习。然而，遗憾的是，市面上专门针对本科层次秘书专业的文书、档案管理类教材却不多见。本教材就是在这样的情况下产生的。已有的同类教材大多名曰“文书档案管理”“文书与档案管理”“文书工作与档案工作”或“秘书文档管理”。为了强调秘书专业特点，本教材沿用了通行的名称——“秘书文档管理”，遵守了本专业默认的规则。

本教材的编写者都是长期承担本科层次秘书专业文书档案教学与科研的中青年骨干教师，既有秘书专业视野，又有文书、档案专业功底，还了解新一代学生的特点。因此，本

---

① 胡鸿杰．化腐朽为神奇——中国档案学评析．上海：上海世界图书出版公司，2010：85.

教材的写作内容、写作规范、写作风格均有可圈可点之处。教材除了涵盖对文书、档案管理理论与技能的基本要求之外，还将在启发思考和拓展能力方面有所突破，并做到既实用活泼又启迪思维。与同类教材相比，本教材的主要优点如下：

一是内容更有针对性。本教材专门针对秘书专业学生而编，仅选取一线秘书人员最常用的知识点和能力点展开。本教材主要从党政机关、企事业单位办公室或档案室的角度进行指导，尽量省略档案馆档案管理内容。

二是结构更加合理。本教材的结构更多地体现了秘书的文档工作，并做到循序渐进，强调从秘书人员的角度讲授文书档案管理知识技能，总体上按文书档案管理的流程组织章节内容，实现了文书工作与档案管理的无缝衔接，避免了以往同类教材中专属秘书工作职责的文档工作任务不够突出，文书工作与档案管理的内容要么完全按上、下编剥离，要么生硬地衔接在一起等问题。本教材将使读者更容易理清思路，能更有效地指导工作。

三是内容更为实用。教材中融入了大量秘书工作的最新实践成果。本教材的案例都是从秘书工作第一线得来的，有不少原创性的案例，意在增强读者的实践意识。

四是形式更为活泼。本教材借鉴国内外教材的最新表现形式，克服传统教材形式呆板的缺点，通过穿插“关键词点击”“小贴士”“知识链接”“案例”“想一想”“拓展阅读”等活泼实用的信息标签吸引读者。希望本教材所营造的轻松愉快的氛围能感染读者。

五是问题更具启发性。本教材主要针对秘书专业本科生，要求学生在掌握基本技能的前提下，能对一些重要问题进行思考。书中的“想一想”和“拓展阅读”等板块均是这一精神的体现。

六是语言更为规范。秘书文档管理工作需要从业人员有较高的文字能力，本教材的编写者在行文中将率先示范，力求做到语言规范、无误。

本教材主要讲授文书、档案现象以及文书档案工作的规律，重点在于解决如何实现科学的文档管理以更好地服务于各级各类组织这一问题。今天秘书工作中所涉及的文档管理活动与各种各样的信息管理活动一样，在组织中起着前所未有的重要作用。文书与档案在以前分离的基础上又开始出现融合的趋势。文件生命周期理论有了新的发展，文件连续体理论大行其道，后保管时代已经到来。这门课程的学科交叉视角越发凸显，需要传授的新理念和新知识也越来越多。本教材的编写理念和思路是：基于现代秘书工作环境，在对文档管理工作进行概述的前提下，全面阐释文书档案工作的工作流程，实现文档管理的无缝衔接；然后，就当前文档管理工作中的新问题进行专门探讨；考虑到不少企业秘书身兼数职，本教材也将同时探讨少数常用的专门档案的特殊管理问题。有些问题，学界存在着许多不同的学术观点与争论，本书作为教材，将不对这些展开叙述，尽量提供成熟、客观和中肯的知识内容。

本教材主要面向秘书、档案专业本科生，也可作为广大高职高专学生、秘书及档案工作人员的参考书，还可以作为秘书岗前培训教材。在使用本教材时，编者有两点建议：一是任课老师可以在保持知识体系完整的同时，考虑秘书专业学生系统学习及实训的需要，并兼顾学有余力的学生的后续自学需要。各校可以根据教学时间和实际需要进行详略取舍，例如第八章和第九章就可以作为选讲章节。二是普通秘书人员既可以将本教材作为工作指导用书，又可以对本教材中未尽的问题提出进一步的见解，并与我们交流。

本书编写者的分工如下：陈祖芬负责全书章节、体例设计及审稿和统稿工作，并负责了前言、第一章、附录的编写和部分章节内容的充实，范明辉参与了本书的策划并负责编写第二章和部分审稿工作，贺军负责编写第三章、第四章和部分审稿工作，邓海涛负责编写第五章，任越负责编写第六章和部分审稿工作，张艳红负责编写第七章，谷文波负责编写第八章，左福生负责编写第九章。

在撰写过程中，我们参考借鉴了同行的研究成果和文献资料，走访了一线文书、档案管理人员；中国人民大学出版社的策划编辑翟江虹、黄海飞和责任编辑徐德霞为编审本书付出了辛勤劳动。在此对他们表示感谢。

尽管编写者尽己所能、负责任地完成了本书的编写，但受水平所限，教材中仍错漏难免，观点有时也不免带有主观色彩，恳请读者批评指正，以便我们进一步修订完善。我们期待您的反馈与建议。

主编电子邮箱：sea-stone89@163. com。

陈祖芬

2014 年 5 月

目　录

第一章
文档与文档工作概述

【学习目标】

掌握文书的概念、作用与种类；辨明文书的稿本；了解文书工作的组织形式、文书工作的领导体制、文书工作的原则；掌握档案的概念，档案的价值、作用与种类，档案工作的含义，档案工作的基本原则、档案事业管理体制、档案工作机构；明确文书与档案的关系、文书工作与档案工作的关系。

【关键词点击】

文书　公文　文件　定稿　正本　副本　文书工作　档案　档案工作的基本原则　档案事业管理体制　档案室

文字的出现使人类通过文字来记录各种社会活动成为可能。人们为了提高工作效率，开始使用各种文书实现对公私事务的管理或处理；事情处理结束后，人们还希望能为活动留下记忆，就把这些文书作为重要的历史记忆归档保存，以备后用。人们也将用这些档案资古鉴今、开创未来。这就是文档及文档工作最基本的作用和工作流程。随着时代的发展，文档工作开始专门化，成为一名秘书人员的重要职责。那么，从现在开始，就让我们以秘书人员的身份去了解和掌握文档及文档工作的基本知识，为后续的课程打下良好的基础。

第一节　文书与文书工作

一、文书的概念

文书是人类在社会实践中为适应管理需要而选择的管理工具之一，文字的出现是文书出现的前提条件，而国家治理的需要是文件由信息记载工具向管理工具转变的重要条件。①

（一）“文书”一词的由来与演化

人类社会自从有文字以来，就产生了文书，而“文书”“公文”“文件”等词语则出现得相对较晚，但距今也有2 000多年了。西汉著名史学家、文学家司马迁在其所著的《史记》中，曾多次提到“文书”一词。《史记·酷吏列传》写道：“数从中文书事有可以伤汤者，不能为地。”

在我国古代，“文书”一词有四种含义。第一种是指诗书古籍，包括古代的一切书籍，如《尚书》《论语》《春秋》等，统称为文书。司马迁的《史记·秦始皇本纪》中说秦始皇“禁文书而酷刑法”，这里的“文书”显然是指秦始皇焚书坑儒当中的一切书籍。第二种是指公文案卷。东汉班固的《汉书·刑法志》中说“文书盈于几阁，典者不能遍睹”，这里的“文书”是指封建朝廷的公文及有关刑事、法律的案卷，这个概念与今天所说的“文书”大体相近。第三种是指一种契约形式。白居易《卖炭翁》诗云“手把文书口称敕，回车叱牛牵向北”，这里的“文书”是指条据契约。第四种是指文章与书法的合称。宋代诗人张潞曾有诗云：“两朝功罪乾坤定，二子文书日月光。”这里的“二子文书”是指唐代元结撰稿、大书法家颜真卿书写的《中兴颂》，那么，“文”即指元结撰写的文章，“书”就是颜真卿书写的书法了。这是一种特殊的简化性组合，不属于通常使用的文书概念。

在“文书”一词的基础上，我国古代还出现了与“文书”相关的“公文”“文件”等词语。《后汉书·刘陶传》有“但更相告语，莫肯公文”的记载，说明这时开始出现了“公文”一词。“文件”一词最早见于清末《内阁属官官制》“掌本阁公牍文件”的记载。

到了现代，“文书”一词演进成两种含义。第一种是指物，即指人们在社会实践中为了记载、凭证、公布和传递的需要，以文字形式在一定书写材料上表达思想意图的一种书面记录。第二种是指人，是对各级各类组织中管理文字材料的工作人员的特定称谓。如有些单位设有“文书”一职，通常将任职者称作“某某文书”，这是由文书的本义衍生而来的。前者是文书的一般含义，是社会上通用的普遍的概念；后者只是特殊的含义，在特定的范畴中运用。本教材取前者之义。文书包括私人文书和公务文书。私人文书指个人或家庭在生活中形成和使用的文书，如稿件、日记、证书等；公务文书，又简称公文，是指国

① 倪丽娟．文书学．北京：高等教育出版社，2010：14.

家机关、企事业单位、社会团体在公务活动中形成的具有法定效力和规范体式的文字材料，是贯彻政策、发布法规、商洽工作、汇报情况、交流经验的重要工具。

拓展阅读

小识古代公文

我国奴隶社会和封建社会绵延四千余年，政府公文不仅数量巨大，而且形式丰富多样。

从公文制成的材料看，殷商王朝的卜辞刻在龟甲兽骨上，商周的铭文铸刻在青铜器上，秦汉时使用最多的是竹简和缣帛，东汉以后有了纸张，公文书写材料逐渐用纸张替代。一些特殊的文书还用金、铁制成，如武则天祭嵩山的金简文书，宋、明颁发给勋贵的铁券诰命等。

从书写公文的文字看，唐宋以后楷书是公文书写的主要形式。有些公文对文字有特别的要求，如一般用于封赠的公文以篆书书写，用于罢免大臣的公文以隶书书写。有些朝代还规定不得用行书、草书书写国家正式公文。

至于公文的种类更是名目繁多，主要有：

典、谟、训、诰、誓、命。它们是保存在《尚书》里的我国上古时期的公文名称。典指国家的法典、法规；谟是谋的意思，指规划一类的文书；训是训示、训令；诰是告示、布告；誓是誓言、誓词，相当于后来的檄文；命是常见的命令文书。

制、诏、策（册）、戒、敕、旨、谕。它们是封建皇帝在政务活动中颁发的各种公文的名称。制书是皇帝颁布重大制度时所用的文书；诏书多用于对官僚的训示、答复臣僚的上奏、皇帝即位的布告；策书是用于封赠或罢免大臣的命令性文书；戒书是皇帝对臣下进行训诫所用的文书；日常政务活动中所用的命令性文书称敕书，即民间所称的“圣旨”，明代则称敕谕。

奏、章、表、议。它们是文武百官向皇帝上奏的文书形式。奏是封建时代官僚向皇帝言事的主要公文形式；章多用于庆典时向皇帝致歌，官员就任新职，依例须撰写谢章感恩，同类的公文还有表、笺；议是臣僚向皇帝表达不同意见的文书。

启、移、谘、关、札、状、檄、露布。它们是政府衙署相互往来或个人与官署交往的文书。启是官府往来的书信或下级给上级个人的书信；移是同级衙署互相送达的文书；谘是两个衙署相互商量事情的文书；关是此衙署通知彼衙署有关事情的文书；札是上级官员给属员的文书；状是百姓向官府申诉的文书；檄与露布是指军事行动中的讨伐性文书。

我国古代各种不同类型和名称的文书之间有着继承和沿革的关系，文书种类繁多，反映了国家政治事务的复杂多样。①

（二）文书、公文、文件含义的联系与区别

同“文书”这个概念相联系并经常交错使用的还有“公文”“文件”两个概念。

① 我国古代公文种类．语文报（大学人文版），2009（1）．

文书和公文、文件三者的相同点是：在内容上都反映社会活动，在文字表达上都具有一定的体式。它们的区别则主要源于词语的产生历史与约定俗成的使用惯例。

它们之间的明显的不同有：

“文书”是包括文件、公务文书和私人文书在内的各种文字材料的总称，是个集合体，而不是指个别的、具体的文字材料。因此，一般称“文书材料”“文书档案”，而不习惯称“这份文书”。

“公文”，即公务文书，是文书中的一大类别，是文书中除私人文书之外的所有文字材料的通称。因此，“公文”的概念外延比“文书”窄。

“文件”的含义则更为复杂。“文件”一词在我国出现较晚。清朝末期，外交文书不断提到“往来文件”“交涉文件”；民国时期，文件的叫法才开始普及。《公文大辞典》中对文件的界定有三种：一是通常所说的文件，专指各级党政机关、社会团体、部队、企事业单位制发的具有固定格式和版头的正式公文。如命令、指令、指示、决议等，即公务文书，简称公文。根据文头中的文件名称是否套用红色，通常称为“红头文件”“白头文件”。“红头文件”比较庄重，有权威性，如中共中央文件、国务院文件。二是泛指一切由法人制作，受法律承认和保护，具有凭证作用的文书。如私人契约、遗嘱也可称为“私人文件”。三是由一个团体、机构、组织或个人在履行其法律义务时，或在各种具体事务活动中，形成或收到和保管的各种载体形式的记录信息，包括各种文书、图表、图纸、照片、影片、录音、录像等，不但有文字材料，还包括非文字材料。① 文件管理国际标准ISO15489（2001年）将文件界定为“机构或个人在履行其法定义务或业务事务活动过程中形成、收到并保管的作为证据和信息的记录”②。

至于那些信函、会议记录等文字材料，一般不称为文件，多称公文或文书。在日常工作中，“文书”一词常与“文件”“公文”通用。人们习惯把历史上形成的文件称为“文书”，而当代形成的一般称为“文件”，如“电子文件”。从某种意义上说，图1-1可以反映三者的关系。

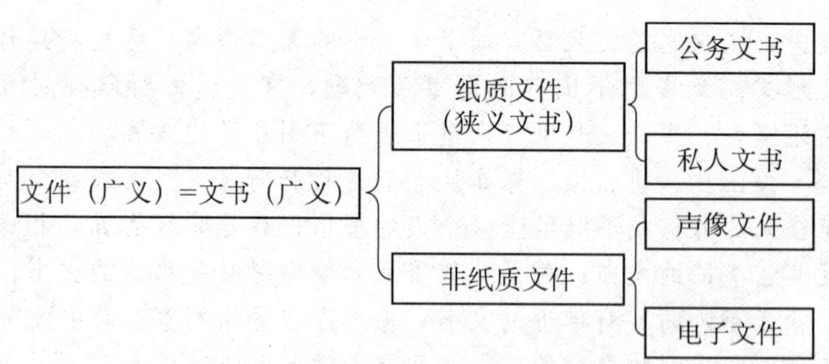

图1-1　文书、公文、文件的关系

（资料来源：汪溢，张桂杰．秘书文档管理．大连：大连理工大学出版社，2008：5.）

① 刘运国，梁式朋．公文大辞典．成都：电子科技大学出版社，1992：9.

② 文件管理国际标准ISO15489．安小米，焦红艳，译．城建档案，2012（2）.

想一想

以下称谓哪些符合人们的使用惯例，哪些不符合？

“历史文书”“中央文书”“省委文书”“中央一号文件”“上报公文”

二、文书的作用

这里主要探讨公务文书的作用。文书历来是社会正常运转所不可缺少的工具。总体来讲，文书是一种管理工具，它可对公务活动进行有效组织和控制管理。具体而言，其作用主要有以下几个方面。

（一）指导作用

上级机关需要通过制发公务文书来传达党和国家的各项路线、方针、政策，传达各级领导机关及本机关的意见和决策，对下级机关的工作进行具体的部署和指导。这些文书有的带有一定的指令性，必须坚决照办；有的则仅为基本原则的指导，有一定的灵活性。这种作用不仅体现在国家各级行政机关之间，也体现在其他社会组织内部以及某些相关联的社会组织之间。

（二）规范作用

国家行政机关公务文书是国家行政管理的工具。国家在对社会行为进行规范时，要以法律法规的形式体现。各种法律法规都是以公务文书的形式制定和发布的，这些法规性文件一经发布，便成为人们的社会行为规范，人们必须坚决遵照执行。

（三）联系作用

各类社会组织之间、社会组织和个人之间，经常需要进行往来和沟通。如：向上级领导机关请示事项、报告工作、报送各种报表材料，向下级机关通报情况、布置工作，向平行机关商洽事宜和联系工作等。文书的联系、沟通作用，比面谈、电话、电报等具有更多优越性，当今社会无论现代通信事业怎样发达，文书作为机关单位之间联系、沟通的一种重要工具，总是不可缺少的。

（四）记载凭证作用

有一些文书，如纪要、会议记录、大事记、电话记录、各种登记等，主要是把有关公务活动的内容记载下来，其作用主要表现为记载作用；还有一些文书，如合同、协议、契约、介绍信、证明信以及各种证书等，主要用来证实彼此许诺承担的责任和义务，或者用以证明团体和个人的身份、资格以及赋予的工作任务等，其作用主要表现为凭证作用。这两类文书的记载凭证作用是主要的，其他的作用则是次要的、从属的。

以上几方面是文书的一般作用，并不是某份具体的文件或公文都具有这些作用，它们可能涉及其中一两个方面或几个方面。在所涉及的各方面作用当中，有的是主导的，有的则是次要的。正确认识文书的作用，有助于更加自觉、有效地制发文书。

三、文书的种类

为适应各种管理需求，形成了不同种类的文书。文书的种类繁杂，区分不同的文书种类，有助于准确、恰当地使用文书，把握不同种类文书的撰写、处理和处置要求，使管理工作更为高效。按照不同的分类标准，可以把文书（下文根据日常习惯采用“文件”一词表示文书）分为不同的种类。

按照文件载体的不同，可以把文件划分为纸质文件、感光介质文件、磁介质文件以及电子文件等；按照内容性质的不同，可以把文件划分为规范类文件、领导指导类文件、报请类文件、知照类文件、契约类文件和会议文件等；按照文件内容涉密程度的不同，可以把文件划分为绝密、机密、秘密、内部、限国内公开和对外公开等不同等级；按照行文方向的不同，可以把文件划分为上行文、平行文和下行文；按照文件处理时限的不同，可以把文件划分为平件、急件和特急件；按照文件来源的不同，可以把文件划分为收文、发文和内部文件；按照文件处理方式的不同，可以把文件划分为阅知件（阅件）和阅办件（办件）；按照文件形成者和使用范围的不同，可以把文件划分为公务文件和私人文件。

除了以上几种划分标准外，文件还可以按照其他标准作有意义的分类，文件的使用对象可以根据自己工作的需要作必要的分类。

知识链接1-1 私人文书可以视为公文的三种情况

大千世界纷繁复杂，有些文书难以截然分清公私。一般来说，三类私人文书可以视为公文：一是领导人个人署名的信件；二是一般工作人员以公务身份制作的信件，如学校老师给学生或家长的信件、出版社编辑给书稿作者的信件，通常是前者代表校方或社方对后者的要求或许诺；三是私人之间的条据，因其在诉讼中可以起到证据作用，所以亦可视为公文。

［资料来源：陈天恩．公文是什么文章．新闻与写作，2006（2）．］

四、文书的稿本

文书的稿本是文书的文稿和文本的总称。文书在草拟、修改、审核、签发和印制的过程中，会产生不同的稿本。主要包括以下几种。

（一）草稿

草稿是文件撰写过程中形成的原始文稿，它的内容和文字表述尚未成熟，只供讨论、修改、审批之用，不具备正式公文的效用，一般标记有“讨论稿”“草案”“初稿”“征求意见稿”等字样。草稿一般不必归档保存，特别重要的文件的草稿，反映了文件形成的过程，具有一定的查考价值，可归档保存。

（二）定稿

定稿指经机关单位领导人履行法定程序审核并批准签发的文件稿本，是经修改审阅后由负责人签发或有关会议正式讨论通过的最后完成稿。定稿具有标准的公文格式和法定的效力，是文件的标准文稿，是作为缮印发出的正式文件的依据。凡需归档保存的文件，其定稿也同时归档。

（三）正本

正本是根据定稿缮印、具有一定格式的送达主送机关的正式文本。正本由收文机关根据文件的查考、保存价值，决定是否需要归档保存。

（四）副本

副本指公文正本的复制件或复份。正本复份的内容和外形特征与正本基本相同，只存在送达对象和使用目的上的差别：正本送达主送机关，副本送达抄送机关或由本机关留存备查、归档；正本具有正式公文的法定效用，作为复制件的公文副本（抄本、复印本），则因不能再现公文的全部特征，故不具备正式公文的法定效用，只作参考、备查之用。副本一般不需归档保存。

（五）存本

存本指发文机关留底存档的文本。存本是不对外发送的，一般可以不加盖印章或签署，起存档及与正本核对查清的作用。存本与定稿一起归档保存。

（六）试行本

试行本指规范性正本的一种特殊形式，在规定的试验推行期间具有正式公文的法定效用，一般在公文标题后标有“试行”的字样。

（七）修订本

修订本指已发布生效的公文经实践检验，被重新修正补充后再发布的文本，是规范性公文正式正本的一种特殊形式。修订本生效之日，即原文本废止之时。一般在公文标题后标有“修订本”字样。

（八）各种文字文本

各种文字文本，是指同一份文件有两种以上文字对照的文本。

想一想

正本、副本与存本的主要区别在哪里？

五、文书工作概述

文书工作是指机关形成、处理和管理公文的各个环节及其中相衔接的各项程序和手续。文书一经产生，作为制作和管理文书的社会活动——文书工作亦随之形成。在经历了从商周至今的发展历程后，文书工作形成了固定的程式。公文的形成，要经过撰拟、签发、缮写、发文等程序；公文的处理，要经过收文、拟办、承办、催办等手续；公文的管理，要经过平时归卷、立卷、归档等步骤。上述形成、处理、管理公文的一系列程序和手续，即具体的公文从形成经运转到完成使命的全过程，其中的各项工作都是文书工作。

文书工作可分为三个环节，即文书的形成、办理和管理。文书的形成，是文书工作的前提环节；文书的办理，是文书工作的中心环节；文书的管理，是文书工作的归结环节。整个文书工作的内容和原则都是围绕这三个环节进行的。具体而言，其工作内容包括：

一是文书的制作工作。如文书的拟写、记录、审定、缮印、校对和用印等。

二是文书的处理工作。如文书的收发、登记、分办、传递、拟办、承办、催办、用印、立卷、归档和销毁等。

三是文书的管理工作。如文书的安全保管、科学利用、分类整理、编目和归卷等。

此外，文书工作还包括：记录整理工作，如会议记录、汇报记录、电话记录和来信来访记录整理；参考资料的准备工作，如为机关单位领导或有关部门及工作人员准备有关文件、档案、资料等参考材料；编写大事记，即将本机关单位的大事要事按时间顺序进行记录，形成文字材料。

六、文书工作的组织与管理

在管理活动中，人们需要科学地组织每一份文书的运转工作，推动本组织相关工作的正常开展，沟通对内对外的各项联系。因此，需要建立负责文书工作的部门或机构，这些部门或机构称为文书工作部门或文书工作机构，从事文书工作的人员称为文书工作人员或简称文书。文书工作机构和文书工作人员应该按照一定的方法组织和管理文书工作。

（一）文书工作的组织形式

文书工作的组织形式主要有集中处理形式和分散处理形式两种类型。

1. 集中处理形式

集中处理形式是指在一个机关内，除了公文的承办即具体办理外，文书处理的其他程序都集中在机关的中枢机构即办公厅（室）来进行，由办公厅（室）直接同机关领导和各业务部门联系，对机关的文书工作进行统一组织，各业务部门不再设立文书机构或专职、兼职的文书人员。

2. 分散处理形式

分散处理形式是指一个机关的文书工作，分别由机关的办公厅（室）和各业务机构的文书部门或专职、兼职文书人员分工承担。机关办公厅（室）与各业务机构的文书部门如何分工，具体做法如下：

按文书的性质和内容分工。属于方针政策性的、全局性的、综合性的公文及以机关名义发出的公文，由总的文书部门即办公厅（室）处理；属于具体业务性的公文，由有关业务机构的文书部门或专职、兼职文书人员处理。

按文书处理的不同程序分工。一部分处理程序，如公文的收发、登记、缮印等由办公厅（室）处理；另一部分处理程序，如催办、立卷等分别由各业务机构的文书部门或专职、兼职文书人员承担。

一个组织要提高文书工作效率，在加强领导、健全制度的同时，还要根据文书工作的原则和各级党政机关、企事业单位自身的特点组织工作。采取集中形式还是采取分散形式，总的要求是合理方便、适应工作需要。

一般来说，集中形式适合职权范围不大、内部组织机构简单、驻地集中、公文往来不多的基层、小型机关和企事业单位采用，如区、乡、厂矿、商店、中小学校等。这些机关单位只设有办公室、秘书科或一两个文书和秘书工作人员，统一负责文书工作。有些机关虽然职权范围不小，如中央、省及大型企事业单位的驻外机关，多属县团级，但是它们的组织机构简单、驻地集中、公文往来不多，同样宜于采用集中形式，只要有相应的文书工作机构和文书工作人员负责公文就行了。

分散形式适合职权范围大、内部组织机构多、层次在两级或两级以上，或驻地分散、公文往来数量多的机关，如县级以上的党政机关及其直属机关，大中型企事业单位的公司、厂矿、科研院所、大专院校等。这类机关单位本身设有办公厅（室）、秘书处，统一管理机关单位的文书工作。下属机关单位也设有办公室或秘书科，或者文书、秘书人员，管理各自的文书工作，组成由机关单位办公部门统一指导、协调运转的文书工作系统。

小贴士

采取分散形式组织文书工作的组织中，一般设有总收发室负责外收发，各个组织机构的文书工作人员负责内收发。公文的收发、登记、缮印集中进行，公文的催办、承办、立卷则根据公文的业务内容分散进行。

（二）文书工作的领导体制

文书工作机构是一个组织的内部机构，没有全国性的垂直性领导机构。我国各级各类机关的文书工作的领导体制如下：

（1）中共中央办公厅和国务院办公厅分别负责指导党和政府系统的文书工作，通过召开有关的全国秘书长、办公厅主任会议，颁发有关的条例、规定和办法，作出有关的指示，对全国的文书工作进行领导。

（2）一个机关的文书工作，由本机关的秘书长或办公厅（室）主任负责领导。秘书长或办公厅（室）主任根据本机关文书工作的任务和组织，提出全面的工作计划和实施方案；总结本机关及其所属机关、单位的文书工作经验；组织印制机关文书规范化和标准化所需的公文版头、文书处理表格，购置文书处理工作所需的设备；指导机关各部门专职、兼职文书工作人员的业务；制定机关文书工作规范、规章制度，并对执行情况进行检查、监督和协调。

（3）上级领导机关的办公厅（室）负责对其所属机关、单位的文书工作进行业务指导。

（4）机关档案室负责对机关各部门的文书立卷和归档工作进行指导、监督和检查。

（5）机关业务部门，责成一名秘书负责本部门的文书工作。

想一想

你能准确地判定所学习或工作过的单位的文书工作领导体制吗？

（三）文书工作的原则

文书工作必须遵循一定的原则或准绳来进行，这是提高机关办事效率、保证领导工作正常运转的关键。为此，中华人民共和国成立以来，党和国家领导机关在有关公文处理的文件中，对机关公文处理的基本原则作过一系列阐述和说明。1955 年，经党中央批准的《中国共产党中央和省（市）级机关文书处理工作和档案工作暂行条例》第三条指出：“文书处理工作的基本原则，是及时准确地处理文书；反对积压和紊乱，反对文牍主义。”1981 年，国务院办公厅发布的《国家行政机关公文处理暂行办法》中规定，“公文处理必须做到准确、及时、安全”，“必须实行严格的保密制度，确保国家机密”。1993 年 11 月国务院办公厅修订发布的《国家行政机关公文处理办法》第六条、第七条、第八条规定：“公文处理必须做到准确、及时、安全。”“各级行政机关的公文处理工作，应贯彻‘党政分开’的原则。”“在公文处理工作中，必须严格执行国家保密法律、法规和有关保密规定，确保国家秘密安全。”1996 年 5 月中央办公厅发布的《中国共产党机关公文处理条例》第四条指出：“公文处理应当坚持实事求是、按照行文机关要求和公文处理规定进行的原则，做到准确、及时、安全、保密。”2000 年 8 月 24 日，国务院印发的《国家行政机关公文处理办法》第四条规定：“公文处理应当坚持实事求是、精简、高效的原则，做到及时、准确、安全。”2012 年 4 月 16 日由中共中央办公厅和国务院办公厅联合印发的《党政机关公文处理工作条例》的第五条规定：“公文处理工作应当坚持实事求是、准确规范、精简高效、安全保密的原则。”

综上所述，文书工作的原则可以表述为：实事求是、准确规范、精简高效、安全保密。

第二节　档案与档案工作

一、档案的概念

在各种公私活动中形成的文书以及原始记录，被采取一定方式保存起来，以备日后查阅，就转化成为档案。一部分档案是由文书转化而来的，一部分档案则是由原始簿册、技术图纸、影片、照片、录音带、录像带或其他一些实物转化而来的。

（一）“档案”一词的由来与演化

据史料记载，“档案”一词在我国最早出现于明末清初。据说在顺治年间的官府文件中已出现了“档案”一词，例如顺治十五年（公元1658年）浙江巡抚陈应泰揭帖中就出现了“档案”一词。[①] 现存清代档案康熙十九年（公元1680年）的《起居注》上有云：“上问马哈喇之父与叔皆殁于阵……皆松山等处事，部中无档案。”可见“档案”一词作为书面用语已经在清代出现，作为口头用语出现的时代尚待考证。许同莘在《公牍学史》中认为唐虞以前已有“档案”的说法。在“档案”一词出现之前，与此相应的名称有“典册”“典籍”“图籍”“文献”“文书”“文案”“案卷”“案牍”“簿牍”等。虽然各个时代的称谓不同，但其内涵基本相同，都具有现代档案的特征和功能。

在国外，“档案”一词来源于古希腊文，用拉丁字母可拼为“archeion”。古希腊人把办理公务的地方叫做“archeion”，这个词也指存放档案的地方；后来该词既指存放档案的地方，也指档案本身，主要指政府的公共档案。古罗马人继承了古希腊人的传统，在拉丁文里出现了“archivum”一词，既指档案馆（库），也指档案文件。文艺复兴后，由“archivum”演变而来的术语在各国广泛流行。随着历史的演变和各国的传播，“档案”一词广泛沿用迄今，所代表的概念、含义基本固定下来。在西方很多国家，“档案”一词具有相同的词根，语音也十分相近。1984年，国际档案理事会组织出版的7种文字对照的《档案术语词典》中收录的“档案”一词分别为：archives（英文）、des archives（法文）、das archiv（德文）、archivio（意大利文）、archivo（西班牙文）、archief（荷兰文）、архив（俄文）。[②]

（二）对档案定义的理解

长期以来，人们对档案定义的理解一直存在不同观点。本书推荐中华人民共和国档案行业标准《档案工作基本术语》中对档案的定义。其表述为：档案是“国家机构、社会组织或个人在社会活动中直接形成的有价值的各种形式的历史记录”。这个定义揭示了档案的以下特点。[③]

1. 档案的来源广泛

档案的来源具有广泛性，包括各级各类组织和个人。各级各类组织包括政府机关、社会团体、企事业单位等。个人主要包括著名人物、社会活动家、科学家、艺术家、收藏家等，普通百姓有的也建立自己的家庭档案。可见，档案的来源既有官方性质的机关单位，也有非官方的社团组织和个人。档案是在社会活动中产生和积累起来的。

2. 档案的内容具有社会实践性

档案是人们在社会活动中直接形成的，其内容就是对社会实践活动的内容、过程及结论的原始记录。它并非自然界的产物。自然界也存在着大量的对自然现象及其演变过程具有原始记录作用的东西，如动物的化石、树的年轮、岩石、山川、河流（河床）、森林、沙漠等等。这些东西对于人们进行自然科学研究不仅具有原始记录价值，而且是重要的凭据与基础。但档案不是自然界形成的原始记录，而是人类在社会实践中形成的原始记录，其内容虽然会大量涉及自然界，但它毕竟是人类研究、开发、利用自然的社会实践活动的产物，与自然界自然形成的原始记录物不可混为一谈。

---

① 单士元．明清档案丛谈．故宫博物院院刊，1980（2）．

② 朱玉媛．档案学基础．武汉：武汉大学出版社，2008：5.

③ 冯惠玲，张辑哲．档案学概论．北京：中国人民大学出版社，2006：6.

3. 档案的本质属性是原始记录性

原始记录性是档案区别于其他事物尤其是相邻事物的独一无二的本质所在。发文的定稿上有签发领导的签名、单位的印章，说明它是第一手的原始文件；还有的档案表现为事件发生当时的照片、录音和录像，也具有高度的原始性。档案必须反映当时活动的历史面貌。但这一本质属性在现实中像许多复杂事物的本质属性一样，具有相对性、动态性特点，是在与相关事物及相关因素条件的对照、比较中表现出来的。因为事实上并不是每种特定的记录都一定可被视为档案，有些记录不是档案，但人们会把与之相关的对于了解、考证以往的历史事实具有可信赖的原始记录作用的文字记录视为档案。例如：期刊中的文章、图书虽不是档案，但原始的文稿、书稿是档案；电影、电视节目不是档案，但其脚本、场记、拍摄母片、播发稿等记录是档案。因为这些记录都具有原始记录性。档案的原始记录性还从根本上决定着档案的管理方法。任何档案管理方法都只能以充分实现其对以往历史事实的原始记录价值为中心。

4. 档案必须是有价值的

档案的价值是促使人们保存它的重要原因，也是档案生命力之源。档案价值体现在其对社会主体（人们）需要的满足上。档案价值必须客观存在，人们对档案的需要也是客观存在的。档案的价值具有相对性、多元性和隐含性。其相对性表现在，不同档案所具有的价值是不同的。同一档案在不同的时间，在不同的社会实践活动中，对不同的主体所具有或实现的价值是不同的。其多元性表现在，同一档案可以满足人们多方面的需要，可以在社会活动的诸多领域和方面实现其价值，发挥其作用。档案因其原始记录性而具有证据性价值，因其对工作具有参考借鉴作用而具有情报价值。例如：同一份档案既可供机关日常工作查考利用，又可供历史学家作编史修志之用，还具有文物、艺术品的收藏价值。其隐含性表现在，人们首先要认识到档案的价值，产生利用需要，然后通过各种手段和方式的利用活动，将其应用到社会实践活动中去，才能将其价值发挥出来。否则，档案只是一堆等待发掘的宝藏。

5. 档案的形式多样

档案的形式多种多样。档案的形式包括档案的载体形式和记录方式两个方面。档案的载体形式是指承载档案信息的各种物质，如纸张、胶片、磁带、磁盘、光盘等。档案信息的记录方式是指记载档案信息的各种方法、手段，如手写、印刷、摄影、录音、录像、刻录等。

知识链接 1-2　世界上现存最大的一份纸草档案

公元前 1164 年，埃及法老拉美西斯四世制成特大型纸草文件。文件记载其父拉美西斯三世在位期间的功绩和善行。文件呈卷轴形，由三个书吏写成，用 79 张纸草粘接起来，长 133 英尺（1 英尺约为 30.5 厘米），宽约 17 英尺。它被发现于底比斯的一个墓穴，后来被英国人哈里斯买去，故名哈里斯大纸草。现存伦敦不列颠博物馆。

6. 档案是一种历史记录

档案是过去形成的记录，是对以往社会实践活动的记录，它联结着过去、现在和未来，也就是“让过去告诉现在”“让历史告诉未来”。它的存史功用使人类社会历史得以连续性发展。从这个意义上说，档案也是一种历史文化遗产。

二、档案的价值

档案的价值是指档案对于形成单位和社会的意义与作用。一般认为，档案价值是由档案本身的各种因素和社会对档案的利用需求二者的结合决定的。

档案具有凭证价值和情报价值。档案具有凭证价值是因为它是由作为办事工具的文件转化而来的历史陈迹，档案载体上又保有真切的原始标记，如当事人的手稿或签名、机关或个人的印信；有的则为原来形象和声音的照录，它客观地记录了当事人的思想和行为，以及既往的各种情况，成为查考、争辩和处理事务的真凭实据。档案具有情报价值是因为它同时又记载了历史活动的事实和过程，以及经济、政治和科学文化活动等各方面的成果和经验教训，它作为信息的一种原始贮存形式，能为人们提供大量的情报和知识。

知识链接1-3　谢伦伯格的双重价值论

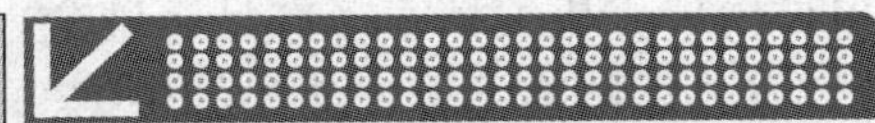

美国现代著名档案学者谢伦伯格认为文件具有两种价值：一种是对形成者的价值（原始价值），一种是对非形成者的价值（从属价值）。从属价值包括证据价值和信息价值，其中信息价值才是档案的实质性和终极性的价值。

档案价值的实现具有一定的规律性：一是档案价值扩展律。档案具有对形成机关的作用和对社会的作用的双重性。在形成之初的若干时间内，档案主要作为本单位工作和生产的必要条件而发挥作用，这被称为档案的第一价值。这时，档案为其形成单位有效地发挥作用，成为各机关积累和保存档案的主要动力，从而又进一步促使档案第一价值的实现。档案保存到一定时限以后，它的作用就超出其形成机关，为社会上各种利用需求发挥作用则成为主要方面，这被称为档案的第二价值。它表现为档案作用的扩大，以及档案类型与其相应作用的变异。二是档案机密性递减律。档案具有一定的机密性，它随着时间和条件的转移而有所变化，有的若干年后仍须保密，有的则降低或失去机密性。总体而言，档案机密性呈逐渐弱化的趋势，机密程度强弱与保存时间长短成反比关系，这是档案密级变化的一般规律。三是档案科学文化作用递增律。档案的多种作用，有时也被归纳为政治作用和科学文化作用两个基本方面，即档案具有两种作用的双重性。随着历史的进程，档案在继续用于政治活动的同时，对发展经济、文化建设，繁荣科学技术方面的作用逐渐增大。

档案价值的实现程度如何，取决于一定的条件。一般说来，其基本条件有四个方面：一是档案利用实践。档案在日常存放的静态中，其价值处于潜在阶段，只有在人们利用的过程中才能表现出来，并校正和提高人们对档案价值的认识。二是社会发展水平、社会制度和档案管理政策，对于档案利用的需要和可能提供利用的程度，有很大的制约作用。社会进步程度越高，越能为档案的开放利用提供更多的条件，充分实现档案的价值。三是社会档案意识，特别是人们对档案的认识水平、重视程度和利用动机等因素，都影响档案价值实现的状况。人们的档案意识越强，档案价值越能实现得充分；档案价值的实现，又能促进人们档案意识的加强。四是档案管理水平是影响档案价值实现的直接因素。改善档案管理制度，提高对档案的全面认识和科学管理水平，对于发挥档案的社会效益和经济效益具有重要作用。

三、档案的作用

档案纵贯古今，横连八方，忠实地记录了人们各种社会实践的过程。随着经济的发展和人们生活水平的提高，档案的作用越来越明显，它被人们用于工作和生活的各个方面。它的作用主要包括：

（一）档案是行政管理的凭据

档案是机关过去活动的记录，人们为了熟悉情况、总结经验、制订计划、处理问题，常常需要从档案中查考以往的历史记录。没有档案，往往会给解决问题带来不便。在一个单位内部，机关档案工作是否健全，将直接影响到这个单位的行政效率。

（二）档案是生产活动的依据

档案中记载了人们生产活动中积累起来的丰富的经验和教训。如水位、水流、气象的测量或观测记录，地质变化、矿藏勘探的记录，各种建筑工程、生产过程的记录等，都为我们留下了宝贵的材料。在现代化的生产、技术管理中，档案的作用显得尤为重要。因此，充分利用有关档案，对于进行正常的生产活动、提高经济管理水平、促进社会生产力的发展等，都具有极其重要的作用。

（三）档案是政治斗争的工具

历代统治者总是按照本阶级的意志来利用档案，用以维护本阶级的利益。在我国大量的档案中记载着我国人民进行革命斗争的情况和有关的历史事实，记载着国内外敌人不同时期的各种活动。这些，都可以成为政治斗争的有力武器。

（四）档案是科学研究的条件

一切科学都是研究事物发展客观规律的学问，而档案正是事物发展过程的客观记录。档案不仅记录了人们所获得的成就，而且记录了人们获得成就的过程。正是由于档案有这种特性，科学家们才能从中概括和抽象出事物发展的客观规律。同时，各项科学研究本身也有继承和发展的问题。充分利用有关的档案，就能尽可能地少走弯路，尽快地获得成果。在历史科学研究中，档案的作用尤为突出。

（五）档案是宣传教育的素材

利用档案撰写回忆录、著书立说、进行文艺创作、举办各种展览，往往富于说服力和感染力。多年来，在宣传教育方面，档案发挥了广泛的作用，收到了显著的效果。

（六）档案是维护权益的法律凭证

由于档案在第一时间记录了各种具体的社会活动，它真实地反映了当事人应有的合法权益，其中立法性质的文件、证明性的文件和相互交往的各种文件材料，如法律、法规、政策、协议、合同、名册、记录和账簿等，都可以为当事人提供保护自己合法权益的法律凭证。

文档管理人员应当充分了解档案的作用。只有在掌握档案价值规律的基础上，认识档案的作用，认真做好档案工作，才能使档案的作用得到充分发挥。

四、档案的种类

为了便于从多角度认识档案事物，掌握各种档案的特点及形成规律，以对不同档案采用不同的管理方法，应该对档案进行分类。根据不同的分类标准，可以把档案划分为不同的种类。

按照档案形成者的不同，可以把档案划分为国家机关档案、社会组织档案、企业档案、事业单位档案、家庭档案和个人档案等。每类档案又可分为具体的类型。这种划分有利于档案机构按每个独立的机构、组织划分档案全宗，按每类机构、组织档案划分全宗群。

按照档案内容性质的不同，可以把档案划分为文书档案、人事档案、诉讼档案、会计档案、科技档案、军事档案、外交档案、司法档案、经济档案和工商企业登记档案等。另有教学档案、艺术档案、书稿档案、病历档案、人口普查档案、地名档案、城建档案、商标档案、专利档案、房地产档案、金融档案、涉外项目档案和宗教档案等。社会上每个部门、每项事业的工作内容都不同，形成的档案内容性质也不相同。这种划分对人们从不同角度检索利用特定需要的档案具有实际意义。

按照档案所属时期的不同，可以把档案划分为历史档案与现行档案，也可分为古代档案、近代档案、现代档案。档案是不同历史时期的产物，这种划分有利于对档案时代特点的认识。

按照档案所有权形式的不同，可以把档案划分为国家所有档案、集体所有档案和个人所有档案，也可分为公共档案和私人档案。公共档案和私人档案区分的依据不是档案内容和档案载体，而是档案所有者。对不同所有权形式的档案，要按照档案法规的规定，分别采取不同的收集和管理办法。根据我国档案法的规定，属于国家所有的档案，要按规定向国家档案馆移交；属于集体或个人所有的档案，其所有权的转让，一般要在自愿、合法的基础上进行。档案所有者可向国家档案馆捐赠、出售或寄存档案。

按照档案来源的存在形式的不同，可以把档案划分为公文、信函、图表、电报、记录、统计表、计划、总结、户籍、账册、契约、合同、证书、书稿、日记、照片、笔记、家谱和遗嘱等。这种划分办法，有利于增强人们的档案意识，促使人们不仅注意对公务活动中形成的、由公务文件转化而来的档案进行收集和保管，而且注意对各种形式的原始记录以及私人活动中形成的重要档案也进行妥善保管，从而便于随时查阅利用。

按照档案内容所反映的社会实践活动性质的不同，可以把档案划分为生产管理活动档案、社会管理活动档案和科学研究活动档案。

按照档案的产生领域的不同，可以把档案划分为社会管理领域档案，科学技术领域档案，医疗卫生、文化教育、体育领域档案，军事领域档案，外交领域档案和文学艺术领域档案等。

上述不同角度、不同标准的划分各有其功用和意义，便于人们从多种角度认识档案事物和检索利用档案。

五、档案工作概述

档案工作是指通过科学的管理，提供丰富的档案材料，直接为社会政治、经济、科学、文化等各项事业服务的专门性管理工作。档案在社会各项活动中具有广泛的作用，但这种作用只有通过科学的、合理的管理，只有通过档案工作才能得以充分发挥。如果没有有条不紊的管理，文件就不可能转化为档案，档案也就不可能发挥作用。因此，档案工作的主要目的是为社会各项工作提供政治、经济、文化、历史的重要信息资源，让这些信息资源为社会服务。

档案工作具有两方面的含义。从广义上理解，档案工作是指整个档案事业的工作，包括档案室工作、档案馆工作、档案行政管理工作、档案教育工作、档案科研工作、档案宣传与出版工作等；从狭义上理解，档案工作主要指档案管理的各项业务工作，主要包括档案室和档案馆的档案业务工作，即档案的收集、档案的整理、档案的鉴定、档案的保管、档案的统计、档案的检索、档案的编研和档案的利用，一般也将其称为档案工作的八个环节。

档案的收集是指档案馆（室）依法接收单位的归档文件、现行机关档案、撤销机关档案，以及征集历史档案的活动。这项工作主要是为了积累丰富、合理的馆藏档案资源。

档案的整理是指档案馆（室）根据档案的形成规律，对其进行分类、立卷、编制目录的过程。这项工作主要是为了建立有序化的档案实体保管系统，便于档案的日常维护、调阅和归卷。

档案的鉴定分为归档鉴定和复审鉴定，是档案馆（室）判定档案存毁和划定保管期限的活动。这项工作主要是为了优化馆藏，提高档案管理和利用的效率。

档案的保管是指对库房内的档案进行有序管理，控制危害档案物质载体和书写材料的各种因素。这项工作主要是为了延长档案的寿命，维护档案的安全。

档案的统计包括档案馆（室）内部的登记和统计工作，以及按时填报国家统计文件的工作。这项工作主要是为了及时掌握档案管理工作的状况，不断调整和完善档案工作。

档案的检索是指档案馆（室）编制档案检索工具，建立手工和计算机档案检索体系的活动。这项工作主要是为了方便利用者查阅档案。

档案的编研是指档案馆（室）根据单位或社会的需要，利用馆藏档案编辑档案文献汇编、档案参考资料、历史研究作品等出版物的活动。它具有信息开发工作的性质。

档案的利用是指档案馆（室）通过阅览、借阅、复制、展览、网站等途径，将档案原件、复制件、档案信息直接提供给利用者的活动，它直接体现了档案工作的服务功能。

本书将主要根据秘书工作实际的重点选取其中比较重要的环节进行阐述。

六、档案工作的组织与管理

我国的档案工作是在基本原则的指导下进行的，了解我国档案事业管理体制和档案工作机构的总体情况，有助于明晰不同档案的管理方法，并在工作中更好地落实责任。

（一）档案工作的基本原则

《中华人民共和国档案法》规定："档案工作实行统一领导、分级管理的原则，维护档案完整与安全，便于社会各方面的利用。"

1. 统一领导、分级管理的原则

对全国档案工作实行统一领导、分级管理是我国档案工作的组织原则和管理体制。具体而言是指：国家档案按规定分别由各级、各类档案保管机构集中管理；全国档案工作在各级人民政府的领导下，由各级档案行政管理机构统一、分级、分专业管理；对党政档案和党政档案工作实行统一管理。

知识链接 1–4　档案所有权

在现阶段，我国的档案存在着国家所有、集体所有和个人所有三种所有权形式。除了国家所有的档案需要集中管理和保管外，《中华人民共和国档案法》规定："集体所有和个人所有的对国家和社会具有保存价值的或者应当保密的档案，档案所有者应当妥善保管。对于保管条件恶劣或者其他原因被认为可能导致档案严重损毁和不安全的，国家档案行政管理部门有权采取代为保管等确保档案完整和安全的措施；必要时，可以收购或者征购。"

2. 维护档案的完整与安全

维护档案的完整与安全是档案工作的基本要求。只有维护档案的完整与安全，才能充分发挥档案的作用。维护档案的完整包括档案材料收集齐全和整理系统两方面。收集齐全是指凡有保存价值的档案都要尽量收集齐全。整理系统是指凡有保存价值的档案，必须按照它的形成规律组成有机联系的整体。维护档案的安全包括两点：一是不使档案实体自身受损，尽量延长档案的寿命；二是不使档案机密泄露，保证档案内容的安全。

小贴士

永远保证档案安全，可能吗？

随着时间的推移，档案一直受自然和人为因素的影响，处在不断损坏和毁灭的渐进性过程中。档案永远不损坏是很难办到的，但随着现代科技的发展，使之"益寿延年"是可能的。

3. 便于社会各方面的利用

这条原则体现了档案工作的根本目的，是检验档案和档案工作质量的重要标准。利用是档案工作的出发点和归宿，因此，既要反对重藏轻用，又要围绕利用做好各个环节的业务工作。

档案工作基本原则是一个有机整体。统一领导、分级管理是组织和制度保证，维护档案的完整和安全是物质基础，便于社会各方面的利用是目的和宗旨。三者缺一不可，相辅相成，相互作用，共同促进档案工作向健康有序的方向发展。

（二）档案事业管理体制

档案事业管理体制是指档案事业管理的体系和组织制度，包括档案行政管理部门的设置及其隶属关系、权限划分等。从世界范围看，按照中央、地方档案机构之间的关系，档案事业管理体制一般可分为分散式和集中式两种基本类型。分散式档案事业管理体制是指一些国家的地方档案机构不接受中央档案机构的领导、指导和监督，采用分散制的大多为联邦制国家。集中式档案事业管理体制是指一些国家的地方档案机构接受中央档案机构的领导、指导和监督。

小贴士

无论是分散制还是集中制的各类档案机构，都是继承各国相应的历史传统，适应各自的国家政治、经济和档案工作、档案事业发展需要的必然产物。各国从不同国情出发，只要因地制宜，就是比较合适的档案事业管理体制。

我国档案事业管理体制是由分散管理逐步向集中统一管理的管理体制过渡的。中华人民共和国成立初期，我国各机关、部队、团体和企业、事业单位的档案基本上是处于“各自为政”的状态，属于分散式的档案管理体制。1954 年 11 月，国务院设立国家档案局以后，逐步加强了档案工作的统一管理。1958 年 11 月，中共中央办公厅秘书局和国家档案局向中央提出了党政档案工作统一管理的报告，次年得到批准。报告指出：把党的档案工作和政府的档案工作统一起来是完全必要的。从此，全国档案事业管理便完全集中统一起来。这是档案事业管理体制的一次重大改革。1993 年，根据党中央、国务院有关档案机构改革方案的规定，中央档案馆与国家档案局合并，作为党中央和国务院的直属机构，由中央办公厅管理。这次改革的目的在于精简机构、完善职能，加强党对档案事业的统一领导。

（三）我国档案工作机构

为了科学地管理国家的全部档案，在集中统一管理档案工作的原则基础上，我国设置了全国规模的、不同类型的档案机构，已经形成了一个结构严密、体系完整的档案事业管理系统。

1. 公共档案馆

我国公共档案馆主要可分为各级国家档案馆、专业档案馆（含专门档案馆、部门档案馆）两大类。到目前为止，我国已建立各种类型的档案馆 3 800 多个，初步形成了具有中国特色的档案馆网络体系。

（1）国家档案馆。我国国家档案馆可分为历史档案馆和综合性档案馆两类。历史档案馆包括中国第一历史档案馆（主要保存明、清中央机构的档案）和中国第二历史档案馆（主要保存民国时期各个政权中央机构的档案）。综合性档案馆一般分别隶属于各级党委和政府，收集保管党和国家在各方面管理活动中形成的档案。根据所处层次的不同，综合性档案馆可分为中央级和地区级综合性档案馆两种类型。综合性档案馆数量众多，是我国国家档案馆和档案事业的主体。

知识链接1-5　现行文件利用中心

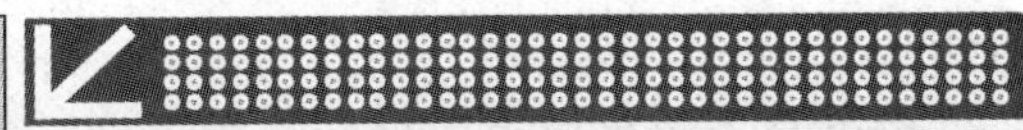

现行文件利用中心也称“现行文件阅览中心”“现行文件资料中心”“现行文件开放中心”等。它是公共档案馆在收集、集中政府机关现行文件基础上，以政务信息公开为基本任务，方便社会各界，特别是普通公民查询、了解政府在社会事务管理各方面现行政策规定的内部机构。目前绝大多数国家档案馆均设立了现行文件利用中心。

（2）专业档案馆。专业档案馆是指国家为专门管理在某一方面或某一特殊专业和技术活动中形成的档案而设置的档案馆。它的具体含义既可以体现在其专业职能上，也可以体现在馆藏档案载体的特殊内容和形式上。从我国已有专业档案馆的设置形式来看，有全国性专业档案馆、地方性专业档案馆和某一专业系统建立的专业档案馆。我国专业档案馆的建立始于20世纪50年代初期，最早建立的专业档案馆是1952年成立的集中管理全国地质档案资料的地质资料馆。1958年9月，中国电影资料馆成立；同年，测绘资料馆成立。此后，从20世纪60年代至80年代，先后建立了机械工业部档案馆、铁道部档案馆、外交部档案馆、测绘档案馆、气象档案馆、交通部档案馆、邮电部档案馆、中国人民解放军档案馆、中国照片档案馆等一系列的专业档案馆，分别集中统一管理本系统或本部门的档案。有些专业档案馆同时还负责对本系统的基层档案工作进行指导、监督和检查。

我国专业档案馆的具体类型多样，设置标准也较复杂，主要有以下类型：

一是特殊载体档案馆。目前我国已经建立了照片档案馆、电影资料馆等特殊载体档案馆。

二是城市建设档案馆。城市建设档案是指在城市规划、建设及其管理工作中形成的，应当归档保存的文字、图表、声像等各种载体的文件材料。根据国家的要求，我国20万以上人口的大、中城市应建立城市建设档案馆。

三是部门档案馆。部门档案馆是指在某一专业系统内、为保管某类专门档案而设置的档案馆类型。这种类型的档案馆是专业档案馆中情况最为复杂的一种。外交部档案馆、公安部档案馆、铁道部档案馆、交通部档案馆等多可归入此类。

2. 内部档案机构

内部档案机构主要是指在某一机关或组织内部设立的，保管本单位形成的档案，并主要为本单位提供服务的档案机构。我国内部档案机构主要有企事业档案馆和档案室两种类型。

（1）企事业档案馆。企事业档案馆是20世纪80年代中后期以后出现的一种档案馆类型。目前，我国已建立了近300个企业档案馆，《全国档案馆设置原则和布局方案》也将大型企业档案馆纳入档案馆馆网规划。目前，我国事业单位档案馆主要是高等学校档案馆。

（2）档案室。档案室是各机关（包括团体、学校、工厂、企业、事业单位等）统一保存和管理本机关档案的内部机构，是整个机关的组成部分，是保存档案的过渡性机构。从全国档案工作来说，档案室是国家档案工作组织体系中最普遍、最大量、最基层的业务机构。

档案室主要有以下类型：

一是普通档案室。普通档案室通常也称机关档案室、文书档案室，它主要负责管理机关的党、政、工、团文书档案。

二是科技档案室。科技档案室是指保管科技档案（一般也管理科技资料）的专门档案机构。工厂、设计院、科学技术研究院等单位一般都设有科技档案室，主要为本单位生产和科研服务，同时，在确保国家技术信息保密的前提下，也应及时组织科技档案情报的交流，对外实行有偿服务，为技术转让提供档案资料。

三是音像档案室，即保存照片、影片、录音带及录像带等特殊载体的档案室。电影公司或制片厂、新闻摄影部门、广播电视事业部门等单位一般都设有这种档案室。

四是人事档案室。由于人事档案自身的特殊性，它一般与其他各类档案分开管理，这就有必要专门设立人事档案管理的部门。它通常依附于机关内人事管理部门或组织部门，有的也称干部或职工档案室。

五是综合档案室。这是机关建立的综合性档案管理机构，它统一管理本机关形成的各种普通档案、专门档案和特殊载体档案。

六是联合档案室。同一地区，特别是在同一市镇内的一些机关联合起来设立一个档案机构，负责保存和管理这些机关形成的档案，这种机构通常就是联合档案室，或称为档案服务中心。

七是档案信息中心，也有的单位称信息中心。一些大型企业单位正在试行档案、图书、情报的一体化管理，它是在原有图书机构、档案机构或情报机构的基础上设立的统一的信息管理实体机构。这种组织形式便于建立计算机管理系统，实行现代化管理，同时也有利于实现对信息资源的联合开发利用。

3. 档案行政管理机构

档案行政管理机构是专门负责管理某一范围内档案工作并使之顺利进行的机构。我国的档案行政管理机构，是根据档案工作统一领导、分级管理的原则和我国档案工作蓬勃发展的需要，逐步建立起来的。

1954年11月，第一届全国人民代表大会常务委员会第二次会议批准成立国家档案局。国家档案局是国家档案事业的最高行政管理机构，负责统一管理、指导、监督全国的档案工作。国家档案局的成立，标志着我国档案工作发展到了一个新的阶段。随后，各省（自治区、直辖市）、各地区（省辖市、自治州、盟）、各县（市、旗）都相继成立了地方档案局。中央和地方专业主管机关以及军队系统也相继设立了档案处（科）。这些档案行政管理机构负责管理本地区、本系统的档案工作，在业务上受上级档案行政管理机构的指导。档案行政管理机构的基本职能是：在统一管理党政档案工作的原则下，分级负责地掌管全国档案事务，对全国档案工作进行指导、监督和检查。

4. 新型档案机构

随着我国改革开放的顺利进行和档案学基础理论研究的不断深入，我国档案机构的设置也出现了一些新情况，出现了一批新型档案机构，其中较为突出的是文件中心、档案寄存中心、档案事务所。

（1）文件中心。文件中心是一种社会化、集约化和专业化的档案管理机构，它的设置一般不像档案室一样隶属于一个文件形成单位，而是按地区、按系统建立的介于文件形成单位和地方综合性档案馆之间的一种过渡性档案管理机构。

文件中心主要是一种实体性管理机构，一般可分为两大类。

一是政府性文件中心。这是由政府拨款建立的，为政府机关服务的非营利性文件管理机构。这类文件中心有多种不同形式，如我国甘肃省永靖县文件中心以吸收参联机关作为基本形式，并已经取得了较好的效果。

二是商业性文件中心。这是由有关机构或个人创办的一种营利性档案管理机构，它为工商企业或个人提供现代化的文件存储设施、科学的文件管理和高效的文件服务，它不属于国家档案管理系统之列，但它执行国家档案行政管理部门的相关管理标准。商业性文件中心不靠政府拨款生存与发展，而是通过提供科学高效的文件管理服务收取一定的服务费用。这种商业性文件中心在国内外均有成功实践。

（2）档案寄存中心。档案寄存中心是指由国家综合档案馆设立的，为各类企业、社会团体以及个人提供档案寄存有偿服务的机构。档案寄存中心主要接受寄存不具备充分保管条件和配备档案保管条件成本过高的国有与非国有企业及破产企业、社会团体和个人在工作、生产、经营、生活等各项活动中形成的档案。在机构设置上，档案寄存中心一般隶属于某一档案局（馆）领导，并设于档案局（馆）内。

（3）档案事务所。档案事务所（或档案咨询公司）是为适应近年来我国档案工作中出现的一些新情况而建立的一种新型档案机构。档案事务所是指提供档案事务服务的一种商业性档案服务机构，是独立经营、独立核算、自负盈亏的企业型单位。档案事务所的建立，可以承担大量的档案劳务性工作，减轻档案部门指导、监督工作量过大的压力，也使档案部门可以集中力量抓好档案局（馆）的本职工作。

拓展阅读

麦当劳公司金色档案馆

麦当劳公司金色档案馆坐落于美国伊利诺伊州的埃尔克格罗夫村（Elk Grove Village），1987 年建立，馆藏档案排架长度达 2 000 英尺，保存着纸质、声像、手工制品、电子文件等不同载体的档案。麦当劳公司在全球的分公司都是私人自主经营、自主管理的，档案归他们所有，由他们自行管理，不强迫接收、移交，分公司经理退休后，自愿移交。现馆藏中 80%来自美国本地的公司，20%是由美国之外的公司移交过来的。档案馆有 2 名员工

（其中一名为聘用制员工），为全球1.5亿名员工提供档案服务。馆长迈克（Mike），是一位有20年档案工作经验的老档案，也是麦当劳公司的历史发言人，经常代表公司接受一些媒体的采访。

麦当劳金色档案馆在公司外的独立建筑，像其他档案馆建筑一样，是土褐色平房建筑，面积不很大。里面有三个区域：接待区域有两个不大的接待室，墙壁、柜子充满了麦当劳企业文化气息。展览区域建有麦当劳供制作培训短片的标准操作间，有麦当劳简易餐厅以及展示呈现其历史、文化、主要历史事件、重要活动的档案文件、吉祥物、礼品等的小展厅。如麦当劳创始人克拉克（Kroc）和可口可乐创始人的合作意向通信档案，第一家餐厅的外观、使用厨具、产品种类和价目表、第一天营业的账单，麦当劳的促销吉祥物、小玩具、衣服等都在这里展出，琳琅满目，也没有任何防护措施，不过产品配方这样绝密的东西是看不到的。库房区域保存着公司成立55年以来对公司有历史价值和商业价值的档案文件，如会议记录、通信、餐厅设计方案、产品种类名称、庆典活动音频视频、各个公司经理的口述史等。

（资料来源：李宝玲．世界500强企业怎么管档案——以美国麦当劳、卡夫公司的档案管理为例．中国档案报，2011-03-10．有改动。）

第三节　关系辨析：文书与档案

一、文书与档案的关系

虽然文书与档案含有相同的成分，但它们之间是有区别的。文书是现行工作中正在使用、未经整理的文件，档案则是文书工作结束后停止使用、已经整理归档的文件。文书是现行工作的依据和记录，档案是过去工作的历史材料，对今后的工作起着查考作用。

从属性上看，文书是现行的，档案是历史的，文书与档案实际上是同一事物在不同时间的不同表现形式。它们的关系可表述成：文书是档案的前身，档案是文书的延续。文书是档案的重要来源之一，档案则是文书的主要归宿，所谓“今日之文书，明日之档案”就是这个意思。

想一想

是不是所有的文书都会转化为档案呢？反之，是不是所有的档案都由文书转变而来呢？

从文书到档案，中间有一个转化的过程，并不是所有的文书都可以成为档案，也并非所有的档案都由文书转化而来。文书转化为档案，是在文书处理完毕以后，剔除不必归档的那一部分，把那些有价值的、能够为社会所查考利用的部分，按照一定的规则，经过立卷整理或归档文件整理成为档案，然后，还需要提交档案馆（室）归档保存，并由档案馆（室）向社会提供利用服务。这是文书转化为档案的过程，即由文书形成档案的过程。在电子公文流转过程中，电子公文也需要提交到档案馆（室），通过档案馆（室）审查验收后才能成为档案保存。

从上述讨论可以看出文书与档案的区别和联系，它包含以下几层含义。

（1）文书是档案来源的一部分。由于社会生活的不断丰富，社会信息产生的主体不再局限于官方文书，档案的来源是多元化的，文书只是档案来源的相对重要的一部分。

（2）作为档案来源的文书是处理完毕、经过鉴定确认具有保存价值的文书，即能够供人们查考利用的那一部分文书。也就是说，日常管理中产生的文书只有一部分能转化为档案。

（3）经过整理的文书从性质上看，已经不再是文书，而是成了档案。这一事物作为文书已经完成了历史使命，开始履行新的社会职能。

（4）档案必须存放在特定场所，即档案馆（室）。档案由档案馆（室）向社会提供利用服务。

因此，可以得到这样的结论：文书是国家机关、社会组织及个人在社会活动中，为了表达意图、进行联系和作为凭据而形成和使用的各种记录材料，它有待于转化为档案；而档案是处理完毕并确认值得保存以供社会查考利用的、保存在特定档案机构的文书的总和。

小贴士

关于档案的这一界定仅仅局限于文书转化为档案这个层面的考察，如果放在更加广阔的视野内，档案的含义则宽泛得多。

二、文书工作与档案工作的关系

由于文书与档案关系密切，因此文书工作和档案工作的关系也相当密切。首先，文书工作是档案工作的基础，档案工作是文书工作的延伸和发展。文书工作的质量决定着档案工作的质量，影响着档案工作的进展；档案工作不断提高质量上的要求，也会影响和推动着文书工作向前发展；通过档案工作，可以发现文书处理工作中存在的不足，如文件材料的质量如何、立卷归档是否齐全完整、分类组卷是否科学规范等。其次，文书工作与档案工作在工作步骤上有联系。文书工作的终结程序（文件立卷归档工作），就是档案工作的起始环节（档案收集工作），二者从不同的角度履行同一道手续。所以，文书工作和档案工作之间是相互联系、相互渗透、相互作用的关系，只有文书和档案两项工作有机结合起来，才能收到事半功倍的效果。在当代办公自动化系统中，文件处理与档案管理实际成为一个连续统一的过程，在现代信息技术高速发展的背景下，实行文书处理和档案管理一体化，是文书档案工作的必然趋势。

文书工作与档案工作的物质对象实质上是同一件事物，但因为它们所处的阶段不同，其工作目的、机构、任务等也是不同的。首先，工作目的不同。文书工作着眼于现实，是为适应现实工作的需要而形成和处理文件的；档案工作着眼于历史和未来，维护历史的真实面貌，为将来工作提供参考和凭证。其次，工作机构不同。文书工作机构是组织的内部机构；档案工作机构则有一套完整的体系，除了有组织内部机构——档案室以外，还有行政、事业编制的档案工作机构，也有一些特殊形式的档案工作机构。最后，工作任务不同。文书工作的主要任务就是制作文件、处理文件，对有保存价值的文件进行立卷归档；档案工作的主要任务是对档案进行收集、整理、鉴定、保管、统计和提供利用等。

拓展阅读

民国文书档案改革运动

1927 年南京国民政府建立后，其文书运转和档案管理的现状与行政效能的需要不相适应，公文手续烦琐，运转迟缓，档案由卷阀把持，管理紊乱。为提高行政效率，在欧美行政管理理论、方法的影响下，以内政部次长甘乃光为首的一批政府人士积极倡导行政效率运动，而“欲求政令推行之迅速，应从改革公文及缩短行政程序着手”，作为行政效率运动重要组成部分的文书档案改革运动遂于 1933 年逐步开展。

1933 年 6 月，行政院召集改革公文档案会议，讨论中央 18 个部会提案汇集的《各部会审查处理公文改良办法》，重点在减少行文数量，简化运转层次和登记手续。其主要内容有：(1) 以公报代替须公布的发文；(2) 以会签簿代替会稿咨文；(3) 修改公文稿面和收发文簿式；(4) 改革公文用语，简化程式，采用标点符号并分段叙述。运动的中心内容是试行文书档案连锁法，即在一个机关范围内集中统一文书档案工作流程的做法。甘乃光等人认为：“文书与档案本不能分，档案原为归档之文书，文书即未归档之档案，二而实一者也。”故设计几道简便方法和手续，把文书运转各环节，从收发室到承办机构再到档案室，在程序、手续、责任上连锁起来，加快文书流转。具体做法是：(1) 分类统一，由收发室根据既定的分类方案，负责统一分类，档案室不另分类，据此类别归档；(2) 编号统一，由收发室统一编订全机关总收发文号，取消机关内各承办机构的各自编号，档案室亦依据此号存储保管；(3) 登记统一，所有收发文只在收发室用三联单登记一次，其中一张存收发室，一张存档案室，一张随文传观后存文书科；(4) 归档统一，文件经办完后，由档案室统一立卷归档。此法在 1933 年下半年首先在内政部试行，后逐渐推广到江西、广西、湖北、四川等地。

1934 年 12 月行政院成立行政效率研究会，甘乃光为主任，聘请若干专门委员进行公文档案改革工作的研究，并出版了《行政效率》杂志，刊载了大量关于文书档案改革的研究文章。

1935 年 2 月成立行政院所属各部会档案整理处，领导和指导档案工作。该处协同行政效率研究会第二组对中央各机关的文书档案工作进行了广泛的调查，并编制报告、拟具方案，对一些部门的档案工作进行了实际试验和指导。同年6月，档案整理处因经费困难撤销，文书档案改革运动由此逐步进入低潮。

文书档案改革运动使涉及的机关加速了文书的运转，提供了公开划一的档案管理办法。这些都有利于行政效率的提高，并对近代文书档案工作有深远影响。与此同时，一些政府人士和学者更加重视文书档案工作研究，从而推动了中国档案学的产生。

思考与实训

1. 文书、公文和文件有何区别与联系？

2. 为什么说文书只是档案的来源之一？

3. 档案工作的基本原则是什么？

4. 请结合工作实际，评判下列说法。

(1) 今日之文书就是明日之档案。

(2) 文书是档案的基础，档案是文书的归宿。

(3) 只要具有原始记录性，文书就可以转化为档案。

(4) 档案是根据需要编写、收集、复制的二手或三手材料。

(5) 图书、报刊、资料是档案的一种。

5. 请谈谈以下案例给你的启示。

位于成都市庆云南街新巷子的启阳大厦建于1997年，中国烟草四川进出口有限责任公司在此有住户35户、门卫1户、营业房9间。由于水管老化、锈蚀，爆管现象时常发生，漏水严重，给住户的生活带来极大不便。该单位到自来水公司申请更换主水管，并安装一户一表。自来水公司要求他们提供该房屋的规划审批总平面红线图，否则不能办理该项目。启阳大厦是由四川省力博建设公司、锦江教委与该单位联合修建的，但在三家档案室的档案材料中都没有找到总平面红线图。该单位先后奔走多处，都因缺乏原始资料，无法解决问题。2005年9月1日，该单位到成都市城建档案馆查阅档案，最终查到了该楼的总平面红线图，使这项供水管道改造工程得以顺利完成。

第二章 文书处理

【学习目标】

理解行文制度的主要内容，包括行文方式和行文规则；全面学习和掌握收文办理和发文办理的基本过程和制度要求，能运用所学知识进行正确的收文办理和发文办理；掌握文书管理的方法和要求。

【关键词点击】

行文制度　行文规则　收文办理　发文办理　文书管理　签收　登记　审核　拟办　批办　承办　催办　起草　签发　缮印　核发　传递　销毁　发文立户

文书处理是按照特定的制度，对日常工作中产生或收到的文件，以一定的方式进行办理、管理以及整理、归档等的一系列相互关联、衔接有序的工作。本章主要介绍文件的办理和管理的过程及其要求，文书整理和归档在下一章中具体阐述。

文书处理是文书工作的重要内容。文书处理又称为文件处理、文件管理，是党政机关、企事业单位、社会团体对文书实施制作、传递、使用、保存或销毁等一系列行为的总称，是行政管理的重要组成部分，其工作质量与工作效率对各类组织的工作成效有直接影响。各级各类组织必须建立健全并不断完善文书处理制度，严格按照文书处理的规章制度办事。文书处理制度包括行文制度、文书办理制度和文书管理制度。秘书人员在文书工作中只有对文书进行正确、有效、安全、统一的处理和管理，才能真正发挥文书的效用，协助领导和各个部门完成既定的工作目标。

第一节 行文制度

行文制度是指文件在收文办理和发文办理过程中必须遵循的准则和规定，其中包括行文关系、行文方向、行文方式和行文规则等具体内容和要求。依照行文制度来办理文书，是秘书部门开展文书工作的基本前提和要求，也是理顺工作关系、正确行使职权、发挥文件作用、提高管理效率的保证。《党政机关公文处理工作条例》（以下简称《条例》）对行文制度作出了明确、具体的规定，各级党政机关、企事业单位的内部工作制度中也都有相应的要求，秘书部门应当认真贯彻执行。

一、行文关系与行文方向

（一）行文关系

行文关系是收、发文机关之间因文件行用往来而形成的某种关系，它是根据每个机关单位之间所属的组织关系及其职权范围来确定的。行文关系包括隶属关系和非隶属关系两种，每种关系之下又构成一定的工作及文件往来关系，具体如下。

1. 隶属关系

隶属关系是指同一组织系统内的上下级关系。其中又分两种情况：第一种是同一组织系统中的上下级机关单位之间构成的行政领导与被领导的关系；第二种是同一组织系统中上下级部门之间构成的业务指导与被指导的关系。凡属于以上两种关系的机关单位或部门之间在行文时应当选用下行文种或上行文种，以体现彼此之间的上下级隶属关系。如下级机关单位向上级机关单位发送“请示”，上级机关单位则给下级机关单位回送“批复”；上级部门向下级部门发出“通知”，下级部门向上级部门呈送“报告”，等等。

2. 非隶属关系

非隶属关系是指除隶属关系以外的其他所有工作往来关系。其中也分两种情况：第一种是同一组织系统的同级机关单位、部门之间或不同组织系统的同级机关单位、部门之间构成的同级往来关系；第二种是不同组织系统的非同级机关单位、部门之间构成的跨组织系统往来关系。属于以上两种关系的机关单位和部门之间既没有领导与被领导关系，又没有指导与被指导关系，相互之间仅属于同级机关单位或不同性质的机关单位之间的业务往来关系，因此，彼此之间不论级别高低，都应当以平等协商的方式互相行文，即选用平行文种。如政府向同级人大提交“议案”，上级政府部门用“函”向下一级政府行文，不同系统的机关单位之间用“函”商洽工作、询问和答复问题、请求批准和答复审批事项，区委组织部向市人保局发“函”联系工作，某高校发“函”与某企业联系毕业实习事宜等等，都属于非隶属关系的机关单位和部门之间的文书往来形式。

（二）行文方向

行文方向指机关单位和部门之间因不同的行文关系而使文件在各机关单位和部门之间出现的不同走向。行文方向既包括机关单位或部门与外部之间的文件来往方向，也包括机关单位内各部门之间的文件传递方向。行文方向有如下三种：

下行方向，即有隶属关系的上级机关单位或部门发文给下级机关单位或部门，其文件称为下行文，如“决定”“通知”等。

上行方向，即有隶属关系的下级机关单位或部门送文给上级机关单位或部门，其文件称为上行文，如“请示”“报告”等。

平行方向，即没有隶属关系的机关单位或部门之间互相行文，其文件称为平行文，如“函”“议案”等。

行文方向是决定文种正确选用的条件之一，但需要说明的是：第一，文种的行文方向并非都是单一的，《条例》对文件种类及其用法有明确规定。从 15 种法定文件的用法可以看出，有的文件文种只能用于某种方向，如“批复”为下行方向，“请示”为上行方向；有的则是根据使用的具体情况来确定行文方向，如“意见”分别适用于上行、下行和平行三种方向。第二，文种并非都有行文方向。对有些需要公开的文件如“决议”“公报”“公告”“通告”等，行文时一般无具体指向，其发送对象是与文件内容相关的泛指对象；再如“纪要”也没有行文指向，需要发出时，一般借助于“通知”的形式。

正确区分和把握行文方向非常重要。行文方向是通过文件的“主送机关”和“抄送机关”具体表现的。《国家行政机关公文处理办法》明确，“主送机关指文件的主要受理机关”，“抄送机关指除主送机关外需要执行或知晓公文的其他机关”。确定了主送与抄送机关，也就确定了文件发送、受理的对象和范围。因此，只有做到行文方向无误，才能达到行文目的、发挥文件作用、有效行使职能，形成上下一致、和谐统一的工作态势。

二、行文方式及行文规则

行文方式是根据行文目的、行文权限和行文关系而使用的某种行文形式。行文规则即运用行文方式时应当遵循的准则。机关单位和部门之间以怎样的方式行文，一要根据发文者的发文目的、发文权限以及与受文者之间的关系，二要依照《条例》中的相关规定，遵循必要的行文规则。以下对行文方式及其行文规则做具体说明。

（一）行文方式

行文目的、行文权限和行文关系不同，使用的行文方式也有所不同。常用的行文方式主要有以下几种。

1. 逐级行文

逐级行文指有隶属关系的上级向直接下级主送文件，下级收文后根据需要再向其直接下级主送文件；反之，下级向直接上级主送文件，上级收文后根据需要再向其直接上级主送文件。亦即文件在直接的上下级机关单位或部门之间逐级向上或逐级向下传递的方式（如图 2－1 所示）。如国务院发出“通知”，主送各省、自治区、直辖市人民政府和国务院各部、委，各省、自治区、直辖市人民政府收文后，根据需要再行文主送所属各区、县人民政府和各委、办、局，各区、县人民政府同样根据需要再行文主送各乡镇人民政府、街道办事处和所属部门；与此同时，国务院各部委也在各自的系统范围内向下属机关单位层层逐级发文。反之，下级向上级呈送“请示”“报告”，也要先主送直接上级，直接上级根据需要再主送更高上级。

逐级行文是最基本的行文方式，是维系正常的工作秩序，保持政令畅通、信息无阻的基本前提，各级机关单位和部门在正常情况下都应当采用逐级行文方式行文。

2. 越级行文

越级行文是指越过直接上级向间接上级或更高级别的上级主送文件，或是越过直接下级向间接下级或更低级别的下级主送文件的行文方式（如图 2－2 所示）。

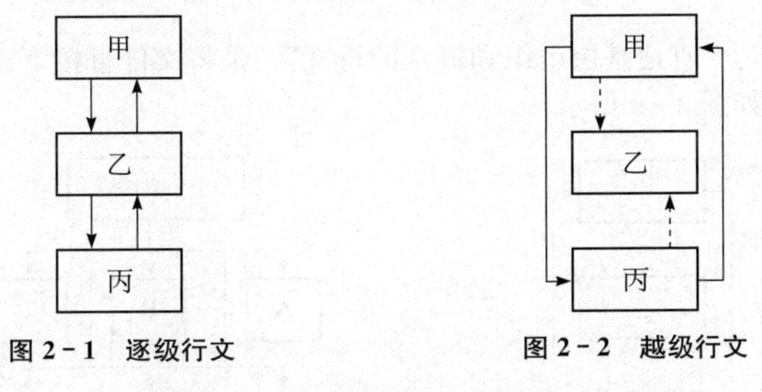

图 2－1　逐级行文　　**图 2－2　越级行文**

图示说明：——►表示主送方向；---►表示抄送方向。

越级行文只有在非正常情况下、不能采用逐级行文方式时方可使用。越级行文的非正常情况通常为：突发性的天灾人祸，如自然灾害、重大事故、公共事件等，由于事发突然、情况紧急、问题严重，若逐级请示、报告，必然延误时机，酿成更大灾难，导致严重后果，此时可以根据事态的严重程度，向有权和有能力处理该情况的间接上级直接发文。除以上情况外，越级行文还可以用于以下特殊情况：一是向直接上级多次请示但始终未得到答复或解决的问题；二是与直接上级有争议，久拖不决而又务必解决的问题；三是对直接上级的举报；四是不涉及直接上级职权范围而与间接上级的职能有关的事项等。越级行文大多用于向上行文，但有时上级领导机关因工作需要越过直接下级向基层单位直接发文了解情况、调查研究、联系公务等，就属于向下越级行文，前述第四种情况就是下级直接向间接上级汇报工作、答复垂询。

越级行文要特别慎重。《条例》第十四条规定“一般不得越级行文”。随意越级行文，一则会打乱正常的上下级关系；二则因为违反行文规则而会被间接上级退回，更贻误工作时机；三则还可能造成上下级之间不必要的误会。即便符合越级行文条件，《条例》第十四条又同时规定，越级行文“应当同时抄送被越过的机关”，这样做的目的就是要保持上下级之间信息畅通，维护正常的工作关系。当然，个别情况不便抄送的，如“举报”等可以不抄送。

3. 多级行文

多级行文是将文件主送直接下级和间接下级（如图 2－3 所示）。

多级行文主要为向下行文，行文中需要注意的是主送机关单位的写法，应将直接下级排在前，间接下级排在后；同级之间用“、”分开，不同级或不同系统的用“，”分开。如果主送机关包括所有各级别单位，则用概括性的写法。如中共中央办公厅、国务院办公厅印发《条例》的通知时，其主送机关的写法为“各省、自治区、直辖市党委和人民政府，中央和国家机关各部委，解放军各总部、各大单位，各人民团体”。

但向上行文时如果事情重大，需同时报请直接上级和更高上级机关了解情况的，《条例》第十五条第一款规定：“原则上主送一个上级机关，根据需要同时抄送相关上级机关和同级机关，不抄送下级机关。”也就是说，向上行文不能多头主送，过去有机关单位以“并报”的方式向多级上级机关同时主送文件，已不符合现有的规定，应该改变，代之以“抄送”形式向间接上级发送文件。

4. 普发行文

普发行文又称为“直达基层组织和群众的行文”，是将文件直接下达给各基层组织和群众的行文方式（如图 2－4 所示）。

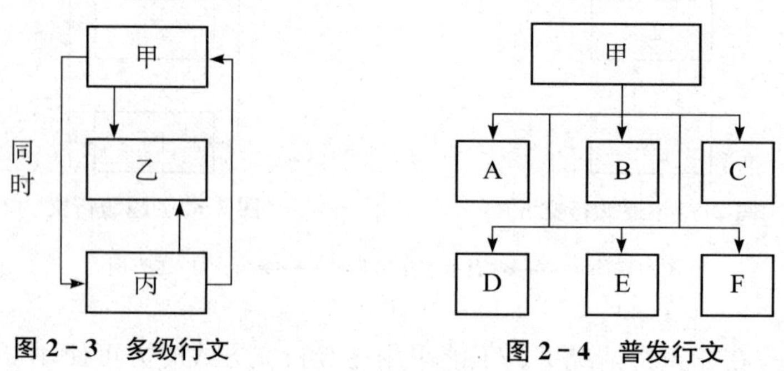

图 2－3　多级行文　　**图 2－4　普发行文**

普发行文包含了多级向下行文的方式，但又有更广的发文范围。普发行文通常为较高级别的党政机关颁布法律、规章，出台重大方针、政策性文件，公布重要决定或者重大事项时使用。为让广大基层组织和公众尽快知悉文件内容，广为宣传，普发行文通常借助媒体传播或采用宣讲、张贴等形式传达。普发的文件除发文机关少量保存外，不再另外行文。对于普发的文件，《条例》第三十一条规定：“经批准公开发布的公文，同发文机关正式印发的公文具有同等效力。”凡与文件内容有关的各级机关单位和公众均可依照执行。

5. 联合行文

联合行文是指两个或两个以上的机关单位对涉及各自职权范围的事务以联合的名义向下级或向上级发文的行文方式（如图 2－5 所示）。

《条例》第十七条规定：“同级党政机关、党政机关与其他同级机关必要时可以联合行文。属于党委、政府各自职权范围内的工作，不得联合行文。”也就是说：第一，联合行文的机关单位不论所属为何种系统，只有级别等同，方可联合发文。如中共中央与国务院，国务院与中央军委，财政部与国家税务总局等同级党、政、军机关单位或社会团体之间均可联合向下发文；又如人力资源和社会保障部、国家发展和改革委员会、教育部、工业和信息化部、财政部、自然资源部、住房和城乡建设部、商务部、中国人民银行、国家税务总局、国家工商总局联合向国务院发文就属于联合向上行文。多个单位联合行文时机关单位的排列顺序为：行政机关联合行文，主办机关排列在前；行政机关与同级或相应的党政机关、军队机关、人民团体联合行文，按照党、政、军、群的顺序排列。第二，参与联合行文的机关单位必须与其职能相关，确有必要，不能出于摆平关系等人情因素考虑而加入过多的机关单位，否则既人浮于事、浪费资源，又达不到发文目的。

6. 平行行文

平行行文是指没有隶属关系的机关单位和部门之间以平行文种直接收、发文件的行文方式（如图2-6所示）。

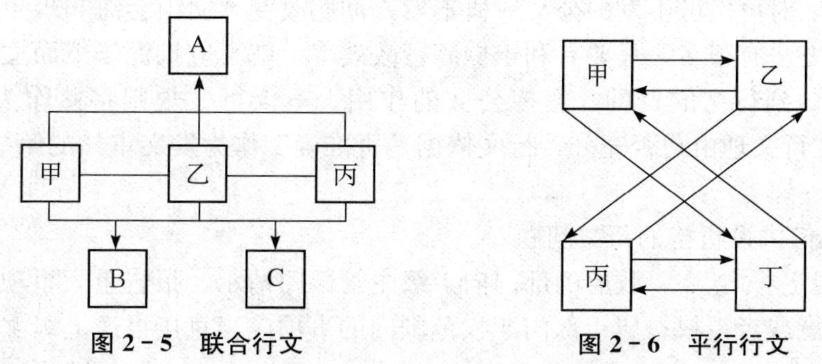

图2-5　联合行文　　**图2-6　平行行文**

平行行文是没有隶属关系的任何机关单位和部门之间使用最为广泛的行文方式。

平行行文最常用的文种是“函”，凡没有隶属关系的机关单位或部门之间需要商洽工作、询问或答复问题、请求批准或答复审批事项时，无论有无级别或级别高低，相互之间都可以跨地区、跨系统、跨组织，直接向对方发“函”联系接洽。这种交往是在双方平等协商的基础上进行的，即便需要对方批准或答复审批事项，也属于工作业务上的平等往来关系。除“函”以外，“意见”也可以平行方式在非隶属机关单位和部门之间行用。

总之，平行行文是在不打乱正常的党政机关、企事业单位、社会团体组织系统关系的前提下实施的一种直接、快速、简单、广泛的书面公务联系方式。现代社会的开放与发展，使得各类社会组织之间需要开展更多的业务交流与联系，平行行文方式为党政机关、企事业单位、社会团体、各类非公经济实体和民营组织之间的交流与联系提供了契机，增进了社会交往，也简化了党政机关、社会组织间交流联系的形式，是值得重视并正确运用的行文方式。实际工作中，有些基层组织向没有隶属关系的较高级别党政机关或部门发文，常常不由自主地将对方视为上级，动辄以“请示”或“报告”行文，对方往往也不自觉地以“批复”回应。这些不正确的做法必须加以纠正。

（二）行文规则

行文规则即行文时必须遵守的规定与准则。

行文规则缘于行文关系，并通过行文方式来体现。行文规则是行政管理制度的一部分，是机关单位秘书部门处理文件时必须遵循的规章制度，特别在使用某一种行文方式时务必要符合相应的行文规则。正确理解并执行行文规则，可以保证各级各类机关单位和部门、社会组织职能和职权的独立性，充分发挥党政机关、社会组织各自的组织功能，更好地开展文书处理工作，加强社会监督，完善行政管理体制。行文规则的具体内容，除前文行文方式中已述及的一部分外，还有其他规定和需要注意的问题，结合《条例》和实际工作要求，分述如下。

1. 关于行文的必要性问题

《条例》规定："行文应当确有必要，讲求实效，注重针对性和可操作性。"（第十三条）

《条例》总则第三条明确："党政机关公文是党政机关实施领导、履行职能、处理公务的具有特定效力和规范体式的文书，是传达贯彻党和国家的方针政策，公布法规和规章，指导、布置和商洽工作，请示和答复问题，报告、通报和交流情况等的重要工具。"这一表述说明公文是处理公务的"重要"工具但不是"唯一"的工具。换言之，是否需要行文应视有无必要，对可发可不发的公文一概不发，彻底改变"文山会海"现象。工作中解决问题的渠道和方法有很多，只要有利于提高行政效率，就不应拘泥于书面文件形式；而一旦发文，就要达到行文的目的，发挥公文的作用。不仅行文规则将此作为第一条内容，《条例》也将"行文理由是否充分，行文依据是否准确"作为发文审核的第一条重点内容，重视程度可见一斑。

2. 关于部门内设机构的行文问题

《条例》规定："党委、政府的部门向上级主管部门请示、报告重大事项，应当经本级党委、政府同意或者授权；属于部门职权范围内的事项应当直接报送上级主管部门。"（第十五条第二款）

"党委、政府的办公厅（室）根据本级党委、政府授权，可以向下级党委、政府行文，其他部门和单位不得向下级党委、政府发布指令性公文或者在公文中向下级党委、政府提出指令性要求。需经政府审批的具体事项，经政府同意后可以由政府职能部门行文，文中须注明已经政府同意。"（第十六条第二款）

"党委、政府的部门在各自职权范围内可以向下级党委、政府的相关部门行文。"（第十六条第三款）

"涉及多个部门职权范围内的事务，部门之间未协商一致的，不得向下行文；擅自行文的，上级机关应当责令其纠正或者撤销。"（第十六条第四款）

"党委、政府的部门依据职权可以相互行文。部门内设机构除办公厅（室）外不得对外正式行文。"（第十七条）

以上规则体现了以下几方面意义：

第一，对部门内设机构的行文权加以严格限制。规则强调部门和单位不得向下级发布指令性文件或在文件中提出指令性要求；部门向上级主管部门请示、报告重大事项或审批事项，都要经本级党委、政府同意或者授权。规则虽然赋予党政机关办公厅（室）在职权范围内可以对外行文，但对下级行文也必须在本级党委、政府授权之下。这些对部门行文权的限制，从制度上消除了"政出多门"的弊端，确保了部门的领导管理政令统一，也使公文由法定作者制作和颁发的基本特点实至名归。

第二，明确部门在职权范围内行文。规则明确上下级部门在各自职权范围内应直接行文，不同组织系统的各个部门之间也可以依据职权互相行文。部门之间的公文往来均应以"函"的形式行文，也就是平行行文方式。强调部门在各自的职权范围内直接行文，意味着机关单位各部门应各司其职、各谋其事，不能越位越权。

第三，强调部门之间的协调一致。社会事务复杂，有些工作必然会有"跨界"现象，比如处理一些公共事务，往往涉及多个职能部门的权限，职能部门之间必须要有协商，达成一致后方可对外行文。协商一致就是为了防止有些部门各行其是、各自为政、各发其文，造成文件内容片面甚至互相矛盾，令下级无所适从。如果出现这种情况，上级机关单位应视其违规，有权责令其纠正或者撤销。

3. 关于文件抄送问题

对于抄送，除了在行文方式中已述及的第十四条、第十五条第一款外，《条例》还规定："受双重领导的机关向一个上级机关行文，必要时抄送另一上级机关。"（第十五条第六款）

向下级机关行文应当遵循的原则有："主送受理机关，根据需要抄送相关机关。重要行文应当同时抄送发文机关的直接上级机关。"（第十六条第一款）

"上级机关向受双重领导的下级机关行文，必要时抄送该下级机关的另一个上级机关。"（第十六条第五款）

规则对于文件什么情况下应主送、什么情况下应抄送有诸多说明。规则强调对下级发送重要文件必须同时抄送其上级，目的就是要保持并加强上下级之间正常的沟通与联系，便于上级及时了解情况，通盘考虑问题。这一规则既是对上负责，更是对下负责。同样，向受双重领导的上级、下级机关行文，必要时抄送另一上级机关，也是为了工作中互相通气、协调一致，防止出现不必要的误解和矛盾。

受双重领导的下级向上级行文时应分别明确主送和抄送对象，主送与抄送对象要根据行文目的和送文对象的职权范围来确定，不能简单照搬党政顺序硬性规定。规则对双重领导下的行文要求，既符合《条例》规定，也表明两个上级领导同一下级，在职权上是有分工的，不能混淆各自的职责范围。某项工作与其中一个上级有关，就应将该上级作为本次发文的主送机关，由该上级负责答复和处理，同时只需向另一上级抄送一份；反之，负责答复和处理文件的上级必要时可向另一上级抄送。总之，这些规则都是为了保证领导机关之间的沟通联系，协同做好领导工作。

4. 关于"请示"的使用问题

《条例》规定："下级机关的请示事项，如需以本机关名义向上级机关请示，应当提出倾向性意见后上报，不得原文转报上级机关。"（第十五条第三款）

"请示应当一文一事，不得在报告等非请示性公文中夹带请示事项。"（第十五条第四款）

请示和报告是实际使用中最容易出现问题的两个文种。常见的问题有：级别不同的非隶属机关单位之间用"请示"请求对方批准；对无从答复的下级请示不经讨论研究，直接转发给上级；请示中一文多事，或在报告中提出请示性要求等。对第一种情况，只要正确理解"请示"与"函"的用法，厘清两者在行文关系上的区别，正确区分不同级别的机关单位之间的关系，就能避免误用。对第二种情况，如果下级的请示超出本级处理权限，或难以把握政策尺度，有待得到更高上级的指示，作为上级机关，应在上报的请示中对问题做出分析判断，提出建设性意见，而不是简单地转发给上级，坐等上级批复。对第三种情况，首先，应正确理解诸事不同请的道理。下级不同的事情和要求，上级处理时有不同的职责和权限：有的事情简单，可以直接批复；有的事情紧急，需要尽快答复；有的事情需要研究，要等待一段时间再回复；有的事情不合乎政策，不能批准；有的事情超出上级的职权范围，必须请示更高上级。凡此种种，都应区别对待，不能混为一谈。即便是同类事情，也有轻重缓急和职权隶属之分。下级一文多请，让上级无从一文同复；上级一请多复，更会造成行文混乱，绝不可取。其次，要正确区分请示与报告的用法。请示与报告最大的区别在于请示必有上级批复，而报告无须上级答复，在“报告”等非请示性文件中夹带请示事项，往往因得不到上级批复而误时、误事。另外，请示不能抄送下级，否则会使下级误以为是上级的要求而贸然行动，造成工作被动。

5. 关于文件报送主要负责人的问题

《条例》规定：“除上级机关负责人直接交办的事项外，不得以机关名义向上级机关负责人报送公文，不得以本机关负责人名义向上级机关报送公文。”（第十五条第五款）

机关单位负责人是指各级党政机关单位的正职或主持工作的负责人，是代表组织、面向全局行使工作职权的领导人，也是公文的“法定作者”。上级机关单位的负责人有时会因工作需要较多关注某一下级，要求其汇报工作情况，对此，下级可以机关单位的名义直接向该负责人汇报工作，报送给文件。但一般情况下，上级负责人不宜较多以个人名义关注下级工作，以免给下级造成“亲疏不均”的印象；作为下级，更不应动辄将文件直接报送给上级负责人，或以下级负责任人名义直接向上级报送文件。否则，一则将正常的工作关系演化成个人行为，不符合公开、公平、公正的管理原则，违反组织关系，搅乱工作秩序；二则容易出现越权甚至腐败行为，尤其不在上级领导职权范围内的事，上级领导越权处理，既对下级造成不良影响，也为权力寻租埋下隐患。总之，在正常情况下，下级向上级提交“请示”“报告”“意见”等文件，应该以下级机关单位的名义向上级机关单位行文，而不应向领导个人行文。如果出于特殊需要，或为了尽快达到目的，可以事先征求领导意见，在领导指导下有的放矢地行文。

综上所述，行文制度是各级党政机关单位做好文件管理工作的前提，必须认真执行，作为行文制度的各个组成部分，行文方式及行文规则与行文关系、行文方向互相影响，互相制约，使用时不可随心所欲，否则就会打乱正常的工作关系，造成行文混乱、管理无序。

第二节　文书办理

文书办理是对收受和制发的文件按一定的规律和要求进行处理的过程。文书办理需要通过一系列流程、环节和步骤对来往于各类社会组织间的文件做合理、有序的处置，以表达文书在组织间有目的运转的过程及其功能。文书办理包括收文办理、发文办理和整理归档。本节将对收文办理和发文办理流程中的各个程序、工作方法和要求作具体阐述，整理归档则在下一章详述。

一、文书办理流程

文书办理流程即对制发和收受的文件以衔接有序的程序进行办理的过程。文书办理各程序既相对独立、内容特定、各具功能，又相互衔接、环环相扣、排列有序，构成了一个完整、有序的文件运转和办理的程序。文书办理的基本流程如图 2-7 所示。

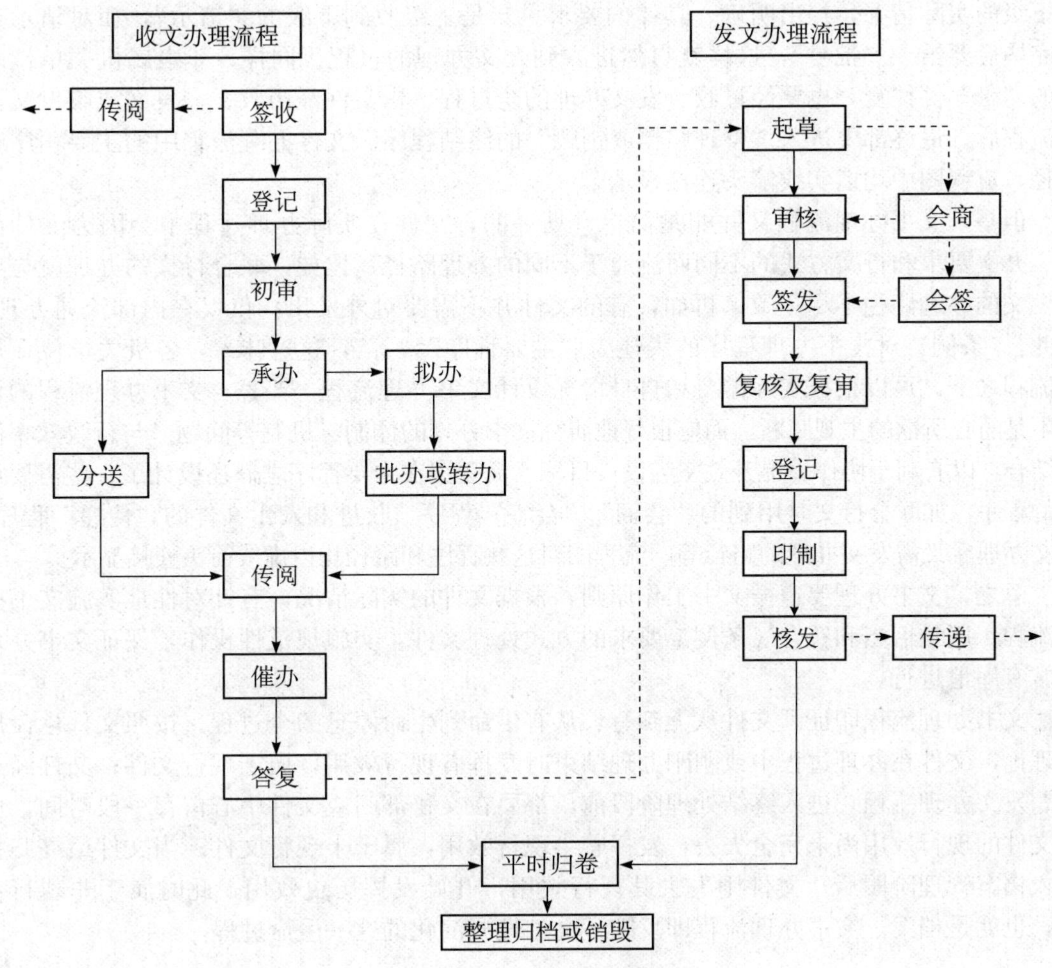

图 2-7　文书办理基本流程

从文书办理基本流程来看，文书办理可分为“收文办理”和“发文办理”以及收、发文办理结束后的“整理归档或销毁”。从文件办理的实际情况看，文件办理通常有以下三种情况：第一种情况是单纯收文办理，即文书办理从“签收”开始至“传阅”为止，收文办理工作即告结束。比如，上级收到下级呈送的报告，如果为例行的工作报告，则只需相关部门阅知即可；再比如，下级收到上级下发的事务性通知，也是在传阅后即告收文办理结束，上述办理流程适用于阅知性文件。而如果收到的是批办性的文件，则从“签收”开始至“核发”为止，也就是下文所述的第三种情况。第二种情况是单纯发文办理，即文书办理从“起草”开始至“核发”为止，发文办理工作即告结束。比如，上级向下级发出决定、通知、通报等，或者下级向上级发出请示、报告等，还有非隶属机关单位或部门之间发出函等，这些都是发文机关单位为某种目的而制文、发文，至于对方回复与否，与发文办理本身无关。第三种情况是收文办理后需要书面答复对方而使文书办理进入到文件拟制和发文办理流程，即从“签收”直至“核发”，文书办理工作才告终结。这种收文与发文连贯办理的情况通常出于以下原因：一是最常见的逐级行文，即下级收到上级文件，为贯彻落实文件精神，而将文件层层转发。当然，对需要执行的上级文件，转发时要结合本级和下级的实际情况，提出明确、具体的要求。二是上级收到下级的“请示”，在对请示办理完毕后要给予“批复”，这样就自然进入到发文办理的过程。同样，非隶属机关单位之间的“函”件往复，也要经过收、发文办理的全过程。当文件经历收文、发文或收发文办理流程后，最终都要进入“整理归档或销毁”的终结程序。文件办理流程中的主要程序和路径，流程图中均以实线箭头连接显示。

但是，文书办理流程又并非是简单、划一的，文件在实际办理过程中会因为文件内容、办文要求和行文方式的不同而流通于不同的办理路径。比如，联合行文的办理就与单一发文的办理路径不尽一致；再如，有的文件并不需要对外发出，仅仅在内部流通办理。对此，《条例》对文书办理程序的表述为“主要程序”“等”，这意味着，各机关单位在规定流程之下，可以根据实际需要和自身情况设计文书办理流程。当然，文书办理流程的设计不是随心所欲的主观臆断，而应很好地研究文书办理的体制、机制等问题，与行政效率研究结合，以有利于协作、提升效率为设计目标。流程图在主要程序之外还设计了一些需要用到的程序，如联合行文时用到的“会商”“会签”程序、收进和发出文件的“传递”程序、收文办理后又需发文办理的路径等。流程图对这些程序和路径均以虚线箭头连接显示。

总之，文书办理要遵循文书工作原则，根据文件的实际情况，有针对性地实施文书办理流程，用最恰当和符合《条例》要求的方式处理文件，实施规范性操作，保证文书办理正常有序地进行。

文书办理流程印证了文件从无到有、从有生命到生命停息的全过程。按照文件生命周期理论，文件在办理过程中或刚刚办理结束时发挥着现行效用，属于现行文件；文件经过收、发文办理流程，进入终结处理阶段前，都要在文秘部门或文件中心留存一段时间，此时文件的现行效用尚未完全失去，发挥着半现行效用，属于半现行文件；当文件最终归档进入档案管理阶段后，文件则失去其现行效用，开始发挥历史效用，此时属于非现行文件，也就是档案。文书办理流程即反映了文件性质演化的这一生命过程。

二、文书办理的方法和要求

文书办理应该是规范、有序的。《条例》规定，收文办理主要程序有签收、登记、初审、承办、传阅、催办、答复等，发文办理主要程序有复核、登记、印制、核发等。虽然《条例》未将文件拟制程序列入发文办理，但发文必须先拟制文件，为方便阐述，同时与流程图保持一致，本文把两个部分的程序结合在一起作为发文办理的全部程序。以下结合流程图分别说明每个程序的工作方法和要求。

（一）收文办理

收文办理全部程序可分两个阶段：第一个阶段从签收到登记，属于收进阶段；第二个阶段从初审到答复，属于阅办阶段，这一阶段也是收文办理的重点。

1. 签收

签收是对收到的文件进行初步分类、检查清点并签名确认。《条例》规定：“对收到的

公文应当逐件清点，核对无误后签字或者盖章，并注明签收时间。”（第二十四条第一款）

通常，签收工作先由机关单位收发部门的外收发人员对通过邮政、机要部门等渠道传递来的信函、文件，通过封套上的信息作初步的分拣、清点和检查。这部分的工作要求是：第一，确认来文、邮件是否应由本机关单位接收。区分公务文件和私人信函，将公务文件与对方的送文回执清单进行核对，检查来文数量是否准确，封套是否完好，有无拆动痕迹等。确认无误，则在回执单上签字或盖章，并注明签收时间；若有问题，或当即退回文件，或当即声明问题所在并请送文者签名确认。第二，外收发将所有来文、来函按部门或收件人分门别类，及时送达各部门或相关人员手中。大型机关单位往往设立邮件中心，负责将送来的文件或邮件分别放入预先设置的各部门信报箱中，由各部门自行来取。但对于急件和密件应做到随到随送，直接送达机要部门或办公室机要人员，或及时通知办公室内收发人员来取。小型机关单位一般不设外收发人员，由办公室文秘人员直接收取、清点、检查并签收。机关收发部门除负责来文签收外，还要对本机关发出的文件对照“发文登记簿”作最后的清点和检查后发出。可见，签收作为文件“进”与“出”的关口，决定了文件能否得到及时办理并发挥效用。

2. 登记

登记有狭义和广义之分。狭义的登记即对文件的基本要素项目和内容作一定形式的记录；广义的登记即对文件每一次办理过程的记录。《条例》规定：“对公文的主要信息和办理情况应当详细记载。”（第二十四条第二款）

登记前先要拆封，即由秘书人员对文件进行启封并作进一步检查清点。只有秘书人员有权对文件拆封和登记，但对领导“亲启”“亲收”的文件和信函，除非领导有特别交代或授权，一般情况下秘书人员和其他人员都无权拆启。拆封时要注意保护封内的文件或物品，检查文件及其他随信物件是否齐全、完整，内容、数量是否有误。如有问题要即刻向外收发及发文机关单位查询。来件中附带的零散物件如汇票、单据、发票、现金、照片等，应放在专用纸袋内，做上标记并一一登记。重要的物件送交领导处理；与文件直接相关的随文一起办理；凭据性的物件则暂存于秘书部门，统一保管和处理。

想一想

混装的机密文件

天地公司管文书收发的小张，一贯严格执行交接手续。一天，经过清点、对号、查看封口，发现无问题后，她签收了一批外来文件。但是，在启封、登记过程中，她发现有一份属于某某单位的机密文件，混装在了普件中。这是她多年工作中遇到的第一次，不知该如何处理。退回去吧，又怕节外生枝，说自己看了机密文件，惹出麻烦来；不退吧，也不妥。后来她将此事报告了办公室主任，通过正常方式将文件退给了发文单位。

此次事件给秘书人员什么启示？

文件拆封后应即刻登记。收、发文件办理流程中，都有“登记”程序，所以登记又分为“收文登记”和“发文登记”。这里先谈“收文登记”。

“收文登记”的记录形式依机关单位规模和工作方式的不同而有不同形式，通常有簿册式、联单式和卡片式三种。

簿册式为表格状，每一个登记项目列为表头，对每份来文按表头内容一一顺次登录于表格栏中（如图 2-8 所示）。簿册式形式简单，适用于人员规模不大、组织结构简单、文件数量不多的小型机关单位。

收文登记簿

收文号	来文日期	来文单位	来文标题	来文字号	密级	缓急	份数	承办单位	签收人	复文字号	归卷日期	存档号	备注

图 2-8 簿册式登记单

联单式又有“两联单”“三联单”“四联单”的不同样式，每一联的上半部分登记文件的基本信息，下半部分则按需要设计不同的栏目内容。以四联单为例，有用于登记文件的“文件登记单”，有用于分送文件的“文件分送单”，有用于处理文件的“文件处理单”，还有用于催办文件的“文件催办单”，每一联各有用途（如图 2-9 所示）。三联单则少了“文件催办单”。两联单往往只有“文件分送单”和“文件处理单”。联单形式的选择和数量的多寡取决于实际工作需要和文件办理流程，不必统一。联单式内容全面，使用复杂，较适用于人员机构庞大、文书工作量较大的大型机关单位。

卡片式为单张表格（卡片）的式样，一份表格（卡片）登记一份文件，其形式与“文件处理单”相似，适用于文件数量不多也不少的中型机关单位。

随着办公自动化设施的普及，许多机关单位已普遍采用电脑登记文件，即将文件信息直接输入电子计算机中预先设计的文件处理系统进行登记。这种现代化的登记方式综合了上述三种形式的主要长处，避免了它们的短处，简便易行。除有密级的文件外，输入公用文件夹的文件可根据需要供各部门通过终端调阅文件目录，减少查阅环节，提高工作效率。电脑登记也是收文办理程序的其他环节实现计算机处理的第一步，是今后文档信息检索和存储的基础。

当然，不论采用何种形式，文件登记的基本项目都应该包括收文时间、来文机关、来文字号、文件标题或内容摘要、文件密级、缓急时限、文件份数、承办单位或部门、复文字号、归卷日期、归入卷号、备注等内容。联单式和卡片式还应该有“拟办意见”“批示意见”“办理结果”等登记项目。从文件登记的项目可见，收文登记是随文件办理的进程逐一记录，而不是一次性登记完的。

收文登记既可以是综合性登记，也可以是分类登记。分类登记即按照来文的不同性质或不同级别建立分类登记表，如按党务文件、行政文件、业务文件或按上级来文、下级来文、平级来文等分门别类登记，也可以按密级或缓急时限分别登记。但无论采用什么方式、方法，只要手续简便，方便记录，利于查找，各级机关单位都可以根据自身的状况选择最合理、最便捷的登记方式。

文件登记单

No. ______

来文机关		来文字号		密级	
文件标题				时限	
附件				份数	
承办单位		签收人			
复文字号		清退情况			
归卷日期		归入卷号			

（第一联：装订为总收文簿）

文件分送单

No. ______

来文机关		来文字号		密级	
文件标题				时限	
附件				份数	
承办单位		签收人			
分送记录					

（第二联：经办部门备查）

文件处理单

No. ______

来文机关		来文字号		密级	
文件标题				时限	
附件				份数	
拟办意见					
批示意见					
办理结果					
归卷日期		归入卷号			

（第三联：随文运转办理）

文件催办单

No. ______

来文机关		来文字号		密级	
文件标题				时限	
附件				份数	
承办单位		签收人			
催办记录					

（第四联：作分部门催办用）

图 2－9　联单式文件登记单

文件登记是一项极其重要的工作，更是一项基础性工作。它不仅记录了每份文件的基本信息，反映文件的来龙去脉，记录文件的办理过程，成为文件查询和日常保管工作的依据，而且还可以通过它掌握文件收、发的数量和范围，为今后文件的整理、归档工作奠定基础。当然，并非所有的来文来函均需登记，文件登记与否要看对本机关工作有无指导或参考作用。对一些已公开的、内部不保密的或属于出版物的文件资料、领导收启的私人信函、一般的公务便函、介绍信、请柬、邀请函、事务性通知等就不必登记。

3. 初审

审核是按照文件办理要求对文件从内容到形式进行审查核对。文书在收、发文办理中三次审核，分别是收文“初审”、拟制“审核”和发文“复核”，这里先谈收文“初审”。

初审即对收到的文件进行初次审核。《条例》规定：“对收到的公文应当进行初审。初审的重点是：是否应当由本机关办理，是否符合行文规则，文种、格式是否符合要求，涉及其他地区或者部门职权范围内的事项是否已经协商、会签，是否符合公文起草的其他要求。经初审不符合规定的公文，应当及时退回来文单位并说明理由。”（第二十四条第三款）

这一规定明确，凡来文必先初审再决定如何处置或办理。初审中常见的问题有：

（1）越权行文致使超越受理权限。如越权向上级、下级或同级行文，使对方无权办理。

（2）违反行文规则。如请示一文多事、报告中夹带请示事项、将下级机关的请示事项原文转报上级机关、办公厅（室）之外的业务部门擅自向下级发布指令性文件。

（3）文种、格式不符合要求。如该用“请示”的用了“报告”；上行文未标注“签发人”；主、附件分离，附件不全，缺页、错页，中间有空白页；印制歪斜等。

（4）未履行会商、会签手续。如未经协商就发文、已协商未达成一致意见且没有说明情况就发文、联合行文的未会签完毕就发文等。

（5）不符合文件起草的要求。如文件内容不符合现有法律法规、政策方针，表述不准确等。

对于不符合初审规定的文件，一要及时退回，不能拖延；二要坚决退回，不能姑息迁就；三要说明理由，使来文单位知晓缘由，吸取教训。总之，退回不合要求的文件，能有效防止滥发文件，保证文件质量，提高工作效率。

4. 承办

承办是按照文件内容和要求，贯彻落实文件精神，执行具体工作任务，办理有关事宜的过程。《条例》规定：“阅知性公文应当根据公文内容、要求和工作需要确定范围后分送。批办性公文应当提出拟办意见报本机关负责人批示或者转有关部门办理；需要两个以上部门办理的，应当明确主办部门。紧急公文应当明确办理时限。承办部门对交办的公文应当及时办理，有明确办理时限要求的应当在规定时限内办理完毕。”（第二十四条第四款）

文件承办要求根据文件的不同情况分别办理，并在规定时限内办理完毕。文件承办包括分送、拟办、批示和转办等各种方式，这些工作由领导部门、秘书部门和其他职能部门分别承担，但秘书部门始终是承办工作的组织者和管理者。对秘书部门而言，承办工作的主要任务如下。

（1）认真阅读来文，正确区分筛选。

机关单位每天收到大量的文件资料，都需要秘书认真阅读。阅读文件的方法有：粗阅，即只看文件标题；跳阅，即选看内容；细阅，即深入看内容，包括看标记、看标题、看头尾和看正文。怎样阅读取决于秘书的工作时间和工作经验。阅读后按文件的业务性质、重要程度、紧急程度等做出区分和筛选。

文件可分为阅知性文件和批办性文件。阅知性文件，指需要本机关单位负责人、部门负责人或相关业务人员阅读了解内容的文件，如政策法规性文件、事务性通知、告知性函件等等；批办性文件，指需要由本机关单位负责人批示或者转交有关部门办理的文件，如上级要求贯彻落实或办理的通知、下级的请示及重要的报告、需要办复的函件、需要联合办理的文件以及重要的信访件等。区分文件，一可以控制呈送领导人批阅文件的数量，二可以对送批文件按照轻重缓急分类，确保要件、急件及时准确得到处理，三可以把不必传阅、办理的文件筛除掉，阻止其进入下一个办理程序。

（2）针对不同文件，分别承办落实。

阅知性文件要根据文件内容、要求和工作需要分送有关部门和人员传阅。

文件分送范围应根据文件内容、要求和工作需要确定。文件主送对象明确、具体的，按主送对象分送；不明确、不具体的，应在充分满足工作需要、发挥文件最大效用、符合文件保密要求的前提下确定分送对象。分送文件要附上“文件分送单”（如图 2－9 所示），详细记录分送的日期、送达的部门和人员。

批办性文件，应先拟办再送领导批示或转交有关部门办理。

拟办是秘书人员对文件如何办理提出参考性意见，也是秘书人员为领导批办文件做各项准备的过程。

拟办可以从以下几方面着手：一是在“文件处理单”的“拟办意见”栏内填写文件拟办意见和建议，并签署拟办人姓名和日期；二是对篇幅较长的文件予以摘要，附于原文前供领导阅读；三是查询并附录文件中涉及的有关政策或规定，为领导人批示提供依据；四是查询以往处理过的同类文件，供领导人参考，保证批示意见前后一致，保持决策的连贯性；五是对需要批示的文件按轻重缓急，依次报送领导，使文件批示有计划性；六是必要时可对来文中的有关数据和情况做调查核实，鉴别真伪，利于领导批示。

由于拟办意见是供领导参考的，对领导批示会产生很大影响，因此，提出拟办意见的秘书人员应当根据组织运作方式和各部门职责范围，围绕领导中心工作和组织目标，提出切实可行的、值得领导参考和采纳的意见或建议。拟办工作直接体现了秘书参谋职能，通常由秘书部门负责人或资深秘书人员来担当。

小贴士

拟办意见只是供领导参考的，一定意义上只属于秘书人员的个人意见，不代表领导的想法，更不是文件的正式办理要求。因此，秘书人员在领导正式批办前，绝不能随意散布文件内容和拟办意见，以免造成工作被动。

拟办后的文件有两种情况，一种是需要交给领导人批示的，一种是需要转办的，或经过领导批示后再转办的。这里先谈领导批示。

批示是由机关单位或部门负责人对文件办理提出个人意见的决策过程。领导人批示前会充分考虑拟办意见，甚至参照拟办意见做出批示。当然，领导也可以从宏观视角、长远目标出发，提出个人意见，所以批示是对文件办理做出的最终处理决定。

文件批示工作应实施统一负责、合理分工的原则。所谓统一负责，即规定各层次、各部门负责人批办的职责与范围。对全局性、政策性强的文件应由机关单位主要负责人批办；若主要负责人因故无法批示，可由其他副职领导代行批示或经主要领导人授权批示。所谓合理分工，即分层负责，应授权组织的副职领导与秘书部门负责人按照职责分工，分别批示业务性文件和行政事务性文件，不可越权批示。

批示文件的领导人应以认真、负责的态度，仔细阅读文件，斟酌批示意见。批示意见应明确、肯定、具体，前后一致、切实可行，明示承办的原则、要求、程序和方法，便于办事人员理解，利于办事部门执行。具体而言，对需要贯彻执行的，应提出执行的具体方案；对需要办理落实的，应指明办事部门、人选和办事的要求；需要两个以上部门办理的，应明确主办部门；需要其他领导传阅的，应确定批阅的对象或范围；需要紧急办理的，应明示办理的时限；需要回复来文单位的，要交代拟稿人回复的要点。值得注意的是，对下级来文的批示应意见鲜明、表态明朗、词义明确，不应只阅不批，仅画圈而不签注意见，或者笼统地写“同意”或“不同意”，甚至写“拟同意”这类模棱两可、似是而非的意见。对有具体请示事项的，主批人应当明确签署意见、姓名和审批日期，其他审批人圈阅视为同意；没有请示事项的，圈阅表示已阅知。另外，对常规性文件如统计报表、临时性或事务性文件等，可一次性批示，形成常规化工作，以后依例办理，简化重复性文件批示。

批示意见应记录在“文件处理单”的“批示意见”栏内，并注明批办人的职务、姓名和批办日期。领导人要写全名并注明职务，不应简单写为如“张局长”“王总经理”“李书记”或“老张”“老李”等，这样会使办事人员无法确认批示人，也为以后查档留下隐患。批示日期要将年、月、日写完整，以作为今后执行领导意见或决策的时间依据，也可据此检查办文的进度。

知识链接2-1 文件上画“圈”何时开始

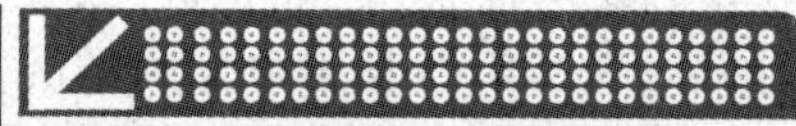

“圈阅”是毛泽东生前阅文经常使用的方法。关于“圈阅”的由来，曾任毛泽东秘书的叶子龙回忆：

1948年3月的一天，毛泽东问起东北方面调查土改和讨论规定的材料来了没有。担任秘书的胡乔木回答说早来了。毛泽东追问：“来了为什么不及时送给我看?”

叶子龙连忙去找，结果从文件堆里翻了出来。当时领导人阅看电报、文件后，就在第一页画上钩，所以叶子龙说：“这份电文您已经看过了。”毛泽东听了有些不悦，说：“我根本就没有看过!”由于上面只有钩钩，从钩钩上的确看不出究竟是谁画的。为了改变这种状况，叶子龙想了个办法：送传电报、文件前，先在上面署好各位领导的名字，哪位领导看过了，就在自己的名字上画一个圈。这样一来，谁看谁没看就一目了然了。

毛泽东生前“圈阅”的文件不计其数，但是“圈阅”到底是什么意思呢？其实，毛主席在文件上画一个圈（即所谓“圈阅”），并不表示完全同意，只是大家赞成，他才同意的。如果他觉得写得好，往往批：很好，照发，至少还批一个“同意”。如果明确反对，他就压住不发了，或者批上不同意见。周恩来总理也认为：凡是主席只是画圈的，说明他是在考虑之中，还值得我们思考。

由此可见，毛泽东“圈阅”并不意味着同意，而是表示“看过了”。

（资料来源：刘明钢．毛泽东的“圈阅”．钱江晚报，2009-02-15．有改动。）

文件承办如由两个或两个以上的部门共同承办，主办部门应承担主要职责，全力办理，其他部门应积极配合，协助办理。承办的各部门应本着做好工作的原则，精诚合作，力求把事情尽快办好。对需要答复的文件，联合办文的各部门绝不能互相推诿、扯皮，贻误时机。承办中遇到问题，或者对领导批示有疑问或意见，都要及时与批示的领导和拟办的秘书人员沟通，以求正确理解领导意图，或表达自己的意见，切忌自以为是，甚至歪曲臆造领导意见，这样轻则影响承办质量，重则导致不良后果。

文件承办的结果，一是自办文件按不需回复和需要回复两种情况办结。不需回复的，通常以贯彻执行、开会传达、当面协商、电话联系、实地调研、现场办公、督促检查等各种方式办结；需回复的则进入发文办理流程，下文详述。二是领导批示后不再办理的文件，由秘书注明办结情况，作为办毕文件处置。三是文件转交给有关机关单位或部门办理，即转办。

一般而言，涉及全局性的政务性、管理性文件，除非领导亲自办理，一般都由秘书部门办理。而对于有明确授权的，或请示事项属于其他部门职权范围的，又或者涉及专业领域的业务性、技术性文件，则应转交相关单位和部门办理。这类文件也可先交领导批示，由领导决定自办还是转办。

需要转办的文件要及时登记转出。转办的方式有三种：一是原文转办，即将领导人的批示意见填入《领导批示事项转办单》，连同原文一起转给承办单位（有领导人批示手迹的《文件处理单》不应转出）。如承办单位已有原文抄送件的，可不附原文，但需注明原文的发文字号，以便承办单位查找。二是面告转办，即对特别机密的批示意见，不能原文转出，以免泄密。如承办单位或部门距离本机关单位不远或交通方便，可请其负责人前来阅读原文，并面告领导的批示和要求，必要时允许摘抄、记录，以便其按照批示办理。三是电话转办。一般用于密级不高的文件和内部事项，可以利用电话、加密传真转告承办单位，通话双方都应做好电话记录以备查。

5. 传阅

传阅即秘书人员将文件在多部门或多个负责人之间传递，使之得到阅知办理的过程。在文件较少又不便复印时，传阅可以使相关人员尽快知悉文件内容，使文件得到及时办理。《条例》要求：“根据领导批示和工作需要将公文及时送传阅对象阅知或者批示。办理公文传阅应当随时掌握公文去向，不得漏传、误传、延误。”（第二十四条第五款）

需要传阅的文件有两种：一种是有关单位、部门和人员应了解知晓文件内容的阅知性文件，通常由秘书人员在分送时直接将文件送达有关部门和人员一一传阅；另一种是要求阅文者对文件阅读后写出指示性意见的阅批性文件。通常先经主要领导阅批，再由其他相关副职领导或有关人员阅知，以掌握文件精神和主要领导的批示意见；也可以根据文件内容，先送请分管领导人阅批，最后由主要领导人阅知或者批示。传阅既是阅知性文件的主要办理方式，也关系到其他文件承办的速度以及文件的有效管理，因此，文件传阅必须注意以下几个问题：

（1）传阅的文件必须始终掌控于秘书部门。

阅文者应直接同组织传阅的秘书人员发生联系，即由秘书人员按批示意见和有关规定依次将文件传送给阅文对象，阅文者阅毕退回给秘书人员，再由其依次传递给其他阅文者，亦即文件传阅是“纵传”而非“横传”（传阅对象之间直接传递文件）方式。“纵传”方式能有效避免文件失控、丢失、积压、泄密，但需要秘书人员对传阅顺序进行合理有序的安排，本着原则性和灵活性原则，一方面规范传阅秩序，建立较为稳定的传阅程序、传阅路线和传阅范围，使大多数文件的传阅有章可循，另一方面还应按有关领导人和各部门的工作活动规律，灵活调整安排阅文顺序。如文件传阅顺序应该为参办者在前、知晓者在后，即先送主要领导人、次送主管领导人及其他副职领导人，再送有关业务部门负责人，最后送有关人员。紧急文件、专送文件和需分管领导直接阅处的文件，应分主次缓急，按先办后传、急用者先阅、跳跃式传阅等方法处理，以缩短运转周期。

（2）积极采用多种有效方式传阅文件。

提高文件传阅的效率的方式之一是同时传阅，其主要针对的是内容重要、时限性强、无密级、阅文范围广的文件。同时传阅的具体做法有：开辟阅文室，定期、分批召集有关人员集中阅文；利用单位内部公布栏广泛传阅；利用传真机、计算机终端、可视电话等通信手段进行远距离文件传阅；利用会议（如办公会、职工大会、学习会等）集中传达阅知；复制文件副本同时阅知或阅办。方式之二是随时传阅，其主要针对的是时效性强、有保密要求的文件。随时传阅的方式有：专送候阅，即由专人将原件按传阅顺序直接送阅，待前一个领导阅毕签名，注明时间，由送文者直接送至下一个阅文对象，直至传阅全程终结；专室阅文，即通知有关人员到专门的阅文室阅读文件。

文件传阅无论采用什么方式，秘书人员都要加强管理，防止出现漏传、误传、延误现象。要做到：第一，严格遵守文件管理制度。有密级的文件应严格执行保密工作要求，按不同的密级要求限定传阅范围，无关人员不得随意接触文件，有条件的设立专门的阅文室，不设专室的要提醒传阅者谨慎保管好文件；即使文件无保密要求，也要按照文件管理的规定来保管文件，无关人员不可以随意翻阅。第二，做好文件传阅记录。将需要传阅的文件信息和传阅日期、传阅者姓名一一顺次登记于“文件传阅单”，或将“文件传阅单”附于文件前随文运转，传阅单上写有传阅者的姓名，阅文者看完文件后在传阅单上签名。第三，控制文件传阅速度。传阅文件应有时间限制，尤其对有办理时限要求的文件，更要严格控制好传阅时间。第四，及时收回传阅文件。文件传阅完毕必须及时交还给秘书部门保管，不得随意存放在个人手中，传阅后与其他文件一样归卷整理或销毁。

6. 催办

催办是根据文件承办时限和内容要求对文件的承办情况进行督促检查，以防文件积压的过程，是文书办理过程中具有监督、反馈功能的程序。《条例》要求，秘书部门应“及时了解掌握公文的办理进展情况，督促承办部门按期办结。紧急公文或者重要公文应当由专人负责催办”（第二十四条第六款）。

文件催办是因文件办理过程中，常常会有各种原因导致文件没有按时办理，如有的文件涉及的事情较多，有的文件反映的问题复杂，有的文件牵扯的面较广，有的则纯粹是办文不力、办事拖拉，对此，秘书部门一方面要随时了解文件办理进程，积极主动协调有关部门和人员抓紧办理，另一方面也要对拖延办理的有关单位、部门和人员做必要的催促。文件办理过程中任何一个环节拖延、迟滞，秘书部门即可采取一定的方式，督促有关部门和人员按时办理。秘书部门做好文书工作的前提之一，就是对文件办理实施有效监督。各级机关单位赋予秘书部门催办权，就是要使秘书部门及时了解和掌握文件办理进程，发挥协调、监督职能，不因问题复杂而听任文件办理无限拖延。总之，催办是提高办文效率的必要手段。

催办工作包括询复和清退两个方面，前者主要针对文件办理结果进行催询，以及时回复来文方；后者是催促非秘书部门人员及时归还留在他们手中的文件，以利文件的归卷整理。催办又分对内催办和对外催办。对内催办是根据领导人的批示意见，对本单位文件办理工作进行督促检查；对外催办是向文件的接收单位催询办理结果。

催办的形式主要有书面催办、电话催办、口头催办、会议催办、登门催办等，其中书面催办的方式是最正式的，其他方式可以结合使用。书面催办即使用“催办单”，注明催办时间和要求，如“请于×月×日办完，并将办理情况催办单退秘书处”，催办单随文件一并交承办人；也可填制一式二联“催办卡”，一联随文件交承办单位，另一联留催办人处作为催办凭据。每一次催办都应有记录，设计包括文件内容、办理时限、催办次数、完成进度、存在问题、解决方式等内容的“文件催办单”；也可利用电脑做催办记录，将催办事项输入电脑，同时填写“催办卡”，随文发给承办单位，催办时限一到，电脑便会自动显示。文件办理完毕，催办人员即予注销。

催办工作要建立在催办制度上。一般文件由文书人员催办，可以发催询单、便函或登门催办；重要文件由领导人亲自催办，可责成专人调查，使催办与查处结合起来。对催办的文件要逐件登记，随时记录催办情况，定期汇总，向领导人报告。催办工作要遵循一定的规律，不是在任何情况下都要催办，应针对那些快到办理时限的、已经多次催办的、领导特别关注的、紧急的文件等作重点催办。通常送负责人批示或者交有关部门办理的文件，秘书部门要负责催办，做到紧急文件跟踪催办，重点文件重点催办，一般文件定期催办。总之，要以行之有效的方式，保证催办工作的质量和效果。

催办工作需要投入一定的时间、精力和人力，涉及面广的还要多方协调，紧急文件或重要文件还应由专人负责催办，因此催办不应仅由秘书部门孤立地进行，它需要领导部门的重视，各部门间的互相配合。秘书部门可以把催办中的情况和结果（如屡次催办无果）及时向领导汇报，引发领导关注，并借助于督查工作来强化催办的效果。

7. 答复

答复即将批办文件的办理结果告知来文机关单位。《条例》要求：“公文的办理结果应当及时答复来文单位，并根据需要告知相关单位。”（第二十四条第七款）

答复是由秘书部门将批办性文件经拟办、领导人批示或转交有关机关单位和部门办理后，将办理结果及时回复来文的机关单位。需要答复的文件通常为：上级机关单位询问情况的通知，下级机关单位的请示、意见，相关单位的商洽、询问、联系、请批函等。这些文件有的事关重大，有的内容重要，有的事情紧急，也有一般的公务联系，但无论何种情况，收文单位都应及时承办并予以答复。对于转办的文件，则由接收转办件的机关单位直接答复来文方，并根据需要告知转交文件的机关单位，以利交办的机关单位了解文件办理情况。

做好答复工作，可以使上级知晓下级的工作，使下级明了上级的精神，使有业务联系的双方清楚办事的结果，便于各方开展后续工作。

答复主要有两种形式：一种是书面答复。凡涉及重大方针政策、干部任免、纪律检查、案件审理等重要内容的文件，必须以书面形式批转或批复（答复），以便有据可查。具体方式有：制发答复文件；印送批件，即将机关负责人在办件上的批示复印或抄清后送来文单位和相关单位；发《办文通知》。以上方式可根据需要分别采用。另一种是口头答复。如非重要事项，仅为一般的公务往来，为减少发文数量，可采用直接、简便的电话答复和面谈答复的方式。

至此，收文办理工作告一段落。收来的文件进入终结处理阶段，由秘书部门归卷保管。

当然，书面答复的形式使文件办理自然进入文件拟制和发文办理流程。所以文书办理流程图上有一条虚线路径是从“答复”指向发文办理的“起草”程序，即意味着收文办理结束的同时又开始了发文办理。从文书办理的全过程而言，来文所涉事项还未全部办完，只有当回复的文件发出，才真正意味着文书办理完毕。这样的文件办理时间会比较长，因此需控制好文件办理时限，注意办文的质量和效率。

案例 2-1

邮件收进的程序

沈小姐是××公司总经理的秘书，一天清早，进入办公楼，到公司租用的信箱中把邮件取出来，用专用信封装好，提着走进了自己的办公室，略微整理了一下，就坐在自己的办公桌前开始工作了。

沈小姐数了下信件的数量，一共 21 件。她先把公函和私人信函分开，把有密级要求的、标有“某某亲启”的信件分开。然后她根据收件部门的名称分类：有五封信是人事科的；七封是销售科的；一封是财务科的；一封写着教育科，但公司没有这个部门，她就把这封信归到培训部去了；一封信上标明“总经理亲启”；另两封是总经理办公室的；剩下的四份是报纸。

沈小姐拿出邮件登记簿，边登记边分拣。所有的来函和邮件都登记在册了，也按部门分拣归类了，接着沈小姐把写有“总经理亲启”的那封信放在总经理的办公桌上，把其他信放在各个部门的专用信格里，留下了四份报纸、两封总经理办公室的信。

在拆信前，沈小姐先把信拿到有光亮的地方照了下，一封信的信纸折得几乎与信封一样大小，她只好把信在桌子上磕了十几下，尽可能使信纸沉落下去，然后取出剪刀，小心翼翼地剪开了信口，把信封内的信纸一一展开，盖上日期戳，再用回形针把信纸和信封一一别住。一封信写明有三份附件，但沈小姐仔细检查，只找到两份附件，她用红笔在信纸上写下“缺少一份附件”，然后签上了自己的姓名。她想，这封信让总经理来处理吧。

另一封是对本公司提出业务方面意见的客户来信，按照惯例，沈小姐决定立即复信。她写道：

郭思源先生：

非常感谢您对我公司的关心。您所提到的服务质量和态度问题，我们正在研究改进，希望在不久之后，您看到的将是新的面貌。希望我们继续合作。再次向您致谢。敬请安好。

××公司敬上

2012年5月6日

拟写好复信稿，本已坐到电脑前的沈小姐想了一下，还是拿出钢笔，手写誊抄了一遍，并写好信封，填好发函登记。

思考题：

1. 沈小姐的收件程序是否正确？每一个细节是否都符合秘书工作的要求？

2. “缺少一份附件”的那封信为什么要由总经理自己处理？这封信有可能是什么内容的信？

3. 沈小姐最后为什么不用电脑打信，而要手写发出？

（二）发文办理

《条例》第二十五条规定，发文办理主要程序包括复核、登记、印制和核发。发文办理前先要拟制文件。《条例》把“公文拟制”单独列为一章，突出了文件拟制的重要性。为便于理解发文办理流程，我们把文件拟制程序作为发文办理的前期流程，也就是说，发文办理的全部程序也分两个阶段：第一阶段从起草到签发，称为制文阶段，第二阶段从复核（复审）到核发，称为制发阶段。

1. 起草

起草即拟写文件草稿。

起草文稿是文书工作的中心环节，也是文书拟制的起始环节。它体现了秘书人员的基本功，反映了党政机关、企事业单位、社会团体发布政令、交流信息、开展业务的愿望和要求，是一项严肃的工作。

起草文稿的动因有二：一是与上、下级和相关机关单位有工作联系，需发送文件，是为主动发文；二是收到上、下级或相关机关单位的来文，需要答复而发送文件，是为被动发文。但无论因何发文，都需由本机关负责人决定。虽然文稿通常由秘书人员起草，但秘书人员并不是发文意图的确立者，即不是文件的法定作者。因此，如何体现法定作者的意图，如何达到发文目的，关键在于文稿拟写者能否真正领会领导的思路意图，能否用准确、恰当的方式表达出来。当然，文稿起草前，领导人通常会向秘书人员作一定的交代，也就是所谓的“交拟”。重要的文稿，领导人会将发文的目的、意图、中心内容、发文对象以及发文的依据、具体的要求等等向秘书人员一一交代清楚，然后由秘书人员撰拟文稿。对秘书人员而言，起草文稿是一项重要工作，不能马虎草率、敷衍了事。文稿起草者不仅要有较强的应用文写作能力，还必须了解写作背景、做好调查研究，充分掌握材料，认真分析情况，然后落笔成文。除此以外，文稿起草过程中，还应认真执行《条例》第十九条的一系列规定：

（1）符合党的理论路线方针政策和国家法律法规，完整准确体现发文机关意图，并同现行有关公文相衔接。

（2）一切从实际出发，分析问题实事求是，所提政策措施和办法切实可行。

（3）内容简洁，主题突出，观点鲜明，结构严谨，表述准确，文字精练。

（4）文种正确，格式规范。

（5）深入调查研究，充分进行论证，广泛听取意见。

（6）公文涉及其他地区或者部门职权范围内的事项，起草单位必须征求相关地区或者部门意见，力求达成一致。

（7）机关负责人应当主持、指导重要公文起草工作。

根据上述规定，针对文件写作中容易出现的技术性问题，结合文件写作的规范性要求，将文件起草应该注意的几个问题归纳如下：

第一，关于文件中汉字、外文、标点、计量单位、数字、括号的用法。文件中的汉字应该以 1988 年 3 月由国家语言文字工作委员会和新闻出版署联合发布的《现代汉语通用字表》为准。不得使用繁体字、异体字、旧印刷字形和已废止的《第二次汉字简化方案（草案）》中的简化字以及各类自造字、错别字。

文件中通常情况下不使用外文，一些特殊情况如法定计量单位符号、国际技术标准符号、国际组织英文简称等可使用外文字母代替。外国人名、地名等应使用汉语译音，必要时可在译音后括号内加外文。文件中的标点应符合 2011 年公布的《标点符号用法》的规定。文件中的计量单位一律使用国家法定的标准计量单位，按照《中华人民共和国法定计量单位使用方法》的规定使用。文件中的数字除作为词素构成定型的词、词组、惯用语、成语、缩略语、概数等必须使用汉字外，其他数字应使用阿拉伯数字。文件中的括号应用的情况主要有旁注、解释、说明、简化等。凡行文能直接表达清楚的词语，尽量不使用括号。发文字号的括号为六角括号“〔〕”，而非圆括号和平括号。

第二，关于引用其他文件。在正式文件中引用其他文件应符合以下几点要求：一要完整。所引文件的发文时间、发文机关、文件标题和发文字号缺一不可，如“根据 2012 年 4 月 16 日《中共中央办公厅、国务院办公厅关于印发〈党政机关公文处理工作条例〉的通知》（中办发〔2012〕14 号）……”当然，同一文件中重复引用时可作省略。二要准确。所引文件必须与原文完全吻合，不能有误差。三要全面。所引文件内容必须语义完整、全面，顺序正确，不能断章取义。

第三，关于使用姓名、职务、地名、机关称谓。文件中使用姓名、职务、地名、机关称谓应注意准确、规范。姓名不能用手写简化字代替；职务应以组织人事部门正式行文公布的为准，职务中为副职的“副”字不能省略；地名、机关称谓要写全称，用简称时，应使用规范的简称，不能望文生义、自编简称。

上述规定和要求，秘书人员在起草文稿时必须严格遵守并模范执行，同样，领导和其他部门业务人员起草文件时也都应当遵守，同时，秘书人员还应将其作为审核文稿的依据。

文件起草过程中，或因联合行文，或因文件内容涉及其他非隶属机关单位或部门的职权范围，发文机关需要与相关机关单位或部门做沟通和商洽，以征得同意或配合，这一过程即“会商”，《条例》对此也做了相关规定。《条例》在行文规则中还要求：“涉及多个部门职权范围内的事务，部门之间未协商一致的，不得向下行文。”（第十六条第四款）可见，会商是发文者行使职权的过程，也是民主集中的过程。会商各方只有对文稿内容达成统一意见后行文，才能维护政令的一致性、合法性和有效性。

会商由发文机关单位负责组织，有关机关单位应积极配合办理。经协商取得一致意见后，应由各会商单位或部门的责任者在“发文稿纸”有关栏目中签注意见，写明对有关内容是否同意，并签注姓名和时间。

会商是联合行文或涉及其他单位部门时才动用的程序，因此文书办理流程图将其作为一个并非必经的程序来标识。

2. 审核

文件起草后要经过审核方能交给领导人签发。《条例》规定：“公文文稿签发前，应当由发文机关办公厅（室）进行审核。审核的重点是：

（1）行文理由是否充分，行文依据是否准确。

（2）内容是否符合党的理论路线方针政策和国家法律法规；是否完整准确体现发文机关意图；是否同现行有关公文相衔接；所提政策措施和办法是否切实可行。

（3）涉及有关地区或者部门职权范围内的事项是否经过充分协商并达成一致意见。

（4）文种是否正确，格式是否规范；人名、地名、时间、数字、段落顺序、引文等是否准确；文字、数字、计量单位和标点符号等用法是否规范。

（5）其他内容是否符合公文起草的有关要求。

需要发文机关审议的重要公文文稿，审议前由发文机关办公厅（室）进行初核。”（第二十条）

除了上述审核重点外，文稿中常见的问题还有：请示、报告未标签发人姓名或盖公章，所请示事项超出职权范围，请示未以机关单位的名义上报，请示多头报送，报告中夹带请示事项，正式文件无特殊原因送给领导个人，文件内容有明显错误，等等。对不合格的文稿，《条例》明确规定：“经审核不宜发文的公文文稿，应当退回起草单位并说明理由；符合发文条件但内容需作进一步研究和修改的，由起草单位修改后重新报送。”（第二十一条）

小贴士

退回文件如何处理?

当收到退回的文件后，应先看退回的理由说明，然后根据具体情况具体办理。如果是一般性文件格式的问题，只需重新修正后再报即可；如果是未经会商独自发出的文件，应按程序重新履行会商会签手续，取得一致意见后再报。对内容改动较大或有实质性改动的文件，应重新研究并讨论修改，并报送有关领导部门重新审议签发。

文件签发前的审核意义重大。首先，文稿审核是对文稿质量的把关。文稿审核的目的是：第一，审查是否确需行文，是否应以机关或组织的名义行文，以杜绝不必要或不符合条件的发文，严格控制发文数量，防止滥发文件；第二，审查是否真实反映发文意图，内容有无政策性、原则性的错误，对于领导性、指导性的下行文件，是否合法、可行，防止有违反上级政策、规定或不切实际的要求；第三，审查应该会商的有无未履行的情况，防止出现“政出多门”的现象；第四，审查文稿的文种、格式、表达、引用、结构等语言文字是否合理、规范，防止文件出现质量问题；第五，审查文稿是否符合《条例》中文件起草的有关要求，防止不合规定的文稿流出。

其次，文稿审核是秘书部门的重要职责。《条例》要求，重要文稿在领导部门正式审议前先由办公厅（室）进行初核，可见，秘书部门对文稿审核负有重要的使命和不可推卸的责任。秘书审核文稿时须严格把关，不能将大小问题留待签发的领导人去审阅，让领导做“把关人”。因为这样做势必增加领导的工作负担，也使审核失去了意义。从实际工作来说，领导人虽然要对文稿作签发，但签发通常只是履行一道文件拟制手续，何况领导人不一定对每项业务都很熟悉，文字水平也可能有高低，需要秘书为其把好文稿第一关。领导人主要把好决策关，其他问题理应由秘书人员来解决，这也是秘书人员履行辅助参谋职能的体现。

最后，文稿审核体现了秘书人员的业务能力。从审核的要求看，秘书要对文稿从内容到形式进行全面的审核，这对秘书人员提出了相当高的要求。它不仅要求审核者有较全面的“办文”业务知识，还要求其具有较高的政治素养和行政管理能力，善于找出问题，查出毛病，说清理由，胜任审核工作。因此，审核工作应该由经验丰富、素质较高、功底深厚的资深秘书或秘书部门负责人来把关。

3. 签发

签发是单一发文时由机关单位主要负责人对将要发出的文件在发文稿纸的签发栏中签署意见、姓名和日期，以批准文件印制发出的过程。而经过“会商”的文稿则要“会签”，即除发文机关单位外的其他会商单位、联合行文时除主办机关单位外的其他协办（联署）机关单位负责人在要发出的文件的发文稿纸的会签栏中签署意见、姓名和日期，以示同意文件印制发出的过程。总之，签发和会签都是发文机关单位领导人批准印制文件并发出的必经程序。

《条例》规定：“公文应当经本机关负责人审批签发。重要公文和上行文由机关主要负责人签发。党委、政府的办公厅（室）根据党委、政府授权制发的公文，由受权机关主要负责人签发或者按照有关规定签发。签发人签发文件，应当签署意见、姓名和完整日期；圈阅或者签名的，视为同意。联合发文由所有联署机关的负责人会签。”（第二十二条）

签发和会签是文件拟制过程中最关键的程序，是由对文件负有法定责任的领导人或被授以专门权限的部门负责人对文稿做终审，由其决定文件可否印制和发出。因此，签发是领导人行使职权的重要形式，也是对文稿审定的决策性的程序。签发是绝大多数文件生效的法定程序（由会议批准的文件除外）。文稿一经签发即成定稿，即被赋予法定效力，属于法定作者制发，具备正式文件的效用，成为印制正式文本的标准稿本。尽管文件签发前经过秘书部门审核，但签发后的文件，领导人将负全部的责任，所以签发文件要特别慎重，须仔细审阅，确认无误后才能签发。

签发是各级领导人履行自身职责的重要工作环节，必须依法、依职进行。签发权限可以根据文件性质分层行使。如以机关单位名义制发的重要的或涉及面广的文件应由正职或主持日常工作的副职领导人签发；涉及某一方面工作的文件可由秘书长或办公厅（室）主任根据授权签发；以部门名义制发的业务性文件则由部门领导人签发；会议通过的决议以及会议纪要等由会议主持人签发。联合行文时，签发人级别层次应具备足够的权威，原则上主办机关单位由哪一级领导签发，协办机关单位也由同一级领导会签。除了上述人员外，其他人员一概无权签发或代签；擅自签发的应追究当事人责任。

签发或会签时都应由签发者在发文稿纸上亲笔签署意见、姓名和日期。签发意见必须明确，不能模棱两可、含糊其词；姓名、日期必须完整，日期标明年、月、日，姓名前标明签发人职务；代行签发的要注明“代签”字样。如果签发人认为文稿需作改动，应明确指示，退回审核人和拟稿人，待修改并重新审核后再作签发。领导人签发或会签时应用黑色、蓝色墨水的水笔，不能用圆珠笔和铅笔，以利今后存档备查。

文件签发日期事关文件的成文日期。《条例》第九条第十二款规定，成文日期“署会议通过或者发文机关负责人签发的日期。联合行文时，署最后签发机关负责人签发的日期”。也就是说，文件的成文日期以签发日期或会议通过日期为准；联合行文的成文日期以最后一位领导人的签字日期为准。此外，文件的生效日期一般也以签发日期为准，除非文件有特别规定。

知识链接2-2　文件成文日期、印发日期和生效日期有何区别？

文件成文日期是指会议通过或领导人签发文件的时间，文件的落款鉴印应以签发日期为准。联合行文的成文日期以最后一位领导人的签字日期为准，不以身份最高的领导人签字日期为准。

文件的印发日期是指文件印发运转的时间，一般要晚于成文日期。

文件的生效日期是指文件正式实施的日期，除有特别规定外，应以签发日期为准。文件中特别规定的生效日期主要是一些政策规定从制定到下发再到实施需要一个准备日期，而在文件内容中加以注明，如“本条例自2012年7月1日起施行”。

4. 复核（复审）

复核即发文办理过程中的第二次审核，它是在文件签发后、正式印制前由秘书部门对文稿进行的再次审核。《条例》规定：“已经发文机关负责人签批的公文，印发前应当对公文的审批手续、内容、文种、格式等进行复核；需作实质性修改的，应当报原签批人复审。”（第二十五条第一款）

对文件审批手续的审核，主要审查文件是否经过发文机关秘书部门审核，文件审批手续是否完备。审批手续包括两个方面：一是审批权限是否准确；二是审批的机关负责人有无遗漏。如果没有上述问题，则再次审查文件的内容、文种、格式是否准确规范。可见，内容正确、文种适用、格式规范，是收文办理和发文办理的几次审核中最为看重的要求。当然，如果复核有问题，需要进行实质性修改，则必须重新交签发的负责人再度审批。这说明，文件的最终责任人就是签发的领导人。对文件进行反复审核，表明文件出台应特别慎重，杜绝一切可能出现的问题。

5. 登记

此处的登记指发文登记。它是在文件复核后对文件的发文字号、分送范围和印制份数等的记录，以对发出的文件进行统计、核查。《条例》规定："对复核后的公文，应当确定发文字号、分送范围和印制份数并详细记载。"（第二十五条第二款）

文件复核完毕，即应编制发文字号并根据需要编制文件份号。发文字号即文件的编号，其与文件是"一对一"的关系。它是今后引用、检索文件的重要依据，必须按要求来编。同一份文件只有一个发文字号，《条例》第九条第五款和中华人民共和国国家标准《党政机关公文格式》（GB/T 9704－2012，以下简称《公文格式》）分别规定，发文字号由发文机关代字、年份、发文顺序号组成；年份、发文顺序号用阿拉伯数字标注；年份应标全称，用六角括号"〔〕"括入；发文顺序号不编虚位（即1不编为001），也不加"第"字；联合行文时，使用主办机关的发文字号。份号，即文件印制份数的顺序号。《条例》第九条第一款规定，"涉密公文应当标注份号"。份号可编虚位，最多可用6位数，如"003402"；"绝密""机密"和"秘密"文件均应标明份号；文件印数较多时也可编份号，方便文件清点和分送。

知识链接2-3　保密期限具体的规定内容有哪些?

国家秘密的保密期限，除有特殊规定外，绝密级事项不超过30年，机密级事项不超过20年，秘密级事项不超过10年。保密期限在1年以上的，以年计；保密期限在1年以内的，以月计。标有密级的文件公开发布后，原文件即行解密。

文件的分送范围即文件的送达对象。送达对象是根据行文目的和文件内容确定的，其中又分为主送机关和抄送机关两类。主送机关是文件的主要受理机关；抄送机关是除主送机关外需要执行或者知晓文件内容的其他机关。收发人员根据文件上标明的主送和抄送机关单位分别送达文件。

印制份数即文件的印制数量，是根据文件分送范围确定的。分送范围的大小决定了文件印数的多寡。

发文登记就是在完成上述工作后，在发文登记簿或计算机的文件登录系统中做认真详细的记载。发文登记簿又有内收发使用的"发文登记簿"和收发部门使用的"送文登记簿"两种。一般而言，若机关规模较大，秘书部门采用分散的工作形式，那么这两种表格都会用上；若机关规模不大，秘书部门采用集中的工作形式，那么通常只需用"发文登记簿"即可。

"发文登记簿"的登记项目主要有顺序号（发文在簿册中的流水登记号）、发文字号、文件标题、密级、紧急程度、签发人、发往机关（主送机关和抄送机关）、成文日期、分送范围、印发日期、印制份数、归卷日期、归入卷号、备注等。

"送文登记簿"包括登记日期、封皮号（即内收发"发文登记簿"上的流水顺序号）、发往机关（包括主送机关和抄送机关）、发送方式（即标明是否急件、密级、发送渠道等等）、签收人（指外收发签收人）、签收时间、备注等项目。

6. 印制

印制即根据文件定稿打印制作文件。《条例》规定："公文印制必须确保质量和时效。涉密公文应当在符合保密要求的场所印制。"（第二十五条第三款）

文件印制是通过打印、胶印、铅印或复印等方式来完成的。印制文件必须严格按照《公文格式》的有关规定执行，不能随心所欲乱创新，也不应按所谓"惯例"办事。文件印制要求印制者熟悉文件格式的各个要素标识规则，保证文件印制统一规范、符合标准。党政机关应该模范执行国家标准，其他企事业单位应参照执行国家标准。印制文件必须达到以下要求：

（1）确保质量。

文件印制的质量包括两个方面，一是文件的内在质量，二是文件的外在质量。内在质量指印制必须以签发的定稿为依据，必须严格按照定稿的文字、标点、段落等内容印制，不允许随意更改；即使发现定稿有问题，也只能向签发的领导人反映，在未得到确认前不得擅自修改定稿。外在质量指印制应严格遵循《公文格式》各要素使用规则，对文件用纸、文件制版、印刷装订等应尤为重视，不出现漏页、缺页、倒页、错页等现象。除了这些硬性要求外，《公文格式》中有些要素使用（如字号大小、字体选择等）是根据情况酌情选定的，因此还要注意文件版面设计的美观和大方，保证文件完美无缺。

（2）确保时效。

确保时效即文件印制要在规定的时间内完成，对于标注紧急程度或要求限时发出的文件，更要严格按照时限印制，不得延误。

（3）确保安全。

印制过程中要做好涉密文件的保密工作，防止泄密、失密；要建立完善的文件印制管理规章制度，从文稿传送方式到印制地点、印制人员的确定，都要符合保密工作的要求。涉密文件应当在具有国家秘密载体印制资质的单位或机关内部非经营性印刷厂、文印中心印制。

7. 核发

核发是对印制完毕的文件做发出前的最后一次检查后，对文件分封和发送的过程。《条例》规定："公文印制完毕，应当对公文的文字、格式和印刷质量进行检查后分发。"（第二十五条第四款）

文件核发要从以下几方面着手：

（1）认真检查成品文件质量。

文件核发是把好文件质量的最后一关，秘书人员要有强烈的责任意识、持之以恒的精神，不论文件重要与否，不以工作大小区分，一切以文件质量为重，以机关单位的形象为要，确保发出的文件在内容、格式、印刷等方面没有任何问题。此外，还要认真清点文件数量，确认份数无误，特别要注意附件有无缺漏，文件页数有无缺页、倒页、错页等现象，有无漏盖印章等问题。

（2）正确封装和发送文件。

文件封装和发送包括书写封套、文件装封、文件发送等一系列工作。要做到份数准确、书写正确、封口牢靠、发送安全、确认收文。具体来说，第一，书写封套必须清楚、明白、正确，邮编地址、部门名称、姓名称谓都要书写工整（需要经常送文的单位可将封面内容打印成可直接粘贴的签条，或直接印制在封面上备用），封面文字不应滥用简称和不规范的字体；文件如有急度、密级等特殊要求，必须在封面上盖上相应戳记（经常要发送此类文件的也可将这些标识印制在封面上备用）。第二，文件装封时要注意文件短于封口，封口要牢靠、严实，不能用订书钉封口；有密级的文件要按密封的要求贴上密封条并骑缝加盖密封章。第三，文件发送要按照文件自身的情况选择相应的渠道和方式。文件发送有邮政、机要和网络三种渠道，其中又包括人工发送和电子发送两种基本方式。但无论采用何种方式，通过什么渠道，都要保证文件及时和安全送达。

文件送达对方单位后，应要求对方单位填写“文件回执单”寄回或送回，以确认文件收到；通过其他渠道发送文件的，如举办会议时下发重要文件，也要由收文者签字确认，即由与会人员履行“签收”程序。

小贴士

文件发出后一旦发现错误，如何处理？如何写“更正”条？

文件制发是一件十分严肃的工作，必须认真、仔细办理。文件在制发过程中一旦发现错误，应立即暂停制发工作，查找原因后，再按文件制发程序正常运作。对已经发出的错误文件，应视错误类型和严重程度，采取电话通知作废、收回处理或由各收文单位自行销毁处理等方式办理。文件重制后发送的，可在其正确文本上加贴“更正”条，内容如下：

各收文单位：

×政办发〔201×〕×号文件以此件为准。原发件作废，请自行销毁。

×××人民政府办公室文电处

201×年×月×日

8. 传递

传递既指文件在各个办理流程之间的内部交接过程，也指文件在收、发文对象之间的外部传输过程。文件传递传输的方式、方法、渠道多种多样，必须做到及时、准确、安全、保密。

文件在各个办理流程之间的传递看似简单，但不合规范的传递，不但不能使文件得到有效办理，还会使文件的安全受到严重影响，使文件处于“失控”状态。前文已述，文件在内部正确有效的传递方向应当是“纵向”传递，而不应是“横向”传递。“纵向”传递可使秘书部门控制文件办理流程，通过每一个办理流程的登记，文件办到哪一个环节、办理到什么程度，秘书部门都了如指掌，并能随时调整文件办理方向和进程。而“横向”传递使得文件行走未处于秘书部门的控制之下，秘书人员不清楚文件办到了哪一步，由谁在办，办得如何。“失控”的文件很有可能因某些人员的不负责任而导致不知所踪，也使得文件在“办理时限”和“安全保密”上失控，使“急件”办成“慢件”而耽误工作，文件保密也难以保障。

文件的外部传递主要有三个渠道：第一种是通过邮政渠道寄送，第二种是通过机要渠道传递，第三种是通过电子渠道传输。邮政渠道又分两种，一是邮政普通通信，适用于非正式的、内容不重要的邮件资料，如一般的工作信函、商务宣传资料、学习辅导材料等；二是邮政机要通信，适用于涉密文件的寄送。机要渠道是文件的主要传递渠道，适用于传递一切重要、保密和普通的文件资料，党政机关和国家企事业单位大多通过这一渠道传递文件。有些地区还设立“城市机要文件交换站”，将文件在规定的时间、规定的地点，由规定的人员（即机要收发员）送到站内彼此交换。机要渠道传递文件还可以由收、发文机关的机要收发人员直接传递文件，保证文件传递的及时和安全。第三种渠道即电子渠道传输是目前有办公自动化条件或实现网络化办公的机关单位普遍使用的。电子渠道传输的方式主要有电报、传真、计算机网络，其中传真和计算机网络传递是最常用的方式，其优势是方便、快捷、高效，但也有一定的缺陷。如传真件纸张通常为热敏纸，热敏纸字迹无法长时间留存，故传真文件不能直接存档，必须复制后保存复制件；网络传递有诸多安全隐患，必须通过符合保密规定的计算机信息系统传输文件，但绝密文件一般不主张通过这一渠道，尽可能通过机要渠道人工传递；采用电报方式传递文件时，对涉密文件的传递也要符合相关规定，如不得密电明复，不得明电、密电混用等。对保密文件的传递，《条例》第二十六条作出的规定是：“涉密公文应当通过机要交通、邮政机要通信、城市机要文件交换站或者收发件机关机要收发人员进行传递，通过密码电报或者符合国家保密规定的计算机信息系统进行传输。”综上可见，文件传递关系到文件的办理时效，更事关文件的政治安全，绝不可小视。

作为文件的电报分明码电报、密码电报和内部传真电报。电报形式的文件与标准格式文件不同点主要有：一是不论是上行电报还是下行电报，均应标注签发人；二是电报作为文件，由制发机关落款即生效，无须盖印，一些内部电报可使用“发电专用章”；三是文件的成文日期以发出电报的日期为准。

文件收文办理和发文办理流程结束后，所有文件都应回归到秘书部门统一暂存管理，即文件归卷，为以后的整理归档或销毁工作奠定基础，至此，文件办理工作告一段落。

办理完毕的文件并非即刻归档移交给档案管理部门，而是暂存于秘书部门，是因为文件的现行效用并没有马上消失，即使暂存了一段时间，在其正式归档前，都还具有一定的现行效用。在暂存的这段时间里，领导和各个部门还可能需要经常调阅文件，特别是一些政策性文件。因此，秘书部门应以积极主动的态度，认真地、不厌其烦地做好提供利用这项服务工作。

对暂存文件的提供利用主要是通过文件借阅的方式。文件借阅应根据工作需要，按照阅文范围提供文件借阅服务。鉴于办毕文件的性质，其借阅服务的主要对象是内部工作人员，但对不具备保密性质并符合外借条件的，在请示领导后亦可供借阅。文件借阅应建立必要的借阅制度，履行借阅手续。借阅文件时必须填写“文件借阅单”，有保密要求的文件必须经领导人或办公厅（室）负责人的批准。秘书人员要在借出文件的文件夹内放置“代件卡”，同时做好借阅记录。文件借阅者应及时归还文件；超出借阅时间的，秘书人员要及时催要、清退。文件借阅要遵守文件管理制度，不应随意转借给他人，秘书一旦发现类似行为，应及时提醒当事人，必要时提前收回文件。秘书人员还应做好文件保护的宣传工作，文件借阅者也应认真对待，积极配合。有条件的机关单位应建立专门的“阅文室”，便于领导人或相关部门人员前来借阅文件，这样一方面有利于保护文件安全，另一方面也有利于提高文件借阅速度，加快文件周转，减少办借阅手续的麻烦。

目前，许多机关单位的公开性文件都在各自的门户网站上或公开印发的“公报”中不定期发布，秘书人员可为需要者提供相关信息服务。

当年的文件在秘书部门暂存一定时间后，通常在年终或次年初必须整理归档。《条例》规定：“需要归档的公文及有关材料，应当根据有关档案法律法规以及机关档案管理规定，及时收集齐全、整理归档。两个以上机关联合办理的公文，原件由主办机关归档，相关机关保存复制件。机关负责人兼任其他机关职务的，在履行所兼职务过程中形成的公文，由其兼职机关归档。”（第二十七条）有关文件整理归档工作的具体要求和方法将在下一章详述，这里不赘述。

想一想

复印件的归档

年初，某公司对上一年的归档文件进行整理。负责整理工作的秘书发现不少部门拿复印件归档，且没有盖公章。经过询问，部门人员说当时收的就是复印件。这些复印件有归档价值吗？为什么？

第三节　文书管理

文书管理是指以安全保密和充分发挥文件效用为目标，在文书形成、传递、运转、存储、利用、整理归档、清退销毁等环节中所进行的规划、组织、控制、监督、保管、整理、统计、提供服务等职能活动。文书管理是一项系统性工作，不仅包括文书办理流程，还包括文书在办理过程中和办理完毕、尚未归档前的日常管理工作，贯穿于文书处理工作全过程，是文书处理工作的重要保障。

文书管理包括文书管理职责、文书管理原则和文书管理制度，它事关组织的各个部门、各个方面，并非仅仅是秘书部门的工作。以下具体阐述。

一、文书管理职责

文书管理职责即文书管理人员的职责。《条例》第一章“总则”的第六、七条明确要求："各级党政机关应当高度重视公文处理工作，加强组织领导，强化队伍建设，设立文秘部门或者由专人负责公文处理工作。""各级党政机关办公厅（室）主管本机关的公文处理工作，并对下级机关的公文处理工作进行业务指导和督促检查。"《条例》开篇中的这些规定，一方面确立了秘书部门在文书管理工作中的地位，另一方面也强调了各级党政机关的领导必须重视文书处理工作，既要以身作则，也要加强对本机关特别是下级机关文书工作的领导、指导、管理和监督检查工作，实现文书工作的科学化、制度化、规范化。

秘书部门作为各级机关单位的综合管理部门，是直接辅助领导做好各项管理工作，处理各项日常事务，集综合性、辅助性、服务性和保密性于一体的部门。秘书部门最基本、最主要的工作就是文书处理，在日常工作中对文书进行专门管理，使文书发挥"实施领导、履行职能、处理公务，传达贯彻党和国家的方针政策，公布法规和规章，指导、布置和商洽工作，请示和答复问题，报告、通报和交流情况等的工具"作用。《条例》在第七章"公文管理"中明确规定："各级党政机关应当建立健全本机关公文管理制度，确保管理严格规范，充分发挥公文效用。"（第二十八条）"党政机关公文由文秘部门或者专人统一管理。"（第二十九条）《条例》反复强调秘书部门在文书工作中的唯一性，赋予秘书部门处理和管理文书的权力，对秘书部门的文书管理工作提出了制度性要求。各级机关单位都要遵照《条例》规定，从制度上入手，建立健全适用于本地区、本机关单位行政工作和业务职能的文书管理制度，采取必要措施，把文书管理的各项制度纳入科学化、制度化、规范化的轨道。

二、文书管理原则

《条例》总则中要求："公文处理工作应当坚持实事求是、准确规范、精简高效、安全保密的原则。"（第五条）据此，文书管理应该坚持以下基本原则。

（一）实事求是原则

实事求是原则即一切文书工作都要从实际出发，按照既定目标建立规章制度，采取必要措施，尽一切可能把制度建设和实施落到实处。就文书管理而言，其制度建设的目标是：有利于确保国家秘密安全，有利于充分发挥文件效用，为文件的运转提供保障。各级机关单位在文书管理活动中应按照自身的实际工作需要，建立健全相应的文书处理和管理规章，采取切实可行的措施，把管理制度真正落实到位、到岗、到人，确保文书管理工作的真实有效。

（二）准确规范原则

任何管理活动都必须做到准确、规范，才能保证工作质量。文书管理的准确体现在制作文书、办理文书和管理文书的各个环节都要符合要求，都要建立在科学管理方法之上。比如文书拟制的每一处细节都必须准确，才能保证文书的质量；文书办理流程的设计必须完整、规范，才能使文书办理过程得以全面掌控。做到文书工作全过程的准确规范管理，文书就能得到及时、有效办理，得到保护和利用，真正发挥文书的作用。

（三）精简高效原则

文书管理的目的是发挥文书效用，使文书得到妥善保管，为更多的人所利用。日常工作中文件的存放调取、清退归卷、复制翻印、存档销毁等等工作琐碎、繁杂、单调、重复，看似简单劳动，但如果不掌握有效的管理方法，轻则浪费人力、物力、财力，重则影响文件的及时利用，影响文件效用的发挥。因此，精简高效的原则需要秘书人员运用正确的文书管理手段，既保证制度严谨、手续规范，又做到利用灵活、快速便捷，努力做好文书管理的前端服务，发扬无私奉献的精神，使文书管理工作提效率、上水平。

（四）安全保密原则

安全是文书管理的前提，离开了安全，文书管理将毫无意义。安全管理首先取决于领导层面的重视与亲为，其次取决于执行层面一丝不苟的工作态度，最后取决于完善有效的措施，为文书安全管理提供制度保障。安全保密管理包括文书物质安全和政治安全两方面，前者要求做好防丢失、防偷盗、防损毁的安全工作，后者要求做好防失密、防泄密的保密工作。失密和泄密是文书工作的大忌；丢失和损毁同样会给文书工作带来重大损失。文书管理只有严格遵守安全保密和文书保护制度，不随意处置文件，不任意使用文件，才能有效防止文件安全保密事故发生。

三、文书管理制度

《条例》第七章为文书管理确定了一系列基本制度，如下：

“各级党政机关应当建立健全本机关公文管理制度，确保管理严格规范，充分发挥公文效用。”（第二十八条）

“设立党委（党组）的县级以上单位应当建立机要保密室和机要阅文室，并按照有关保密规定配备工作人员和必要的安全保密设施设备。”（第二十九条）

“公文确定密级前，应当按照拟定的密级先行采取保密措施。确定密级后，应当按照所定密级管理。……公文的密级需要变更或者解除的，由原确定密级的机关或者其上级机关决定。”（第三十条）

“公文的印发传达范围应当按照发文机关的要求执行；需要变更的，应当经发文机关批准。涉密公文公开发布前应当履行解密程序。公开发布的时间、形式和渠道，由发文机关确定。经批准公开发布的公文，同发文机关正式印发的公文具有同等效力。”（第三十一条）

“复制、汇编机密级、秘密级公文，应当符合有关规定并经本机关负责人批准。绝密级公文一般不得复制、汇编，确有工作需要的，应当经发文机关或者其上级机关批准。复制、汇编的公文视同原件管理。复制件应当加盖复制机关戳记。翻印件应当注明翻印的机关名称、日期。汇编本的密级按照编入公文的最高密级标注。”（第三十二条）

“公文的撤销和废止，由发文机关、上级机关或者权力机关根据职权范围和有关法律

法规决定。公文被撤销的，视为自始无效；公文被废止的，视为自废止之日起失效。”（第三十三条）

“涉密公文应当按照发文机关的要求和有关规定进行清退或者销毁。”（第三十四条）

“不具备归档和保存价值的公文，经批准后可以销毁。销毁涉密公文必须严格按照有关规定履行审批登记手续，确保不丢失、不漏销。个人不得私自销毁、留存涉密公文。”（第三十五条）

“机关合并时，全部公文应当随之合并管理；机关撤销时，需要归档的公文经整理后按照有关规定移交档案管理部门。工作人员离岗离职时，所在机关应当督促其将暂存、借用的公文按照有关规定移交、清退。”（第三十六条）

“新设立的机关应当向本级党委、政府的办公厅（室）提出发文立户申请。经审查符合条件的，列为发文单位，机关合并或者撤销时，相应进行调整。”（第三十七条）

四、文书管理方法

文书管理要求各级机关单位秘书部门从管理原则出发，建立健全本机关、本单位的各项文书管理制度，严格遵守规章条例，并将之规范运用于管理实践。文书管理的具体方法和要求如下。

（一）文件密级管理

涉密文件的管理要注意以下几个方面：

1. 文件确定密级前的管理

涉密文件在拟制阶段即应采取必要措施，包括在符合安全保密要求的场所拟制文件，使用符合安全保密要求的设备和存储介质；对属于国家秘密的文件，承办人员应拟定相应密级、保密期限并加以标识，随文一并报批，审核、签发和复核人员一并审核密级和保密期限；拟制文件所产生的纸质或电子形式的文稿应当严格管理，及时销毁或者删除，确需留用的，使用后须及时归卷。

2. 涉密文件在使用中的管理

涉密文件在收文办理和发文办理的全过程中都应做到：绝密级国家秘密载体应当在符合国家保密标准的设施、设备中保存，并指定专人管理；阅读文件应在指定的机要阅文室内阅读；未经原定密机关、单位或者其上级机关批准，不得复制和摘抄；收发、传递和外出携带，应当指定人员负责，并采取必要的安全措施；对接触、知悉人员要作出文字记载，禁止其携带参加涉外活动或出境。

3. 文件密级变更和解除的管理

文件密级变更后，应按变更后的密级管理；涉密文件需要解除密级的，由原来的定密机关或其上级机关决定，使用文件的现行机关单位无权随意变更和解除文件密级。

（二）文件印发传达管理

文件的印发传达管理应按以下要求进行：

1. 印发传达的范围

需要印发传达的文件只发给组织，不发给个人；文件的印发传达范围应严格按照发布层次和有关规定执行，确定印发传达范围时，要从工作需要和涉密范围最小两个方面考虑；如需扩大印发传达范围，须经原发文机关批准后方可进行。

2. 公开发布的文件

公开发布文件的管理要注意三个方面的问题：一是公开发布的权限。公开发布文件实际上是变更文件的印发传达范围，必须经发文机关批准；不能将文件不涉密作为文件可随意公开的依据；凡没有标注可公开发布的，公开时必须请示。二是履行解密程序。涉密文件的解密和公开也须由原发文机关决定，包括公开发布的时间、发布的形式和发布的渠道，使用机关不可自行解密涉密文件。解密的文件不一定公开，但公开的文件一定是已经解密的。三是公开发布的效力。凡经批准公开发布的文件，同发文机关正式印发的文件具有同等效力。

（三）文件翻印复制汇编管理

文件翻印复制和汇编是为便于文件承办、传阅和利用而采用的方法，有助于提高工作效率。但文件使用者不能只考虑自身需求随意而为，必须符合三项基本要求，即行为上要审批、管理上要严格、形式上有标记。具体方法如下。

1. 文件翻印复制管理

翻印复制文件应该办理审批、登记手续。复制上级机关的文件和资料，应经发文机关批准、授权或经本级机关负责人、办公厅（室）主任批准；下级对上级的业务性文件，经本级机关领导批准可以翻印复制；绝密级和注明不准翻印的文件、密码电报则严禁翻印复制；党政机关的机密文件、资料和重要领导的内部讲话记录稿等不得自行翻印复制，如确实需要，应请示原发文机关批准并在本级机关备案；翻印复制地方党政机关的文件，也须取得原制文单位的同意。复制文件要在涉密复印机上复印；翻印件应注明翻印机关名称、翻印日期、份数和核发范围；复制件作为正式文件使用时，应加盖复制机关印章。翻印复制的文件与原来文件同等管理。

2. 文件汇编管理

秘书部门对暂存文件中的规范性文件、领导指导性文件和重要的会议文件，可以依据其现行效用期长、利用频率较高等情况，进行汇总编辑，以提高文件利用率。为便于查找利用，文件汇编可按既定序列、发文字号、主题（会议、专题）或其他查考线索汇编成册，通过内部印发、公开出版、提供借阅等方式，满足各方面的利用需求。

（1）涉密文件汇编。

汇编上级组织的涉密文件须经发文机关批准或授权；文件汇编后形成的涉密汇编本，按其中最高密级和最长保密期限在封面做出标志并管理。

（2）汇编收录范围。

第一，应确定汇编文件的收录标准，包括是否符合汇编目的、文件制发机关的级别和权限、文件内容和性质、文件稿本、文件制发时间和施行生效时间等，并按标准操作。第二，汇编文件应该是公开的、涉及面广、时效较长、具有指导作用的规范性和执行性文件。第三，汇编时应采用文件原件，不宜从报刊转载的文件或简报资料中收集，以免影响汇编文件的准确性和权威性。

(3) 技术处理要求。

汇编文件从选择、编排到校勘、印刷，都具有较强的政策性、业务性，应按有关规定或业务标准办理，做到排列应有序，慎改原内容，改动应协商，收录修订本，准确标时间，按需附材料。

(四) 文件撤销和废止管理

文件撤销和废止，是指文件内容随时间推移和现行工作的变化发展而不再适用时，为防止文件中的既往内容影响甚至妨碍现行工作而采取的必要措施。撤销或废止文件，由发文机关、上级机关或者权力机关根据职权范围和有关法律法规决定。文件撤销可以是部分内容撤销，也可以是全部撤销；文件废止则为全部废止。文件被撤销的，自撤销之日起视为无效；文件被废止的，自废止之日起视为失效。撤销或废止文件由上述机关单位发文正式宣布，或在新的相关文件中一并发布。如《条例》第四十二条规定："本条例自 2012 年 7 月 1 日起施行。1996 年 5 月 3 日中共中央办公厅发布的《中国共产党机关公文处理条例》和 2000 年 8 月 24 日国务院发布的《国家行政机关公文处理办法》停止执行。"

(五) 文件清退销毁管理

文件清退是指文秘部门按照有关规定和要求，定期或不定期地对办理完毕的文件特别是涉密文件进行清点、核对、收缴，退归原发文机关或其指定的单位的过程。文件清退是文件整理归档的重要前提。文件销毁是在文件没有任何利用价值和保存价值后对文件采取的毁灭措施。这两项工作都是对失去现行效用但还有利用价值的文件做妥善处理，以保护文件及其相关机关单位的权益。文件清退和销毁应分别采取以下措施。

1. 文件清退管理

文件清退的总要求是，按发文机关要求和规定清退。具体做法是：

第一，对绝密文件，除属于本单位归档范围的由文书工作机构统一归档整理外，一般都应办毕后及时收回，由机要人员集中保存，以防泄密。上级要求清退的绝密文件，由下级机要部门负责办理。

第二，对存在重大错误的文件，一经发现即由主管单位立即全部收回，下级组织与个人不得以任何理由不退、少退或拖延滞留。

第三，对本单位发文的传阅件、征求意见稿和送审稿，由承办单位的承办人员或文书人员直接清退。外单位发文的征求意见稿和其他需要清退的文件材料，由本单位的秘书部门统一清退。

第四，需清退的会议文件，一般由会议秘书部门或会务组发出清退文目录，在会议结束之前督促持件人退回。

第五，对人员离退休、调动工作、任满离职、机构撤销或合并、办公地点搬迁等特殊情况下产生的文件，相关人员应按照有关规定，在文书工作机构（人员）的督促和协助下主动清理，或清退，或移交，或销毁，要认真细致，避免出错。

想一想

文件为何失踪?

大华公司总经理指示行政部季主任：查一下去年给锻接车间的“批复”件中规定他们今年减少生产 WWH-6 组件的具体数字是多少。季主任吩咐文档室查找，结果文档管理人员追查了去年所有文件也未找到，只查到锻接车间“要求减少生产 WWH-6 组件”的请示。经工作人员回忆，当时移交文书时，就曾提出过未见“批复”件，但时间一长，也就不了了之。因该文件最后一直未能查到，有关人员，包括办公室主任，都受到了应有的处分。上述文件失踪，问题出在哪一个环节？

2. 文件销毁管理

文件销毁的范围是：凡无留存价值的文件材料均属销毁范围。销毁文件的总要求是：清点登记、报请批准、专人监销、彻底销毁。

销毁文件有两种方式：一种是自行销毁，自行不是指个人行为，而是组织行为；另一种是再生利用，即以销毁的文件纸张作为造纸原料。

销毁文件前必须按照文件归档范围对文件逐份检查，以防误销和个人留存涉密文件。销毁重要文件资料，尤其是绝密文件（包括密码电报），必须登记造册。利用碎纸机销毁文件的，只能是无关紧要的普通文件资料，而至关重要的文件，绝不可采用这种简单的销毁办法。对需要大量销毁的纸张文件或档案，可以采取第二种销毁方式。销毁秘密文件须在指定场所；机关、单位自行销毁的，应严格执行国家有关保密规定和标准，确保涉密信息无法还原，绝不能出售或转为其他用途。凡需要销毁的文件，要保证不丢失、不漏销。销毁须由两人以上监销，监销完毕，由监销人在销毁清册上注明“已销毁”字样，当事双方签字备案。

（六）文件合并移交管理

文件合并是指当组织机构合并调整时，须将原先各机关单位的所有文件合并到新组织的秘书部门统一管理。文件移交则是当组织机构撤销时，必须将所有应归档文件移交给档案部门。

以上是从组织角度而言。从个人角度而言，任何机关单位的工作人员一旦有离岗、离职等情况时，便应将个人使用和管理的涉密载体和各种文件资料全部清理并退还给原工作单位，机关单位也应督促当事人及时移交、清退文件资料，防止涉密文件资料的管理出现真空。涉密人员离岗、离职后，对知悉的国家秘密仍然负有保密义务，除做好清退移交外，还要签订离岗保密承诺书，遵守脱密期管理规定。

（七）发文立户管理

所谓发文立户是指对新设立的机关单位给予收发文件的身份和资格认定。

发文立户首先应严格控制，以属地管理为主，按照机构隶属关系和干部管理权限来决定是否立户；其次，发文立户应符合审批程序，由立户单位提出申请，交上级机关单位的秘书部门审批。经审批同意的，由秘书部门发出立户通知，并负责立户单位日常文件往来的监督检查。

案例 2-2

办公室关于为××建工集团立户发文的通知

机关各处室、厅直属各单位：

为理顺行业管理关系，促进省建工集团发展、壮大，按照省政府办公厅意见，经研究，决定自8月1日起，为××建工集团单独立户，发文、参会政策比照直接行业管理单位执行。现将有关事宜通知如下：

一、凡发往各市和厅直属单位的行业管理性政策文件、规定、决定，将省建工集团列为收文单位发正式文件1份。

二、省建设厅和承担政府管理职能的厅直属单位组织召开行业管理会议、座谈会，视行业性质通知省建工集团参加。

三、全省建设工作会议通知省建工集团参加。

四、阶段性工作总结和目标完成情况，应通知省建工集团报送1份。

2012年7月30日

五、内部文件管理

内部文件通常指不对外发送、属于机关单位内部流通使用的文件。内部文件虽然不具备法定文书的地位和格式，但同样具有凭据性、流通性、保密性特点，此外还具有多样性，即种类繁多、形式多样。

机关单位内部管理活动的正常有序是其组织职能得以发挥的前提，其日常管理活动需要依托大量的文书工作展开，这些文书中既有法定文件，如决定、通知、通报、函、会议纪要等，机关单位使用这些法定文件来加强内部领导，也有法定文件以外的其他各类工作文件，包括计划、总结、会议记录、大事记、简报、章程等管理性文件，会计、统计、信访、人事、科技、信息等各类专门文件，机关单位使用这些管理性、专门性文件来沟通内部信息，加强业务指导。因此，内部文件的管理同样应该遵循《条例》的所有规定，遵守文书管理制度，防止泄密、丢失、损毁等现象发生。内部文件管理包括如下内容。

（一）内部文件办理

内部文件的办理过程虽然不需要像外部收、发文件那样经过全部办理流程，但内部文件从拟制到出台、从收文到传阅以及最后的存档备查，也要经过基本的发文办理和内部流通程序。发文办理要经起草、审核、签发、复核、印制和核发这几个程序；收文办理则相对简单，一般只需经过签收、登记、传阅、承办等几个程序。经过这些办理流程，内部文件便具有了合法性，可作为对内部各个层面、各个部门、各个人员开展指导、落实、检查、监督等工作的依据。内部文件既可以出自秘书部门，也可以出自各个职能部门；既可以出自上层部门，也可以来自下层部门，是随机构内部设置在上下或左右之间流通。当然，大、小机关单位内部由于组织结构、人员分工不同，文件办理和流通的情况也有差异，但总的说来，任何内部文件都可以借鉴对外文件的基本管理方法。比如在保密文件、紧急文件的流通中同样须采用“纵向”传递方式，而不能采用“横向”传递方式。

（二）内部文件保管

内部文件办理完毕后，同样要及时归卷存放。秘书人员应将内部文件与外部文件分别存放，可按照文件分类方法，依据部门名称或工作性质设置不同条款名称的文件夹，将内部文件分门别类、对号入座，存放到各个文件夹里暂存，待文件归档前统一整理。内部文件整理归档时同样要按照归档范围区分保存价值，考虑文件的“去”与“留”，并给予每份文件相应的保管期限。当然，内部文件中有许多事务类文件，如例会通知、辅导资料、参考材料、活动安排、邀请函件、电话记录、数字统计等，这些不重要的、重复的甚至没有保存价值的文件应及时清理、销毁，以留出有效空间存放保管重要的、有价值的文件资料。

目前，越来越多的机关单位采用网络化管理，工作中也生成了越来越多的电子文件。对此，秘书部门要注意按照电子文件的管理方式来制作、办理、整理文件；在内部局域网中办理文件要注意保密、存储、保护和及时归档，做好文件的备份，保证电子文件的可靠、安全。

内部文件虽然事关内部事务，但随意在内部公开或外泄，同样会给工作造成极大被动，因此诸如内部的人事安排、奖金福利发放、员工体检信息、经营发展规划、客户信息资料等等，都是敏感而有价值的文件，要重点保护。

（三）内部文件利用

内部文件的利用应该是秘书部门的重要工作使命。秘书不单要为领导利用文件提供便利，随时按照领导的要求快速调取文件，而且对其他各个部门利用文件同样要以认真服务的态度，积极、主动地做好提供利用工作。对经常要利用的文件，秘书应放在近旁；对不常利用的文件，要熟练利用检索工具快速调取。秘书部门应配合有关部门搞好文档数据库建设，建立信息资源共享平台。另外，秘书部门还可以编发文件汇编、技术手册、员工大全等工作资料，使文件利用工作得到全面提升。

当然，有些重要的内部文件是不能进入开放信息平台的，必须按照保密工作要求，建立必要的制度，提供必要的条件，如建立专门的保密文件阅览室，保证有关人员安全利用文件信息。

总之，内部文件是文件管理的重要组成部分，做好这项工作，也有助于机关单位内部管理质量的提高。

思考与实训

1. 何谓行文制度？它包括哪些内容？
2. 行文方式有哪几种？分别有什么规定？
3. 为什么不能随意越级行文？

4. 受双重领导的上下级机关之间该如何行文？为什么？

5. 对文件的审核应把握哪些重点？

6. 文件在部门之间流通时为何要“纵向”传递而不能“横向”传递？

7. 实训题。

中国××保险有限公司是一家全国性、综合性保险公司，经营范围包括各类财产保险、人身保险、信托业务等。公司总部设在广州，主要股东包括广州市××投资管理公司、招商局××工业区有限公司、中国××运输集团公司、××亚洲投资有限公司、××有限合伙集团公司等。中国××保险有限公司在自身发展的历程中，坚持管理创新和技术创新的发展策略，十分注重学习、借鉴外国经验，积极引进技术人才和管理经验，先后与国外多家知名保险公司建立了合作关系。为了适应经济全球化和应对知识经济时代的挑战，增强公司的国际竞争力，公司聘请了国外著名专业顾问公司担任专业管理顾问，借以提高自身经营管理水平。中国××保险有限公司将继续勇于开拓，提升公司的核心竞争力，力争在两年内业务规模进入世界500强，业务品质进入全球400优。为响应总公司号召，早日实现进入规模500强、品质400优的目标，中国××保险有限公司某分公司准备开展“扎实基础、提升品质”的活动，主要形式是主题演讲会、合理化建议征文。各部门必须在近期内上报活动开展情况。活动方案要求如下：演讲会每月一个主题，全体员工必须参加；合理化建议活动每月评选出三篇优秀征文上报；定期上报活动组织和进展情况。

根据上述内容，制发一份通知。发文工作分4个场景：

(1) 公司经理将刘秘书叫到办公室，对她说明了此次活动的目的和要求，让她马上写一份布置工作的通知。刘秘书将经理的话记录下来，回到自己的办公室，开始拟写通知。(请演示领导交拟和秘书撰写通知的过程，并拟写通知的初稿。)

(2) 初稿完成后，刘秘书将文稿送交办公室主任审核，办公室主任审核后，刘秘书将文稿附于发文稿纸后，交给经理，经理审阅完毕后签字同意人员发出。(请演示审核和签发的过程。)

(3) 刘秘书将签发后的文稿再次审核了一遍后，编上发文字号，填写到发文稿纸上的相应栏目中，然后拿到文印室，交给文印员小郭印制30份。(请演示秘书登记和印制文件的过程。)

(4) 第二天上午，刘秘书将印制好的30份通知从文印室取回，在发文登记表上填写有关内容，封装文件后交给外收发人员发出。(请演示刘秘书核发文件的过程。)

第三章 文件的整理与归档

【学习目标】

文件整理与归档是文档管理的核心内容，是充分发挥档案价值和作用的重要前提，是文书工作和档案工作联系最紧密的部分，是文档工作中最重要的基础建设。文件整理是单位文档工作者必备的重要技能，文件归档是文书处理工作的终点，也是档案工作的起点，是文件转化为档案的入口。通过本章的学习，理解文件整理与归档的概念、文件整理工作的内容，文件整理与归档工作的意义；掌握机关和企业文件整理归档与不归档的范围；理解文件分类的概念、意义与基本要求；掌握文件与档案的分类方法；理解文书立卷的方法；掌握归档文件整理的方法与步骤；了解项目文件整理的特点、建设项目及科研项目文件的整理方法；掌握大型活动项目文件的整理方法；理解归档的概念、建立健全归档制度的必要性和意义；掌握归档制度的内容；理解归档工作的组织。

【关键词点击】

归档范围　文件整理　文件与档案分类　立卷　归档文件整理　归档制度

第一节　文件整理与归档工作概述

一个单位文书部门或业务部门在日常管理工作中将形成大量文件，这些文件办理完毕后，文档工作者根据相关规定将对其进行“命运的宣判”：一些日后没有查考价值或利用价值的文件，通过销毁的方式终止其生命旅程；而对大量有查考价值或利用价值的文件，文件形成部门或处理部门必须依据相应的制度、原则和方法进行系统整理，并进行归档，移交给单位档案机构保存。这一方面能更好地延续其生命，另一方面能方便更多用户利用。

一、文件整理与归档的概念和内容

文件的整理与归档，就是依据归档制度的要求，将处于零乱状态的文件材料（包括纸质文件和电子文件），进行分类、组卷（件）、排列、编目等，组成有序体系后向档案部门移交的工作过程。根据我国档案管理体制，文件的整理和归档工作一般由直接产生、处理文件的文书部门的文秘人员或业务部门的工作人员承担。在正常情况下，档案室接收的是文书部门和业务部门按照归档要求组合好的案卷。文书部门和业务部门在单位档案室的指导下，需要对本部门形成的文件进行系统整理后移交给单位档案室。

从整理工作的环节和程序来看，文件整理的内容主要包括分类、组卷（件）、排列、编号、编目等（纸质文件还包括修整、装订、编页、装盒、排架；电子文件还包括格式转换、元数据收集等）；从文件整理归档工作性质来看，可概括为系统化工作和基本编目工作两个部分。系统化是指对需要保存的文件内容和成分进行科学分析和综合的工作，即按一定的方法分门别类、组合集成、条理排列，使之构成有机联系的整体，包括文件的分类、组卷（件）、文件排列等。基本编目，是以一定形式揭示和介绍文件内容特征和形式特征的工作，具体包括：填写文件目录、备考表、编写封面等。系统化是基本编目工作的基础，基本编目是系统化工作的体现，用以固定系统化工作成果。

总之，归档文件材料应当真实、准确、系统，文件材料组件齐全、内容完整，文件归档工作的内容和要求贯穿在文件整理工作之中。例如：文件整理之前必须明确单位内文件的归档范围；在归档时间到来之前必须将文件整理完毕；依据归档案卷的质量要求整理文件；文件整理完毕移交给单位档案室时必须办理归档手续。

二、文件整理与归档工作的意义

文件整理与归档工作，在文档管理中具有重要意义。

1. 文件整理是档案整理的前提

文件整理是档案整理的前提，档案整理是文件整理的延续。从档案管理的角度来看，文件整理是档案整理的核心环节，是系统化整理的基本手段。

2. 文件整理是文档管理的重要基本建设

文件整理工作是档案收集、整理、保管、统计、利用、开放的基础，是发挥档案作用的一项前提条件，是整个文档管理工作中的重要基本建设。

3. 文件整理是开发档案信息资源的重要基础

文件整理工作是开发档案信息资源的重要基础，文件与档案整理科学化和标准化的提高，对于档案管理工作的总体优化具有直接和广泛的影响。

4. 文件整理归档是把分散的文件集中保存的重要手段

文件整理归档是把分散保存的文件集中保存的重要手段。对于一些设立了单位档案室的机构，归档是文档管理的一个基本工作程序，是将处理完毕且具有保存价值的文件进行系统整理后交单位档案室保存的过程。对于那些还没设立单位档案室，文档工作由文书部门或综合办公室统一管理的单位，文件同样必须经过系统整理，按照规定有序排放保存。

5. 归档是文件转化为档案的重要标志

一般情况下，整理后的文件只有办理了归档手续，才正式转化为档案。归档是一种选择性行为。各单位根据自己的需要和管理能力将原始记录材料，通过归档行为进行身份的划分，归档前后的原始记录材料由此而具有不同的社会属性。归档后的材料才成为档案管理的工作对象——档案，档案工作由此而始。对于国家所有的档案来说，归档还是一个法律行为，只有经过归档，才能享受我国《档案法》的保护。

三、文件整理工作的原则

（一）充分尊重和沿用原有的整理方法

就文件形成部门而言，在进行文件整理的时候，不要轻易打破单位原有的整理规律，而应充分尊重和沿用原有的整理方法，从而使文档整理工作保持延续性和稳定性。当然，单位改革文件整理方法，由立卷改为按件整理归档，则不在此讨论范围。

（二）保持文件之间的历史联系

文件之间的历史联系就是文件形成和处理过程中所形成的内部关系，这些关系能如实反映单位的历史活动面貌。在文件整理过程中，应保持文件之间的这种固有联系，使零散、单份的文件组成密切联系的有机体系。文件之间的历史联系，主要体现在文件的来源、时间、内容和形式几个方面。

1. 文件在来源方面的联系

文件是以一定的机关及其内部组织机构或一定的个人为单位，有机形成的。形成文件的这些单位，使文件构成了来源方面不可分割的历史联系。

2. 文件在时间方面的联系

形成档案的机关和个人所进行的具体活动，都有一定的过程和阶段性，因而使文件之间具有自然的时间联系。

3. 文件在内容方面的联系

文件是机关或个人在履行一定职责的各种活动中，为了解决一定问题而产生的。它的形成者的特定活动，使文件之间在内容上具有密切联系。

4. 文件在形式方面的联系

所谓文件形式，包括它的内部形式和外部形式两方面：种类、名称和载体、记录方式等。文件的内容必然通过一定的形式表现出来，这也构成了文件之间一定的联系。比如，命令来自上级单位，反映了它对本单位的领导关系；批复反映了本单位的职权范围及其与请示的具体联系。又如，会计凭证、会计账簿和会计报表采用的是不同的格式文本，体现了不同的内容，从而使三者的形式和内容区分开来。

（三）便于保管和利用

保持文件之间的历史联系，不是文件与档案整理的主要目的，所以不能为联系而联系。便于保管和查找利用档案，才是文件与档案整理工作的基本出发点和最终要求。保持文件之间的历史联系很大程度上就是为了便于未来利用，但当有冲突的时候，则优先考虑保管和查找利用。比如同一问题不同载体的文件和档案，在进行整理的时候既要保持它们之间的联系，又要满足未来不同载体的不同保管要求，为此，既要统一整理编目，同时还要编制互见号。

第二节 文件整理归档的范围

依据我国相关档案工作制度，凡是本单位工作活动中办理完毕具有保存价值的文件，包括党、政、工、团及经营管理、人事、保卫、财务等工作中形成的各种形式和载体的文件，均应整理归档；当然，也并非每文必“档”，一些没有保存价值的文件不用纳入整理的范围，因此明确需要整理归档的文件范围就非常重要。由于机关单位和企业组织的文件形成特点及内容构成不同，因此，文件整理归档的范围亦有所区别。本节分别从机关和企业两方面归纳单位内文件整理归档的范围。

一、机关文件整理归档的范围

机关文件是指机关在其工作活动过程中形成的各种门类和载体的历史记录。机关单位需要整理归档和不需要整理归档的文件范围分别如下：

（一）需要整理归档的文件范围

凡是在机关工作活动中形成的，能反映本机关主要职能活动和基本历史面貌，在维护国家、集体和公民权益等方面具有凭证价值，需要贯彻执行的上级机关、同级机关的文件材料以及下级机关报送的重要文件材料等具有查考保存价值的文件材料，都需要整理归档。具体而言包括以下四个组成部分。

1. 本机关的文件

本机关的文件即反映本机关工作职能活动和基本情况的，在今后工作中需要查考的发文及内部管理文件。本机关形成的文件是归档的重点，需要整理归档的文件主要有：

一是“红头”文件及其辅助文件。指本机关制发的（包括转发、合发、本单位上级的批复等）公文签发稿（定稿）、正本、重要文件的历次修改稿，以及公文处理单等。

二是会议文件材料。指本单位党、政、工、团等召开的各种会议，以及外出参加针对本单位主管业务的会议的文件材料。

三是本机关单位内部管理及业务文件。指本单位形成的“白头文件”，如工作计划、总结、报告、规章制度、调查、统计、财务报表、交接手续、人事、合同、协议、科学研究、刊物、出版物、外事活动中形成的材料。

四是对外活动材料。指本单位对外交流活动中形成的文件，如重要的人民来信来访、领导的批示、领导人在公务活动中形成的重要信件、电报、电话记录、从外单位带回的与本单位有关的文件材料。

五是项目文件材料。包括机关设立临时机构处理专项工作、处置突发事件、举办重要活动等形成的文件材料，承担重大建设项目、重大科研课题等形成的文件材料。

六是撤销机构形成的文件材料。机关所属机构撤销形成的文件材料。

七是征集的文件材料。机关向社会和个人征集的与机关有关的文件材料等。

八是反映本单位基本历史面貌的文件。如历史沿革、大事记、年鉴、重要活动剪报、荣誉证书、声像材料、实物等。

2. 上级机关的文件

上级机关的文件即上级针对本机关的工作情况所发的与本机关有密切联系的文件。其归档范围主要有：

一是上级机关颁发的属于本机关主管业务并要执行的文件；

二是上级机关召开的需要贯彻执行的会议的主要材料；

三是党和国家领导人、人大代表、上级机关领导等视察、检查本地区、本机关工作时的重要指示、讲话、题词、照片和有特殊保存价值的录音、录像等材料；

四是代上级机关草拟的并被采用的文件的最后草稿和印本；

五是上级机关转发本机关的文件等。

3. 下级机关的文件

下级机关的文件即下级机关报送来的有关方针政策性的、请示性的或反映重要活动、全面工作的文件材料。其归档范围有：

一是下级机关报送的重要工作计划、总结、报告、典型材料、报表、预决算及法规性备案文件；

二是直属机关报送的重要科技管理性文件材料。

4. 同级或不相隶属机关来文

同级或不相隶属机关来文的归档范围有：

一是虽不是本机关主管业务但需贯彻执行的法规文件；

二是有关业务机关检查本机关工作形成的重要文件；

三是与本机关联系、协商工作的重要来往文件。

（二）不需要整理归档的文件范围

不需要整理归档的文件范围同样从以下四个方面概括。

1. 本机关不需要整理归档的文件范围

一是重份文件；

二是无查考利用价值的事务性、临时性文件；

三是未经会议讨论、未经领导审阅签发的未生效文件，电报草稿，一般性文件的历次修改稿（重要法规性文件定稿除外），铅印文件的各次校对稿（主要领导人亲笔修改稿和负责人签字的最后定稿除外）；

四是从正式文件、电报上摘录的供工作参阅的非证明材料；

五是无特殊保存价值的信封，一般性表态，询问一般性问题、提出一般性建议或意见的人民来信；

六是机关内部互相抄送的文件材料；

七是本机关负责人兼任外机关职务形成的与本机关无关的文件材料；

八是为参考目的从各方面收集的文件材料。

2. 来自上级机关不需要整理归档的文件范围

一是上级机关任免、奖惩非本机关工作人员的文件。在很多机关，上级机关尤其是业务上级主管机关任免、奖惩非本机关工作人员的文件，一般机关都组卷归档，有的甚至长久保管，这种做法并不妥当。例如：某县委关于乡镇人大换届选举的一份任免批复文件，县档案局、县建委等无关机关进行文件归档时，就应该将其列入不归档范围，剔除出去或作资料保存。

二是上级机关发来的普发性供参阅的文件材料及工作参考的抄件。如：一份县委办关于召开经济工作会议的通知或者乡镇财务管理办法的文件，对于房产局来说，就不必归档。

三是上级单位征求意见未定稿的文件。

3. 来自下级机关不需要整理归档的文件范围

一是下级机关送来供参阅的简报、情况反映、不应抄报或不必备案的文件材料；

二是越级抄送的一般的、不需要办理的文件材料；

三是下级机关抄报备案的一般性文件材料。

4. 来自同级或不相隶属机关不需要整理归档的文件范围

一是参加非主管机关召开的会议，不需要贯彻执行和无查考价值的文件材料；

二是不相隶属机关抄送的不需要办理的文件材料。例如：一份县综治办关于见义勇为的情况通报或者县档案局召开的档案工作会议材料，对于房产局来说，就不必归档。

各机关可依据国家档案局颁布的《机关文件材料归档范围和文书档案保管期限规定》及《机关档案管理规定》等文件及本机关制定的文件归档与不归档的范围等规定，进行本机关文件的整理归档。凡属机关归档范围的文件材料，必须按有关规定向本机关负责档案工作的部门移交，实行集中统一管理，任何个人不得据为己有或拒绝归档。

知识链接3-1 《机关文件材料归档范围和文书档案保管期限规定》中的变化

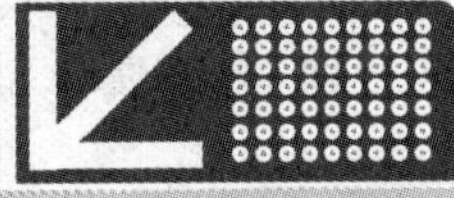

2006年12月18日，国家档案局局长杨冬权签署第8号令，正式发布施行《机关文件材料归档范围和文书档案保管期限规定》（简称《规定》）。《规定》的归档范围方面呈现出几个变化：一是突出立档机关的主体地位和主要职能，对于永久保管的文书

档案类型，主要限定为本机关自己产生的文件材料；二是增加了跟实际工作直接有关的新内容，充实了一些新领域的文件材料，如行政执法、行政审批、产权关系、个人权益方面的文件材料；三是对涉及人的问题的档案文件的保管期限划分得更为慎重。另外，《规定》改革文书档案保管期限的划分方法，将原来永久、长期、短期三种期限划分方法改为永久和定期两种期限划分方法，定期中再实行标时制，分为30年、10年；同时调整了对一些文件材料的保管只接收“永久”，原则上“定期”不再进馆。

《规定》的颁布是我国档案工作的又一项重大改革，对各级机关正确界定文件材料的归档范围和保管期限具有重要意义，标志着我国档案工作法制化、规范化工作又有了新的进展，是各级机关档案基础业务建设的法规依据和执行标准。

二、企业文件整理归档的范围

企业文件整理归档的范围，是指本企业在社会活动中形成和使用的、反映本企业主要工作与职能，具有查考利用价值的文件及其他有关材料。[①] 同样，本企业形成的文件是整理归档的重点，企业在筹备、成立、研发、生产、服务、经营、管理及产权变动过程中形成的具有保存价值的文件材料应列入归档范围。依据《企业文件材料归档范围和档案保管期限规定》（国家档案局10号令），企业文件整理归档范围包括以下18大类：

（1）本企业设立、变更、解散过程的文件材料；

（2）本企业董事会、监事会、股东会构成及变更等方面的文件材料；

（3）本企业资本登记、资本变动、融资的文件材料；

（4）本企业资产管理的文件材料；

（5）本企业总经理办公会、党政联席会的文件材料；

（6）本企业召开的工作会议、专题会议的文件材料；

（7）本企业承办的大型展览会、博览会、论坛、学术会议、国际性会议的文件材料；

（8）有关机关和上级主管部门领导、社会知名人士检查、视察、调研本企业工作时形成的文件、工作汇报、录音录像等文件材料；

（9）本企业向有关机关、上级主管单位的请示、报告，以及有关机关、上级主管单位的批复、批示；

（10）本企业收到的有关机关、上级主管单位等相关机构制发的文件材料；

（11）本企业与金融机构、中介机构及其他组织和个人来往的文件材料；

（12）直属单位、所属和控股企业的请示、报告、函与本企业的批复、复函等文件材料；

（13）本企业经营决策、建设项目（含境外项目）管理、企业管理、资本经营、财务、物资管理、产品与服务业务管理、市场开发与营销、产品与服务销售管理、售后服务管

① 施晔红．企业文书与档案管理实务．武汉：武汉大学出版社，2011：49－50．

理、客户信息、信誉、统计等管理工作的文件材料；

（14）本企业生产组织、质量管理、能源管理、设备管理、安全、环保、计量管理、科技管理、信息化管理、标准、图书情报等管理工作的文件材料；

（15）本企业组织机构设置、人力资源、文秘、机要、档案、保密、保卫、综合治理、信访、外事、风险管理、内控与审计、社会责任、基本建设管理等管理工作的文件材料；

（16）本企业党、团、工会等党群工作的文件材料；

（17）本企业其他事务管理文件材料，如企业接待工作计划、方案，重要来宾有关的照片、录音、录像、题词、讲话、批示等，企业住房出售、出租等文件材料，企业文化建设文件材料等；

（18）各种非纸质载体、介质及实物形式的文件材料。

各企业应根据《企业文件材料归档范围和档案保管期限规定》，结合本企业经营管理范围和业务活动类型，制定适合本企业文件整理归档的范围。企业不需要归档整理的文件材料范围可参考机关不需要整理归档文件的相关内容。

第三节　文件的分类

在确定本单位文件整理归档的范围以后，需要归档的文件仍是凌乱无序的。一般情况下，文件形成部门移交给单位档案室的文件必须经过系统整理，而单位文件与档案的分类是文件整理的前提和基础。因此，接下来必须掌握文件和档案的分类方法。为了使单位内各文件形成部门文件与档案分类标准统一，避免各自为政，应由单位档案室编制适合本单位开展文件整理的分类方案，用以指导文件形成部门的文件整理工作。文档管理人员掌握文件与档案的分类理论和方法，可以更好地开展文件整理工作。

一、文件分类概述

（一）分类的概念

文件分类，就是把立档单位所形成的文件，按照文件形成的领域范畴、时间、来源、内容和形式上的联系，分成若干层次和类别，使之构成有机的体系。分类是科学管理档案的基础，是系统整理文件的中心，是文件和档案整理的基础性工作。这一工作一般由档案室承担。分类可以用来指导文书部门和业务部门的文件立卷工作和归档文件整理工作。

（二）分类的意义

文件和档案的分类，对于整个文件与档案整理工作的组织和质量以及日常的档案管理，都有重要的意义。

1. 分类是保持文件有机联系的重要举措

一个单位内的文件，如不经过分类，难免是一堆杂乱无章的材料；只有对其进行合理的分类，才能揭示出文件之间的内在联系，真正使单位内的档案成为一个有机整体，便于系统地提供利用。

2. 分类是后续整理环节有序开展的基本前提

就整个整理工作的程序而言，只有经过分类，其后的一系列环节才易于着手和逐步推进。

3. 分类的优化可为档案的全面管理创造有利条件

平时的档案管理过程中，档案库房的使用计划、全宗指南和档案馆指南的结构、全宗卡片的建立等工作都与档案的分类方案和分类的质量密切相关。所以全宗内档案分类的优化可为档案的全面有效管理创造有利条件。

（三）分类的基本要求

1. 分类要从文件的形成特点和规律出发，符合文件的历史状况，保持它们之间的历史联系

2. 分类应当具有思想性、客观性、科学性、逻辑性、实用性

（1）思想性。分类时注意政治思想性，体现有关的方针、政策，反对纯客观主义倾向和忽视政治内容思想的倾向，对历史档案更要注意政治思想性。

（2）客观性。要按照不同机关的文件形成情况，合理地选择分类方法和设置类目，准确归类，使全宗内档案的分类能够较为客观地反映出立档单位活动的面貌。

（3）科学性。分类时，要按档案本身的内在联系来进行，类目的设置力求合理，层次力求分明，层次不宜过多，2～3 层为宜。

（4）逻辑性。全宗内档案成分及其纵横关系往往比较复杂，分类方法有多种，但分类逻辑必须清楚，分类体系力求严密。

（5）实用性。档案的分类必须便于保管，便于检索和提供利用。档案分类过程中，切忌无视单位档案形成特点而生搬硬套一般的分类方法，也禁止空设虚类。

二、分类的一般方法

文件与档案分类法，是档案部门划分所藏档案类别的依据和方法。为真实反映立档单位的历史面貌，应根据文件与档案的各方面特征，进行有效区分和分类。

如果把一个单位内的所有档案看成一个整体，则首先必须把文件归属到大的门类。因为不同门类的文件，其分类及整理方法都有不同的标准和要求。如 2018 年 10 月发布的《机关档案管理规定》第 22 条、33 条从内容上把机关档案做了文书、科技、会计、人事、专业等门类的区分，从载体上做了纸质、电子、实物等形式的区分；又如，《企业档案工作规范》（附录 5）第 7 条从内容上把企业档案做了文书、科技、会计、人事等门类的区分，从载体上做了纸质、音像、电子等区分。因而这些门类的档案各自都构建了比较成熟的分类方案和整理体系。

随着各级机构大型活动的增多，大型活动文件也是各单位重要的归档内容。但大型活动文件既不属于常规性的文书文件，也不属于科技文件的范畴。考虑到大型活动和科技活

动二者都有项目的特质，二者的分类及整理方法相似，因此本书把大型活动文件和科技文件合二为一，统称为“项目文件”。

考虑到不同行业和单位的适用性，本书在传统的归类基础上，依据一个单位的工作活动特征，把形成的文件材料从内容上归为三大门类：（1）常规性活动过程中形成的文书类或管理类文件材料；（2）以一次性活动为特征的项目文件，包括传统意义上的科技文件材料以及近期发展比较迅速的大型活动（包括重大活动）文件材料；（3）在专门领域形成的人事、会计及履行本单位特有职责形成的专业档案（如高校的教学档案、政府采购中心的招标采购档案）等专门档案。这三大类文件的分类方法有较大区分，但各类文件又可遵循一定的规律。一个单位无论一级类目可形成多少类别，这些类别都无外乎由这三种形式构成。

本部分重点探讨以文书档案为主体的常规性文件的分类方法，项目档案、专门档案及特殊载体档案的分类方法在后续相关章节阐释。根据文件及档案的时间、来源、内容、形式和保管期限等特征，可以对常规性文件进行区分和分类。

（一）时间分类法

按文件的产生时间分类，分年度分类法和时期分类法。年度分类法，即根据文件形成的年度将全宗内档案分成若干类别的方法；时期分类法，即把文件按照立档单位在发展变化过程中形成的不同时期或阶段分类，而在较长的阶段内又可按年度分类整理。

按年度分类，可以反映一个立档单位逐年发展变化的面貌，是运用最广泛的一种分类方法。年度分类法简便易行，通过年度分类，将档案按其形成的自然或专业年度加以区分，使每一年度的文件相对集中，可以反映出一个单位每年工作的特点和逐年发展变化的情况，看出不同时期工作的特点，便于历史地研究问题。而且这种分类方法同现行机关的文书处理工作制度相吻合，以年度为单位归档移交，从而使文件一年一归档，一年一个类，类目设置标准清楚、明确，便于人们按时间查找利用档案。

年度分类法原则上要求不同年度的文件不得混淆。采用年度分类法，关键是要将文件所属年度准确归入相应的类内。一般而言，文件的形成时间就是文件所属的年度，但有些文件存在几个属于不同年度的日期，将其归入哪一个年度，就需要具体分析，特殊处理。需要特殊处理的主要有以下几种情况：

1. 一个文件有多个时间

一个文件有多个时间的，如文件的成文日期、签发日期、公布日期不同，应以文件签发日期确定文件的所属年度。

2. 跨年度文件

对一个单位而言，跨年度文件通常做如下处理：

（1）跨年度收发文和内部文件的处理。如果是收文以落款日期为准；发文则以文件签发的年度为准；内部文件以定稿时间为准。

（2）跨年度的来往文件，放入关系最密切的年度。如跨年度的请示与批复、来文与复文，放在批复和复文年度；没有复文的，放在请示年度。

（3）文件的形成年度与文件内容针对年度不一致时，传统的立卷方法以内容的针对年度为准，而新的分类方案统一采用文件的形成年度归档。例如，2010 年形成的《2001—

2016年工作规划》，应归入2010年度；2018年形成的《2017年工作总结》，应归入2017年度；2018年制定、2019年生效的法律法规，应归入2018年度。

（4）对同一个事由的跨年度文件，往往统一在办结年度归档。如跨年度的会议文件，一般放在会议闭幕年度；跨年度处理的非诉讼案件，放在结案的年度。如，跨2018年、2019年两个年度的会议形成的文件材料，统一在闭幕年即2019年整理归档；跨2018年、2019年两个年度处理的案件形成的文件材料，统一在结案年即2019年整理归档。

（5）几份文件作为一件时，“件”的年度归属以排在最前面的文件的日期为准。如，正本与定稿为一件时，以正本日期为准。

3. 专业年度文件

在实际工作中，有些专业单位根据自身工作的特点，不按自然年度来划分年度工作，而是另有起止日期，称为专业年度。如，教育部门在教学活动中形成的教学计划、教学大纲、课程表等文件都是按学年计算，从每年9月1日至次年的8月31日为一个教学年度，按专业年度进行分类；而其他一些管理活动中形成的文件，仍按一般年度分类。进行文件整理时，立档单位可将这两种年度的文件有规律地结合起来，如2018年与2018—2019学年归入同一类“2018年”，从而如实地反映立档单位工作的全貌。

另外，有一些文件由于某种原因没有标注或找不到归档时间，对此需要根据文件内容或各种标记方法，考证和判定文件的准确或近似时间，并将其合理归类。

想一想

试分析判断以下归档文件所属的年度。

（1）2015年形成的《××单位2016—2020年工作规划》

（2）2019年形成的《2018年××机关工作总结》

（3）2004年8月28日通过，2005年4月1日起实行的《电子签名法》定稿、存本

（4）某单位一个房地产纠纷案件材料（2015—2018年）

（5）某公司2018年度职工代表大会材料，该大会2018年12月28日开幕，2019年1月3日闭幕

（二）来源分类法

来源分类法即按形成、产生档案文件的组织机构或个人来分类的方法，具体有以下三种。

1. 组织机构分类法

组织机构分类法，就是根据立档单位的内部机构设类和归类，即将档案按文件形成或承办的部门来分类，一个机构设置一个类，机构名称就是类名。按组织机构分类应满足以下条件：第一，单位内部部门设置稳定；第二，部门职能区分清楚，职能界限分明；第三，各部门每年都能产生相当数量的文件。

采用组织机构分类法，能保持全宗内文件在来源方面的固有联系，客观地反映立档单位的历史面貌；同时由于每个机构都承担某方面的职能和任务，因而按组织机构分类在一定程度上集中了反映某一方面工作内容的文件，便于按照一定的专题查找和利用档案。特别是对于现行机关，归档前由各个机构分别保存整理的文件档案，在每个机构每年向档案室归档时，就自然构成一类，方法简单，标准客观，便于掌握。但这种分类方法不适合机关内部机构经常变动的情况。

运用组织机构分类法应注意以下几种情况：

(1) 确定分类层次。大多数单位，在按组织机构分类时，只要分到第一层即可。如果某个机构在第一层下面再设第二层机构，而且档案数量特别多，那么也可将档案分到第二层。

(2) 确定类别排序。各类的次序可按照单位内部机构固有的排序规定或习惯上的顺序来排列。一般是领导机构、综合性机构（办公室）排在最前面，再依次排列各业务部门和后勤部门等；同时，也可以按党政工团的顺序排列。只要组织机构排列顺序确定，就应保持一定的稳定性，不宜轻易变动。

(3) 文件的归类。如果文件涉及几个机构，则应当有统一规定，以便将文件合理地归入相应的类别，从而利于查找利用。采用组织机构分类法，原则上以哪个机构名义发文，文件就归入哪个机构的类中。有些文件由几个机构共同办理，视具体情况归类：几个机构联合办理的文件一般应归入主办机构；业务部门起草而以机关办公厅（室）名义发出的文件，如果内容属该部门职责或业务，则应归入负责起草文件的机构类中，否则归入办公厅（室）类。

想一想

你所在高校的文件档案适合采用组织机构分类法吗？

2. 作者分类法

作者分类法是按制发文件作者的名义，即签署、制发文件的组织或个人来分类。

3. 通信者分类法

通信者分类法就是按立档单位有来往通信关系的机构或个人分类，其中收文按作者分类，发文存本和原稿按收件者分类。

（三）内容分类法

内容分类法即按档案的内容进行分类。具体分为三种形式。

1. 问题分类法

问题分类法，就是按照文件内容所说明的问题对档案文件进行分类，以保持内容相同或相近文件之间的联系，避免或减少同类问题文件分散的现象。按问题分类，一般应该符合立档单位的职责和任务，抓住一个单位内文件内容最基本的问题设置类别。在实际工作中，大多参照本单位内部组织机构的基本职能来设置类别。如《工业企业档案分类法试行规则》《高等学校档案实体分类法》等的一级类目中，党群类、行政类、科研类、基本建设类等类别，就是根据单位的基本职能这个“大”问题来设置的，它们可以说是机构和问题的结合体，能如实地反映立档单位的主要面貌。

在按问题分类时，文件归档应按文件档案的主要内容有规律地进行，并保持连续性，某个内容的文件档案在去年放入哪类中，今年亦应归入同一类中，不要根据一时的需要随便更改，以免给将来的查找利用带来不便。

采用问题分类法，符合文件形成时的特点和规律，可以使内容性质相近的文件汇集在一起，便于按专题查找和利用档案。特别是按问题设类可以不受内部机构的限制，单位的中心任务和主要活动可以单独设类，从而能够比较突出地反映一个单位职能活动的主要面貌。

因问题分类法类目设置的主观成分相对较大，因而传统的文件分类一般不将其作为首要的分类标准，但随着问题分类的基本统一，其适用范围在逐步扩大。现阶段机关单位既可以按组织机构也可以按问题设置一级类目，如《广东省机关档案分类办法》在“分类方法”中规定：“党政工团档案（其属类可按组织机构或问题设置排列，前后保持一致，不可任意改动）。”而企业、高校等行业把所在单位所有档案看成一个整体，甚至把问题、机构职能以及三大门类档案结合的“大问题”类别发展为一级类目。

为了适应各行业、各单位档案工作日益发展的需要，在中国档案分类法的基础上，在全国范围内建立了适合某个行业档案形成特点的档案分类法，如《企业档案分类法》《高等学校档案实体分类法》等。这些分类方案根据文件的形成领域，将形成于同一活动领域的档案作为一个整体归入相同的类别，把文书档案、科技档案和专门档案分类拓展或糅合，全部打通，按“问题”设为一级类目。如《工业企业档案分类试行规则》把文书档案划分为党群工作类、行政管理类、经营管理类和生产技术管理类四类，把科技档案划分为产品类、科学技术研究类、基本建设类和设备仪器类四类，把专门档案划分为会计档案类和干部人事档案类两类。又如，《高等学校档案实体分类法》淡化了文书档案、科技档案和专门档案门类的区分，并对其进行了糅合。根据高等学校档案产生的领域范畴，将高等学校档案确定为十个一级类目，即党群、行政、教学、科学研究、产品生产与科技开发、基本建设、仪器设备、出版、外事、财会。本分类法把有关教学、科研、外事、基建、出版、财务等方面的管理性文件从党政文件中剥离出来，分别与教学、会计、出版、外事等相应专门档案，以及与科研、基建、仪器设备等相应科技档案合成一个类别；干部及专业技术人员人事档案分类编号，本法未另作规定，仍然依照《关于印发〈干部档案管理工作条例〉的通知》办理。

除了企业和高校外，以下几种情况也可以采用问题分类法：

（1）立档单位内部机构不稳定，变动较大且又较为复杂，不宜按组织机构分类，而适用于按问题分类；

（2）各个机构的文件由于某种原因被打乱而混杂在一起，难以按组织机构分类，从而只能按问题分类；

（3）以组织机构作为第一或第二级的分类法后，类内档案数量较多，确实有必要进一步细分，这时就可以结合采用问题分类法；

（4）基层小型单位，没有内部机构，只有简单的内部分工，或者虽然有内部机构，但文书处理工作都集中在办公室，部门不处理文件。

2. 实物分类法

实物分类法是按文件内容所涉及的实物类型进行分类，如石油、煤炭、粮食、木材等，也可以看作是某种意义上的问题分类。

3. 地理分类法

地理分类法是按文件内容所涉及的地理区域进行分类，如可分为华北、东北、西南，或北京、山东、湖南等。如人口普查资料，各地区上报给上级部门的计划、报告等，都可以采取此种分类法。

（四）形式分类法

形式分类法即按文件档案的形式、形态特征进行分类的方法。具体有三种形式。

1. 按文件种类分类

按文件种类区分文件，便于将一些相同性质的文件组合在一起，如文书档案中的会议记录、计划、总结等。

2. 按载体形态分类

按档案载体形态分类，有胶片、磁带、光盘、纸质档案等。

3. 按形状规格分类

按档案载体形式的空间形状和大小进行分类。

（五）保管期限分类法

保管期限分类法就是根据划定的不同保管期限对归档文件进行分类。根据国家档案局2006年8号令《机关文件材料归档范围和文书档案保管期限表》的规定和立档单位制定的档案保管期限表，将文书材料按永久、定期（30年、10年）两种不同的保管期限分开。采用保管期限分类法，能够将不同价值的归档文件从实体上区分开来，使档案部门能够有针对性地采取整理和保护措施，同时为库房排架管理、档案移交进馆和到期档案鉴定等管理工作提供便利。保管期限的划分原则和方法具体请见档案的鉴定章节。

在以上分类中，各级机构普遍采用的分类方法有：年度分类法、组织机构分类法、问题分类法、保管期限分类法。

三、复式分类法的选择

一个单位内的档案是一个复杂的档案整体，由于时代、机关、人物的区别，各个全宗所反映的各立档单位的工作活动、文件内容、文件成分和保存状况各有特点、互有差异。在进行文件与档案的分类时，必须具体分析本单位的档案构成，选择合适的分类法。档案分类结果，应便于保管和利用。在实际工作中，单纯采用一种分类方法是比较少的，一般是两种方法甚至三种方法分级结合使用。归档文件整理主要采用以下复式分类法。

（1）保管期限—年度分类法，即先将归档文件按保管期限分类，每个保管期限分类下按年度分类，这种分类适合小单位。此种分类法的盒号编制方法是同一保管期限下，从“1”开始编制一个大流水号，件号编制方法是同一保管期限下、同一年度内，从“1”开始编制一个流水号。

（2）保管期限—年度—问题分类法，即先将应归档文件材料按保管期限分类，每个保管期限分类下按年度分类，再在年度分类下按问题分类。此种分类法适合文件数量特别多的单位。可将本单位上下级、同级及不相隶属单位有密切联系的材料组合在一起，如针对同一问题的请示与批复、来文和复文等。此种分类法的盒号编制方法是同一保管期限下，从“1”开始编制一个大流水号，件号编制方法是同一保管期限下、同一年度内，同一个问题从“1”开始编制一个流水号。

（3）保管期限—年度—组织机构分类法，即先将应归档文件材料按保管期限分类，每个保管期限分类下按年度分类，再在年度分类下按组织机构分类。此种分类法适合组织机构比较稳定且以“件”整理档案数量特别多的单位。此种分类法的盒号编制方法是同一保管期限下，从“1”开始编制一个大流水号，件号编制方法是同一保管期限下、同一年度内，同一个组织机构内从“1”开始编制一个流水号。

（4）问题—年度—保管期限分类法，即先将归档文件按问题分类，每个问题分类下按年度分类，再在年度分类下按保管期限分类。此种分类法只适用于以问题作为一级类目的企业单位和高等院校。此种分类法的盒号编制方法是同一问题内，从“1”开始编制一个大流水号，件号编制方法是同一问题下、同一年度内，同一保管期限内从“1”开始编制一个流水号。

（5）年度—保管期限分类法，即先将归档文件按年度分类，每个年度分类下按保管期限分类。此种分类法一般是按照上级业务主管机关的规定办理，银行等企业采用较多。此种分类法的盒号编制方法是同一年度内，从“1”开始编制一个大流水号，件号编制方法是同一年度内，同一保管期限内从“1”开始编制一个流水号。

与此类似还有组织机构—年度—保管期限分类法，组织机构—保管期限—年度分类法等，在此不一一列举。

想一想

某局使用年度—组织机构—保管期限分类法进行文件分类，但同时又单独设计了“统计报表类”，将本局编报的各类人员、工资等基本数据报表等归档文件归入其中，这种做法是否正确？为什么？

知识链接3-2 立卷整理复式分类法的选择

传统的文书档案立卷整理通常由年度同组织机构或问题联合，构成以下几种复式分类法：

1. 年度—组织机构分类法

即先将所有文件按年度分开，在每个年度下再按组织机构分类。以某县政府全宗为例，按年度—组织机构分类如下：

2009 年　办公室
　　　　　组织部
　　　　　宣传部
　　　　　……

2010年 办公室
组织部
宣传部
……

这种分类法适用于内部机构比较稳定或虽有变化但变化不复杂的立档单位，特别适用于现行机关。因为采用这种分类法，可与文书部门每年的归档工作相结合，从而确保分类的正常进行；同时便于库房的排架，每年形成的文件按机构排序依次上架，不必预留空位，也避免了倒架，库房管理非常方便。

2. 年度—问题分类法

即先将全宗内的全部文件按年度分开，在每个年度下再按相关问题加以区分。如：

2009年 综合类
人事类
营销类
……

2010年 综合类
人事类
营销类
……

这种分类法与第一种基本相同，同样适用于现行机关，在企业和高校运用比较普遍。另外，在组织机构变化复杂、分工不明确，或是内部机构非常简单甚至没有内部机构的情况下，也可采用此分类法。

3. 组织机构—年度分类法

即先将一个单位的所有文件按立档单位的内部组织机构分开，在每个机构下再按文件形成的年度加以区分。适用于撤销机关档案。

4. 问题—年度分类法

即先将一个单位内的全部档案文件按相关问题分开，在每个问题下再按年度加以区分。多适用于撤销机关档案和历史档案。

上述第三种、第四种分类法一般用于撤销机关和历史档案，现行机关尽量不要采用这种分类法，因为现行机关每年都有新的档案产生，采用这种方法，在档案排架时就必须预留空位，而预留空位的多少不容易掌握，一旦遇到机构变动，分类和排列就都会遇到很大困难。

值得注意的是，年度分类虽然是立卷不可或缺的分类内容，但各类型机构的文书档案并未把其设置为分类类目，而是通过案卷封面内容和案卷目录来体现。如机关文书档案主要把组织机构或问题作为一级类目，企业和高等学校把问题作为一级类目，但这些机构的文书档案都是一年一归档，事实上已把年度分类暗含在一级类目之前，原则上仍属于年度—机构或年度—问题复式分类法。

四、分类方案的编制

分类方案是指机关档案部门在一年的实际文件没有形成以前，根据本机关工作活动的规律，预测该年可能形成的文件，按照文件整理的原则要求和方法，事先拟制出来的归卷条目。分类方案的编制应在对本机关的文件深入调查研究的基础上完成，调查内容有：(1) 文件作者、时间、文件种类、文件字号、地区、通信者、载体、使用价值等；(2) 机关常用文件种类、数量，各种文件利用率、利用角度，机关对于文档工作的有关规定与要求等；(3) 内部机构设置特点；(4) 机关业务活动特点；(5) 与外机关业务往来等。

机关单位传统的分类方案主要是为立卷提供指导的，所以亦称立卷类目、归卷条目、案卷条目。立卷类目一般由类（类别）、目（条款）和号（条款顺序号）组成。立卷类目的类别和条款的排列呈表格式，故也叫立卷类目表。

1. 类

类即类别，是综合概括归卷文件材料的类属名称。文件材料的类别划分有两种方法：一是按工作性质分类，如组织类、宣传类、文教类等。二是按组织机构分类，直接用各机关或部门的名称作类别名，如宣传部文件、组织部文件等。

2. 目

目即条目、条款，是类名之下按照立卷要求和方法概括出来的一组文件的总标题。标题一般由作者、内容和文种组成。拟制条款应当注意两个问题：一是应该按照立卷特征来拟制条款；二是应当照顾到文件的不同保存价值。

3. 号

号即类和条款的顺序号或简称条款号，给一类、一个条目编一个号。条目排列的规则：方针政策性的、领导指示性的文件排在前面，其次是综合类条目，再次是反映具体内容和业务的条目。编号有两种方法：一种是按大流水编号，即把一本类目的条款统一编号排序；另一种是采用分类流水编号，即分开类别，每类给一个代号。

编制分类方案时确定的类别要以本单位职能活动为基础，类、目概念明确，并列的类别之间界限分明，不互相交叉或重合，条款拟制力求反映出文件的立卷特征。一定时间内保持一个单位分类方案的相对稳定性，但同时也要根据单位的发展需要，注意分类方案的调整与修订。如某机关单位文书档案的立卷类目：

党委办公室

1 会议

1-1 党委会、党政联席会会议记录、纪要、决议、决定 ——永久

1-2 党委召开的会议、总支书记会会议记录、纪要、决议 ——永久

1-3 单位领导班子民主生活会会议记录、汇报材料 ——永久

……

2 综合管理

2-1 上级及本单位党委指示、规定、通知、职责、制度 ——长期

2-2 党委工作规划、计划、总结 ——永久

2－3 党委大事记 ——永久

……

3　秘书工作

3－1 党委办公室来往公函、请示、报告、通知、批复 ——长期

3－2 党群系统起用印信、印模等材料 ——永久

……

工业企业档案分类方案与机关单位分类方案略有差异，根据《工业企业档案分类试行规则》的规定，工业企业档案分类设置了一二级类目及每个类目的基本范围。工业企业档案具体分类方案简表如表 3－1 所示。

表 3－1　　　工业企业档案分类简表

一级类目名称	二级类目名称	基本范围
党群工作类	党务工作	党委综合性工作、党员代表大会或党委其他有关会议，党委办公室其他事务性工作等。
	组织工作	组织建设，整党建党，党员和党员干部管理，党费管理等。
	宣传工作	理论教育，各种工作活动宣传，政治思想工作与精神文明建设等。
	统战工作	民主党派工作，无党派人士工作，港澳台民主党派工作，港澳台工作，华侨工作，民族事务，宗教事务等。
	纪检工作	党风治理，党纪检查，案件审理，信访工作等。
	工会工作	职工代表大会，职工民主管理，劳动竞赛，劳保福利，女工工作，文化艺术和体育活动等。
	共青团工作	组织建设，政治思想教育，团员大会，团员管理，团费管理，青少年工作等。
	协会工作	各专业学会、协会工作，各群众团体活动等。
行政管理类	行政事务	企业综合性行政事务工作，厂务会议，厂长（经理）办公室工作，文秘工作，机要保密工作等。
	公安保卫	社会治安，武装保卫，枪支弹药管理，民兵工作，消防，交通管理，刑事案件审理，人防工作等。
	法纪监察	法律事务，政纪监察，违纪案件审理等。
	审计工作	各专项审计工作活动等。
	人事管理	干部管理，工人招聘、录用、调配工作，企业劳务出口工作等。
	教育工作	普通教育，中专和职业教育，高等教育，职工在职培训，幼儿教育等。
	医疗卫生	卫生监督与管理，职工防病治病，计划生育工作等。
	后勤福利	职工生活福利，食堂，商店，幼儿园，农牧副业，职工住房，企业第三产业等。
	外事工作	企业涉外活动。
经营管理类	经营决策	企业改革，重大经营战略性决策，企业发展规划，方针目标管理等。
	计划工作	企业中长期计划，年（季）度计划，各项专业中长期计划，年（季）度计划，各项专业发展计划，全面计划管理工作等。
	统计工作	各种统计报表，企业综合性统计分析工作等。

续前表

一级类目名称	二级类目名称	基本范围
经营管理类	财务管理	资金管理，价格管理，会计管理，资金流通等。
	物资管理	物资供应，仓库管理，废旧物资回收与修旧利废等。
	产品销售	市场分析，用户调查，产品销售，广告宣传，售后服务工作等。
	企业管理	企业普查，企业整顿和企业升级，经济责任制管理，企业管理现代化工作等。
生产管理类	生产调度	生产组织，调度指挥工作等。
	质量管理	企业全面质量管理，产品质量检测和质量控制工作等。
	劳动管理	劳动定额、定员，劳动调配，劳动工资，劳动保护等。
	能源管理	能源消耗定额管理，节能降耗工作等。
	安全管理	安全生产，工伤事故处理，职工安全教育等。
	科技管理	新产品开发，科技成果管理，技术引进，技术革新和采用新技术，合理化建议等。
	环境保护	环境保护检测与控制，污染治理等。
	计量工作	各种计量检测工作。
	标准化工作	企业标准化管理工作，各种标准档案。
	档案和信息管理	企业档案工作，各类数据管理，电子计算机系统，情报工作，图书资料工作等。
产品类	按产品种类或型号设置	同一产品型号内，包含产品开发、设计、工艺、工装、加工制造、检验、包装、商标工艺、商标广告和产品评优的全过程。
科学技术研究类	按课题设置	同一科研项目内，包含课题立项、研究准备、研究试验、总结鉴定、成果报奖、推广应用等项目研究和管理的全过程。
基本建设类	按工程项目或建筑项目设置	同一工程项目内，包含工程的勘探测绘、设计、施工、竣工验收和工程创优的全过程。
设备仪器类	按设备种类或型号设置	同一设备仪器内，包含设备购置、安装调试、运行、维护修理和设备管理等全过程。
会计档案类	凭证	各种会计凭证。
	账簿	各种财务账簿。
	报表	各种财务报表。
	其他	
干部职工档案类	干部档案	
	工人档案	
	离退休职工档案	
	死亡职工档案	

第四节　归档文件的整理

需要归档的文件材料，在进行统一分类后，接下来需要进行系统化的整理。依据2015年发布的国家档案行业标准（DA/T 22—2015）《归档文件整理规则》，本节所称的归档文件，就是作为文书档案保存的归档文件。归档文件目前主要采用文件级整理。本节将系统说明归档文件整理的方法和步骤，可适用于各级机关、团体、企事业单位和其他社会组织对应作为文书档案保存的归档文件的整理。

一、《归档文件整理规则》概述

（一）《归档文件整理规则》的特点

2000年12月6日，国家档案局发布了国家档案行业标准DA/T 22－2000《归档文件整理规则》，从2001年1月1日起施行。2015年10月25日，对《归档文件整理规则》进行了修订。新标准DA/T 22－2015与DA/T 22－2000相比，一是将标准适用范围由纸质文件材料扩展为纸质和电子文件材料，二是增加了归档文件组件和纸质归档文件修整、装订、编页、排架要求，三是增加了归档文件档号结构和编制要求，四是将室编件号、馆编件号统一为件号。其特点主要如下。

1. 简化

（1）实行文件级管理。取消组卷，实行文件级管理，免除了烦琐、复杂的组卷过程。

（2）简化“件”。界定“件”的概念时，从检索的实际需要及减少整理工作量出发，在立卷中密切联系的一组文件，作为“一件”处理，如正本与定稿为一件，来文与复文为一件。

（3）目录简化。取消案卷、卷内文件两级目录，只编以“件”为单位的归档文件目录。

（4）装订简化。装订以“件”为单位进行，但对装订材料不做统一规定，只要符合档案保护要求即可，归档文件直接装盒保管。

（5）封面简化。无须拟写案卷题名和填写案卷封面，只需填写档案盒盒脊。

2. 兼容

制定《归档文件整理规则》（简称《规则》）的一个重要原则，就是兼顾计算机和手工两种管理方式。《规则》从计算机高效、快捷的检索出发，取消传统的案卷、文件两级管理模式，实行文件级管理；在放宽对归档文件实体的整理要求的同时，保留了分类、排列等工作环节，以及一些供手工管理选择使用的检索项，并强调将同一事由的文件排在一起。无论从《规则》条文，还是从实际操作来看，使用或不使用计算机，归档文件整理均可以按照《规则》准确、高效地完成，使《规则》成为档案管理水平不同的机关统一的归档文件整理方法。此外，《规则》适用范围的界定同样体现了兼容性，无论是纸质文件还是电子文件材料，都能应用。

3. 灵活

条款规定具有一定的灵活性，能适用于各级机关、团体、企事业单位和其他社会组织。第一，分类只限基本分类方法，允许各机关以不同方式组合，制定切合本机关实际的分类方案。第二，排列只提原则要求，具体方式可由单位自定。第三，《规则》允许使用选择项目，归档章、档案盒盒脊等都可以根据需要设置其他项目。

（二）《归档文件整理规则》的术语与定义

1. 归档文件

归档文件是指立档单位在其职能活动中形成的、办理完毕、应作为文书档案保存的文件材料，包括纸质文件和电子文件材料。

2. 整理

整理是指将归档文件以件为单位进行组件、分类、排列、编号、编目等，使之有序化的过程。

3. 件

归档文件的整理单位，即以“件”为单位。

4. 档号

在归档文件整理过程中编制的一组字符代码，以体现归档文件的类别和排列顺序。

二、归档文件整理的方法与步骤

《规则》最根本的特点，就是以“件”为整理单位，进行文件整理。所谓“件”就是归档文件的整理单位，一般以每份文件为一件。纸质归档文件和电子文件的整理都包括以“件”为单位进行组件、分类、排列、编号、编目等步骤。其中纸质归档文件组件时还需要修整、装订、编页，编目后还需要进行装盒、排架；电子文件组件还包括格式转换、元数据收集、归档数据包组织等，编号、编目后还需要存储等。

（一）纸质归档文件整理的方法与步骤

纸质归档文件按“件”整理的流程如图3－1所示。

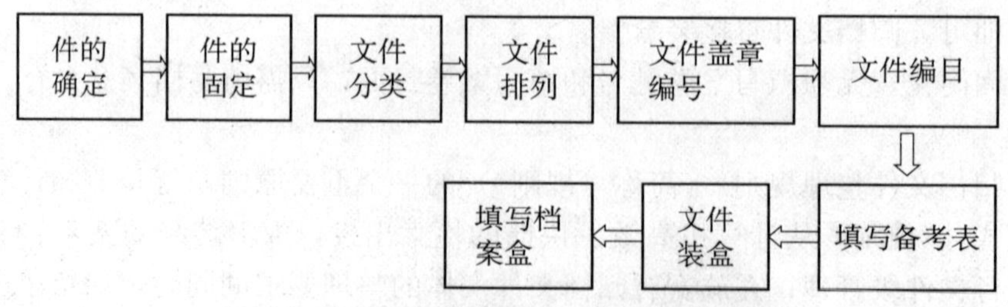

图3－1　纸质归档文件按“件”整理流程图

1. 件的确定

以“件”为单位整理的档案，就是按照文件材料形成和处理的基本单位进行整理，其基本保管单位是件。归档文件一般以每份文件为一件。为了简化整理流程，把密切相关的两个或数个文件以“一件”文件来处理。比如：正文、附件为一件；文件正本与定稿（包括法律法规等重要文件的历次修改稿）为一件；转发文与被转发文为一件；原件与复制件为一件；正本与翻译本为一件；中文本与外文本为一件；报表、名册、图册等一册（本）为一件（作为文件附件时除外）；简报、周报等材料一期为一件；会议纪要、会议记录一般一次会议为一件，会议记录一年一本的，一本为一件；来文与复文（请示与批复、报告与批示、函与复函等）既可以独立成件，也可以作为一件；有文件处理单或发文稿纸的，文件处理单或发文稿纸与相关文件为一件。

2. 件的固定

件的固定是为了保证归档文件的完整、齐全、有序，以便于保管利用。件的固定具体包括以下内容。

（1）文件修整。为了有效地保证归档文件的完整性，在装订前，对不符合要求的文件材料要进行修整。对破损的文件，应按照《档案修裱技术规范》（DA/T 25—2000）的要求予以修复；对字迹模糊或易褪变的文件进行复制；去掉文件上易腐蚀的金属物；超大纸张进行折叠，在折叠过程中，尽量减少折叠次数，折痕尽量位于文件、图表字迹之外，文件页数多时，宜单页折叠。

（2）文件排序。密不可分的文件为“一件”整理时，具体排序方法是：正本在前，定稿在后；正文在前，附件在后；原件在前，复制件在后；转发文在前，被转发文在后；来文与复文作为一件时，复文在前，来文在后；非诉讼案件的结论、决定、判决性文件在前，罪证、旁证等依据性材料在后；汉文本在前，少数民族文字文本在后；不同文字的文本，无特殊规定的，中文本在前，外文本在后；有文件处理单或发文稿纸的，文件处理单在前，收文在后，正本在前，发文稿纸和定稿在后。

（3）装订文件。归档文件一般以件为单位进行装订。归档文件装订应牢固、安全、简便，做到文件不损页、不倒页、不压字，装订后文件平整，有利于归档文件的保护和管理。装订应尽量减少对归档文件本身的影响，原装订方式符合要求的，应维持不变。应根据归档文件保管期限确定装订方式，装订材料与保管期限要求相匹配。为便于管理，相同期限的归档文件装订方式应尽量保持一致，不同期限的装订方式应相对统一。用于装订的材料，不能包含或产生可能损害归档文件的物质，不使用回形针、大头针、燕尾夹、热熔胶、办公胶水、装订夹条、塑料封等装订材料进行装订。对于永久保管的归档文件，宜采取线装法装订，页数较少的，使用直角装订或缝纫机轧边装订，文件较厚的，使用“三孔一线”装订。永久保管的归档文件，使用不锈钢订书钉或糨糊装订的，装订材料应满足归档文件长期保存的需要。根据实践，建议统一使用由档案局推荐使用的不锈钢订书钉装订，方便快捷，成本低。一般来说，采用左上角装订的，应将左、上侧对齐；采用左侧装订的，应将左、下侧对齐。

（4）编写页码。对整理好的每一份文件编写页码。每一份文件都从“1”开始填写；如有文件阅办单或领导签批条，也要编写页码。页码可用号码机、铅笔、钢笔编写。页码原则上填写在文件正面右上角或背面左上角的空白位置，但随着人们阅读习惯和书写习惯的变化，很多单位改在了文件的右下角或左下角。如果一份文件有完整的页码，则此步可以省略。

3. 文件分类

归档文件可以采用年度—机构（问题）—保管期限，保管期限—年度—机构（问题），年度—保管期限，保管期限—年度等方法。不管采取何种方案，同一全宗内的文件和档案都应保持分类方案的稳定。具体方法见文件与档案的分类章节。

4. 文件排列

文件排列是指在分类方案的最低一级类目内，根据一定的方法确定归档文件先后次序的过程。一般按事由，结合时间、重要程度等排列。会议文件、统计报表、刊物等成套性文件可集中排列。

（1）同一事由的归档文件排列。同一事由的文件，按文件形成先后顺序或重要程度排列。一是日期在前的排在前面。如开一次会，形成了会议记录，会后又形成了会议纪要，这两份文件就属于同一事由，应排列在一起，会议记录在前，会议纪要在后；又如，一个单位举办法治宣传周活动，形成若干份文件，这些文件应按照活动过程排列顺序。二是相对重要的文件排在前面，其他文件按时间先后或日常排列顺序放在后面。如一个单位提交年度工作总结，包括单位年度总结和单位所属各职能部门年度总结，单位年度总结排在前面，其他职能机构年度总结可按日常排列顺序，如按党群机构、行政机构、后勤等排列顺序，依次排在后面。

（2）不同事由的归档文件排列，又可分为以下几种情况：

①按不同事由形成时间的先后顺序排列。这种方法只需将不同事由的文件按其形成时间或办结时间的先后顺序排列，而不考虑其他因素。这种方法比较简单，适用于实行“随办随归”的机关。如一个作者，几个问题的文件，就先按问题后按时间排列。

②按事由的重要程度排列。将主要职能活动形成的文件排在前面，其他工作形成的文件排在后面；或将综合性工作排在前面，具体业务工作排在后面。如某教育局永久文件先排会议记录、工作计划、总结、综合性年报等，再排政工方面的人员任命、工资、退休、干部、党员花名册、年报等，然后是业务方面的基础教育工作意见等。

③按事由具有的共同属性分别集中排列。第一，一个事由，几个作者，可先按作者再按时间排列。例如人事工作文件，可先将机构设置、人员编制、干部任免、调配、职称评定、劳资、出国审查等问题所属的不同事由形成的文件分别集中到一起。第二，一个事由，几个地区，可先按地区再按时间排列。如基层上报的工作总结、统计、年报、花名册。第三，非诉讼案件材料，按决定—报告—调查旁证—个人交代材料等顺序排列。

④按文件的共同特征交叉组配排列。若一组归档文件，反映了不同的作者、不同的问题、不同的文种或不同的地区等，则可层层细分，分级排列。可按“作者—问题—名称—时间”交叉组配排列。

（3）会议材料和成套性文件集中排列。会议材料往往包括许多事由，形成的文件在时间上可能跨度很大，但表现出较强的系统性，利用时需相互参照、查证，集中排列更方便检索；统计报表、内部刊物等在形式上较为特殊，成套利用的情况也较普遍，因此也宜集中排列。

（4）对具有保存价值，但因特殊原因未及时归档的零散件，可排在同一年度、同一机构（问题）、同一保管期限的最后，或与相关的某件归档文件装订成一件，并在文件条目备注栏和备考表中加以说明。在实际工作中应尽量避免出现归档不及时的零散件。

5. 文件盖章编号

归档文件应依分类方案和排列顺序逐件编写归档号。根据排列结果逐件在归档文件上方空白处加盖档号章，并填写有关栏目的内容。

（1）盖章。应在卷内每份文件材料首页上方的空白位置加盖档号章。归档章长45毫米，宽16毫米，两行三列等分成6小块。其内容从左到右，从上到下分别是全宗号、年度、件号、机构（问题）（为选择项）、保管期限、页数。归档章的格式及项目内容如图3-2所示。

全宗号	年度	件号
*机构(问题)	保管期限	页数

图3-2　归档章格式及项目内容

归档章一般加盖在每件归档文件首页上端中间的空白处为宜，尽量不要压盖字迹。归档章盖红色印；章内各项目填写用黑色耐久的书写材料手写或盖印。

（2）编号。编号项目分为必备项和选择项，其中必备项包括全宗号、年度、件号、保管期限、页数；选择项主要指机构问题项。

①全宗号。档案馆给立档单位编制的代号，用4位数字或者字母与数字的结合标识，按照《档号编制规则》（DA/T 13—1994）编制。

②年度。归档文件的形成年度。采用公元纪年，以4位阿拉伯数字表示，如2018。

③件号。归档文件在分类方案的最低一级类目内的排列顺序号。应在分类方案的最低一级类目内，按文件排列顺序从“1”开始标注。

④保管期限。保管期限分为永久、定期30年、定期10年，可以使用“永久”“30年”“10年”简称标识，也可以用代码“Y”“D30”“D10”标识。

⑤页数。代表每件文件有多少有文字的页面，用阿拉伯数字标识。

⑥机构（问题）。在复式分类方案中采用机构或问题分类的填写此项。机构（问题）既可以用“办公室”等规范化简称标识，也可以用汉语拼音字母标识。

文件首页归档章填写的内容如图3-3和图3-4所示，表明该归档文件是Z109号全宗、办公室永久保存的2018年度文件，文件在本档案盒的序号为16，该文件共45页。

Z109	2018	16
办公室	永久	45

图3-3　归档章填写内容示例一

Z109	2018	16
BGS	Y	45

图 3-4 归档章填写内容示例二

6. 文件编目

归档文件应依据档号顺序编制归档文件目录。归档文件目录推荐由系统生成或使用电子表格进行编制。归档文件目录设置序号、档号、文号、责任者、题名、日期、密级、页数、备注等项目。目录表格采用 A4 幅面，页面宜横向设置。其格式如表 3-2 所示。

表 3-2 归档文件目录格式

序号	档号	文号	责任者	题名	日期	密级	页数	备注

归档文件编目应做到准确、全面、详细、便于检索。来文与复文作为一件的，只对复文进行编目，但必须在题名栏中用“（）”注明有无来文，如“附请示”；同一事由形成多份文件的，应分别编目。目录内各项目的填写方法如下：

（1）序号。填写归档文件顺序号，即归档章上的件号。

（2）档号。归档文件应依分类方案和排列顺序编写档号。档号编制应遵循唯一性、合理性、稳定性、扩充性、简单性原则。其结构为：全宗号—档案门类代码·年度—保管期限—机构（问题）代码—件号。上下位代码之间用“－”连接，同一级代码之间用“·”隔开。如“Z109－WS·2018－Y—BGS－0001”。档号的编制方法如下所示：

①全宗号：档案馆给立档单位编制的代号，用 4 位数字或者字母与数字的结合标识，如 Z109，具体可按照 DA/T 13—1994 编制。

②档案门类代码·年度：归档文件档案门类代码由“文书”2 位汉语拼音首字母“WS”标识；年度为文件形成年度，以 4 位阿拉伯数字标注公元纪年，如“2018”。

③保管期限：保管期限分为永久、定期 30 年、定期 10 年，分别以代码“Y”“D30”“D10”标识。

④机构（问题）代码：机构（问题）代码采用 3 位汉语拼音字母或阿拉伯数字标识，如办公室代码“BGS”等。归档文件未按照机构（问题）分类的，应省略机构（问题）代码。

⑤件号：单件归档文件在分类方案最低一级类目内的排列顺序号，用 4 位阿拉伯数字标识，不足 4 位的，前面用“0”补足，如“0026”。

（3）文号。填写文件的发文字号，一般由机关代字、年度、顺序号组成，须填写完整。没有文号的，不用标识。

(4) 责任者。制发文件的组织或个人，即文件的发文机关或署名者。

(5) 题名。文件标题。没有标题、标题不规范或者标题不能反映文件主要内容、不方便检索的，应全部或部分自拟标题，自拟内容外加方括号“[]”。文件标题的填写与卷内文件目录标题填写类似。如“××介绍信存根”一本作为一件时，其题名可为“××介绍信存根”，其介绍信中的人名可在备注栏中录入，以便二次检索。

(6) 日期。文件的形成时间，以国际标准日期8位阿拉伯数字表示法标注年月日，如2018年9月10日，标注为20180910。

(7) 密级。文件密级按文件实际标注情况填写。没有密级的，不用标识。

(8) 页数。每一件归档文件的页面总数。文件中有图文的页面为一页，空白页不计。

(9) 备注。填写归档文件需要补充和说明的情况，包括密级、缺损、修改、补充、移出、销毁情况。

此外，归档文件目录除保存电子版本外，还应打印装订成册。装订成册的归档文件目录，应编制归档文件目录封面，这样既便于保护目录，看起来也整齐美观。目录封面设置全宗名称、年度、保管期限、机构（问题），其中全宗名称即立档单位名称，填写时应使用全称或规范化简称。封面样式如图3-5所示。

归 档 文 件 目 录

全宗名称：________

年　　度：________

保管期限：________

机　　构：________
（问　　题）

图3-5　归档文件目录封面样式

归档文件目录份数要求一式数份（至少3份），一份随同档案装入档案盒，放置在归档文件的最前面，另外多份根据分类方案作目录汇编装订成册，以便查找和向档案馆移交之用。归档文件目录无须分别在档案盒中放置，可一年装订成一本，亦可每年区分保管期限装订。

7. 填写备考表

备考表是用来对盒内归档文件的缺损、修改、补充、移出、销毁等情况进行必要的注释说明的，无论在归档文件整理阶段，还是在档案保管阶段，都需要有备考表来填写这些内容。此外，备考表还设有整理人、整理日期检查人、检查日期等项目，这些项目起到明确整理工作责任、强化监督的作用，对每盒归档文件来说都必不可少。备考表的样式如图 3－6 所示。

备 考 表

盒内文件情况说明

整 理 人：

整理日期：　年　月　日

检 查 人：

检查日期：　年　月　日

图 3－6　盒内备考表样式

备考表置于盒内文件之后，项目包括盒内文件情况说明、整理人、整理日期、检查人、检查日期。具体填写方法如下：

（1）盒内文件情况说明。填写盒内文件缺损、修改、补充、移出、销毁等情况。

（2）整理人。负责整理归档文件的人员签名或盖章。

（3）整理日期。归档文件整理完成日期。

（4）检查人。负责检查归档文件整理质量的人员签名或盖章。

（5）检查日期。归档文件检查完毕的日期。

8. 文件装盒和填写档案盒

以“件”为单位整理的纸质文件最后要装入档案盒内，按连续件号顺序装入档案盒。

（1）档案盒格式。档案盒应采用无酸纸制作。档案盒的外形尺寸为 310 毫米×220 毫米（长×宽），盒脊厚度可以根据需要设置为 20 毫米、30 毫米、40 毫米、50 毫米等。档案盒封面、盒脊和盒底边样式如图 3－7 所示。

（2）装盒要求。一是不同形成年度的归档文件不应放入同一档案盒；二是不同保管期限的归档文件不应放入同一档案盒；三是分机构（问题）的情况下，不同机构（问题）形成的归档文件不应放入同一档案盒。

（3）档案盒填写。封面应标明全宗名称。档案盒应根据摆放方式的不同，在盒脊或底边设置全宗号、年度、保管期限、起止件号、盒号等必备项，并可设置机构（问题）等选择项。其中，起止件号填写盒内第一件文件和最后一件文件的件号，起件号填写在上格，止件号填写在下格；盒号即档案盒的排列顺序号，按进馆要求在档案盒盒脊或底边编制。

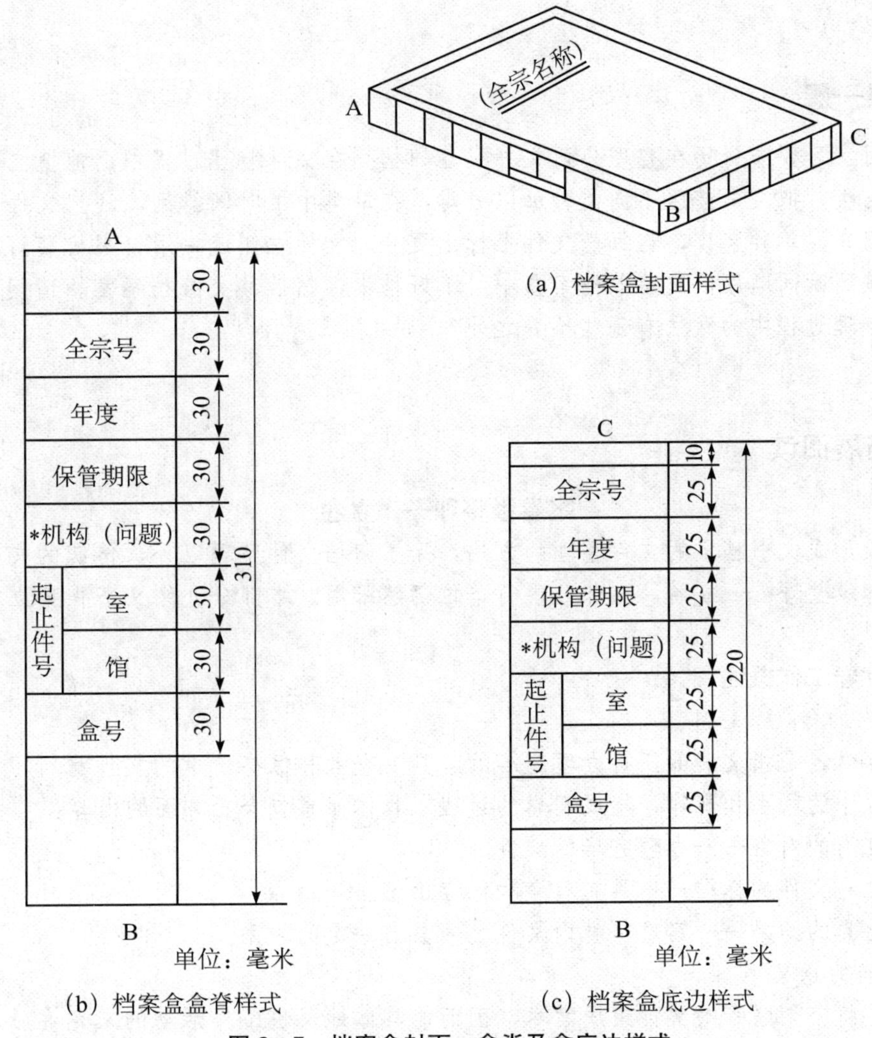

图3-7　档案盒封面、盒脊及盒底边样式

（二）归档电子文件整理的方法与步骤

归档电子文件的整理件的组织、分类、排列、编号、编目，与纸质归档文件的要求和方法基本相似，但电子文件可以由系统生成归档章式样或直接以条形码等形式在归档文件上进行标识。此外，归档电子文件整理时，应遵循电子档案的真实性、完整性和可读性等管理原则，因此在对归档电子文件进行组件时，需要对电子文件进行格式转换、元数据收集、归档数据包组织。对归档电子文件的存储，根据归档电子文件重要程度以及整理和利用的需要，选择在线、近线、离线、异地、异质和分级存储等技术和方式，进行存储时，应选择安全性和稳定性很好的存储设备。格式转换、元数据收集、归档数据包组织以及存储等整理要求，可参照《数字档案室建设指南》（2014 年）、《电子文件归档与电子档案管理规范》（GB/T 18894）、《基于 XML 的电子文件封装规范》（DA/T 48）、《电子文件归档光盘技术要求和应用规范》（DA/T 38）等标准执行，且应使用符合《数字档案室建设指南》（2014 年）、GB/T 18894 等标准的应用系统。

想一想

某公司实习秘书肖扬在整理公司文书准备归档。在文件整理过程中，他把文件处理单全部清理出去，把文书按照不同文种加以分类，在每类中按时间排列，还把文件后的附件一一分离出来，单独装订，在每份文件上标上页号，文件左侧统一用订书机装订。最后把这些文件按照时间顺序依次装入档案盒中，填好档案，然后移交给档案室。请问：肖扬在文书归档整理过程中的做法有哪些不妥之处？

拓展阅读

案卷级整理——立卷

现阶段形成文书档案的文件整理的方法，除了归档文件整理以外，传统的文书档案整理方法案卷级整理——立卷，在部分现行单位仍然采用。本部分介绍文书档案立卷的方法与步骤。

一、立卷工作概述

1. 立卷的含义

文件立卷，是指文书部门将办理完毕的、具有查考和保存价值的文件材料，按照它们在形成过程中的联系和规律，组成案卷的过程。具体而言包含三方面的内容：

（1）立卷的对象——办理完毕的文件。

（2）立卷文件的标准——具有参考和保存价值。

（3）立卷的结果——案卷，卷内文件之间具有一定的联系。

2. 立卷的意义

立卷是将密切联系的文件组成案卷，因而能具体地反映工作活动的来龙去脉，便于查找利用，也有利于档案的日常管理。立卷工作具有重要的意义。

（1）通过立卷，可以保持文件之间的历史联系，便于日后查找利用。立卷时不仅需要把具有查考价值的全部文件完整地保存下来，而且要依照它们之间的历史联系，科学地加以整理，使每一个案卷都成为系统的、有机联系的文件组合体。只有这样才能保持历史的真实面貌，反映各项工作的客观进展，便于日后查考和利用。

（2）通过立卷，可以维护文件的完整与安全，便于管理。零散的单份文件，如果不加以系统整理，不仅不便于利用，而且容易磨损和散失。

(3) 通过立卷，保证文秘工作的连续性，并为档案工作奠定基础。文件立卷后，才算完成了文书处理工作，案卷移交给档案馆，文件便结束了文书部门的运转过程，进入档案管理阶段。所以立卷工作是档案工作的基础，立卷工作质量如何，直接影响和决定档案工作的质量。

3. 文书处理部门立卷的优越性

实行文书处理部门立卷，一是可以发挥文书处理部门熟悉有关业务和文件处理过程的优势，提高案卷的质量和立卷工作的效率；二是可以由文书处理部门暂时保存本年度的文件，大大减少归档和调卷的手续；三是可以使单位档案室人员腾出手来，做好档案的整理和组织利用等工作，更好地为单位各项工作服务。

4. 立卷的原则

归档范围内的文件，不是杂乱无章地堆砌在一起，而是应当遵循一定的归档原则，即根据其相互联系、特征和保存价值等整理立卷，要保证归档文件的齐全、完整，要能正确反映本单位的主要工作情况，要便于保管和利用。文件立卷的原则包括联系原则、完整原则、保管原则、利用原则。

(1) 联系原则，即遵循文件材料自然形成的规律和特点，按照文件之间的有机联系进行立卷。

从文件产生的过程来看，文件都是随着机关职能活动的开展而逐渐产生的，可以说，各种管理活动过程就是文件一份份同步产生的过程。文件之间存在一种围绕本机关职能活动而展开的内在联系，在文件立卷时，人们不能随意割断这种联系，必须遵循文件形成规律和特点，保持文件之间的联系，这样才能够维护机关活动的历史面貌。

从利用者的利用特点来看，利用者需要全面、系统的档案材料。档案的查考凭证作用往往不是单份文件能决定的，而是在与别的文件的相互联系中来体现。只有提供反映机关历史发展的来龙去脉的有机联系的原始记录，才能使利用者在联系中从整体上去观察、分析研究事物，才能揭示事物的本质特征。目前机关内部及社会对档案的这种利用趋势，客观上要求文件立卷时，保持文件之间的联系，使所立案卷成为系统、有序的有机整体，使之有规律可循，方便检索和利用。

坚持文件立卷的联系原则，按照历史的本来面貌收集、整理一个机关、一个单位形成的文件，保持一项工作或工程、一个问题、一个人物、一个案件、一次会议形成文件的相互联系，是实事求是地尊重历史事实形成的客观性；人为地割断文件之间的联系，就会给本机关或社会各类利用者的查找利用工作带来混乱和不便。

(2) 完整原则，即保证归档文件在内容和形式上的齐全完整。

文件信息内容是指所表达的思想和意图，它一经形成，就不允许任意改动，应忠实地保存其原文原意，即使原文件中有错误，这种错误也反映了单位当时的客观状况，应尊重事实本身面貌；文件形式主要指其外在格式、制成材料与制成技术形态、处理标记、印章等的形式，它们客观地反映了公文形成时的社会状况、生产力水平等多种因素，应准确予以保存。文件内容与形式是有机整体，内容决定形式，形式表达内容，因此要保证归档文件的完整，必须保证这两个方面的完整。

坚持文件立卷的完整原则，是保证文件信息内容和形式原始性、真实性的前提条件，是日后归档文件保管工作、利用工作有效开展的必备基础。

(3) 保管原则，即对不同保管期限、不同保管要求的文件，按照不同的方式和方法分别立卷。

保管期限是由文件的保存价值决定的，按不同的保存价值划定文件的保管期限，根据不同的保管期限合理地有区别地保管文件，便于高效、经济地分配人力、财力、物力和时间，降低保管成本。同时在遇到火灾、水灾等突发事件时，可以有重点地保护和抢救具有重要价值的档案，以便将灾害带来的损失降低到最小。立卷时，不同保管期限的文件应分开立卷。

随着科技的发展，文件制成材料的种类越来越丰富，除传统的纸张外，还产生了大量的胶片、磁带、磁盘、光盘等载体的新型制成材料，这些制成材料的文件，较之传统的纸质文件，有更加严格的保管条件。立卷时，应考虑文件的制成材料，提供恰当适宜的条件，使之得到良好的保管。

坚持保管原则，就是要针对不同种类、不同类型的文件，灵活地采取不同的保管方法，提供适宜的保管条件，尽力延长档案的寿命。

(4) 利用原则，即文件的分类组合应便于及时、准确地提供利用服务。

利用原则是公文立卷的中心原则，立卷归档工作归根结底就是为了利用，没有利用的需要，也就没有立卷的必要。所以，在整个立卷的分类、组合工作中应始终贯之以“便于利用”的原则。利用原则是文件立卷的最终目的和检验案卷质量的重要标准。

立卷时，不坚持联系原则，就无法顺利地查找到需要的文件，也就无法为利用者提供有效的服务；不坚持完整原则，文件的内容或形式残缺不全，显然不能维持文件之间的有机联系，无法全面反映本机关的工作活动，也就无法实现利用的目的；不坚持保管原则，文件的物质载体和信息内容容易遭受各种物理和化学因素的破坏，影响文件的可读性、保存寿命的长久性，就谈不上文件的联系、完整和利用；而不坚持利用原则，有机联系的归档文件无论保管得多么完整齐全，都无法实现文件立卷的根本目的，立卷工作也就毫无意义。因此，以上原则之间是相互联系、彼此制约的辩证关系，前三个原则是利用原则的基础，利用原则是前三个原则的最终归宿，只有正确运用这些原则，才能做好立卷工作。

（二）立卷的方法与步骤

立卷工作一般是在次年初集中进行，为提高案卷质量和提高立卷效率，各单位文书部门要做好平时的归卷工作。平时归卷，是文书人员依据单位的分类方案，将已经处理完毕的文件，按有关条款随时归入事先准备好的文件夹或文件盒的行为过程。文书处理部门通过平时归卷将已办理完毕的文件分别归入有关卷夹，为年终立卷工作打下良好的基础。

立卷工作一般在次年年初，在平时归卷的基础上，集中一段时间进行立卷。立卷之前，首先要对平时归卷的文件进行鉴定，确定立卷范围；然后按照单位的分类方案、立卷类目和立卷方法，对每一条款中平时归卷积累的文件进行全面细致的检查调整，以便正确地组卷。检查调整的主要内容包括：检查已归卷的文件是否齐全完整，是否已经办理完毕，归档的文件是否属于本年度、本部门的立卷归档范围；办理手续是否遗漏、处理过程的来龙去脉是否注明、文件起草与签发用笔是否规范等；检查卷内文件是否保持了文件之间的联系、反映了一定的特征；检查卷内文件的保存价值是否大体一致；检查各卷夹内文件数量是否适当等。立卷前，应保证归档文件材料的种类、份数、页数都齐全完整。立卷的流程如图3-8所示。

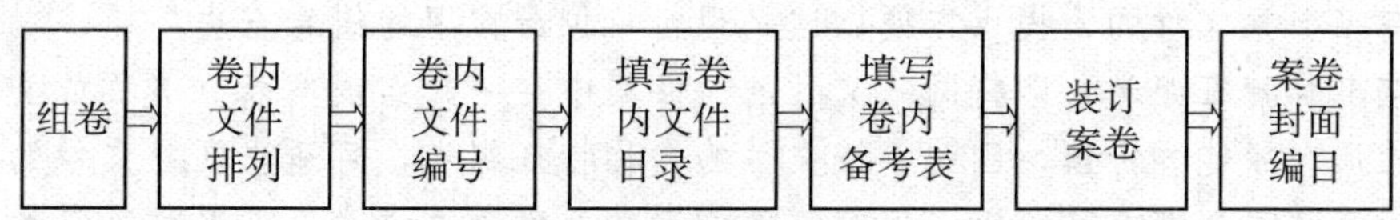

图3-8　文书立卷流程图

立卷的具体方法与步骤如下。

1. 组卷

组卷就是将本部门一定时期内形成并办理完毕的有保存价值的文件组成若干案卷的过程。组卷的依据是从文件的形式特征和内容中归纳出文件之间特有的联系和形成规律，形成的案卷可以满足未来档案保管和利用的需要。通过组卷，若干单份文件组合成案卷，形成档案保管实体的基本单位。

我国文书和档案工作有悠久的历史，立卷素有传统，长期以来，形成了多种组卷方法。如："门、类、纲、目"法、"十进分类"法、"一案一卷"法、文件"六特征"组卷法、"一竿子插到底"法、"以问题为主立卷"法、"分清价值立卷"法、"一事一卷"法、"简单立卷"法、"立纯卷"法、"分类组合"法、"文件处理、立卷、著录三位一体立卷"法等。其中文件"六特征"组卷法已成为当今全国运用比较普遍的一种文书组卷方法，其组卷的依据是从公文结构中概括出来的作者、通信者、问题、时间、名称、地区等诸要素。文件"六特征"组卷法主要内容如下。

(1) 按作者特征组卷，即将同一作者制发的文件组合成案卷。作者指制发文件的机关、部门及其领导人。本机关的发文、直接领导机关、某一个下级机关的来文，都可以采用作者特征组卷。按此特征组卷，有利于反映同一文件作者的工作状况及本机关与某机关之间的工作联系，有利于依据文件来源确定其重要程度和保存价值。

(2) 按通信者特征组卷，就是将本单位与某一单位之间就一定问题进行工作联系而形成的来往文书集中立卷。通信者特征，是两个机关之间针对同一个问题的问复性质的往来文件，集中立为一卷，一般与名称特征的统称"往来文件"同时使用。通信者特征是作者特征的一种特殊表现形式，适合按通信者特征检索文件的情况。

(3) 按问题特征组卷，即将反映同一事件、案件、人物、问题、业务活动和同一性质工作的公文集中在一起组卷。此处所言的"问题"，是指文件内容反映的主题，包括事件、案件、人物、具体问题的发生与解决、某项工作业务活动的开展等，所指范围比文件分类法中的"问题"分类更具体、细致。如同一个问题、一次会议、一项工程、一个案件的文件以及正件与附件、正本与底稿、请示与批复、转发件与被转发件组合在一起。按问题特征组卷，将同一主题的一系列关系密切的文件组合成一个整体，正好反映了"同一问题"发生、发展以及解决的全过程，既能保持文件之间的有机联系，又符合利用者按问题（主题）检索文件的习惯，因而它成为一种常用的组卷方法。

(4) 按时间特征组卷，即按照某一问题下文件产生的时间顺序将文件组成案卷。时间特征，指文件形成的时间（同一年度、同一时期、月份、日期）。按时间特征组卷，可以反映出一个单位在不同时期的工作特点和发展状况，有利于保持同一时间文件的联系，可以使利用者从“纵”的（历史）联系中把握和认识事物的发生、发展、影响等，为那些需要按时间特征检索文件的人提供方便，这是现行单位最常用的组卷方法。

(5) 按名称特征组卷，即将同一文种的文件集中在一起组成案卷。名称或文种，反映了文件的性质、效能和价值，因此，按文件的名称特征组卷，可适当区分文件的重要程度和保存价值，还可以把名称相近、保存价值相近的文件合并立卷。按名称特征组卷，可以满足人们从文种角度利用公文的需求。

(6) 按地区特征组卷，就是将公文内容所涉及的同一地区或作者所在的同一地区的文件集中立卷。此处所言的“地区”，是指我国的省级、地（市）级、县级、乡（镇）级等各级行政区域。这种方法多用于上级机关对下属机关的来文、调查统计材料和某些专门文件的立卷工作。按地区特征组卷，便于反映该地区的工作情况或有关该地区问题的处理，方便人们按地区特征检索公文。

以上六种方法可以单独使用，但更多的情况是两种或两种以上的方法结合使用，卷内文件具有几个方面的共同点和联系，结合特征越多，文件的联系越紧密，其专指性越大，成分越单一，特点越明显。因此，在组卷时应该认真分析文件特点，发现文件的联系，尽量结合多种方法组卷。在文件组卷时应注意以下问题：

(1) 保持归档的文件材料之间的历史联系。在组卷的过程中，不管采取何种方案，密切联系的一组文件，都不得分散，应组合在一个案卷里，如正件与附件、文件处理单和正文、印件与定稿、请示与批复、转发文件与原文件、多种文字形成的同一内容的文件，立在一起。

(2) 区分保存价值，分类整理立卷。根据国家有关规定和立档单位制定的档案保管期限表，将文件材料按不同的保管期限分开，注意区分文件价值，需要永久保存的文件和定期保存的文件一般应分开立卷，以便在档案室重点保管和日后向档案馆移交。

(3) 单位内党和行政机构的文件材料分别立卷。单位内党和行政机构的档案材料虽然在单位档案室集中统一保管，但为了方便日后管理和利用，在立卷时应把党政文件区分开来，分别组卷。

(4) 不同年度的文件一般不得一起立卷。现行单位一般情况下是分年度对一年内形成的文件立卷，立卷过程中涉及跨年度文件的处理，请参考第二节年度分类法中跨年度文件的处理相关内容。

(5) 秘密文件与非秘密文件分开立卷。秘密文件具有严格的阅读范围，均有不同程度的安全要求，如果不分密级立卷，在提供非秘密文件利用时，容易造成失误泄密，给国家和机关带来重大的损失。

(6) 特殊载体的文件的处理。特殊载体文件（如声像材料）应同纸质文件进行统一整理、编目，分别存放，在案卷目录上要注明互见号，以保持文件间的历史联系，便于查找利用。

2. 卷内文件排列

卷内文件排列是指按一定的方法排列出卷内文件的先后顺序，以使卷内文件系统化、固定化。卷内文件的排列可以按照时间、问题、地区、作者、收发文机关、文种以及文件的重要程度、涉及人物的姓氏笔画等方法排列。

无论采用哪种方法，对密不可分的一组文件，其排列方式都应该是：正件在前，附件在后；印件在前，定稿在后；重要法规性文件的历次修改稿按时间顺序依次排在定稿之后；批复在前，请示在后；转发件在前，被转发件在后；结论性、综合性、决定性文件在前，查证性、依据性、专题性文件在后；方针、政策性文件在前，业务性、事务性文件在后；其他文件材料依其形成规律或特点，按有关规定排列。

3. 卷内文件编号

卷内文件系统排列之后，为了固定排列次序，接着就要依次编写页号。需要装订的案卷，应统一在有文字的页面填写页号。页号一般编于文件的右上角（正面）和左上角（反面）。卷内文件应按排列次序，从阿拉伯数字“1”开始流水编页（张）号。一个号代表一件或一页（张）文件，所以不应有空号出现。编页号时，凡是有文字的页面都必须编页号。

4. 填写卷内文件目录和卷内备考表

(1) 填写卷内文件目录。卷内文件目录是放在全卷文件的卷首，按照卷内文件排列顺序逐一填写的详细清单。主要项目有：顺序号、文号、责任者、文件标题（题名）、日期、页号、备注等。卷内文件目录格式如表 3-3 所示。

表 3-3　　卷内文件目录格式

卷　内　文　件　目　录

顺序号	文　号	责任者	文　件　题　名	日　期	页　号	备　注
1						
2						
3						
4						
5						

必须按规定的格式逐件填写卷内文件目录，填写的字迹要工整，用耐久性好的字迹材料填写（如用墨、墨汁、碳素墨水书写或激光打印等），各项目填写内容及要求如下：

①顺序号即件号，以每份文件为单位，按案卷内文件排列的顺序流水填写。如：请示与批复是两个文件，应分别填写顺序号。如卷内有 10 份文件，则顺序号就是从 1 到 10。最后一个号码表示本卷文件的份数。

②文号即文件编号，按每份文件原有的编号逐一填写。几个机关联合发文，只标主办机关发文字号；原文没有发文字号的不需填写。

③责任者即文件作者，通常是发文机关，可以填写通用简称。

④文件标题，又称文件题名，原则上按照每份文件标题依次填写。对案卷内的文件材料的题名不要随意更改和简化，没有题名应拟写题名，有的虽有题名但无实质内容，应重新拟写，并外加“[]”号以示后拟。

⑤日期即文件形成时间，一般按文件落款上的日期填写，没有责任者、年月日的文件材料要考证之后填写。

⑥页号是案卷内文件排列顺序所编页号，分别填写每一份文件的起始页号。最后一份文件应填起止页号。如一个案卷共105页，第一份文件有15页，填写“1”；第二份文件就填写“16”，最后一份文件填写98～105。

⑦备注。对卷内文件的特殊情况或变化情况等做出说明。

（2）填写卷内备考表。备考表放在全卷文件的最后，用来说明该卷文件的状况，以便管理人员和利用者了解卷内文件的特点和有关情况。项目包括本卷情况说明、立卷人、检查人、立卷时间。卷内备考表格式如图3-9所示。

卷内备考表

本卷情况说明：
立 卷 人：________ 检 查 人：________ 立卷时间：________

图3-9　卷内备考表格式

卷内备考表是反映卷内文件的保管以及变化情况的材料，对案卷保管起着重大作用，所以案卷无论保管期限长短，均要求有卷内备考表。有关卷内文件材料的情况说明，都应逐项填写在备考表内。本卷情况说明：应填写卷内文件应有的全部页数以及缺损、修改、补充、移出、销毁等情况；日后案卷变化情况，由档案管理人员随时填写说明，并要标注时间和签名记录。立卷人：完成立卷时，由立卷者签名。检查人：由案卷质量的检查者签名。立卷时间：填写立卷完成时的日期。若无情况可说明，也应将立卷人、检查人的姓名和时间填上以示负责。

5. 装订案卷

永久和长期保管的案卷，一般应装订成册，以固定和保护卷内文件，避免散失或损坏。在装订前应把原文件中的金属物拆除，对破损的文件材料要修裱。案卷装订通常按“三孔一线”的方法进行。

6. 案卷封面编目

卷内文件整理完毕后，接下来要以案卷为单位在封面上编目，包括案卷封面和案卷脊背。案卷封面填写全宗名称、类目名称、案卷题名（标题）、卷内文件起止时间、保管期限、总件数、总页数、归档号和档号等内容，其格式如图 3－10 所示。

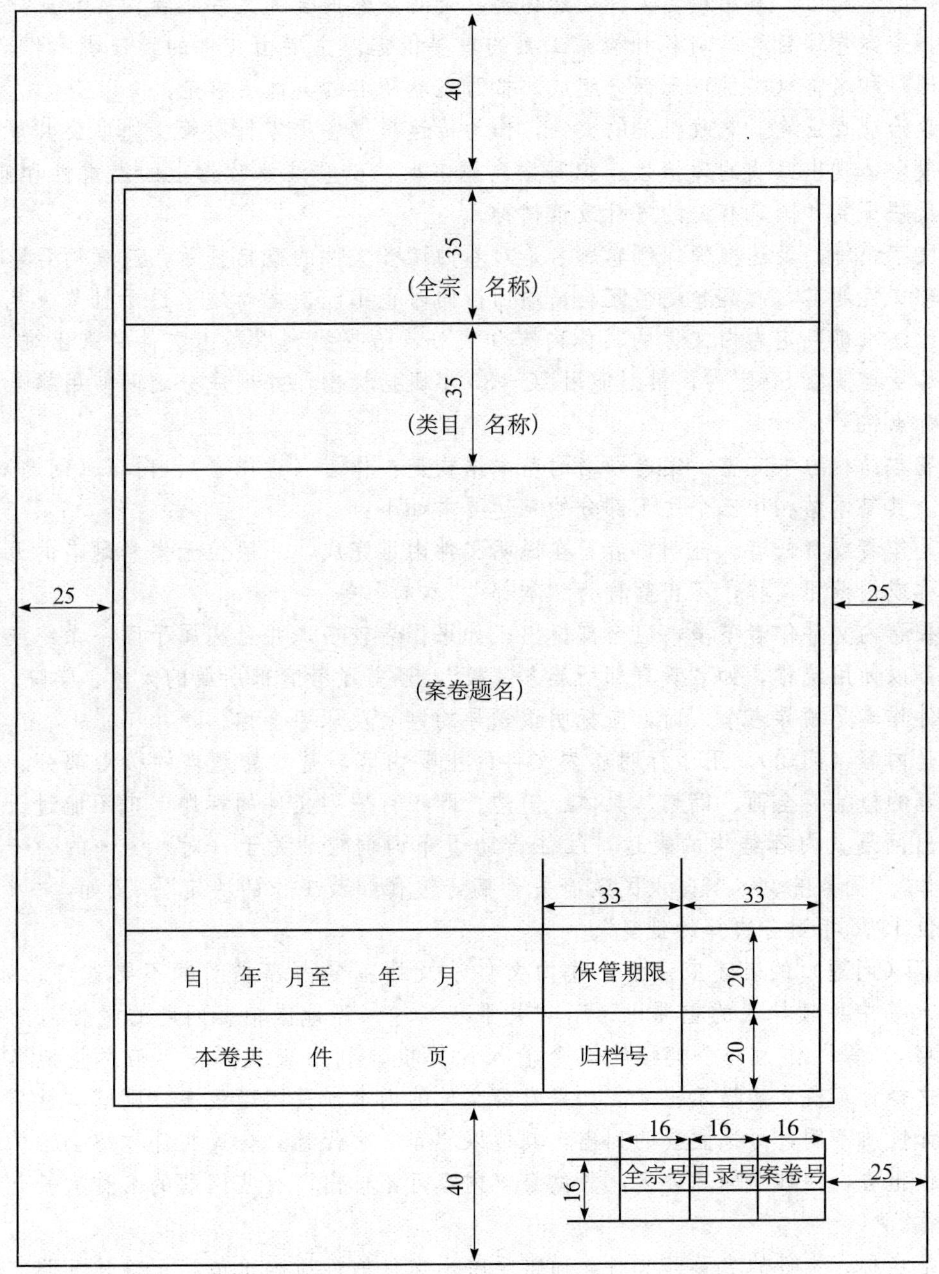

图 3－10　案卷封面格式

案卷封面应按规定逐项填写清楚。其主要项目填写方法如下。

（1）全宗名称。必须用全称或通用简称填写，如“外交部”“北京市人社局”“大连理工大学”等，不能填写“本部”“本市人社局”“本校”等。

(2) 类目名称。填写全宗内档案分类的第一级类目名称。以问题作为一级类目的，填写“党群类”“行政类”等；以组织机构作为一级类目的，填写“党委办公室”“人事处”等。

(3) 案卷题名。案卷题名又称案卷标题，是对案卷内全部文件主要内容与成分的概括和揭示，是案卷编目和编制各种检索工具的重要依据。主要由文件的责任者（作者）、内容（问题）和名称（文种）三部分组成。拟写案卷题名的具体要求是：

①政治观点正确。党政机关的文件，作为传达贯彻各项方针政策、处理公共事务的工具，一般会体现出鲜明的政治性。拟写案卷题名时，必须注意政治上的严肃性和倾向性，准确地反映出党和国家有关的方针政策精神。

②文字精练，表达准确。案卷题名是对卷内诸多文件的概括揭示，应言简意赅，不能罗列堆砌文件题名，使案卷题名冗长、烦琐；同时也不能使案卷题名过于抽象、笼统，使人读后无法准确判定卷内文件的具体内容和成分，给查找利用卷内文件带来困难。此外，文字应尽量控制在50字内，最好能用20～30字概括标出，并列成分之间使用顿号，题名后不用标点符号。

③基本结构力求完整。案卷题名的基本结构是：作者（责任者）、内容（问题）、名称（文种）。其基本结构中三个主干部分的表达要求如下：

一是作者或责任者。标明作者旨在说明文件由谁完成，一般位于案卷题名的开首。必须用全称或规范化简称，不得简称为“本部”“本局”等。

如果卷内文件作者不多，应全部标出；如果作者较多，并且又属于同一系统或同一地区，则可以使用统称，如“教育部所属各院校”，涵盖了教育部所属的大学、学院。

文件作者是领导者个人时，应标明该领导的姓名及职务全称。

二是内容（问题）。用于标明卷内文件的主要内容，是案卷题名的核心部分。对卷内文件内容的概括要全面、确切、具体、简洁。既不可罗列文件的标题，也不能过于笼统使人看不出问题。内容结构的表达，往往借助于介词词组“关于（对）……的……”来表达。例如，“国务院、××省人民政府关于搞好粮食贮藏工作的决定”；又如，“××局对所属单位1996年财务决算的批复”。

内容（问题）的表述应注意：卷内文件涉及的主要内容或问题不要省略。如：“关于×××等中央领导人的重要讲话”，“关于××××等地区粮食问题的报告”，“等”字表示省略，“等”作为一个模糊的概念输入计算机，利用查找不便。应尽量把名字罗列出来，这样计算机才能显示出来。如果卷内文件的内容涉及问题较多，则同类性质的可以概括，如性质不同，可选主要的列出，其他以“等”字代替。会议文件和综合性的工作计划、工作报告，因涉及问题较多，具体会议内容可不标出。有些问题的名称太长，可用通用的简称。

三是名称。文件的名称即文种，通常反映出文件的性质和价值，正确地标明文件的名称很重要。按名称特征组卷时，必须标明文种；即使不按名称特征组卷，也应标出卷内主要文种二至三个，可按重要程度排列，并兼顾不同性质的文种。例如：“……关于抗洪救灾工作的命令、决定、通知”。

此外，有些案卷题名的名称部分可以按规定使用“文件”“材料”“来往文书”“案卷”等专用术语来表达。

"文件"专指会议活动中形成的一系列文件。由于会议形成的文件名称较多，无法一一标示，因而可用"文件"概括。例如：××机床厂第二届职工代表大会文件。

"材料"指正式文件以外的辅助材料，主要是形成其正式文件时的原始性、参考性材料。例如，上马一项工程的"请示"就附有可行性论证、地质说明、资金预算等参考性材料。立卷时，可以用"材料"来表达众多的文种。例如：××大学关于科研大楼建设项目的文件材料。

"来往文书"只适用于单位之间商洽某项工作形成的问文和复文，这类案卷通常按通信者特征组卷。例如：××部队与××街道关于××××××问题的来往文书。

"案卷"只适用于围绕某一案件、事件或对某人某方面问题的调查处理形成的所有文件材料。这些材料前后相承，紧密相连，构成了一个不可分割的整体，因而不需要一一标出文件名称，而用"案卷"概称。例如：××局关于张××挪用公款的调查处理案卷。

(4) 归档号。归档号，顾名思义就是归档时编制的案卷顺序号。立卷部门每年向档案室移交文书案卷时，为便于交接双方清点核对，须编制移交清册，每个案卷在清册中的序号即为其归档号，一般以阿拉伯数字表示。

(5) 档号。案卷封面全宗号、目录号、案卷号是档号的重要组成部分。档号是档案实体管理编号的总称，具有统计和监督的作用，其基本结构是：全宗号—目录号—案卷号—件号或页（张）号，即档号是由四个层次构成的。例如，档号 5—15—4—13 代表了某一份具体档案实体，它是指第 5 号全宗中，第 15 号目录的第 4 本案卷中的第 13 页上的文件。通过这个档号，档案人员可以快速地将这份文件调出来提供给利用者使用。

①全宗号。全宗号是档案馆给立档单位编制的代号。各个档案馆一般都保存着少至若干个多至数百个全宗，为了便于对全宗的管理，必须给每个全宗编一个固定号码，机关一般用阿拉伯数字编号，企业可填写表达单位的汉语拼音代字。未确定全宗号的机构，在档案未进馆之前可暂不填写全宗号。

②目录号。一个全宗内的档案经过分类整理，确定了案卷的排列次序后，就要编制案卷目录。为了简化案卷目录的名称，必须按一定的方法对全宗内每一本案卷目录进行编号，所编号码称为目录号。目录号一般由档案室填写。

③案卷号。案卷号是目录内案卷的顺序编号，案卷号用三位阿拉伯数字标识。在每一本案卷目录内的全部案卷，案卷号必须从 1 开始流水编号，有多少案卷，就编多少号，案卷号必须连续，不能出现断、重、跳等现象。另编一本案卷目录时，案卷号必须重新从 1 开始流水编号。

④件号或页号。标明一份具体档案中某一具体文件所处的页码。

(6) 保管期限。应根据机关档案保管期限表（2006 年以前分为永久、长期、短期，2006 年以后分为永久、30 年、10 年），注明每个案卷的保管期限。

案卷脊背包括全宗号、目录号、年度、案卷号等内容，项目内容作为检索查询之用，可根据案卷封面上的内容逐项填写。

7. 案卷装封

装订好的案卷装入档案盒。

想一想

请以下列案卷标题为例，请分析立卷特征，并修改案卷标题。

（1）××部关于提拔、培养干部工作的意见通知

（2）××公司上季度生产计划、总结

（3）××省政府关于大专院校毕业生分配方案、关于学生思想工作经验交流会议文件与大专院校先进教育工作者会议总结与先进个人的事迹材料

（4）本局所属各中学关于开展××活动的通知简报

（5）××大学网络学院与××省教育厅关于建立函授分院、制定招收法律、外语专业学生办法以及安排教学计划的公函

第五节　单位内项目文件的整理

一个单位所从事的纷繁复杂的工作通常可以分为两类：一类是持续不断和重复的，称为日常运作。例如一个单位日常事务的管理，如文书管理、产品生产、客户管理等。另一类是一次性的和独特的工作，称为项目（Project），如一个新产品的开发、一次大型活动的举办、一幢建筑物的修建、一项科技活动的开展等。随着信息技术的发展和市场竞争的加剧，许多单位开始通过项目的方式来应对变化，项目的运用从传统领域逐渐拓展到各个行业，成为政府和企业日常管理的重要工具。

在项目管理过程中，形成了大量项目文件。这些文件是项目管理过程中的重要工作成果，甚至可以说，在项目完成之前，项目文件是项目产生的唯一工作成果。这些项目文件不仅是项目负责人有效管理的重要工具，是项目组织及成员之间沟通交流的重要桥梁，而且是项目运行、维护和科学管理的基础和保障。因此，项目文件是组织及国家的重要智力资产，应对其加以科学整理并及时归档。但项目所具有的一次性、独特性及项目组织的临时性和开放性等特征，使得项目文件整理与常规性文件整理有较大区别。本节主要对单位内比较常见的项目，如大型活动项目、建设项目及科研（科技）项目等项目文件的整理特点及方法进行介绍。为便于对项目文件与常规性文件进行有效区分，本节所称的项目文件，不包括归入文书档案保存的与项目相关的管理性文件。

一、项目文件整理的特点

根据《科学技术档案案卷构成的一般要求》《国家重大建设项目文件归档要求与档案整理规范》《建设工程文件材料归档整理规范》《重大建设项目档案验收办法》以及《重大活动档案管理办法》等文件规定，项目文件的整理应遵循文件的形成规律，保持案卷内文

件的有机联系和案卷的成套、系统，以便于档案的保管和利用。项目文件不同于常规性文件的整理特点有如下几个方面。

1. 以项目为基本分类单元

项目有多种多样的形式。从规模上来看，它可能仅涉及一个人，如个人旅行，也可能涉及成千上万人，如参加阿波罗登月计划的人有 40 多万；从时间上看，完成一个项目所需要的时间可能只有几十分钟，如外科手术项目，也可能长达十几年，如长江三峡工程项目需要近 20 年；从费用上来看，小型项目费用可能不足百元，而大型项目费用则多达数千亿元，如北京奥运会项目总投资超过 1 800 亿元；从组织形式上看，既可以在一个单位所有层次上进行，也可以跨越多个组织来开展。无论项目繁简，一个项目的所有文件资料是不能分开的，即是说，项目文件收集、整理及保管等应以项目为单位进行，即同一个项目的文件不能分散，不同项目的文件内容不能混杂。

例如，企业单位把“基本建设”作为一级类目中的一个组成部分，则接下来二级类目就要按每一个建设项目来设置。同一个建设项目的勘测、设计、施工、竣工、验收和后期维护的全过程形成的文件作为一个整体。科研类和重大活动类别也是如此。

项目文件的形成有其自身规律，项目文件描述了项目从产生到完成的整个过程，能反映项目活动各阶段、各环节的特殊要求，不得轻易破坏。一个项目的所有文件是一个完整的集合体，是有机联系中最本质的联系，因此不应该机械地把项目文件强行按时间、来源或问题进行分割。

2. 依据项目生命期各阶段整理文件

尽管项目类型多样，但项目从产生到完成，都有一个比较明确的阶段顺序，这些阶段可以通过关键决策点来加以区分，这些阶段顺序组成一个项目完整的生命期。虽然项目生命期有长短，有不同的阶段划分，但概括起来，有便于记忆的“C（conceive）、D（develop）、E（execute）、F（finish）四个阶段，即概念阶段、开发阶段、实施阶段和收尾阶段”①，这几个阶段组成项目生命期核心流程。

项目生命期确定了将项目的开始和结束连接起来的整个阶段，反映了从想法开始，到做什么、谁能做、如何去做一步一步实现项目目标的过程。项目生命期各阶段都有应达到的目标、阶段性交付物、应做的主要工作及可采用的工具、方法和技术等，这些工作内容一般通过项目文件来体现。每个阶段的项目任务各异，各阶段形成的项目文件可以比较完整地重现项目过程。在项目文件整理时，可根据一个项目的文件数量多少，依据各阶段文件之间的有机联系组成一个案卷或成套案卷。以阶段性的项目生命期核心流程为主线组织和整理项目文件，是项目文档管理的重要特点。

3. 项目文件的收集、整理、归档、移交与项目同步进行

项目文件还有一个有别于常规性文件的重要特征是，项目文件的收集、整理、归档和移交应与项目的立项准备、开发、实施和收尾同步进行，项目阶段性任务完成后，项目文件直接进入整理环节，做到“随办随归”。一般情况下，在项目完成后 2～3 个月之内归档

① 中国项目管理研究委员会．中国项目管理知识体系与国际项目管理专业资质认证标准．北京：机械工业出版社，2006：26.

移交给相关档案部门；有些持续时间比较长的大中型项目，在项目工作阶段或子项目完成后就必须归档移交。因此，在项目实施过程中就做好日常的整理工作，使项目文档整理有一定的基础，有些阶段性项目文件可以处于预立卷状态。

二、建设项目文件的整理

建设项目一般指符合国家总体建设规划，能独立发挥生产功能或满足生活需要，其项目建议书经准立项和可行性研究报告经批准的建设任务。如工业建设中的一座工厂、一个矿山，民用建设中的一个居民区、一幢住宅、一所学校等均为一个建设项目。建设项目文件是指在建设项目管理、施工和监理过程中直接形成的各种载体形式的历史记录。建设项目所形成的全部项目文件在归档前应根据国家有关规定，并按档案管理的要求，由文件形成单位进行整理。

（一）建设项目文件整理的责任分工

项目文件产生于项目建设全过程，但各阶段的文件由勘察、设计、施工及监理单位等不同的责任主体完成。这些单位需要向本单位归档的文件，应按国家有关档案管理的规定和要求单独立卷归档。因此其形成、积累和管理应列入项目建设计划和有关部门及人员的职责范围，要产生工作标准和岗位责任制，并有相应的检查、控制及考核措施。根据《国家重大建设项目文件归档要求和档案整理规范》规定，各阶段建设项目文件整理归档的责任分工如下：

1. 项目准备阶段

建设单位各机构负责收集、积累和整理项目前期文件以及设备、工艺和涉外文件；勘察、设计单位负责收集、积累勘察和设计文件，并按规定向建设单位档案部门提交有关设计基础资料和设计文件。

2. 项目施工阶段

项目实行总承包的，由各分包单位负责其分包项目全部文件的收集、积累、整理，并提交总承包单位汇总；由建设单位分别向几个单位发包的，由各承包单位负责收集、积累其承包项目的全部文件，项目监理单位负责收集、积累项目监理文件。

建设单位委托的项目监理单位负责监督、检查项目建设中文件的收集、积累情况和完整、准确、系统情况，审核、签认竣工文件，并向建设单位提交有关专项报告、验证材料及其他监理文件。

3. 项目试运行阶段

试运行单位负责收集、积累在生产技术准备和试运行中形成的文件；项目器材供应、财务管理单位或部门应负责收集、积累所承建项目在器材供应和财务管理中形成的文件。

（二）建设项目文件整理的方法与步骤

建设单位各机构形成或收到的有关建设项目的前期文件、设备技术文件、竣工试运行文件及验收文件，应根据文件的性质、内容分别按年度、项目的单项或单位工程整理。勘察、设计单位形成的基础材料和项目设计文件，应按项目或专业整理。施工技术文件应按单项工程的专业、阶段整理，检查验收记录、质量评定及监理文件按单位工程整理。设备、技术、工艺、专利及商检索赔文件应由承办单位整理。现场使用的译文及安装、调试形成的非标准图、竣工图、设计变更、试运行及维护中形成的文件、工程事故处理文件由施工单位整理。整理的主要步骤如下。

1. 组卷

组卷的目的就是将零散文件通过某种方法组合成一个个案卷。组卷要遵循项目文件的形成规律和成套性特点，保持卷内文件的有机联系；要分类科学，组卷合理；法律性文件要手续齐备，符合档案管理要求。建设项目文件组卷的主要方法有以下两种。

（1）项目、单元、分项工程组卷法。将一个项目或项目分部、分项工程看作一个基本单元，组成一个案卷。如：××物业公司绿化项目文件；兰溪电厂地基处理文件；一号机锅炉焊接及热处理检验记录。

（2）阶段、专业、结构组卷法。此即按工程、设备的结构、工程进行的不同阶段组卷，适用于施工文件。例如：××电厂土地征用文件（阶段）；××局机关办公楼暖通结构竣工图；××公司主厂房管道水压检验记录。

在以上两种组卷法之外，还可以辅助采取以下组卷方法。

（1）问题组卷法。将涉及同一问题（同一特定问题、同一类问题）的文件组成一卷，适用于管理性文件。例如：上海市发改委、市能源集团关于项目建议书的请示、批复；××加工厂水文地质勘查报告。

（2）时间组卷法。内容针对同一时间的文件可以组成一个案卷。时间特征明显的文件可采用此方法。例如：××高速公路工程 1 标段 8 月份计量支付报表；××工程 3 标段 2008 年 1—3 月施工日记。

（3）文件名称组卷法。就是将相同名称（文种）的文件组成一卷。例如：××电厂 2 标段设计变更技术联系单；××学校一期工程房屋拆迁协议书；××水库工程监理部 2004 年 1～50 号工作联系单。

（4）来源组卷法。将来自同一地区、作者或内容针对同一地区的文件组成一卷。例如：北海电厂工程指挥部关于北海甲镇、乙镇房屋拆迁协议书。

各整理单位应根据各个项目的文件材料多寡，合理选择组卷方法。小型建设项目，可以按阶段组卷，即按准备（开工前阶段）、监理、施工、竣工验收这几个阶段组卷；也可以直接按项目的子项组卷，即一个工程（建筑物）组成 1 卷，文字材料在前，图纸在后。

对于大型复杂的建设项目，在按项目阶段组卷的基础上，还可以根据需要进一步细分。

（1）管理性文件。按问题、时间或项目依据和基础、竣工验收文件组卷。

（2）勘察设计材料和项目设计文件。按项目或专业组卷。

（3）项目施工文件。按单项工程、单位工程或装置、阶段、结构、专业组卷。

（4）项目竣工图。按建筑、结构、水电、暖通、电梯、消防、环保等顺序组卷。

（5）检查验收记录、质量评定及原材料试验文件。按单项工程、单位工程组卷。

（6）设备文件。按专业、台件等组卷。

（7）监理文件。按文种组卷。

另外，案卷及卷内文件不重份；同一卷内有不同保管期限的文件，该卷保管期限从长。

2. 卷内文件的排列

（1）如果建设项目文件材料组成一卷，则按阶段或工序排列。按前期文件、工程设计、工程施工、监理、竣工验收的顺序排列；竣工图按专业、图号排列，如按建筑、结构、水、电、气、暖专业顺序以及竣工图纸图号排列。

（2）如果一个建设项目的所有文档按阶段—问题、阶段—专业、阶段—问题组成多卷，则管理性文件按问题、时间或重要程度排列，施工文件按管理、依据、建筑、安装、检测实验记录、评定、验收排列，设备文件按依据性、开箱验收、随机图样、安装调试和运行维修等顺序排列。

（3）卷内既有文字材料又有图纸时，文字材料在前、图纸在后。

（4）卷内纯为文字材料时，整体上按项目进度即时间顺序来排列。另外，同文书档案一样，对密不可分的一组文件，不能分开排列。排列顺序是：正文在前，底稿在后；正文在前，附件在后；批复在前，请示在后；原件在前，复印件在后；译文在前，原文在后。

（5）装订成本、印刷成册的材料一般不拆散重新排列。

3. 卷内文件编号

（1）编号范围。卷内文件有书写内容的页面均应编写页号。印刷成册已有页号的文件自成一卷时可不重新编号。案卷内项目文件按卷装订的，整卷装订的，从 1 起连续编写页号；按件整理的，以件为单位分别编写页号。

（2）位置。单面书写文件在右下角；双面书写文件，正面在右下角，背面在左下角；图样的页号编写在右下角，或标题栏外右上方。

（3）编号工具。用铅笔编写阿拉伯数字。

4. 填写卷内文件目录

卷内文件目录格式如表 3-4 所示。

表 3-4　建设项目卷内文件目录表

序号	文件编号	责任者	文件材料题名	日期	页号	备注

（1）序号。序号的给定是以一份文件或一张图纸为单位。其中打印件与底稿，主件与附件，原件与复印件均为一份文件，给一个顺序号。但请示与批复视为两份文件，各编各的号，若批复不另行文，只在原请示件上批示意见，则仍作为一份文件，编一个号，但需要在题名填写时体现出批示。

（2）文件编号。文件：填文件编号；图纸：填图号，如“建施－1”“结施 01”“水施 03”；许可证：填证号。

（3）责任者。以落款盖章为准，填写文件的直接形成单位。有两个以上责任者时，尽量都填上，太多时，选择两个主要责任者，其余用“等”代替。竣工图的责任者填写竣工图章上的施工单位。责任者可填写规范通用的简称。

（4）文件材料题名。填写文件标题或图纸的全称。

（5）日期。文件或图纸的形成日期，格式为 20180618。

（6）页号。填每份文件的首页号，注意最后一份文件要填写起止页码。

（7）备注。需要时填写。

另外，当图纸有图样目录时，仍要编制“卷内文件目录”，原图纸目录要作为卷内一份文件编页号登入目录；若该套图纸需要组成几卷，则图纸目录放在第一卷内。按件装订的文件目录与按件装订的目录填制基本相同，只需把“页号”改为“页数”，具体填写每份文件的页数。卷内文件目录排在卷内文件首页之前。

5. 卷内备考表填写

卷内备考表包括说明及互见号。说明包括以下内容：卷内文件的件数与页数；卷内文件残缺破损情况（无者不写）；立卷人、检查人姓名及日期，日期为立卷的完成时间。互见号应填写反映同一内容而形式不同且另行保管的档案保管单位的档号，并注明其载体形式。卷内备考表排列在卷内文件之后。

6. 案卷装订

建设项目档案可采用整卷装订与单份文件装订两种方式。无论哪种装订方式，装订前都要拆掉原文件材料上的金属物；对破损、小于 A4 规格的文字材料和商标、合格证等资料要修复与托裱；对字迹模糊或易褪变的文件要进行复制。

（1）整卷装订。用棉线三孔一线装订。图纸折叠。要按 A4 图纸大小折叠成手风琴式；卷内的图纸左侧要留出装订边 30 毫米；折叠图纸时注意正面朝内，图签外露，以避免图纸受磨损并便于查看利用。图纸装订要加垫纸板并包脊背。

（2）单份文件装订。卷内文字材料，要以份（件）为单位，用线装订。卷内图纸超出卷盒幅面的文件应叠装，要折叠成手风琴式 A4 大小的统一幅面，不留装订边。卷内的每一件文字材料和每一张图纸，均在右上角空白处加盖档号章，样式如图 3－11 所示。

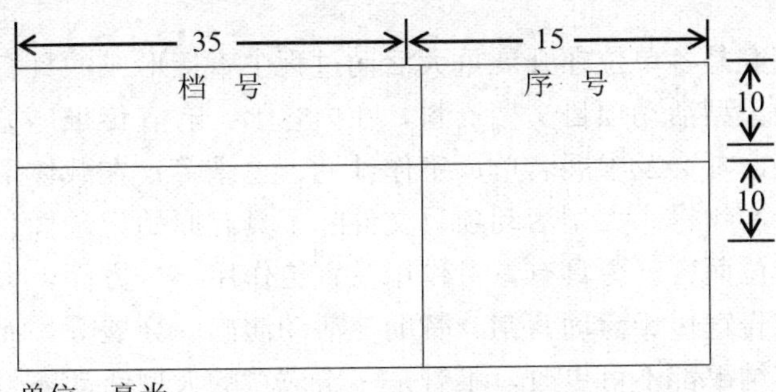

图 3－11　建设项目档号章样式

7. 案卷封面和脊背的编制

案卷封面的主要内容如下：

（1）案卷标题。应简明、准确揭示卷内文件的内容，主要包括项目名称、代字、代号及结构、部件、阶段的代号和名称等。前期管理类文件等纯文字材料案卷，一般沿用“三段式”来表述：责任者＋问题＋名称。如：沙洲市政府、电业局关于 110 千伏碧莎变电站征地的请示、批复与会议纪要。表格、图纸材料类案卷，用“项目名称＋专业（子项或分部）＋表格、图纸名称”或“项目名称＋表格、图纸名称”来表述。如：湖南师范大学留学生公寓给排水、电气、门窗、装饰分部工程质量评定表；北京环艺进出口公司行政办公大楼（电气）竣工图。

项目名称应与批准的原立项、设计（包括代号）相符；归档外文资料的题名及主要内容应译成中文。

（2）立卷单位。填写文件组卷部门或项目负责部门名称。

（3）起止日期。填写卷内文件形成的起止日期。

（4）保管期限。依据有关规定填写组卷时划定的保管期限。

（5）密级。依据保密规定填写卷内文件的最高密级。

（6）档号。依据建设单位提供的项目档案分类编号方案，填写档案的项目代号、分类号和案卷流水号。

案卷脊背，应填写保管期限、档号和案卷题名或关键词。

案卷封面及脊背的档号，暂用铅笔填写，移交后由接收单位统一正式填写。

三、大型活动项目文件的整理

大型活动是指精心计划和举办的某个特定的仪式、演讲、表演或庆典，大型活动标志着某个特殊场合或要达到的特定的娱乐、社会、文化和社团目标或目的。[①] 随着单位之间公关活动及交流活动的进一步开展，大型活动项目越来越普及。如领导人在单位的公务活动，与政府机构及兄弟单位的重要合作活动，举办的重大会议或学术活动，召开的各类重大会议和举办的大型纪念活动，重大项目开工、奠基、竣工典礼、揭牌仪式等都属于大型活动项目的范畴。

大型活动项目档案是各单位在开展重大活动过程中直接形成的具有保存价值的不同形式的历史记录。单位大型活动项目文档资料，在内容上，有宣传推广方案、活动策划、报告、纪要、工作简报、参会及参展名单、工作计划、总结等；在载体形式上，有文件、图片、声像带、光盘、实物等。大型活动项目文件除了具有原始记录性、信息性等档案的本质属性外，对一个单位而言，更具有参考作用及宣传作用。一方面，大型活动项目都涉及一些特殊内容，如广告宣传、活动营销、赞助、活动演出、会展等，而且大型活动项目不管成功还是失败，其结果都不可更改，不管是一次成功的大型活动还是一次失败的大型活动，其完整的文档资料对今后类似的活动都有重要的借鉴意义；另一方面，上级主管部门对组织进行综合评价或单项评价时，常常直接查看相关的大型活动记录，原始且完整的活动档案是开展了某项工作的有力证明。

然而，一次大型活动往往是一个系统工程，通常需要若干工作小组协作方能顺利完成，但各小组的工作又相对独立，因而其文件的真实性和完整性很难保证。（1）在整个活

① 白思俊．现代项目管理概论．北京：电子工业出版社，2006：245－246.

动过程中，人们的注意力往往集中在活动的结果上，很少顾及文件材料的收集、整理和及时归档。(2) 某些大型活动涉及的部门有主办单位、承办单位、协作单位等数个部门，各阶段形成的材料分散在各部门或分管人员手中。(3) 有些大型活动的工作机构是临时性的，其档案材料应该如何收集、整理和利用，并没有特别的规定，活动结束工作机构被撤销，工作人员分散回各自的工作岗位，此时才来收集整理与活动相关的各种材料，其完整性显然无法保证。(4) 大型活动的内容繁复易变，其过程并非完全由工作人员掌控，其变更的内容可能没法得到有效更新。因此，加强大型活动项目文件的整理，并整理归档及时归档保存，对单位而言具有重要的意义。

(一) 责任分工及整理归档范围

为了保证大型活动项目文件的齐全完整，便于日后的保管和利用，各单位应充分认识做好大型活动、重大事件文件材料整理归档的重要性。单位档案部门负责监督、指导大型活动的文件材料的收集、整理和归档工作，对单位开展的大型活动信息进行密切关注，并在各项大型活动开展之前提前介入，积极与大型活动项目组织取得联系，及时掌握活动和事件的总体情况。

大型活动的主办单位、承办单位或组建的临时机构，应指定专职、兼职项目文档管理人员，以保证单位大型活动的文件收集、整理、归档工作顺利开展。在大型活动项目结束后，临时机构撤销之前，完成大型活动项目文件资料的整理工作，并在活动结束后 1 个月之内移交给单位档案部门。项目主办单位、承办单位应及时在档案部门的指导下，或会同档案部门，依据本次活动确定的文件材料归档范围，立卷整理，分类编目。

单位各种大型活动项目文件应按大型活动项目专题，专门立卷、专题编目，按所属类别归档。凡是大型活动过程中形成的有保存价值及日后有参考价值的文件、照片、影像及实物都应归入整理的范围。如《福建省重大活动档案管理办法》第 8 条规定："重大活动材料的归档范围主要包括：(一) 报告、方案、计划、日程安排、领导讲话、题词、会议材料、简报、总结、宣传报道、纪念册等各种纸质文件材料及其电子文件；(二) 录音带、录像带、照片、磁盘、光盘、胶片等材料；(三) 有纪念意义的凭证性和标志性实物，包括活动标志、证件、证书、奖杯、奖状、奖章、锦旗等；(四) 其他具有保存利用价值的材料。"

以大型庆典活动为例，需要整理归档的文件材料包括：

(1) 成立筹备机构的背景资料。如主办单位、协办单位、参与单位及人员和分工等。

(2) 庆典活动准备资料。如大型庆典活动背景简介、活动目标、活动策划方案、任务分配、活动进展报告、宣传材料、通知、庆典活动场地布局、代表名单、外事活动中的函件、新闻发布等。

(3) 庆典活动举行资料。如议程、重要来宾签到册、大会报告、重要领导讲话、活动记录、发言稿、领导讲话、活动中形成的声像、图（照）片资料、实物赠品等。

(4) 庆典活动后期资料。如新闻报道、会议简报、庆典活动总结等。

(二) 整理的步骤与方法

1. 组卷

一般而言，大型活动项目文件资料有以下几种组卷法。

（1）项目组卷法。将一个大型活动项目的所有文件及照片、声像等材料组成一个案卷。这种组卷方法适合资料比较少的活动项目。

（2）阶段组卷法。按大型活动的不同阶段组卷。适合项目组织由某一承办单位负责且文档资料较多的活动项目。

（3）类型组卷法。将大型活动的归档材料，分别按文件、声像、照片、实物分类组卷。如果是同一内容的资料，则不同载体之间分别填写互见号。

（4）机构组卷法。按大型活动项目承办单位和协办单位形成的项目文件材料分别组卷。大型活动项目有承办单位及协办单位的，由承担主要工作的单位立卷归档，协办单位应当及时整理本单位在大型活动中形成的文件材料，并在活动结束后向承办单位汇交。

2. 排序

如果大型活动项目文件材料组成 1 卷，那么直接按阶段或时间排列卷内文件材料；如果分阶段组成多个案卷，则各个阶段内每个案卷内容既可按时间也可按内容的重要性排序。不管采取何种方式，密不可分的文件材料都应该排列在一起，并按以下要求排序：正件在前，附件在后；印件在前，原稿在后；批复在前，请示在后；等等。

3. 卷内文件编号

装订卷的全部文件材料按顺序编写页号，无论单面还是双面，只要有书写文字，均应一面编写一个页号，每卷页号均从 1 开始，页号位置在非装订线一侧的下角。不装订卷的全部文件材料，以件为单元，在每件文件材料的右上角盖上有单位名称、档号、件号的戳记，并逐项填写。

4. 填写卷内文件目录、卷内备考表和案卷封面

内容与建设项目案卷基本相同，此处不再赘述。

5. 案卷装订或装盒

大型活动项目文件可采用整卷装订与单份文件装订两种方式。无论哪种装订方式，装订前都要拆掉原文件材料上的金属物；对破损、小于 A4 规格的文字材料要进行修复与托裱；对字迹模糊或易褪变的文件进行复制。为保护各种图片、画册、实物的完整性，图片、画册、实物等资料编目后采用盒式装具保管，不需装订。

另外，大型活动项目中的实物档案是一种专门档案，它具有与纸质档案、声像档案相同的作用和特点。由于它具有生动的直观性和形意联想性特征，因而具有政治意义、历史意义和纪念意义。一般包括杯（瓶）、匾（牌）、旗、章、证及其他材料制作的实物赠品，应专门列类，分级管理。

四、科研项目文件的整理

科研项目文件是在科学研究或科技开发活动过程中直接形成的具有保存价值的文字、图表、数据、声像等各种载体形式的文件材料。它记载和反映了科学研究或科技开发活动的具体成果，并贯穿于科研项目研究的全过程，是科研项目人员智力成果的重要体现。科

研人员承担的科研项目是代表单位开展的，科研活动所需要的科研经费往往来自国家的拨款或单位资助，科研人员作为项目主持人或项目参与人，项目完成过程中的智力成果不完全是科研人员的私有财产，还应该属于所在单位和国家。因此，科研项目文档管理工作是科研项目管理的重要组成部分，科技项目承担单位应当把科研项目档案工作纳入科研管理工作之中。按照集中统一管理科研项目档案的基本原则，各相关责任人必须对其加以系统整理、归档移交，使科研项目文档达到完整、准确、系统、安全和有效利用的要求。

（一）科研项目文件形成特点

（1）项目完成周期长短不一。科研项目的研究周期，短的只需要几个月，长的需要几年甚至 10 多年，这决定了科研项目文件整理归档的时间不能统一规定。研究周期较短的小型项目，在项目完成后统一整理归档；研究周期较长的大中型项目，需要采取分阶段整理移交归档的模式。

（2）涉及的环节多。科研项目文件形成于科研项目研究的全过程，涉及项目论证、立项、实施、中期检查、结题或鉴定验收、评奖及成果推广等多个环节，每个环节都形成不同内容的项目文档。

（3）形成的来源广。项目文件的主体部分来自科研项目组织，如撰写的项目申请书、研究的中期成果、结项报告书等；还有少部分文件来自项目管理部门，如统计数据资料、项目通知等；有的文件来自上级主管部门，如项目立项通知书、拨款通知书等；有的文件来自评估单位，如项目评估报告等。

（4）存储介质多样。有存储文字、图表信息的纸质介质；有存储程序、代码的光存储介质；有些科技开发项目还有实物介质。

（二）科研项目文件整理的内容及方法

《档案馆业务文件汇编》规定，科研管理部门负责管理性文件归档，各课题组直接向档案部门归档。研究课题在鉴定验收后两个月内归档。目前科研项目文件整理，有的单位由项目负责人负责组织整理后移交归档，有的单位由科研项目管理部门收集各项目的零散文件，统一整理归档移交。不管采取何种方式，负责项目文档管理的人员在科研项目文件整理过程中，都应根据科研项目档案的特点和归档范围，确保科研项目文件立卷的完整性和质量，保证科研项目档案的完整、准确、系统，为本单位科研、生产服务。

就单位所有项目文件资料而言，在进行整理时，首先应以项目为单位，以各个独立的科研项目为分类单元，划分科研档案的类别，注重保持一个单独的科研项目文件的整体性，实现一个科研项目文件材料的成套管理。

然后，在确保一个独立的科研项目的所有文件材料齐全完整的情况下，按照国家有关标准，进行科学分类、整理和正确编目，保证项目内文件之间的有机联系，维护科研项目文件的系统性。具体的方法和步骤如下：

1. 组卷

一般而言，科研项目文件按项目阶段、过程及重要程度组卷。各阶段的项目文件材料内容如下：

（1）项目准备阶段文件。项目准备阶段文件包括科研项目申请书、审批文件、任务书、委托书、项目计划书、开题报告、合同、协议书及研究方案、计划等。

（2）项目研究、验收阶段文件。项目研究阶段的各种载体的重要原始记录、影像资料、工作日记、会议记录、实验报告、项目进展报告、调研报告、图纸及数据处理、专利申请的有关文件材料；项目验收阶段的工作总结、科研报告、工艺技术报告、论文、专著、参加人员名单、技术鉴定材料、科研投资情况等，这部分文件是科研文件存档的主体。

（3）总结鉴定阶段文件。总结鉴定阶段文件材料，包括研究报告、成果报告、论文或专著、项目投资情况、决算材料、成果鉴定意见书、奖励申报材料、专利申请文件与审批文件及获奖材料等。

（4）成果推广阶段文件。推广应用情况记录、应用效益等文件资料，包括推广协议书、推广评价与建议、用户反馈意见、效益材料等。

根据以上科研文件材料形成规律，保持其有机联系和便于查考利用的组卷原则，以及科研文件材料的内容、价值、数量和载体形式等实际情况，对科研项目文件材料进行系统整理，视其材料多少，组成一卷或数卷。将最能反映项目概况的科研文件材料，如开题报告、论文、专著、鉴定材料、成果申报与获奖材料、科研投资与经费核算材料等整理组成综合卷，排放在科研项目全部案卷之首，其余科研文件材料按科研阶段依次系统整理组卷。

2. 排序

如果科研项目文件材料组成一卷，那么直接按阶段排列卷内文件材料；如果分阶段组成多个案卷，则各个阶段内每个案卷内容既可按时间也可按内容的重要性排序。同样，密不可分的科研项目文件材料应该排列在一起，并按以下要求排序：正件在前，附件在后；印件在前，原稿在后；批复在前，请示在后。

3. 卷内文件编号

装订卷的全部科研文件材料按顺序编写页号，无论单面还是双面，只要有书写文字，都应一面编写一个页号，每卷页号均从1开始，页号位置在非装订线一侧的下角。不装订卷的全部科研文件材料，以件为单元，在每件文件材料的右上角盖上有单位名称、档号、件号的戳记，并逐项填写。

4. 填写卷内文件目录、备考表和案卷封面

填写内容与建设项目案卷基本相同，此处不再赘述。其中，案卷标题就填写科研项目名称＋立卷内容；有些单位还要求项目负责人填写归档说明书，放入每个科研项目第一卷的卷内目录之前。

5. 案卷装订

科研项目档案可采用整卷装订与单份文件装订两种方式。无论采用哪种装订方式，装订前都要拆掉原文件材料上的金属物；对破损、小于A4规格的文字材料要进行修复与托裱；对字迹模糊或易褪变的文件要进行复制。

第六节　单位内文件的归档

一、归档的概念

归档就是指各单位的文件处理部门或业务部门及文件工作者，将工作、生产活动中形成并办理完毕的文件进行整理后，定期移交给单位档案室集中保存的活动过程。简单地讲，就是按照国家规定把归档文件移交给单位档案部门集中保存的过程。它是文书处理程序的终点，也是档案工作的起点。

二、建立健全归档制度的必要性和意义

档案室档案收集工作的主要办法，是建立健全单位内文件的归档工作。在我国，归档已成为党和国家明文规定的一项制度，称为归档制度。如《中华人民共和国档案法》（简称《档案法》）以法律条文的形式，将归档制度固定下来。

知识链接3-3　《档案法》关于归档的规定

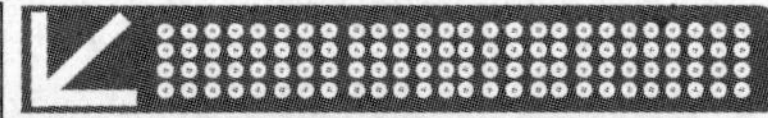

《档案法》第十条规定："对国家规定的应当立卷归档的材料，必须按照规定，定期向本单位档案机构或者档案工作人员移交，集中管理，任何人不得据为己有。"

1. 必要性

单位文件的归档，是单位文书或文件工作的最后一环，也是人们将办理完毕的文件作为档案保存起来的第一个重要关口。为了保证归档文件的齐全完整，必须建立本单位的归档制度。归档制度是单位文件处理部门或业务部门做好文件归档工作，及时、科学地移交文件的重要依据，同时也是档案部门取得档案，监督、指导、检查本单位归档工作的必要手段。

2. 意义

建立健全单位文件的归档制度，不仅可以使单位档案室的档案资源得到有效补充，以便为开展单位的各项业务工作服务，而且是为国家积累档案财富的重要保证。

（1）建立健全归档制度，是单位档案室做好收集工作的关键。归档制度应由单位档案部门和文书、业务部门共同研究制定，共同维护执行。各单位要建立和健全文件材料的归档制度，并把文件材料的形成、积累、整理、归档的要求列入各项工作标准、工作程序及各部门、各类人员的岗位职责，作为考核的重要内容，确保每项活动都有完整、准确、系

统的文件材料归档保存。

（2）建立健全归档制度，是为国家积累档案财富的重要保证。我国文书、档案工作素有归档的历史传统，从几千年前甲骨文件的集中保存并按一定特征编排等情况来看，当时就已有原始的归档办法。我国很多古代文件之所以能保存下来，这也是重要原因之一。

三、归档制度的内容

1. 归档范围

归档范围是指文书部门或业务部门哪些文件应当归档，哪些文件不应归档的划分。国家原则上规定，凡是在单位各项活动中形成的具有保存价值的各种门类与载体的文件材料，均属归档范围，必须按照规定定期向单位档案室移交，并办理移交手续。任何个人不得据为己有。

《机关文件材料归档范围和文书档案保管期限规定》于 2006 年 12 月 18 日公布，在这一文件中有详细规定。各单位可根据这一文件精神，结合本单位实际情况，制定本单位的文件材料归档与不归档的范围，使收集工作有章可循、有据可依，从而让本单位的收集工作制度化、规范化。确定归档和不归档范围时，要注意以下几点：

（1）把握归档的重点，应该以反映本单位主要职能活动和基本历史面貌的文件为主。

（2）凡属本单位归档范围的文件材料，必须按有关规定向本单位档案室移交，实行集中统一管理，任何个人不得据为己有或拒绝归档。

（3）本单位对应归档文件的流转信息也要一并归档。本单位应归档文件中，有文件发文稿纸、文件处理单的，应与文件正本、定稿一并归档。

知识链接3-4 归档范围制定上的误区

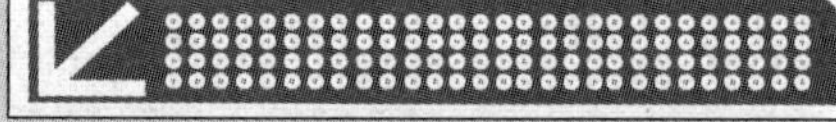

归档范围的制定存在一些认识上的误区。一是认为红头文件应归档，“白头”文件不归档。如有些单位本级发文收集很齐全，但工作计划、总结、汇报材料、业务活动材料等“白头”文件，形成单位以各种理由推脱而不归档。二是认为上级文件都应归档，而本级文件无所谓。例如有些机关单位对上级文件收集齐全，每文必档，但本机关会议记录、总结、决算报表、人员调动、职工名册却没有。事实上，本级文件是最应归档的，如果遗失了，以后再也无法弥补。三是认为文书档案重要，其他档案不重要。文书档案固然重要，而单位工作中产生的应归档的专门业务、会计、基建、设备、声像、电子实物等档案同样重要，必须按国家的有关规定整理，并按时移交给档案室综合管理。四是认为正稿应归档，底稿可不归。事实上，底稿更重要，因为发文底稿有撰写者的笔迹，也有领导者的签字，是文件产生效力的原始记录。各单位在收集文件时，一定要将底稿附在正稿后面，合并归档。

总之，确定归档范围的一般原则是：归档文件必须具有一定的保存价值，必须符合各单位文件材料的实际状况。档案室应依据制定的归档范围对移交来的文件进行严格审查。

2. 归档时间

归档时间是指文件处理部门或有关业务部门将需要归档的文件向档案室移交的时间。依据《机关档案工作条例》和《企业档案工作规范》等规范性文件，文书档案、会计档案、项目档案、教学档案、特殊载体档案等都有特定的归档时间。

（1）文书档案的归档时间一般是在文件形成后第二年的上半年，即在次年 6 月底以前向档案部门移交。以一年为界限，一年一归档，文件年年清理完毕，比较符合文件的形成规律。

知识链接3-5　关于归档时间的规定

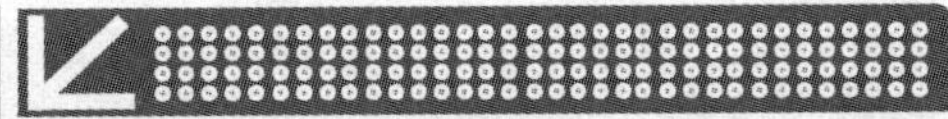

《机关档案工作条例》规定："机关文书部门或业务部门一般应在第二年上半年向档案部门移交档案，交接双方根据移交目录清点核对。"

《企业档案工作规范》规定："经营管理工作、生产技术管理工作、行政管理工作、党群工作中形成的文件一般应在办理完毕后的第二年一季度归档。"

（2）项目文件材料原则上应该在项目结束后及时归档，但考虑到其整理所花费的时间，归档时间做了一定程度的缓冲：大型活动项目文件在活动结束后 1～2 个月内归档；企业业务项目、科研项目在其项目鉴定 2～3 个月内归档；基建项目文件材料在项目竣工后或财务决算后 2～3 个月内归档；周期长的可分阶段、单项归档。

（3）会计文件材料在会计年度终了后由财会部门保管一年，然后向单位档案室归档。

（4）教学档案应在次学年寒假前归档。

（5）下列文件材料应随时归档：一是设备仪器类文件材料在开箱验收之后；二是磁带、照片及底片、胶片、实物等形式的文件材料在工作结束后；三是单位工作人员因公外出参观、学习、培训、考察和参加各种会议带回的文件材料应及时归档；四是单位变更、修改、补充的文件材料应及时归档；五是单位内部机构变动和职工调动、离岗时留在部门或个人手中的文件材料应及时归档；六是单位产权变动过程中形成的文件材料应及时归档；等等。

（6）电子文件逻辑归档实时归档，物理归档应与纸质文件归档时间一致。

3. 归档案卷的质量要求

归档案卷的质量基本要求是：应归档文件要收集齐全，遵循文件的形成规律，按照文件的历史联系、文件特征和价值分类立卷，使案卷能正确地反映机关活动的基本面貌，以便于保管和利用。具体来讲从以下几个方面进行考察：

（1）组卷要求。内容齐全完整；分类科学，分级适当，并列的类别之间界限分明，不互相交叉或重合；保持文件材料之间的内在联系；正确划分保管期限。

（2）卷内文件排列要求。应系统有条理。

（3）卷内或归档文件编目要求。填写归档文件目录项目时，应使用耐久的书写材料，且字迹必须工整、美观。

（4）案卷封面要求。案卷封面应按规定逐项填写清楚，字迹材料符合档案保管的要求。

（5）案卷排列要求。按一定的顺序进行排列，并要保持卷与卷之间的联系，编上案卷顺序号，并编制案卷目录一式数份。

（6）装具要求。采用由档案局统一监制的规范化的档案卷（盒）。

4. 归档手续

文件处理部门或业务部门向档案部门移交档案时，交接双方应根据案卷目录详细清点案卷，确认无误后，可履行签字手续，并将一份由档案部门签字的案卷目录交还移交单位妥善保存。

想一想

某公司一个科技攻关项目从2015年开始，至2018年结束，前后整整持续了3年。为了遵守单位的归档制度，科研人员每年6月以前都向综合档案室移交该项目前一年形成的档案文件。这样做是否正确？为什么？

四、档案室对文件归档的组织工作

档案室承担单位内文件归档工作的业务指导和督促检查，并对各单位移交的归档文件进行检查和验收。具体而言，单位档案室承担以下组织和协调工作。

1. 协助分配和落实归档文件的整理任务

分配和落实归档文件的整理任务就是决定归档文件整理工作放在单位内哪一级机构，由谁具体负责。一般来讲，归档文件整理任务选择谁来完成，主要由文书部门、业务部门会同档案部门共同商定，应与单位文书工作的组织形式相适应。小型单位，文件数量较少，而且内部机构层次单一，文件主要由办公室集中处理，这样，归档文件整理就由办公室统一负责；中、大型单位，如果文件数量较多，而且内部机构层次较多，文件处理原本就采用分散的办法，那么，文件整理就可以分别设在办公室和各业务部门，然后分别向单位档案室移交。

2. 协助文件形成部门选择统一的归档文件整理方式

文件形成部门采取案卷级整理方式还是文件级整理方式，一个单位应该统一。为此，档案室应预先对文件整理方式的选择提出指导意见，并负责组织制定本单位文件归档和不归档范围，编制单位的文件和档案分类方案。

3. 协助文书部门进行科学的归档文件整理分工

为了避免文件重复整理和防止遗漏文件，档案室还必须协助文书部门、业务部门划定科学的文件整理范围，明确单位和单位之间、单位内部各机构之间的分工，特别是分散整理归档文件的单位，一定要确定各内部机构的文件整理范围，做到分工明确。

4. 协助文书部门编制立卷类目或分类类目，以及开展平时的归卷工作

立卷类目或分类类目是指，在文件尚未形成之前，由文件立卷人员、机关档案室、文

件承办人员和秘书部门按照立卷或归档文件整理的要求、方法预测来年可能产生的文件种类而拟制的详细具体的立卷或分类方案，是文件归档的依据。文书人员在归档之前，可以按照立卷类目或分类类目，事先准备一定数量的卷夹和专柜，将平时处理完毕的文件分别归入有关类目的卷夹内，按一定规律整理排列。这既便于平时工作的查考，又为年终正式立卷打下了基础，称为“预立卷”，为形成案卷做好充分的准备工作。

拓展阅读

文件的整理与归档实践经验谈

机关企事业单位档案工作者，要把文件的整理与归档理论和实践紧密结合起来，掌握文件整理与归档的技能，从而全面提高本单位档案业务基础建设的水平。

1. 文件流向、流量的掌握

机关企事业单位的文件流向、流量，全面反映了党、政、工、团及经营管理、人事、保卫、财务、项目建设等工作中形成的各种形式和载体的文件的归档数量。掌握文件流向、流量能够确保归档文件材料的归档率指标达到100%。档案工作者应关注文档管理形成电子文件的在文书流程结束后是否全部流向鉴定归档模块，对于还未流向鉴定归档模块的文件数量及滞留情况要及时查清，以确保电子文件的归档完整、准确。建设项目档案应关注年度建设项目立项数量，在年底应统计竣工验收工程项目归档数量与在建工程数量，对未移交的工程项目档案进行跟踪，及时归档。

2. 熟悉职能，编制文件材料归档范围和文书档案保管期限表

要提高文件整理、组卷水平，机关企事业单位档案工作人员必须对本单位文件的数量、种类、完整程度和基本内容进行深入研究。编制文件材料归档范围和文书档案保管期限表的前期工作是参考本单位“三定”（定机构、定编制、定职能）方案，考察机构工作职能、组织机构、工作任务、业务分工等情况，研究《机关文件材料归档范围和文书档案保管期限规定》（国家档案局8号令）的逻辑构成，进而确定编制大纲。归档范围编制要涵盖本单位应当归档的文件材料，用概括的语言较全面地反映文件内容，能细化的尽量详尽，做到详略得当、繁简适中，合理归并，明确保管期限。

3. 充分理解以我为主的归档方法

假如以企业的职能为半径画圆圈，则该圆圈覆盖了企业在党群工作、行政管理、经营管理和生产技术管理、单位内项目等方面的文件材料，归档的文件由我形成，对我有用。要避免片面地强调以本单位的文件为主、只归本单位、只归发文的做法。要以我为主，兼顾他人，尽可能减少来文归档，关注来文的信息，以收文中对本单位而言具有直接针对性、需要办理的文件为辅。

4. 参照档案行业标准，提高归档文件整理与归档的质量

文件整理、组卷要用“标准”说话，国家制定的《归档文件整理规则》《科学技术档案案卷构成的一般要求》《电子文件归档与管理规范》是档案教科书知识的精华，包含整理原则、整理方法及质量要求。在文件整理（立卷）工作中，要用以上标准向档案整理人员说明、解释相应的标准的要求，对照标准进行文件的整理与立卷，才能够提高文件整理

与归档的质量。

思考与实训

1. 试述文件整理与归档工作的内容。
2. 试述文件整理工作的基本原则。
3. 试述机关单位文件整理归档的范围。
4. 试述企业文件整理归档的范围。
5. 试述文书档案的分类方法。
6. 试比较案卷级整理和文件级整理的步骤和方法。
7. 试述归档制度的内容。
8. 指出下列“归档文件目录”中项目填写的不规范之处，并予以改正。

序号	档号	文号	责任者	题名	日期	密级	页数	备注
10	Z109-WS-2018-永-BGS-1	（2000）8号	本公司	通知	2000.3.9		1—8	张三借走未还

9. 案例分析。

某局为贯彻2015年新修订的《归档文件整理规则》，于2017年3月18日召开了由办公室张主任主持、各部门专兼职档案人员参加的全局档案工作会议，会上由档案室的业务人员讲授了新规则的新做法，并要求各个部门将自身形成积累的文件分为永久、长期、短期三个期限，按照新规则要求整理2016年的文书档案。会后，宣传处兼职档案员小文按照以下方法整理其纸质归档文件：

（1）按件装订文件，并给每一份文件加封面和封底，以便保护文件。

（2）将其全部归档文件分为永久、长期、短期三个期限。

（3）将三个期限的文件按照本部门、上级领导指导单位、下级单位、平级单位几个类型，依次分类排列。

（4）按照排列顺序，在文件首页的右下角逐件对文件编制件号。

（5）填写一式两份的归档文件目录，一份装订成册，另一份放入档案盒中作为盒内文件目录。

（6）将归档文件按件号顺序装入档案盒。

请问，该局归档文件采用什么分类方法？宣传处小文整理归档文件的方法是否符合规范？如有不规范的地方，请指出并予以改正。

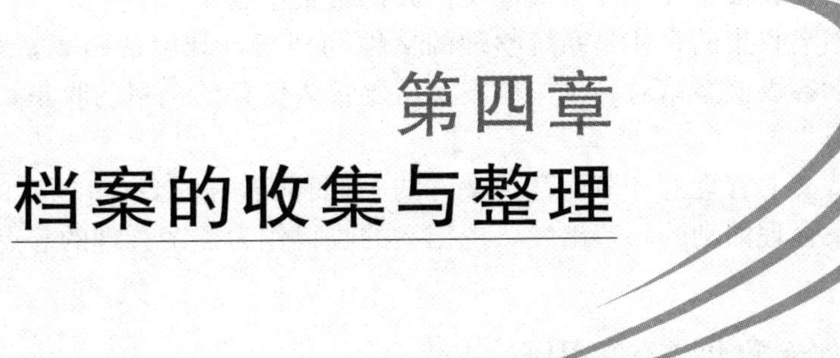

第四章 档案的收集与整理

【学习目标】

掌握档案室收集工作的内容；理解档案馆收集工作的内容；掌握档案馆对现行单位档案的接收；理解档案收集工作的意义；理解档案整理的概念和范围；掌握全宗理论及应用；掌握立档单位的构成条件；了解案卷的排列及案卷目录的编制。

【关键词点击】

归档　归档制度　全宗　立档单位　案卷排列

第一节　档案的收集

一、档案收集的含义

档案收集，就是按照党和国家的规定，通过例行的接收制度与专门征集的办法，把分散在各机关、单位或个人手中的档案和散失在国内外的档案，分别集中到单位档案室和各级各类档案馆。

档案收集的主体是档案室和档案馆，这些档案部门自身不以生产档案为要务，而主要通过接收和征集办法使分散的文件和档案集中起来。

档案收集的客体是系统整理的文件和档案，既包括档案室对单位内归档文件的收集，也包括各级档案馆对各机关档案室需要长久保存的档案的收集，还包括一些零散文件的收集和征集等。

从文书管理的环节而言，文件的归档移交，即档案室档案的收集是文件处理的终点；从档案管理活动的环节出发，把档案的收集作为档案管理的起点。

二、档案收集工作的内容

（一）档案室的收集工作

1. 单位内归档文件的接收

档案室对本单位文书部门或业务部门归档文件的接收工作。文件的归档是档案室档案收集的主要途径，其内容与方法在上一章已专门阐释过，本节从略。为了使归档工作更好地实施，档案室应做好以下工作。

（1）组织制定并贯彻落实单位归档制度。为了顺利收集到能够全面反映本单位的主要职能活动的全部档案，档案室可向单位主管领导建言，提高领导层对归档工作重要性的认识；并针对本单位的实际情况，组织制定本单位的归档制度；通过加强对归档制度的宣传教育，加强文书处理部门、业务部门及相关人员的归档意识，明确归档工作中各部门的工作职责，从而使归档制度更好地贯彻落实。

（2）对文件整理归档的监督和指导。档案室应指导各部门明确其归档范围，制定单位各类型文件材料的分类方案，积极与各部门专兼职文档管理人员取得沟通与联系，加强平时归卷工作及文件整理工作的监督与指导，及时发现问题，并督促改进。

（3）全面检查归档案卷的质量。档案室应对文书处理部门及业务部门归档移交的案卷进行全面的质量检查：文件材料是否齐全完整；分类是否准确；组卷和排列是否规范科学；编目是否规范；保管期限划分是否准确；等等。

2. 对少数零散文件的收集

零散文件的收集是正常归档工作的一种补充，是对单位内散存文件的一种突击性的收集，是单位档案室收集档案的一种辅助途径。零散文件，是指机关工作中没有归口集中管理，失去控制的文件材料。有些单位虽然建立了归档制度，但是由于种种原因，总还会有一些文件散存在各处，没有得到集中保管。比如：归档制度建立之前积存的文件；归档制度建立以后遗漏的零散文件，以及不易控制的在收发文登记簿上“无账可查”的文件等等。要维护档案的完整，就必须经常注意零散文件的收集。档案部门应当会同文书部门或业务部门，建立岗位责任制，把职责落实到人，明确各自收集的重点，结合单位工作中各项检查、人员调动、机构调整等临时性、突发性活动，随时将散存的文件收集齐全。

想一想

在小型单位，文书和档案工作由办公室统一管理，如何开展此项工作？

（二）档案馆的收集工作

现行单位的文档管理人员不仅要对本单位需要保存的文件做好收集归档工作，同时也要按照国家规定，将具有长远保存价值的档案定期向档案馆移交。为此，必须对档案馆的接收工作有一个基本认识和了解。

1. 对现行单位具有长远保存价值档案的接收

现行单位档案是指现在正在进行工作活动的机关、企事业及其他社会组织所形成的档案。这类机构档案的特点是时刻不断连续产生，数量多，且完整系统，是档案馆馆藏档案的主要来源。

（1）接收时间。属于中央级和省级、设区的市级国家档案馆接收范围的档案，立档单位应当自档案形成之日起满 20 年即向有关的国家档案馆移交保管期限为永久的档案；属于县级国家档案馆接收范围的档案，立档单位应当自形成之日起满 10 年即向有关的县级国家档案馆移交保管期限为永久和长期的档案。

（2）接收方法。有两种方法，即逐年接收和定期接收。逐年接收就是现行机关将保管期满的档案每年向档案馆移交一次；定期接收是指现行机关将保管期满的档案每隔一段时间向档案馆移交一次。移交时间由交接双方共同确定。一般而言，逐年接收工作量较大，不适合普遍采用，而定期接收能使档案馆有充分时间做好准备工作。实际工作中，一般以定期接收为主，各个档案馆可以从实际出发与各机关商洽决定。

（3）接收要求。第一，一个单位移交的档案，应作为一个整体，归入同一个档案馆，不得随意分散。第二，规定移交的档案，应由移交单位收集齐全并进行科学整理、准确鉴定。第三，交接双方必须根据移交目标进行清点核对，并且在交接文据上签名、盖章。第四，规定移交的档案，要具备一式三份的案卷目录，由双方签收后，一份归移交单位留底保存，两份交档案馆归档和作为检索工具使用。

知识链接 4-1　国家关于档案移交期限的规定

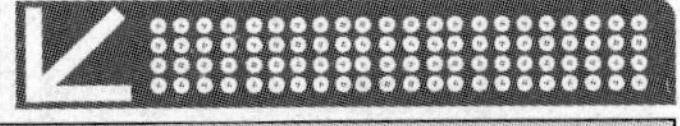

为了保证国家档案馆馆藏档案有稳定而可靠的来源，同时也为保证国家档案得到安全保管和有效利用，《中华人民共和国档案法实施办法》明确规定：机关、团体、企事业单位和其他组织，应当按照国家档案局关于档案移交的规定，定期向有关的国家档案馆移交档案。属于中央级和省级、设区的市级国家档案馆接收范围的档案，立档单位应当自档案形成之日起满 20 年即向有关的国家档案馆移交保管期限为永久的档案；属于县级国家档案馆接收范围的档案，立档单位应当自形成之日起满 10 年即向有关的县级国家档案馆移交保管期限为永久和长期的档案。拒不按照国家规定向国家档案馆移交档案的，要追究相应的法律责任。

对专业性较强或者需要保密的档案，立档单位经同级档案行政部门检查和同意，可以延长向档案馆移交的期限。至于可以延长多长时间，应当在档案行政部门检查的基础上协商解决，并经档案行政部门同意后实施。除了 10 年、20 年的原则要求外，还有例外。（1）在非和平环境、动乱（“文革”）期间产生的档案，边远地区保管条件恶劣的档案可以提前接收。（2）一些专门档案可以在机关多保存一些时间，如国防档案、外交档案、公安档案、法院诉讼档案、人民银行的财会档案。

2. 对撤销机关、团体的档案的接收

撤销机关档案是指中华人民共和国成立后，由于体制改革、机构精简、行政区划调整等原因而被撤销、合并的机关、团体、企事业单位及其他社会组织所形成的档案。这类档案的特点是数量确定，不再有新的档案产生，也是档案馆馆藏档案的重要来源之一。对于这部分档案，国家原则上规定，应当全部交由相应的档案馆保存，或经档案行政部门同意由继承单位代管。

3. 各种历史档案的接收与征集

历史档案是指中华人民共和国成立以前，历史上存在过的各机关、团体、企事业单位和社会组织、著名人物等在社会工作活动中形成的档案材料，包括革命政权档案和旧政权档案。历史档案也是各档案馆档案的重要来源。

4. 社会散存档案的接收和征集

历史上存在过的，以及收藏在国外的有关我国历史的档案，往往分布广，保管不善，但又特别珍贵，对于此类档案，各档案馆可以接受捐赠，或通过购买、交换、复制、代存等方式征集，弥补国家馆藏档案资源的不足。也因此，这类档案成为档案馆馆藏档案的又一重要来源。

5. 档案馆之间的档案交接与交换

一方面是指档案馆和档案馆之间由于行政区划变更和布局变化等，产生收藏范围的变化而接收其他档案馆档案的情况；另一方面是指将收藏在国外档案馆的有关我国历史的档案，通过交换或购买等方式收集进馆，这是档案馆丰富馆藏的重要举措。

三、档案收集工作的意义

档案收集工作是整个档案工作中极为重要的一个环节，与档案工作中其他各项工作比较起来，它处于一种特殊的地位，做好档案收集工作具有重要意义。

（1）收集工作是档案部门积累档案的手段，它为档案工作提供了物质对象。档案部门所管理的档案，绝大部分不是由这些机构自身产生的，而是通过收集的手段不断积累起来的。所以从全部档案业务工作来说，收集工作是档案工作的起点和第一个环节。

（2）收集工作是档案集中统一管理的重要内容和首要的具体措施。只有通过收集工作，才能把党和国家的全部档案集中到档案保管机构，形成统一的档案基地，实行统一的科学管理。

（3）收集工作质量的高低直接影响到档案工作的其他环节。收集及时，齐全完整，可为档案管理的各个环节创造良好条件；相反，如果收集很少的档案，或仅仅收集一些零散残缺或实用价值不高的档案，则会在很大程度上给档案鉴定、整理、编目、保管、编研等工作造成无效劳动，更重要的是不能提供有利用价值的档案为各项工作服务。

（4）收集工作是档案部门和社会各方面产生联系的重要环节之一，因此它要求政策性强，工作方法灵活多样。

总之，收集工作是档案业务工作中最基础的工作，做不好档案的收集工作，就没有完整的档案，也就不会有健全的档案工作。因此，要做好档案工作，首先必须从档案的收集工作做起。

案例 4-1

私藏档案引发的后果

湖南省某机器厂不久前对一名私藏档案的工程师作出了行政处分和罚款的处理决定，在厂里震动很大。工程师范某是一个有着几十年厂龄的老同志，人快退休了，却办了一件不光彩的事情。近半年来，范某将本厂主导产品的铸造、理化技术资料和盖有“机密级”的图纸和设备维修技术标准等档案资料私藏，并准备分批带出厂变为已有，以便退休后有条“后路”。在其将档案资料带出厂区时，被门岗截获。

范某私藏的档案和技术文件材料，一部分是范某向厂档案室借阅后久拖不还的，一部分是应当归档而范某拒不归档，长期放在个人手中的，还有的是从生产现场拿取的。范某私藏的是该厂的拳头产品档案，他打算将这些产品档案据为己有并在退休后利用这些产品图纸和工艺技术为外厂提供技术服务而牟利。他这样做违反了《中华人民共和国档案法》，严重地损害了本厂的利益，因此，受到了厂里给予的行政处分和经济处罚。

（资料来源：http：//archives. hainan. gov. cn/web/article. jsp? articleId=199）

点评：范某私藏的档案是企业重要的知识资产，其技术含量非常高，这些档案甚至关乎很多企业的命运。范某私藏档案的行为值得深思。范某为了个人利益私藏档案，已经违反了《中华人民共和国档案法》第 12 条的规定：“按照国家档案局关于文件材料归档的规定，应当立卷归档的材料由单位的文书或者业务机构收集齐全，并进行整理、立卷，定期交本单位档案机构或者档案工作人员集中管理，任何人不得据为已有或者拒绝归档。”这不能不说是他档案法规意识淡薄，档案法规意识有待提高。但这对企业也起到了一种警惕作用。范某长期拖延不还档案，工厂却没有发现、制止这种行为，直到范某快退休时才将其带走的档案追回，可以说工厂本身对这件事也有一定的责任。由此可以看出，企业归档制度不健全，或者归档制度没有得到有效贯彻实施，导致范某有机可乘。为避免出现类似问题，企业要建立健全归档制度，并严格执行，这样才能尽可能地减少此类损失。

知识链接4-2　档案馆档案收集的范围

根据分层负责集中统一保管档案的原则，各级各类档案馆在接收档案的范围方面，应有明确的分工。国家档案局发布的《各级国家档案馆收集档案范围的规定》，是各档案馆确定本馆接收和征集档案范围的法规性依据。根据规定，各级各类档案馆收集档案的范围有所不同：

1. 综合性国家档案馆档案的接收和征集范围

（1）中央一级档案馆主要收集需要永久保管的中央一级党和国家现行机关和撤销机关的档案。具体而言，中央档案馆负责收集中华人民共和国成立以前我党、政、群中央机关及派出机构的革命历史档案；中国第一历史档案馆负责收集和保管明代和清代的中央机关形成的档案；中国第二历史档案馆负责收集和保管北洋政府、国民党政府、汪伪政权时期的中央机关形成的档案；中国人民解放军档案馆收集、保管中华人民共和国成立以前中国共产党领导的中国工农红军、八路军、新四军、解放军等军事机关、部队院校形成的革命历史档案。

（2）省（直辖市、自治区）级档案馆收集档案的主要范围：省级各机关、团体及其所属单位具有永久保存价值的现行机关和撤销机关的档案；省级机关或需要省一级保管的革命历史档案和旧政权档案及相关历史资料；省委和省人民政府决定接收的档案；等等。

（3）省辖市（州、盟）和县级档案馆收集档案的主要范围：省辖市（州、盟）和县级各机关、团体及其所属单位具有永久和长期保存价值的现行机关和撤销机关的档案，市、县一级的革命历史档案和旧政权档案及其相关历史资料；市（县）委和市（县）人民政府决定接收的档案；等等。

本级各机关、团体及所属单位的具有永久保存价值的档案，省辖市、州、盟和县级档案馆同时接收长期保存的档案。

2. 专业档案馆档案的接收和征集范围

中央和地方的各专门性档案馆，分别接收、征集和保管具有全国意义和地方意义的与本馆专业对口的同类内容或同类载体形态的专门档案或复制件，如中国照片档案馆，在全国范围内收集具有全国意义的照片档案或复制件。

第二节　档案的整理

单位内需要归档的文件，经过分类、立卷或按件整理后，文书部门或文件形成部门将其移交给档案室集中保存，现行单位也将按规定定期移交长远保存的档案案卷给档案馆。档案部门除了少数零散的文件需要系统分类、组卷，以及对业务部门文件整理不合要求的案卷进行修正外，还有更重要的档案整理工作。档案整理工作的第一步是区分全宗，接下来主要是对收集来的案卷进行系统排列，并以此为基础编制案卷目录，作为检索和利用的重要工具。

一、档案整理的概念和范围

档案整理工作是档案部门将收集来的档案分门别类组成有序体系的一项业务，是档案管理中的一项基础工作。

根据我国档案管理体制，文件与档案整理工作的具体任务一般由不同的工作机构和人员分别承担：文件整理工作一般由直接产生、处理文件的文书部门文秘人员或业务部门的工作人员承担；全宗内文件与档案的分类、案卷排列和编号以及编制案卷目录（文书立卷需要编制案卷目录）的工作一般由各立档单位档案室承担；全宗划分和排列则多由档案馆承担。在正常情况下，档案室接收的是文书部门和业务部门按照归档要求组合好的案卷，而档案馆接收的是各个机关档案室按照进馆规范系统整理好的档案。因此，档案机构对档案的整理范围有以下三种情况：

1. 系统排列和编目

档案室（馆）对接收的档案，在更大的范围内进一步系统地整理，如区分全宗、全宗内案卷的排列；如果是立卷整理，还需要编制案卷目录。这也是档案部门整理的最主要的方式，下文将详细阐释。

2. 局部调整

档案室（馆）在日常管理工作中，要定期对所藏档案进行检查，发现归档文件整理明显不符合要求、确实影响保管和利用的情况，如，立卷整理的案卷标题与卷内文件内容出入过大、归档文件排列次序混乱等，在不影响整个整理体系的基础上，对不合理部分进行局部调整。

3. 全过程整理

档案室（馆）的整理工作除了以上两种基本情况之外，有时还会遇到零散档案文件的整理任务。特别是一些历史档案文件，由于种种原因，其中很多是没有经过系统整理而处于零乱状态的，这就必须对档案进行全过程的整理，包括区分全宗、全宗内档案的分类、组卷（件）、案卷排列、编制案卷目录、全宗内档案系统排放等。

二、全宗

一般情况下，单位档案室中保管的档案属于本单位的档案，档案馆保存若干单位的档案，一个单位的档案原则上是不能与其他单位的档案混淆的。为了便于对不同立档单位的档案集中管理，档案馆将各立档单位形成的档案材料区分开来，按照文件的不同来源，归入不同全宗。为了便于对全宗的管理，给每个全宗编上一个固定号码，成为全宗号。区分全宗是档案整理工作的第一步，接下来各项工作都是在同一个全宗的基础上进行的。

（一）全宗含义及类型

1. 全宗的含义

全宗是一个独立的机关、组织或个人在社会活动中形成的全部档案的有机整体。全宗，最先是法国作为档案馆内档案分类的原则和方法应用的。其具体含义如下：

（1）全宗是一个有机整体。全宗具有不可分割性，全宗是组成国家档案和进行分类、管理的基本单位，除个别情况外，同一全宗的档案不能分散，不同全宗的档案不能混杂。在我国，全宗的整体性还受到党和国家法规的约束和保障。

小贴士

《机关档案工作条例》第 25 条规定：“一个机关的全部档案是不可分割的整体，应统一向一个档案馆移交。”《档案馆工作通则》第 8 条规定：“进馆档案应保持全宗的完整性，并按规定整理好。”

（2）全宗是在一定历史活动中形成的。全宗的这种整体性具有客观性，而不是纯粹人为的。全宗的整体性，是由其内部的历史联系决定的。具有历史联系的全宗整体，从本质上来说，是在社会活动中“自然形成的”。

（3）全宗是以一定的社会单位为基础构成的。全宗是以产生它的机关、组织和个人为单位构成的。这就为档案全宗这种整体确定了一个时空范围以及纵向和横向间的区分标志，以全宗为单位是相对稳定的。

2. 全宗的类型

我国档案全宗的类型，主要包括以下几种：

（1）按形成全宗的单位和全宗内容的性质，分为机关组织全宗和人物全宗。

（2）按全宗的范围和构成，分为独立全宗、联合全宗、全宗汇集和档案汇集。后三种是全宗的补充形式。

想一想

哪些单位和个人可构成全宗？

（二）为什么要按全宗整理档案？

1. 全宗整理方法符合档案的形成规律和特点

一个单位的活动体现着一定的职能，一个单位执行一定的任务，发挥一定的功能。档案都是围绕一个单位或个人的活动形成的，同一全宗内的档案不能任意分散，不同全宗的档案不能随意混杂。此方法便于档案的保管利用。

2. 全宗是组成国家全部档案的基本单位

在我国，国家所有的档案为国家档案全宗，它是由若干全宗组成的。全宗也是档案馆的统计单位。一个档案馆收集的若干全宗为档案馆全宗，我国称馆藏。

3. 区分全宗是档案整理工作的第一步

全宗在档案整理中占有重要地位，是保证整理工作质量的重要条件。区分全宗是档案整理工作的重要环节，是档案馆对档案进行分类的第一步。

4. 全宗为档案提供利用奠定了科学基础

全宗是档案馆对档案进行日常管理的基本单位。如果全宗划分准确，全宗档案完整齐全，就会为利用带来方便，便于准确研究每个机关的活动情况和历史面貌。

5. 全宗是对档案进行科学管理必须遵循的重要原则

它不仅是一个单位整理档案的方法问题，也是一个原则、一种理论，称作全宗原则和全宗理论。

（三）立档单位及其构成条件

全宗构成者称为立档单位。立档单位应该是在工作上、财务上和人事上具有独立性的单位。它的构成条件是：

第一，可以独立行使职权，并能主要以自己的名义对外行文；

第二，设有会计单位或经济核算单位，自己可以编制预算或财务计划；

第三，设有管理人事的机构或人员，并有一定的人事任免权。

三个条件中，第一条最重要。判断一个单位是否是立档单位，不能依单位人数、级别大小来确定，而是以是否可以独立行使职权来判定。

想一想

试分析你所在的高校及所在院系是否都可以构成全宗。

（四）立档单位的变化和全宗划分

1. 政权的变化和立档单位的划分

（1）政权发生了变化，同时社会性质也发生了根本变化，就需要另立全宗。比如旧政权政府机关和中华人民共和国成立后建立的人民政府机关，因为政治性质根本不同，其档案就应该分开，各自构成全宗。

（2）政权发生了变化，社会性质没有发生根本变化。如明清朝更替、北洋军阀和国民政府的更替等，虽然根本性质没有发生变化，但其政权各自的领导人不同，历史时期不同，具体的阶段内容不同，因此也应当另立全宗。

各党派、人民团体、宗教团体的全宗，只要其主旨和组织成分的基本构成没有发生根本性的变化，它们的档案，无论在何时何地形成，都应构成一个全宗；历史上地方割据政权的更替也不影响其全宗的划分。

2. 生产关系的改变和全宗的划分

这个方面主要是针对企事业单位，如工厂、商店、学校、银行等中华人民共和国成立前后都存在的企事业单位，其性质在前后确有根本不同，但它们的档案在工作生活中是有连续性的，其任务没有根本变化，它们在各个时期形成的档案是不可分割的整体，保持其全宗能较完整地体现此单位的变化发展，也更有利于查考利用。

3. 基本职能方面的考虑

在立档单位的政治性质无根本变化的情况下，主要分析它的基本职能是否有根本变化。

（1）凡是新成立的并具有一定独立性的机关，就是新的立档单位，它的档案构成新的全宗。

（2）凡属下列情形，均非单位基本职能的根本变化：单位职能与工作范围的扩大或缩小；单位内部组织机构的调整；单位工作地点的变更；领导关系的改变，以及由于某种原因机关曾暂时停止一段时间的工作等。

（3）临时机构一般不单独设立全宗，其档案应纳入其主管机关全宗进行统一管理；但属于党委、政府直接领导，执行全面性的任务，为期较长的，应建立单独全宗。

（4）如果两个机关单位合署办公，而文件是分别处理的，那么它们所形成的档案，应该分别构成全宗。

4. 组织全宗划分

根据立档单位的构成条件和划分全宗的基本条件，对于在全国档案馆中占较大比重的省、地（市）县级机关的档案全宗，一般做如下划分。[①]

（1）省级机关。

①中共省委（包括各部、委）的档案，通常应划分为一个全宗，其中纪律检查委员会的档案应单独构成全宗。

②省直机关党委（包括团委）的档案单独构成全宗。

③省级政协、工业、共青团、妇联、各民主党派和工商联等的档案各为一个全宗。

④省人大常委会、省人民政府（包括办公厅及省人民政府各办公室）各为一个全宗。

⑤省级各委、厅、院、行、社等的档案各为一个全宗。

⑥省级各厅、局所属院、校、所、工厂、公司等下属机构的档案可单独构成全宗。

⑦省级各厅、局派出驻外的临时机构，一般不单独构成全宗。

（2）地、市、县机关。

与省级对应的机关、单位都各自为一个全宗。

想一想

国家人力资源和社会保障部办公厅与崇左市人力资源和社会保障局谁有资格构成全宗？

（五）人物全宗

人物全宗是社会知名人士（如社会活动家、科学家、作家、艺术家、教育家等）在其一生活动中形成的档案整体。有的国家也称为个人全宗，内分人物全宗、家庭全宗和家族全宗。人物全宗的档案是国家档案全宗的组成部分之一，由各级各类档案馆根据不同层次和不同特点收集保存。但人物全宗的收集关系到个人全宗与组织全宗的关系问题，因为许多个人档案是在公务活动中形成的。因此收集时应注意两点：一是不得收入官方档案原件。人物全宗的收集涉及个人全宗与组织全宗的关系问题，个人在公务活动中形成的文件，原件应放在立档单位全宗中，复印件或附件可归入个人全宗；个人在他非公务活动中形成的文件，原件应归入个人全宗。二是一个人一生无论身份、政治立场如何变化，无论其文件材料在何时何地形成，都只能构成一个全宗。人物全宗应按全宗构成者的活动特点，结合全宗内档案材料按以下类别整理。

（1）生平传记材料。个人的传记性档案材料，包括个人自传、履历表、学历证明、身份证明等。

（2）创作材料。个人在科学研究和文学艺术创作活动中形成的各种手稿，如著作书稿、图纸、画稿、乐谱、题词，以及他们的日记、回忆录等。

---

① 陈兆祦，和宝荣，王英玮．档案管理学基础：第三版．北京：中国人民大学出版社，2005：104－105.

（3）公务活动材料。在公务活动与社会活动中形成的文件。此类文件材料一般归入组织全宗。人物全宗的公务活动材料，一般仅包括邀请出席各种重要会议的邀请函、会议通知、会议报告底稿或提纲，以及各类聘书等。

（4）个人书信。与全宗构成者的来往信件。

（5）经济材料。包括反映本人及家庭财产状况与经济活动的材料。

（6）亲属材料。包括全宗构成者的直系亲属和主要社会关系的材料。

（7）评价材料。包括别人所写或收集的关于纪念、评述和回忆全宗构成者的文章、创作材料、祭文和悼词等。

（8）音像材料。包括反映和记述全宗构成者及其亲属、朋友、同学、同事各方面活动的照片、画册、录音、录像等材料。

（9）其他材料。包括不能归入上述各项的其他材料。

（六）全宗的补充形式

1. 联合全宗

联合全宗就是两个或几个关系密切的立档单位形成的，难以区分而统一整理的档案整体。包括以下两种情况：

（1）密切继承关系的机关，文件彼此混杂。

（2）职能互有密切联系的机关，合署办公，即“一套机构两块牌子”。

2. 全宗汇集

全宗汇集是按照一定的特征组成的、档案数量很少的若干全宗的集合体。包括以下两种情况：

（1）从相同类型的基层单位选择接收的具有代表性的若干小全宗。

（2）残缺不全的一些全宗。

如：××××时期××地区工矿企业全宗汇集

小贴士

联合全宗和全宗汇集的区别

（1）构成不同。联合全宗的档案之间有着密切的联系，档案难以区分，其组建的客观依据较强；全宗汇集的档案之间不一定有联系，而只是把数量少的小全宗汇集在一起，以便于保管和统计，人为性相对较大。

（2）性质不同。联合全宗是永久性的，整理之后再变动；而全宗汇集是暂时性的，其中某个全宗增加了大量的档案，就可从全宗汇集中分出去，另立全宗。

3. 档案汇集

由不同的立档单位形成的，按照一定特征集中起来的混合体。包括全宗主体不明的零散档案，还有就是人物档案汇集。

（七）判定档案所属全宗

判定档案所属全宗关键在于确定档案的形成者——立档单位。要区分两个概念：档案的形成者、文件的作者。

（1）对内部文件和发文，“档案的形成者”就是“文件的作者”；对收文，“档案的形成者”是“文件的实际收受者”。比如北京市教育局收到国家教育部一份需要贯彻执行的文件，两个单位都需要对其归档保存。就国家教育部而言，它既是“档案的形成者”又是“文件的作者”；就北京市教育局而言，它是“文件的实际收受者”，而不是文件的作者。

（2）判定的对象是案卷时，要注意卷皮上往往标明了立档单位。

（3）没有标明作者或收文者的，要分析和考证。

（4）经几个立档单位办理，归入最后承办完毕的立档单位的全宗。

三、案卷排列

归档文件整理完毕装盒，或者立卷整理完毕，文件形成部门将整理好的文件归档移交给单位档案室后，文件就转化为档案。档案室需要对档案进一步整理，其中第一步就是案卷排列。案卷排列，就是将各类已经整理好的案卷，按照系统整理的要求，采用一定的方法，确定先后排列次序，并按此顺序编上号码的工作。案卷排列方法应与本单位归档文件分类方案一致，排架方法应避免频繁倒架。案卷排列的方法主要有以下两种：

1. 按机构（问题）排列

归档文件按年度—机构（问题）—保管期限分类的，库房排架时，每年形成的档案按机构（问题）序列依次上架，以便于实体管理。

2. 按保管期限排列

归档文件按年度—保管期限—机构（问题）分类的，库房排架时，每年形成的档案按保管期限依次上架，以便于档案移交进馆。

拓展阅读

案卷编号和案卷目录编制

对于立卷整理的档案，档案室还需要将排列好的案卷编号，并编制案卷目录。

一、案卷编号

案卷的排列顺序一旦确定，就应按顺序对每个案卷进行编号，以固定排列顺序。

二、案卷目录编制

1. 案卷目录的作用

一个全宗内的全部档案，经过系统排列后，应逐个将案卷登记到案卷目录上。案卷目录就是专门登记案卷某些特征的名册，其作用体现在：

（1）它可以固定全宗内档案的分类体系和案卷的排列顺序，体现了档案整理工作的成果；

（2）它是档案馆（室）必备的检索工具，案卷目录上概括介绍了档案的内容和成分，是人们了解和查找馆（室）藏档案的基本工具；

（3）它还是档案登记的基本形式，是对案卷进行统计和检查的重要依据。

2. 案卷目录编制方法

(1) 以年度为一级类目进行编制。以年度为单位编制案卷目录，即根据形成档案的数量多少，决定一年编一本还是几年合编一本目录，案卷编号也是以年度为单位，每年从一号目录开始编号。

如某立档单位以年度为单位编制的案卷目录：

	年度	问题	保管期限	案卷编号
一号目录	2015	党群类	永久	1～30
			30年	31～60
			10年	61～90
		行政类	永久	91～120
			30年	121～150
			10年	151～180
		…	…	…
二号目录	2016	党群类	永久	1～30
			30年	31～60
			10年	61～90
		行政类	永久	91～120
			30年	121～150
			10年	151～180
		…	…	…
三号目录	2017	(依次类推)		
	…		…	…

(2) 以组织机构或问题为一级类目进行编制。以机构或问题为单位编制案卷目录，有多少个内部机构或问题，就编制几本案卷目录。案卷的编号是以机构或问题为单位，每个机构或每个问题都必须从一号目录开始编号。

如某单位以机构为单位编制的案卷目录：

	机构	年度	保管期限	案卷编号
一号目录	办公室	2015	永久	1～30
			30年	31～60
			10年	61～90
		2016	永久	91～120
			30年	121～150
			10年	151～180
		2017	…	…
		…	…	…
二号目录	组织部	2015	永久	1～30
			30年	31～60

			10 年	61～90
		2016	永久	91～120
			30 年	121～150
			10 年	151～180
		2017	…	…
		…	…	…
三号目录	宣传部	（依次类推）		
	…	…	…	…

(3) 以保管期限为一级类目进行编制。将所有案卷按照所划定的永久、30 年和 10 年三种保管期限，编制三本案卷目录。同样，案卷是以三种保管期限为单位，分别从一号目录开始编号。

如：

	保管期限	年度	问题	案卷编号
一号目录	永久	2015	党群类	1～50
			业务类	51～100
			行政类	101～150
		2016	党群类	151～200
			业务类	201～250
			行政类	251～300
		2017	…	…
		…	…	…
二号目录	30 年	2015	党群类	1～50
			业务类	51～100
			行政类	101～150
		2016	党群类	151～200
			业务类	201～250
			行政类	251～300
		2017	…	…
		…	…	…
三号目录	10 年		（依次类推）	
	…	…	…	…

另外，还可以以密级、案卷的数量为一级类目编制案卷目录。为了便于案卷目录的管理和使用，如果某立档单位形成的档案数量较少，那么可以将若干年、若干类案卷合在一起，编制一个顺序号，形成一本目录。一本目录内的案卷数量一般控制在三位数之内，当某一本案卷目录内的案卷数量达到 900 多时，就可以考虑编制第二本。无论案卷目录选用哪种类型，无论编制几本，每本案卷目录都必须编一个案卷目录号，不能出现空号。如果只编一本综合目录，那么也要给这本目录编上“一号目录”。

案卷目录编制完毕后，应打印并复制一式数份，其中一份供日常使用，其余几份作备用。当档案室向档案馆移交档案时，必须将案卷目录同时移交。

3. 案卷目录的结构

案卷目录一般应包括以下几个部分：

（1）封面和扉页。主要项目有全宗号、档案馆（室）编案卷目录号、目录名称、保管期限、编制单位和编制年月等。根据《机关档案工作业务建设规范》的规定，案卷目录封面样式如图 4－1 所示。

目　录　名　称
(　　年和编制单位)
全宗号：　　　　　　　档案室编案卷目录号：
保管期限：　　　　　　档案馆编案卷目录号：

图 4－1　案卷目录封面样式

（2）目次。一般应写明目录内案卷分类排列顺序、类目的名称及起止页码，也可包括案卷的起止号。

（3）案卷目录表。这是案卷目录的主体，主要是将案卷封面上的主要内容以表格形式逐个登记。根据《机关档案工作业务建设规范》的规定，案卷目录表如表4－1所示。

表 4－1　　案卷目录表

案卷目录号		题　　名	年度	页数	期限	备注
档案室编	档案馆编					
2－03－0050	C001－01－00053	中共上海市委关于成立抗美援朝支前加工委员会的通知和支前加工委员会会议记录	19510627	33	永久	开放

具体登记的项目主要有以下一些。

①案卷号。依案卷编号顺序填入，用来固定案卷在案卷目录内的顺序。案卷的排列顺序应与编号顺序完全一致。案卷目录号一般分档案室编和档案馆编两栏，先由档案室填入

相应栏内，移交给档案馆后，案卷号如有改变则填入“档案馆编”栏内。

②案卷标题或案卷题名。案卷标题应与案卷封面上的标题完全一致，不得随意改动或缩减。案卷标题应由文件形成者、案卷基本内容及文种三部分组成。

③年度。该案卷内档案文件的起止年度。

④页数。卷内文件实际页数或件数。

⑤期限。该案卷的保管期限。

⑥备注。用以说明个别案卷需要说明的有关问题，如案卷内文件的质量情况，是否存在破损或霉变等，以及以后案卷的变化情况（如案卷的移出和卷内文件数量的增减与案卷的销毁等情况）。

(4) 备考表。一般附于案卷目录的最后。主要说明该目录的基本情况，如目录内案卷总数、目录的编制时间、编制者等。

案例 4－2

走近企事业单位档案馆——韶钢集团档案管理创新经验

近年来，随着经济全球化竞争日益加剧，企业信息化进程不断加快，企业档案管理的外部环境与内部条件发生了巨大的变化。为适应这种变化，许多企业档案部门和工作人员积极变革、努力创新，取得了巨大的成效和有益的经验。其中，韶关钢铁集团有限公司（简称韶钢）档案馆就是我国企业档案管理创新的一面旗帜、一个标杆。

一、韶钢档案馆简介

韶钢档案馆成立于1989年，是由单位的科技档案情报室发展而来。从2003年开始开展数字档案馆建设。目前，韶钢数字化档案馆的管理体系、架构基本上建立起来，直接服务于韶钢各项工作。韶钢数字档案馆运行正常，注册用户1 695个，平均每天浏览、下载200人次以上，单份数据达240G，电子文件103.7万个。同时，档案数字化工作优化了馆藏，促进了档案基础业务工作开展，到目前为止，有207 621卷档案，底图227 300张，已入档案馆库房的档案有10万多卷，已作数字化处理的档案有4万多卷，录入系统的文件条目数有80多万条。

经过几年努力，韶钢档案馆数字化建设积极适应现代企业档案管理发展趋势，实现了由实体管理逐渐转移到档案信息管理的转变，取得明显成绩，为档案管理上台阶，开发档案信息资源，为企业提供及时、有效的档案利用服务创造了良好条件。韶钢档案馆数字化建设创经济效益1 000多万元，被评为广东省管理现代化成果二等奖。

二、韶钢档案馆创新经验

（一）档案集中化管理

1. 归档制度的制定

韶钢档案馆在参照《国有企业文件材料归档办法》的基础上，制定了本企业的文件材料归档办法，编制了本企业的档案资源归档范围。在档案收集的同时，更多考虑如何提供更有效的档案资源利用手段。

2. 归档制度的实施

(1) 签订档案归档责任书。韶钢档案馆档案收集工作的特色之一就是签订档案归档责任书，即各部门负责人要承诺将部门归档范围的档案如数归档。这一做法以承诺的形式确保了档案收集的完整规范。

(2) 在线归档。通过档案管理系统实现实时在线归档，实现电子文件及相关信息的自动归档。档案管理系统给部门员工提供了一个非常方便的使用工具。

(3) 做好归档文件移交清册的扫描，什么档案已经归档一清二楚，有据可查，防止有些人故意刁难。

3. 信息资源整合

一个企业一定要做档案资源的整合，这是归档的必由之路。归档文件移交到档案馆后，根据档案资源的性质和发挥的作用，再来确定其管理方式。在实际工作中，打破原有企业的分类，如工程结算档案，本来应归入会计档案，但这样处理，不便于管理和利用，于是就单独归类来管理，所有字段的数据均来自财务系统，自动导入，要做的就是结算档案的扫描和挂接（其中挂接也属于批量挂接）。

韶钢档案资源管理平台包括以下几方面的内容：

(1) 档案资源管理系统（业务管理基本上在 c/s，查询及外部管理基本上在 b/s）；

(2) ERP 系统数据在线归档系统（也分 c/s 和 b/s）；

(3) 档案馆网站管理系统；

(4) 在线客服系统，实时在线提供服务；

(5) 问答系统（拟用于专家问答方面）；

(6) 业务文档跟踪管理系统（准备用于各业务部门管理业务文档，档案部门提供的增值服务）；

(7) 在建项目文件档案管理系统；

(8) 其他系统数据接口管理，如 OA 系统、招标管理系统、财务结算系统等。

（二）档案数字化管理

韶钢档案数字化建设分三个阶段：

第一阶段是 2001 年至 2006 年 2 月：纸质档案的数字化管理。2001 年，韶钢起步建设档案管理系统，购置相应硬件设备进行档案数字化建设，整合分散在各单位管理的档案。

第二阶段是 2006 年 3 月至 2008 年 6 月：改革档案管理模式。经公司同意，韶钢档案工作实现集中统一管理，机构集中，人员集中，档案实体集中，档案资源共享等。

第三阶段是 2008 年 7 月至今：搭建管理平台，资源大集中。2008 年 7 月，公司同意立项建设“建立在线归档管理基础平台项目”和“ERP 系统、综合统计数据归档模块项目”，建立档案资源管理平台，实现公司所有档案资源集中归档管理。

目前馆藏资源，除 1999 年前的文书档案及会计档案外，其他都已完成数字化，可提供网络查询。

（三）档案的知识化管理

把档案作为韶钢的重要知识资源来管理。韶钢的知识资源管理具有两大特点：

1. 档案馆发挥主导作用

档案馆先于公司信息部（负责信息技术与信息设施）、技术研究中心（负责图书情报工作）提出知识管理的愿望与构想；而且档案馆在实施知识资源管理全过程中，始终处于核心地位，发挥主导作用。

2. 档案的情报价值得以提升

虽然至今韶钢没有开发和运行专门的“知识资源管理系统”，但它在充分利用原有档案信息管理系统与档案信息网站的基础上，通过升级、改造，成功地引入了知识管理理念，增加了知识管理功能。尤其是档案馆对知识服务、档案利用的关注与强调，真正提升了档案管理的价值。

韶钢档案管理实现了公司档案的集中统一管理，降低了管理成本，提高了管理效率，赢得了员工的认同；因档案管理完善，降低了公司运营的风险，并在一定程度上丰富了企业文化；同时，档案部门直接参与公司主要的运营、基建技改等工作，有力地推进和完善各项工作，使公司利益最大化。

（资料来源：http：//eakmrc. hubu. edu. cn/newscontent. aspx?articleid=1082）

思考与实训

1. 简述档案收集工作的内容。
2. 档案馆对现行单位档案的接收方法有哪些？
3. 简述全宗的概念及含义。
4. 全宗的补充形式有哪些？
5. 立档单位的构成条件有哪些？
6. 阅读下面的材料，然后回答提出的问题。

中国物资储运××公司组织人员开发研制的“吊车、矿车二功能安全定位器”（以下简称“定位器”），经公司组织现场应用试制鉴定成功。但该公司不重视档案尤其是科研档案的管理，使该项成果长期存放在项目设计人刘××个人手中。2015 年 4 月 16 日，刘××采取偷梁换柱的手法，以其爱人隋××个人的名义向国家专利局申报，获得了“定位器”的专利。这起专利侵权行为，使公司蒙受了很大损失。后经市中级人民法院裁决，该公司获得了“定位器”的专利权，但教训非常深刻。

（1）从档案收集的角度，分析一下造成公司损失的主要原因。

（2）请问公司如何避免类似问题再次出现？

第五章
档案的鉴定与保管

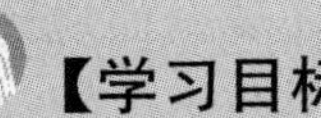

【学习目标】

了解档案鉴定的原则、内容和方法；掌握档案鉴定的步骤；了解档案保管工作的任务、基本要求和原则；掌握档案保管工作的程序步骤。

【关键词点击】

档案鉴定　档案价值　档案保管期限表　库房管理

档案的鉴定和保管工作是档案管理工作的重要组成部分。通过对档案价值的鉴定，可以全面考察档案对本单位、对社会的现实作用和历史作用，从而决定档案的存毁，保证入库的档案既完整又精练，确保档案的质量。通过对档案的保管，能维护档案历史面貌的完整齐全；通过使用先进的科学技术能修补、修复受损的档案，从而最大限度地延长档案的寿命，便于档案的开发利用。

第一节　档案的鉴定

档案鉴定包括对档案真伪的辨别以及对其价值的鉴定；在日常的档案业务工作中侧重指档案价值的鉴定，即通过鉴定判别档案价值，从而挑选有价值的档案予以妥善保存管理，并在一定时间内按照档案价值的大小决定档案的去留存毁。

一、档案鉴定的原则和标准

（一）档案鉴定的原则

一般而言，档案的鉴定包括三方面的内容：一是制定鉴定档案价值的相关标准，例如档案保管期限表等；二是具体判断档案价值，根据其价值大小来决定保管期限；三是对无价值的档案要予以销毁或作相应处理。制定鉴定档案的原则和标准是前提，如果没有明确的原则标准，就会造成档案鉴定的失误和错谬。档案的价值是由它的现实作用和历史作用决定的，具体至一份档案的保存价值，则是由档案自身的特点及其所能发挥的作用（即社会需求）决定的。档案鉴定指对档案实体是否或将起到什么样的作用，以及起作用的期限作出客观科学、全面长远的判断，从而决定档案是否需要（继续）保存。正因为如此，在制定档案鉴定原则的时候就要充分考虑到相关因素。

档案鉴定的原则是：必须从党和国家、人民的整体利益出发，用全面的、历史的、发展的、效益的观点进行鉴定，这四个观点互相联系、辩证统一。

（1）全面的观点：就是把档案的自身特点和社会需求结合起来，全面地评价档案的价值，全面地分析档案之间的各种联系，不能孤立简单地进行判断，最后还要全面地预测社会对档案的利用需求。

（2）历史的观点：牢牢把握好“档案是历史记录”的观点，将判断分析档案的操作与当时的历史状况密切联系起来，并结合现实需要考虑档案价值。

（3）发展的观点：密切关注社会发展的动态，注意用发展的眼光判断、鉴定档案的价值，预测其将来的作用。档案价值并非一成不变，其社会需求会随着形势和时代的发展而变化，要做到“鉴古以知今”，就必须具备发展的眼光，将档案的目前作用和将来需求结合起来。

（4）效益的观点：在对档案价值进行分析鉴定时，充分考虑到收益与付出（成本）比。鉴定档案价值的目的是更好地利用档案，发挥档案的应有作用，但这种利用的前提是科学合理的投入。档案保存是一项大工程，需要大量的资金投入。如果只为了鉴定工作而不顾投入的成本，就会影响到档案鉴定的整个系统工程，会导致大量不具备保存价值的档案继续保留，甚至可能使真正有保留价值的档案被忽略湮没，无法真正发挥档案的作用。

（二）档案鉴定的标准

没有明确的鉴定档案价值的标准，就无法帮助我们准确判断档案的价值和作用，更无法确保档案鉴定结论的可靠性和科学性。档案价值鉴定标准主要包括档案来源标准、档案内容标准、档案形式特征标准和相对价值标准。

1. 档案来源标准

档案的来源就是指档案的形成者，即文件是从哪里产生的。如果档案来源不明，就难以判断其作用和价值。在同一机关，既有本机关形成的文件，也有外单位发来的文件。一般而言，本单位形成的文件价值较大，是保存的重点；而外单位发来的文件，相对而言没有那么重要。在具体操作时，也要看实际情况，如果外单位来文与本单位工作密切相关，甚至是属于本单位主办、承办的工作，就必须将档案材料与本机关的主要职能活动和任务联系起来，准确把握文件的价值，从而做好档案的鉴定与保存工作。总而言之，本单位形成的档案价值大于外单位发送的文书；属于本单位职能范围内主管业务工作以及需要贯彻执行的文件价值大于非本单位主管业务、常规性、参考性的文件价值；本单位综合部门和机构形成的文件价值大于一般行政事务机构、后勤机构及辅助性机构制发的文件价值。

2. 档案内容标准

档案的内容在档案价值鉴定中起着关键的甚至是决定性的作用。因为档案价值在很大程度上取决于人们的需要和利用，档案的内容是决定档案价值最基本、最重要的因素。对于档案内容可从以下几个方面来考虑。

（1）重要性。凡是政策性、时事性较强的，如党的方针政策、重大事件活动以及反映本单位主要业务的活动等，均比非政策性、非主要职能和业务的工作更重要。

（2）独特性。档案是社会活动和各项工作的原始记录，其内容是独一无二的，充分反映着本单位或部门的工作特色，并为档案鉴定和利用提供极大帮助。

（3）时效性。档案的时效性也对档案价值产生直接影响。如协议、契约、合同等具备法权性的文件是与有效期紧密相连的，一旦超过有效期，其价值和法律作用将降低甚至失却。因此，在进行档案价值鉴定时必须具体分析每份档案的时效性对其价值产生的影响。

此外，档案内容的真实性、完备性等也常常被列为考察对象。

3. 档案形式特征标准

档案的形式特征包括档案名称、文书形成时间、文本以及外形特征等。

（1）档案名称。从档案名称我们就可以判断其性能、用途，从而比较客观准确地把握其价值。如命令、决定、决议、条例、纪要、报告等，往往反映了方针政策、重要事件和主要业务工作情况，这就要比一般性的通知、简报、来往函件等重要。当然，由于文件名称在使用方法上不统一，仅仅看名称还不足以完全掌握其价值实质，因此还要结合文书的内容，看其具体撰写背景和作用，方能作出全面评价。

（2）文书形成时间。文书形成时间是历史的标志。任何历史时期形成的档案均有其特殊的保存价值，尤其是一些重要的历史时期，其形成的档案往往具有重大价值。“物以稀为贵”，一般而言，档案产生的时间越早，保存得越少，其价值也就越大，在鉴定此类档案时务必遵从从宽原则。

（3）文本。同一份文书，在撰制、印刷过程中会形成不同稿本，如正本、副本、复印本等，不同的稿本在权威性和执行效力等方面是有区别的，因而价值也有所不同。例如正本，有机关的印章或领导的签署，具有法律效力，起到凭证作用，其价值就大；而诸如副本、复印件等，只能作为参考或历史记录之用，价值相对就小些。

（4）外形特征。主要是指文书的制成材料、笔迹、书写方法、图案以及标记等，这些均对档案价值产生影响。如某些文件因有名人签名、题词、批注而具有艺术价值和收藏价值甚至研究价值。

4. 相对价值标准

在正常情况下，上述三个标准对于判断档案价值是准确有效的，但从我国档案管理体制和档案工作原则出发，实际上还有一种被鉴定档案与其他档案相比较而存在的价值，即相对价值。相对价值所体现出的规律是：在全宗和全宗群内档案保存比较完整的情况下，各种类型文件的价值基本正常，其中有些文件的保存价值相对降低；在保存不完整的条件下，残存档案的保存价值相对提高，其中有些本来不重要的文件也提升了价值层次。例如，有些文件的内容虽反映了重大问题，但只是点滴情况，而另外已有其他重要的文件更全面详细地反映了这一情况，则反映点滴情况的文件价值可能就不大了；反之，当反映同一问题的主要文件已不存在时，反映点滴情况的次要文件也就可能有重要价值了。也就是说，全宗群或全宗内档案遭受损失越大，档案保存得越少，其残存的档案的相对价值就越高。

知识链接5-1　档案的价值判断

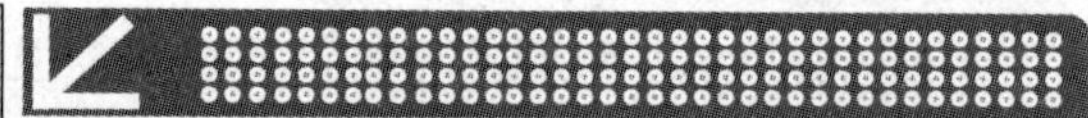

在鉴定工作中可依据三个方面的情况判断档案的相对价值：(1) 所存档案的完整程度。如果一个机关保存的档案比较完整，可正常判断档案的价值；反之，如果该机关保存的档案不完整，那么判断价值时可酌情放宽，相对延长某些档案的保管期限。(2) 档案内容的可替代程度。如果一份文件的内容已被其他更重要的文件包容，那么这份文件的价值可从严判定；反之，如果一份文件独立地反映了一个方面的问题，别无其他材料，那么这份文件的价值就相对提高。(3) 各全宗之间档案的重复性。应向档案馆移交档案的各机关中产生和保存了一些相同的文件，如普发文件、转发文件、联合制发的文件等，对于此类文件要从避免馆内文件重复、保证馆藏质量等因素出发，根据国家有关规定和档案馆的相关要求确定其保管期限。不需要向档案馆移交的机关可主要根据本机关的需要，按照国家有关规定来确定档案的保管期限。

（三）档案保管期限表

在档案鉴定工作中，党和国家及各级档案行政管理机构或机关单位，通常会根据鉴定档案价值的原则制定指导性的文件。档案保管期限表就是其中的一种形式。档案保管期限表指的是用表册的形式列举档案的来源、内容和形式，并指明其保管期限的指导性、标准性文件。

编制档案保管期限表有利于人们在档案鉴定工作中统一认识和标准，确保鉴定质量，提高工作效率，防止错误地销毁档案，使档案工作和文件整理规范化。

档案保管期限表主要有以下几种类型。

一是通用档案保管期限表。通用档案保管期限表是由国家档案行政机关编制的，供全国各机关、团体、企事业单位鉴定档案时使用的档案保管期限表，也称作标准的档案保管期限表。如国家档案局2006年发布的《机关文件材料归档范围和文书档案保管期限规定》和2012年发布的《企业文件材料归档范围和档案保管期限规定》就属于通用保管期限表。它有两个特点：其一，确定全国各机关、团体、企事业单位档案材料保管期限的标准，具有通用性；其二，作为制定其他各种类型档案保管期限表的依据。各系统、各单位在根据本身实际情况制定详细的保管期限表时，必须与通用档案保管期限表的精神保持一致，尤其在确定档案保管期限时，只能延长，不能缩短。

二是专门档案保管期限表。专门档案保管期限表是由国家档案行政管理部门会同有关专业主管部门编制的，供全国各机关、团体、企事业单位鉴定专门档案时使用的档案保管期限表。例如，由国家档案局和财政部共同颁发、作为国家财政税收机关和使用国家预算的各级单位鉴定预算会计档案的统一标准的《预算会计档案保管期限表》，就属于专门档案保管期限表。

三是同系统档案保管期限表。同系统档案保管期限表是由某系统的主管机关编制的，供同一系统内各单位鉴定档案价值时使用的保管期限表。例如《××市卫生系统档案保管期限表》，就属于同系统档案保管期限表。

四是同类型单位档案保管期限表。同类型单位档案保管期限表是由档案行政管理部门或主管领导机关编制的，供同一类型的单位鉴定档案价值时使用的依据和标准。例如《××市各中学档案保管期限表》，就属于同类型单位档案保管期限表。

五是本单位档案保管期限表。本单位档案保管期限表是各机关根据本单位档案的具体情况编制的，专供本机关鉴定档案时使用的档案保管期限表，是供本单位划分档案保管期限的标准性文件。它几乎包括了一个机关（或学校、工厂等）在工作活动中可能形成的所有文件及其保管期限。每一个单位都应该编有这种保管期限表。为使用方便，可将它与本单位平时归卷使用的立卷类目结合起来，在案卷类目的每一条款下注明保管期限。这种保管期限表应经本单位领导批准后使用，并报上级主管单位或同级档案行政管理部门备案。

以上所列举的各种类型的档案保管期限表，相互之间有一定的关系。标准的档案保管期限表是其他四种的依据，具有指导意义；本单位档案保管期限表在编制过程中，必须以标准的和上级单位颁发的各种通用档案保管期限表为依据。

小贴士

在实践中，档案保管期限表往往与归档范围合为一份文件。2006 年 9 月 19 日国家档案局审议通过的《机关文件材料归档范围和文书档案保管期限规定》（国家档案局 8 号令）就是一例。

档案保管期限表的结构，包括了条款、条款顺序号、保管期限、附注以及说明等部分。这是档案保管期限表的一般结构，其中条款与保管期限是最基本的项目，任何保管期限表都必须有。其余项目可以根据保管期限表的特点和实际需要增加或减少。

1. 条款

条款是一组类型相同的文件的名称或标题。拟制条款一般要求能反映出一组文件的来源、内容和形式，并且要求文字简明确切。在列举一组文件的来源、内容和形式时，可以指出具体的作者、问题和种类；也可以概括地指出其类型，如“上级文件”“会议文件”“领导性文件”“报表”等，必要时还可指明文件的用途（如“执行”“备案”“参考”等）以及可靠程度（如“草稿”“定稿”“正本”“副本”等）。每一条款应代表一组有内在联系的价值相同的文件。有时为了使条款简洁醒目，也可以将价值不同而有联系的一组文件写成一个条款，在条款下面分别指出其不同的保管期限。

2. 条款顺序号

档案保管期限表的各条款经过系统排列后，需要在各条款的前面编上统一的顺序号。编顺序号，是为了体现条款之间的逻辑关系，固定条款的排列位置，作为鉴定工作人员使用保管期限表时引用条款的代号。因此，条款必须从头到尾，统一编流水号，不能有重号、空号；有时候会视实际情况编写二级甚至三级编号。

3. 保管期限

保管期限就是在每一条款之后，根据鉴定档案价值原则，指出该组文件应该保存的年限。确定保管期限，是编制档案保管期限表最核心、最根本的问题。以往档案的保管期限一般分为永久、长期、短期三种。2006 年国家档案局发布施行的《机关文件材料归档范围和文书档案保管期限规定》（国家档案局 8 号令）第六条规定，机关文书档案的保管期限定为永久和定期两种，定期一般分为 30 年、10 年。目前各机关文书档案保管均按照此新规定执行。

永久保存，指凡是反映本机关单位主要职能活动和基本历史面貌的，对本单位、本地区和国家的建设以及历史研究有长远利用价值的档案，要尽可能无限期地长远保存下去。列为永久保存的档案主要包括两部分：一部分是本机关制成的重要文件，如本单位制定的属于法规政策性的文件，处理重要问题形成的文件材料，重要会议的主要文件材料，重要的请示、报告、总结、机构变革、领导人任免的文件材料等；另一部分是直属上级机关颁发的属于本机关主管业务并要贯彻执行的重要文件，非直属上级机关颁发的针对本机关主管业务并要贯彻执行的重要文件材料，以及某些下级机关报送的关于重大问题的文件材料。

知识链接5-2　档案的分等级管理

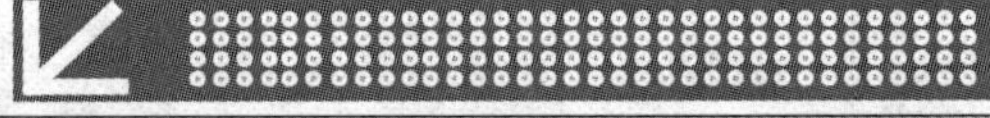

1999 年修订后的《中华人民共和国档案法实施办法》第三条规定："各级国家档案馆馆藏的永久档案分一、二、三级管理，分级的具体标准和管理办法由国家档案局制定。"这一规定对促进我国档案的安全保管具有重要意义。

列为定期保存的档案，通常是反映本机关一般工作活动的，不具有广泛社会意义和历史意义，而属于本机关在较长时间内进行机关工作时需要查考的文件材料。其中包括两部分：一部分是本机关制成的关于一般工作问题和一般事务性问题的文件材料；另一部分是直属上级机关颁发的属于本机关主管业务并需要贯彻执行的一般文件材料，下级机关报送的一般工作总结、报告和统计报表等文件材料。

所有被列为定期保存的档案，保管期满后都要进行复查和重新鉴定。如果仍要继续保存，则应保存下去，根据实际情况再转为永久保存或确定定期保管期限；反之则可进行销毁工作。

某些专门档案在保管期限上另有规定，要按照国家档案行政管理部门和专业主管机关共同商定的规定执行。

案例 5－1

通用文书档案保管期限表主体部分示例

1 本级党的代表大会、人民代表大会、政治协商会议，工会、共青团、妇联代表大会的文件材料

1.1 请示、批复、通知、名单、议程、报告、领导人讲话、选举结果、讨论通过的文件、决议、纪要、公报、主席团会议记录等文件材料　永久

1.2 大会发言，人大代表建议和意见、人大议案及答复，政协委员提案及办理结果，简报，快报　永久

1.3 重要的贺信、贺电，筹备工作、选举过程中形成的文件，小组会议记录、会议服务机构的计划、总结等文件材料　30 年

1.4 讨论未通过的文件　10 年

…………

4. 附注

附注亦称注释，是指在条款之下，对某些条款及其保管期限所作的必要注释和说明。例如，条款中“主要文件材料”指哪些材料，“重要的”是何含义，“一般的”指什么等。又如，一些合同、协议书、借据的保管期限，往往需要从有效期满后算起，此时就可在保管期限后面注明“失效后”字样。

5. 说明

说明是指对档案保管期限表所作的总说明。一般应向使用者和有关人员指出保管期限表的使用范围，制定保管期限表的依据、指导思想以及本表的结构、保管期限的计算方法、各条款的排列规律和其他有关事项等，最后还要说明编制的时间、编制人员等有关问题。说明一般列于档案保管期限表的开头，也可置于表后。

编制档案保管期限表一般包括三个阶段：第一个是调查分析，充分了解本单位的工作目标、工作性质、社会作用、生产和工作的基本流程，以及本单位档案的主要来源、基本内容和主要类型的准备阶段；第二个是分类、排列，撰拟起草阶段；第三个是分送到本单位有关领导、部门及其工作人员处广泛征求意见，再进行修改完善，由主管领导审核，并以文件形式予以发行使用的阶段。

二、现行单位档案鉴定工作的组织

档案鉴定工作必须有组织、有领导、有步骤地进行。按照《机关档案工作条例》和《档案馆工作通则》规定，现行的立档单位里，档案价值鉴定工作是由档案室会同文书部门和业务部门进行的。鉴定小组一般由办公厅（室）领导人、档案人员和业务人员组成。

（一）基本工作方法

鉴定档案价值的基本工作方法，就是直接、具体地审查档案，通常称为直接鉴定法。

直接鉴定法要求档案鉴定人员逐件审查档案材料，从它的内容、责任者、名称、可靠程度等方面，全面考查分析确定其价值，而非仅凭文件题名、卷内文件目录、案卷目录等判断档案的价值。一般而言，题名和目录应该正确反映文件或案卷的内容和成分，但有的文件题名、文种使用不当，有的案卷内容比较复杂，而组卷不够合理，在这些情况下，题名和目录就不能正确揭示文件或案卷的内容和成分，若据此去判定文件价值，就可能产生错误。因此，为了保证鉴定工作的质量，必须直接审查档案材料。

（二）现行单位的档案鉴定步骤

一个立档单位的档案鉴定工作通常包含以下几个程序。

一是确定归档文件的范围，同时剔除部分没有保存价值的文件，由文书部门或者业务主管部门保存一两年后销毁。至于归档文件和不归档文件的范围，国家档案局作出了明确规定，各单位可以结合实际情况，具体制定合适的归档范围。

二是确定归档文件的保管期限。先在每年的立卷类目中预定每份文件的保管期限，并归入相应的卷夹中，到正式归卷时再以卷为单位确定其保管期限。

三是对保管期限已满的档案进行复审。这里有两种情况：一种是移交复审，即在档案移交过程中，由本机关档案人员和档案馆接收人员一起对要移交的档案中已满保管期限的档案进行鉴定。另一种是到期复审，即对保管期限已满的档案进行重新鉴定，以防出现失误遗漏。例如永久保存档案的复审通常就是在向档案馆移交档案时进行，而定期保存档案的复审则在保管期满时进行。

三、档案的销毁

经过档案鉴定，有部分档案已经不具备继续保存的条件和价值，这时就需要对其进行销毁。《中华人民共和国档案法》第十五条规定："鉴定档案保存价值的原则、保管期限的标准以及销毁档案的程序和办法，由国家档案行政管理部门制定。禁止擅自销毁档案。"档案销毁是一项既严肃又细致的工作，决定着档案的"生死存亡"，必须抱着非常谨慎的态度，按照严格的程序进行。具体程序如下。

（一）编制档案销毁清册

档案销毁清册是销毁档案的登记表，内容包含了销毁档案的名称、来源、保管期限以及销毁的理由、销毁时间和审批人。编制档案销毁清册，既方便呈送上级领导审批，又能供本单位日后备查。根据档案销毁清册就可以快捷准确地找到档案的去向和详细了解档案的销毁情况。档案销毁清册一般以全宗为单位来编制，每一清册至少应一式两份，一份留档案馆（室），一份送有关领导审查批准。如果要报档案行政机关备案，则需一式三份。

（二）附上简要说明

为了使负责领导掌握了解必要情况，在送审档案销毁清册的同时，还要附上本立档单位和全宗的简要说明。立档单位说明内容包括：立档单位的成立、内部机构设置、工作职能以及撤销的简要历史。至于全宗的简要介绍，则包括其档案的形成、保管、完整程度和现存档案的主要成分，最后还需附上本次鉴定工作的简要介绍。

（三）经审批后销毁

将档案销毁清册和立档单位、全宗简要说明送交上级档案行政管理部门予以审查批准，必要时还要附上一份具体陈述销毁理由的档案销毁报告，介绍销毁档案的情况。经审批同意后就可以进行销毁了。需要特别注意的是，销毁绝不能随意、无序，一定要到指定的销毁地点，指派专人销毁和监销。在履行了登记和批准手续，确认销毁档案与销毁清册登记内容均核对无误后，方可进行销毁。为了保密，档案必须打成纸浆或焚毁，不准出卖或作他用。销毁时必须有档案人员在现场监督，等档案确已销毁后，销毁人和监销人应在销毁清册上签字并注明“已销毁”字样和销毁日期。需要销毁的档案一般来说不宜马上进行处理。为防止有价值档案的误毁，可以将之“缓期执行”，存放上一段时间，经过观察确认无价值后再予以销毁。另外，经审核，清册上不准销毁的档案，仍要继续保存，并在清册上进行详细注明。

第二节　档案的保管

档案是历史记录，但同时其载体又表现为物质形态。随着社会的发展和时间的推移，一方面，档案的数量和成分在日益增加和不断丰富；另一方面，按照物质从生存到灭亡的发展规律，档案又处在不断磨损毁坏的过程中。对于不断形成和增加的档案，可以通过加强档案的收集工作来解决；而人们长久利用的需要和档案的不断毁损之间产生的矛盾，则要通过加强档案的保管工作来解决。

一、档案保管概述

（一）档案保管工作的含义及内容

《中华人民共和国档案法》第三条规定：“一切国家机关、武装力量、政党、社会团体、企业事业单位和公民都有保护档案的义务。”档案的保管，是指根据档案的成分和状况，采取一定的技术手段和管理模式对档案进行科学有效的管理和维护修补，以期尽可能使档案完整齐全，以及最大限度地延长档案的寿命。档案的保管工作，从广义上来说是泛指档案保管的系列工作，包括了解掌握档案损坏的规律、选择或者创造利于档案保管的环境、掌握并研发各项档案保护和修补的科学技术等。而狭义上所指的档案保管工作，则是指档案的日常管理工作。

档案保管工作包括：档案库房的日常管理工作；档案在流动过程中的保护和防护；为保护档案而采取的专门措施，即为延长档案寿命而采取诸如复制、修补等专门技术。这三项工作根据实际情况或单独组织或同时结合来进行，目的都是为了更好地保管、保护和修复档案。

（二）档案保管工作的意义

目前在档案保管工作中有许多问题亟待解决，无论在维护历史面貌的完整性还是在便于档案的开发利用上，档案保管工作都具有重大意义。

1. 档案保管影响整个档案工作的好坏和质量高低

档案保管工作质量的高低，对档案管理水平具有重大影响，甚至在某种程度上起着决定性作用。档案工作是以档案为物质基础和工作对象的，档案保管是档案工作最基础、最根本的前提。如果保管工作做不好，不能有效地保管好档案或者延长档案的寿命，甚至导致档案的损毁，那么档案工作就失去了最基本的物质基础，更遑论社会对档案的利用了。同样，如果档案保管杂乱无章、混乱无序，则会影响整个档案工作的程序和环节。

2. 档案保管工作有利于档案的有效开发

要开发利用档案，前提是保管好档案材料，使之不受损毁并延长其寿命。在各种类的科学研究中，很多研究者往往苦于找不到第一手材料而使研究工作无法深入，特别是对古代历史的研究，因为年代久远、历史文献稀缺或者模糊，后人的研究存在很大障碍。从这个意义来说，只有切实做好档案保护工作，才能有效地开发利用档案，为社会和广大人民提供服务。

（三）影响档案寿命的因素

影响档案寿命的因素包括内因和外因两个方面。内因即档案本身，指档案制成材料的性能及其耐久性，诸如纸张、胶片、磁带、墨水、油墨材料等载体材料和记录材料，这些制成材料的运动变化和耐久性因素等直接影响档案的寿命。一般来说，档案制成材料质量好，耐久性就好，档案寿命就长。档案本身的变化能够十分清楚地反映档案制成材料的质量情况。档案工作者应掌握其中的规律，根据其变化对档案保管采取有效措施、改善保护条件、修复破损档案。

属于外因的因素有很多，可以概括为两个方面。

一是人为的损坏。比如政治斗争等原因，使得某些档案文件被有意识地破坏而导致历史时期或事件无法完整真实地记载下来；或是档案保管工作人员疏忽大意、玩忽职守，或因他们缺乏档案学基本常识而导致档案丢失、损坏和档案系统的混乱；再者是在日常管理和使用过程中，管理的不善或保护不当、使用不善，导致档案材料过早老化和磨损。

二是自然因素造成的损坏。自然的损害主要表现为由于火、光、水、尘、虫、霉等因素的作用而使档案受损。

火：档案库房多为易燃物，一旦发生火灾，后果不堪设想。档案库房着火不能用水或干粉来扑灭火，只能用灭火气体，否则会加快档案的损坏。火不仅会烧毁档案，还可能造成其他危害。例如，大量的烟灰覆盖在档案表面，产生的污斑会遮盖字迹；燃烧物释放出的大量酸性有害气体，借火的高温，会使纸张发硬，耐折度下降；救火时如果用水，会使档案变形，字迹褪色，甚至完全消失，档案被水浸泡后还会成为互相粘连的“档案砖”。

光：光对档案文件的破坏作用很大，尤其是太阳光中的紫外线。实践证明，各种纤维素的机械强度，经阳光照射后，都会降低。一般情况下，空气中的氧对纤维素的氧化很缓慢，但如果加入光的照射，纤维素的氧化速度就会大大加快，这就是光氧化反应。光能加速纸张的氧化反应，使之变成易断的氧化物；光使纸张纤维素长链断裂、发脆和破损；光会加剧有机颜料字迹的褪色。阳光、灯光等光源所含的（紫外线）能量很强，会破坏纸张档案载体的结构，使得纸张、塑料等载体机械强度下降。另外，纸质档案被水浸湿后，绝对不能放在阳光下曝晒，否则，光、热、湿、高温的综合影响会使得纸张迅速发黄变脆并起皱。这时，应该将档案放置在阴凉干燥的地方慢慢晾干，或者使用鼓风机加快其干燥速度。

水：水能浸泡并损坏档案。当然我们这里所说的水侧重指库房里的相对湿度，即在特定湿度下空气中的水分子含量。如果相对湿度过大，就会使档案中耐水性差的字迹发生扩散现象，因此要注意预防档案受潮。另外，过多的水分也会使档案容易生霉、生虫。

尘：灰尘是一种固体杂质，不仅污染档案，而且会增加吸水性，使纸张发霉。随着纸张的翻阅移动，灰尘颗粒对纸张的摩擦会增加，导致纸张和字迹损坏。另外，灰尘还会夹杂一些酸碱类有害物质，也会对档案造成损坏。

虫：档案的害虫种类很多，几乎所有害虫都会对档案造成损坏，而且这种损坏是巨大的。目前在档案库房中发现的害虫有三十余种，隶属于 6 目 13 科。这些害虫轻则将档案蛀出小洞，重则把档案变成碎片，使之失去利用价值。档案库房中有较为丰富的蛀虫食物（如淀粉、植物纤维、蛋白质），环境气候比外界相对稳定，温湿度变化缓慢，适合害虫生长，因此防虫是一项重大的工作。

霉：这里指的是真菌。真菌对档案的影响有三方面：一是真菌所产生的有机酸会使档案载体腐烂；二是真菌所产生的色素会导致档案变色，使字迹污损；三是真菌分解出水解纤维素的酶，会毁掉纸张纤维。

除以上因素外，还有诸如磁场、鼠害等，都需要采取有效措施予以防范，以保护档案。

二、档案保管工作的任务和基本原则

由于时间的推移和各种因素的影响，档案在管理和利用中不可避免地会发生老化。档案保管工作的任务，就是针对各类人为因素和自然因素，采取有效措施和技术，最大限度地防止和减少档案的损毁，尽可能地延长档案的寿命。

维护档案的完整与安全，既是整个档案工作中必须始终遵循的基本要求，也是档案工作各项业务环节的共同任务。从一定意义上讲，维护档案的完整与安全，更是档案保管工作的中心任务，这是因为档案保管工作这个环节，是实现维护完整、安全的重点环节和主要手段。从实质上来讲，档案保管工作也是人们与一切可能损毁档案的社会的、自然的因素作斗争的工作过程。

（一）档案保管工作的任务

1. 防止档案的损坏

这是档案保管工作中最主要的一项任务。从总体来看，档案的损坏是不可避免的，但我们要了解和掌握档案损坏的原因和规律，通过经常性的具体工作，采取专门的技术措施和方法，最大限度地消除各种可能损坏档案的不利因素的影响，从而把档案的自然损坏率降低和控制在最小范围内。

2. 延长档案的寿命

这是档案保管工作的总体目标。防止档案损坏只是手段，延长档案的寿命才是目的。档案保管工作不仅仅在于一味地防止档案的自然损坏，还要从根本上采取更积极的措施，尽可能地延长档案的寿命，或者说，尽可能地延缓档案被自然损坏的时间。所有保护措施和技术手段都应该围绕延长档案的寿命展开。在档案保护工作中，也曾出现过为了解决某一种危害，对档案进行处理，却出现了对档案造成新的伤害的结果，这就有违延长档案寿命的要求。

3. 维护档案的安全

这是档案保管工作的重要任务所在。维护档案的安全，一方面是指档案作为一种物质存在的形态，必须最大限度地使其安全存在下去；另一方面是指档案作为一种社会现象，不至因为保管的不当或条件的低劣丢失而发生泄密现象，造成政治上的不安全。

（二）档案保管工作的基本原则

“以防为主、防治结合”是档案保管工作的基本原则。“防”，就是要预防档案的损坏和丢失，防止人为或自然因素对档案的污染和损毁，如防盗窃、防破坏、防火、防尘、防潮、防鼠、防虫、防光等措施；“治”，就是对已经损坏的档案进行治理，对破损的档案进行复制和修补，如灭虫、灭鼠、恢复字迹、恢复纸张的机械强度等补救和修复措施。“治”的技术包括：修复技术——如档案的去污技术、去酸技术、档案字迹的恢复技术、档案修裱技术等，对已经损坏的档案进行处理，尽量使其恢复历史面貌，增强原件的耐久性；复制技术——档案利用服务中，可以用档案复制件代替原件使用，有效减少原件的磨损，也可以将档案内容转移到质量和性能较好的载体上，这样就能很好地保证档案内容不受损坏。

在“防”和“治”两个方面中，“防”是档案保管工作中的根本问题，是问题的主导方面。对于档案文件来说，“未损先防”才是积极的治本方法。但只“防”不“治”也不行，档案文件遭到破坏后，不“治”就不能挽回损失。抓好“治”对“防”也有促进作用。因此，在保管工作中，应该贯彻“以防为主、防治结合”的原则，这样才能切实维护好档案的完整和安全。

想一想

秘书人员在日常文档工作中应如何贯彻“以防为主、防治结合”的原则？

三、档案库房的管理

档案库房的日常管理工作是档案管理工作的主要内容和基础。只有做好这一工作，才能为整个档案工作顺利进行创造必要条件。档案库房管理包括档案库房选址与编号、档案装具的排放和编号、档案存放等工作。

（一）档案库房

档案库房是保管档案的最基本的物质条件，各级各类档案馆（室）必须有适宜的保管档案的库房。中小型档案室一般不单独兴建档案库房，档案库房一般附设在单位办公大楼内。在办公大楼内选择库房，必须注意以下几个基本问题。

（1）库房必须专用，并与档案人员办公室或生活区分开。

（2）档案库房必须坚固，库房门窗要有较好的密封性，最好是双层窗。应当对门窗采取加固措施，符合防盗、防尘、防虫、防有害气体的要求。

（3）库房应远离水源、火源和污染源，以符合防火、防水、防潮等基本要求。因此，库房一般不宜选择地下室或顶层，不宜靠近盥洗室和锅炉房，也不宜设在大楼东、西侧，以防阳光直射。

档案库房除了存放大量纸质档案外，还有相当数量的新型载体档案。由于这些特殊载体档案的保管条件要求与传统档案有一定区别，因此，为了长远保存起见，在分配库房时，还要考虑设置存放特殊载体档案的专用库房，如专门存放缩微胶片的母片库房、声像档案库房、珍藏档案库房等。

为了便于库房的管理，档案数量较大的单位应将各个库房进行统一编号。库房的编号有两种方法：一是对所有的库房编统一的顺序号，编顺序号适用于库房较少的档案馆（室）；二是根据库房方位和特征进行编号，如“东一楼”“南五楼”“红三楼”等。

库房的每个房间也要根据实际情况进行编号。如系楼房，就应自下而上编层号；每一层房间应从入口开始，从左向右编房间号。

小贴士

并不是所有现行的立档单位都需要进行库房编号，如果单位档案数量不多，则只需要做好后面的管理即可。

（二）档案装具

档案装具是指直接存放档案的架、柜、箱等设备，是档案库房内的主要设备，也是存放和保护档案的基本条件。档案装具用量大，其形式、用材、结构、规格是否合理，会直接影响档案的保管条件和保管质量。档案装具的种类很多，目前使用最多的有档案架、档案箱和档案柜。这几种装备各有所长，档案馆（室）应该根据库房特点和实际状况，合理选用，灵活配置。

1. 档案架

档案架一般采用金属制品，能起到基本的防火、防水作用。档案架一般有三种：第一种是固定档案架，它又分为单柱式和复柱式。单柱式固定架消耗钢材少，结构简单，耐久美观。复柱式固定架在结构、性能、规格等方面与单柱式略同，但稳定性能更好、更坚固、负载力更强。第二种是活动式密集架（如图5-1所示）。这是为了挖掘库房内通道面积的潜力而研制出来的档案架。这种架子是在复柱双面固定架的底座上安装轮轴，使之变成架车，可以沿着地面铺设的小导轨直接移动。多辆架车靠拢到一起时，中间只需留少量通道空位即可。第三种是积层架，又叫通天架。这是一种密集型的固定架群，适用于特定房间以及专门修建的大型档案库。其容量大，负荷均匀，造价便宜。

图 5-1　活动式密集架

2. 档案箱

一般五个档案箱为一套，多为金属制品。平时采用以箱代柜的形式，叠放使用（如图 5-2 所示）。

3. 档案柜

目前档案部门使用的大多是上两层下三层的上下双开门立式档案柜，既有木制品，也有金属制品（如图 5-3 所示）。

选择档案装具，必须遵循国家的标准与规范。档案装具所使用的材料，不能对档案有损害，不能给调阅利用档案造成不便，不能违反节约原则。总之，采用哪一种设备要根据实际情况而定。档案馆（室）档案数量多，保护条件较好，适宜用档案架；机关档案室如果档案数量少，保护条件差，则应用档案柜或档案箱。

（三）档案架、柜的排放和编号

库房中的档案架、柜主要应注意有序排放，档案架、柜排放和编号应符合下列要求。

1. 整齐一致，横竖成行

如有大小式样不同的架、柜，则应适当分类，尽可能做到整齐一致。

2. 通风避光

有窗库房的架、柜排列，应与窗户垂直，以避免强烈阳光直射；无窗库房架、柜的排列，纵横均可，但应注意不要妨碍通风。

3. 合理利用

架、柜的排放，不宜太紧或太松，既要注意最大限度地利用库房面积和空间，又要便于档案的搬运和取放。架、柜之间的主要过道，要便于档案小型搬运工具（如手推车）的通行，一般应有 1～1.2 米的距离，其他过道的距离以 0.8 米左右为宜。所有架、柜均不能紧靠墙壁。

图 5－2　档案箱

图 5－3　档案柜

4. 统一编号

为了便于对库房内档案的管理和能够迅速地存取，所有档案架、柜应进行统一编号。编号方法是：从门口起从左至右，回行时从右至左逐个给出顺序号。架、柜内的格也要编号，其方法是以架（柜）为单位，自上而下给出每格的流水号。

（四）档案存放

档案存放方式一般有两种：一是竖放，二是平放。目前采用比较广泛的是竖放，其好处是取用、存放方便。

平放档案虽然取放不太方便，但利于保护档案。因为平放的文件较舒展，文件上的皱纹慢慢就会消失。这种方法适用于保管珍贵的以及不宜竖放的档案。平放档案时，为了取放方便和避免文件承担过重的压力，堆叠的高度最好不超过 40 厘米。

另外，特殊大小或载体的档案应放在特别的存放处或存放装具中，这部分内容在本书的后续章节还有涉及，此处不赘述。

（五）档案存放位置索引和档案代卷卡

1. 档案存放位置索引

为了便于档案库房的日常管理，帮助保管工作人员清晰了解、掌握档案馆（室）档案的存放情况和迅速地取放档案，还必须编制出以档案存放地点为线索的管理材料，即档案存放位置的索引。档案存放位置索引，按其作用可以分为两种。

第一种指明档案的存放位置，即以全宗及其各类档案为单位，指出其存放地点（如表 5－1 所示）。

表 5－1　　档案存放位置索引（一）

全宗名称：		全宗号：						
案卷目录号	案卷目录名称	目录中案卷起止号数	存放位置					
			楼	层	房间	档案架（柜）	栏	格

第二种指明各档案库房保存档案情况，即以档案库房和档案架（柜）为单位，指出它们所保存的档案（如表 5－2 所示）。

表 5－2　　档案存放位置索引（二）

楼：　层：　房间：							
档案架（柜）	栏	格	存放档案				
			全宗号	全宗名称	案卷目录号	案卷目录名称	目录中案卷起止号数

上述两种索引，按形式又可分为簿籍式和卡片式两种。第二种索引还可以采用图表形式，把每个库房（楼、层、房间）内档案的存放情况绘成示意图，悬挂于出入口处或醒目的地方，便于有关工作人员或来访人员查看使用。上述两种索引的详细程度和表格中的项目，应根据档案馆（室）的规模和查阅档案的频繁程度等具体情况确定。

2. 档案代卷卡

档案代卷卡又称档案代理卡。它是档案管理人员编制和使用的一种专门指明案卷去向的卡片。有时候档案馆（室）出于编研、修补、复制等工作的需要而暂时将已上架的档案移出库外使用，为便于工作，需制作档案代卷卡。填制代卷卡放在被暂时移出的案卷的位置上，可使库房管理人员准确掌握档案流动情况，有利于档案库房管理人员对档案进行安全检查。档案代卷卡如表 5－3 所示。

表 5－3　　档案代卷卡

全宗号	目录号	案卷号	移出日期	移往何处		库房管理人员签字（移出）	归还日期	库房管理人员签字（收回）
				单位名称	经手人姓名			

档案代卷卡是一种简便实用的管理工具。如果案卷经常调出或归还，而不用代卷卡，往往会出现虽然在案卷目录上可以查出案卷，到架上提取时却发现没有案卷，管理人员也无法说明其短缺原因或借往何处的情况；库房管理人员如查阅档案出库登记和借出登记

簿，往往也会因按时间流水登记，一时查不出某一案卷的去向。所以，设立代卷卡非常必要。

四、档案的安全保护

档案的安全保护是指通过一定制度和采取专门技术措施，来防止与减少档案损坏因素的工作。其主要内容有：控制库房温湿度，保卫和保密，防火，防光和防尘，档案在搬动中的保护，以及档案的安全检查等。

（一）控制库房温湿度

库房内的温湿度是直接影响档案“自然寿命”的主要因素，因此，科学地控制温度和湿度，是做好档案保管工作的重要措施。不适宜的温度与湿度，会直接影响档案制成材料的耐久性，加速不利因素对档案的破坏。温度过高，纸张原有水分蒸发，文件会干燥发脆，耐折程度降低，甚至变色、发黄。湿度过大，纸张容易生霉和繁殖其他有害微生物。因此，库房内温度过高或湿度过大时，就要及时采取降温或去湿措施。

降低温度主要是从两个方面采取措施：其一，是室内降温，目前较普遍的做法是主要靠空调来降温，尤其是大型档案馆都采用集中式空调设备，中小型档案馆（室）则采用局部式空调；其二，鉴于库外的热空气及太阳对库房墙体的热辐射会通过空气的对流和传导来影响库内温度，因此要尽量减少室外热空气和太阳光的辐射对室内的影响，一般通过悬挂窗帘、密闭朝阳门窗和通风降温等措施来解决。

我国南方地区雨季时库外的相对湿度可达95%以上，若不采取有效措施就会对库房造成严重的影响。降低湿度有两种方法。第一种方法是通风降湿。通风降湿还要注意以下几种情况：如果库房外的温度和湿度都比库房内低，或者库房内外温度一样、库房外湿度低于库房内，又或者库房内外湿度一样、库房外温度低于库房内，则可以进行通风，反之则不可以。第二种方法是室内去湿。如安装去湿机，放置吸湿剂、硅胶局部减湿等。

在实际工作中，要了解控制和调节库房温湿度的各种措施的适用情况及局限性，再根据库房的具体情况选用合适的方法。

（二）保卫和保密

档案是党和国家的宝贵财富，其中有许多是机密性的。档案工作人员必须高度重视档案的安全性与机密性，要时刻保持警惕，加强库房的各项保卫与保密工作，确保档案的安全。

首先是在管理制度上要高度重视并严格按照有关要求做好各项工作。档案库房必须建立严格的管理制度。库房管理人员首先应该做好防盗工作，堵塞一切可能导致失窃的漏洞。非库房管理人员，未经批准，不得随便入库。进入机密库房时，应严格执行出入库房制度。珍贵的、绝密的档案应放入保险柜，在专门的地点保存。对出入库房的档案，应进行仔细清点和登记。库房管理人员和值班人员必须忠于职守，严防任何盗窃和破坏事件的发生。

在库房管理工作上还必须杜绝一切失密的可能，档案管理人员非因工作不得谈论档案内容。库房内档案存放状况和管理制度的某些具体内容，也应列入档案馆（室）的保密范围。

（三）防火

档案馆（室）必须建立和执行严格的防火制度，并把防火作为经常性的重要工作。防火工作的基本内容有消除火灾隐患和做好灭火准备两个方面。

1. 加强检查，杜绝发生火灾的可能性

要定期检查库房内诸如电气设备和输电线路等安全设施，发现不安全因素应立即排除并采取有效措施解决。库房内严禁吸烟，禁止使用一切明火光照。如采用火炉保暖，在安装方面必须合乎防火要求。规模大的库房，一般应安装避雷针。

2. 要从思想上、硬件上做好灭火准备

档案工作部门要对档案工作人员进行防火安全教育，敦促其学习有关的理论知识和技术方法，提高其安全防范意识，确保其在档案工作中严格执行有关法规制度。库房内要安装自动灭火设备或消防栓。同时，在档案部门还应成立消防组织和指定消防人员，使其与消防机关建立固定的联系，使防范措施在组织方面有所保障。

（四）防光和防尘

档案在保管过程中不可避免地会受到光的影响。因此，防光措施就是要减少光对档案的危害。防光的措施有：库房的窗子要少，要加设遮阳措施；窗玻璃要采取一定的防紫外线措施；库房内的照明宜用白炽灯。

灰尘会增加档案材料的机械磨损，影响信息的读取。另外，灰尘会吸附空气中的化学杂质而带酸、碱性，对档案造成不利影响。灰尘还是真菌孢子的传播者，是寄生物寄生和繁殖的掩护所。防尘的措施主要有：注意档案的密封保存，将档案放入卷盒与橱内；利用绿化植物能过滤有害气体、阻挡和吸附灰尘的特点，尽可能在库房周围进行绿化；档案材料在进库前要进行除尘处理；日常工作时工作人员要注意卫生和形成良好习惯，如换工作服和拖鞋。另外，还要做好库房的清洁卫生工作，如配备吸尘器设备等。

（五）档案在搬动中的保护

档案有时候为方便提供利用等目的而需要搬动，如科学地安排存放和合理地使用库房容积，为发挥档案作用也要经常调卷。档案在搬动过程中，应采取有效的保护措施，尽量避免或减少档案的机械磨损和污染。搬动数量较多的案卷时，最好准备小型推车，也可使用案卷托板等。如果不使用搬运工具，每次搬运的案卷不宜太多，以免损坏档案。档案需要捆扎时，注意忌用粗糙的捆扎材料和不妥当的捆扎方法。取放档案必须轻拿轻放，防止揉搓、挤塞或撕裂。

做好搬动中的保护工作，除了物质和技术措施以外，特别重要的是要求档案管理人员有高度的政治责任心和踏实细致的工作作风。不负责任、粗枝大叶是搬动中发生机械磨损和污染的主要根源。

（六）档案的安全检查

安全检查是库房管理的一项重要工作，包括对档案库藏的检查和对借阅后归还档案的检查。定期和不定期地对档案进行检查，对库房管理工作有着重要意义。检查不仅能发现工作中的缺点，以便及时纠正，同时也是维护档案安全和完整的一项重要措施。只有通过细致的检查，才能确切地了解档案安全保管的程度，从而采取有效措施改善保管条件，防止档案继续损坏。

档案的定期检查，其间隔时间可根据本部门的具体情况制定，一般一年一次为宜，大档案馆也可以两三年检查一次。对于工作头绪多、库房设备比较分散简陋和安全条件较差的单位，间隔时间不宜过长，应经常检查。

档案的不定期检查，应在下列情况下进行：档案库房在发生水灾、火灾之后；发现档案遗失或被盗窃后；发现档案有虫蛀、鼠咬、霉烂现象时；对某些档案（如利用频繁的部分）是否遗失产生怀疑时；档案人员调换工作时。

在上述情况下，检查工作可全面进行，也可只检查有关部分。检查内容一般有以下五个方面：一是现有档案数量与登记簿册中的数量是否相符；二是被损毁或遗失文件的数量、情况和内容；三是档案的防护措施和库房设备的安全情况；四是案卷归入的全宗、类别顺序是否正确；五是档案的收进、移出，案卷的借出、归还是否做到了登记、注销和还原。对检查出来的问题，应该进行仔细的研究，作出认真处理并写出检查报告，必要时还需向上级主管部门报告相关情况，作出整改。档案的检查工作，可通过组成检查小组或专门委员会进行，检查人员应该由有经验的人担任。最基本的检查方法是以登记的簿册与实际档案进行对照，以及检查人员的实地观察。检查工作必须有记录，以全宗为单位来进行。

小贴士

有人总结出档案保管中的“八防一控”，值得借鉴，即防水、防光、防火、防尘、防虫、防霉、防潮、防盗、控制温湿度。

拓展阅读

全宗卷

一、全宗卷的概念

全宗卷是全宗档案的发展、变化以及有关情况的真实历史记录和原始凭证，可以为全宗的利用等方面工作提供重要依据。如需要了解立档单位的历史沿革以及全宗内档案的收集、整理、鉴定、保管、统计、利用、编研、检索等方面的情况，就需要查阅全宗卷。全宗卷是档案馆（室）在管理某一全宗的过程中，为了保存和管理全宗而形成的以全宗为单位并能够说明该全宗历史情况的各种文件材料所组成的专门案卷。它是管理全宗的一种工具，不是该全宗的组成部分，而是档案馆和现行机关档案室在本身的工作活动中形成的档案。《档案馆工作通则》规定：每个全宗都要建立全宗卷，记载立档单位和全宗历史演变情况，但要注意勿和全宗卷内的案卷等同起来。

二、全宗卷的主要内容

（1）在收集工作中产生的文件材料。比如档案交接文据、移交目录、接收和征集记录、档案来源和价值说明等。

(2) 在档案整理工作中形成的文件材料。比如整理工作方案、立档单位和全宗历史考证、分类方案、案卷目录说明、整理工作小结等。

(3) 在档案鉴定工作中产生的文件材料。比如鉴定档案材料分析报告、档案销毁清册、档案保管期限表、销毁档案的请示与批复等。

(4) 在档案保管、统计工作中形成的文件材料。比如档案安全检查记录、档案的抢救与修复情况报告、案卷基本情况统计和重要的利用统计表、档案数量与状况统计等。

(5) 在档案提供利用工作中所形成的文件材料。比如全宗指南（全宗介绍）、开放利用和控制范围说明、档案汇编和公布出版情况及报批文件、机关工作大事记、机关组织沿革等。

三、全宗卷的建立与管理

全宗卷内的文件材料是随着全宗管理的延续而逐渐增加的，因此平时就要注意全宗卷文件材料的形成和积累，为建立全宗卷打好基础。全宗卷的建立是由少到多不断积累、不断完善的过程。管理全宗的过程，就是形成全宗卷的过程。在进行档案管理各环节活动时，都要注意形成文字记录，并及时归入全宗卷。

全宗卷宜用盒、袋形式保管。全宗卷的特点是灵活和不定型，如果像一般案卷那样装订，就不利于随时补充。当全宗卷的文件数量很多时，也可建立若干分卷。

全宗卷随全宗的转移而转移。现行机关的档案进馆时，全宗卷应随同移交。

由于全宗卷不是全宗本身的案卷部分，因而不能编入全宗内的案卷号，而应单独集中起来，在档案馆内专柜存放，按全宗号顺序排列。在机关档案室，全宗卷可与书本目录一起存放，也可置于本全宗的首卷之前。当全宗转交给另一档案馆（室）保管时，其相应的全宗卷也随同全宗移交。

档案的异地安全保管

所谓档案的异地安全保管，是指对那些列入重点保管范围，一旦失去就会对国家、地方、行业系统及立档单位的社会历史记忆的完整性造成严重损害的档案，实行多套留存或备份，并将原件或最珍贵的档案置于相对安全的场所，实行封闭式管理的做法。对档案实行异地安全保管，也是信息时代确保电子文件真实性的重要措施。

对重要的、价值较大的档案实行异地安全保管的作用在于：

首先，这种保管档案的做法有助于延长珍贵档案的寿命，并使其能够在更长的历史进程中发挥应有的作用。

其次，这种保管档案的做法可以达到“此失彼存”的管理实效，避免由于管理不当或突发事变对档案造成毁灭性的打击，从而更好地维护国家、地区及有关行业和立档单位社会历史记忆的完整性。

最后，这种保管档案的做法有助于提高档案管理人员的安全防护意识，培养他们的社会责任感。

对档案实施异地保管是历史经验留给我们的重要启示。在历史上，因为我国的许多珍贵的历史档案都没有实行必要的异地保存策略，所以清代以前的档案保存下来的极为有限；到了现代，自然灾害、战争、恐怖活动及其他各种人为因素的破坏，也给许多立档单位的社会历史记忆造成了严重的损失。为此，提高档案保管的安全意识、危机意识，对于我国档案工作的发展就显得格外重要。另外，随着现代信息技术的发展、政府及企事业单位信息化建设速度的提高，电子文件的安全保管问题已经对我们的传统档案管理思想提出了新的挑战。因此，为了确保传统载体的重要档案安全及现代电子文件的真实性，避免社会历史记忆的缺失，我们应当意识到，异地保管是实现这些管理目标的重要措施和有效方法之一。

在对档案实施异地保管的实践当中，必须注意的是，不能认为只有作为永久档案保存的档案才有必要实行异地安全保管。其实，那些保管期限为定期的档案并不是不重要，有些定期保存的档案一旦丧失，也会给有关立档单位的工作、生产、科研等各项活动的开展造成严重损害甚至重大损失。因此，在确定异地保存档案的范围时，思想不能狭隘，应当从档案缺失可能带来后果的严重程度出发，进行科学的预测和判断，合理地开展此项活动。

（资料来源：陈兆祦，和宝荣，王英玮．档案管理学基础：第三版．北京：中国人民大学出版社，2005：225-226.）

思考与实训

1．鉴定档案的标准有哪些？

2．什么是档案保管期限表？有何作用？

3．简述现行单位的档案鉴定的步骤。

4．谈谈档案保管工作的“防”与“治”的关系。

5．档案库房管理应注意什么？

6．调查某一档案馆（室）在档案鉴定或保管工作中的情况，发现当中存在的突出问题，并提出解决方案。

7．下面三则案例分别反映了什么问题？应采取什么措施去避免或改正？

（1）小李在某公司担任秘书职务，主要负责档案的保管工作。有一次，她在整理档案的过程中发现档案的分类非常混乱，更严重的是上面根本没有标明保管年限，有部分档案甚至只有目录标题，档案原件却不知所踪，也找不到复印件。

（2）实习生小王在某机关单位的档案室实习，他发现档案室虽然有管理制度，但工作人员并不严格遵守，平时随意进出，档案的管理也十分松散，例如档案可以随便借阅，不用办理任何手续，借阅归还后也常常不及时放至原位或指定存放位置，还因此经常发生失窃事故。

（3）某公司因为条件限制，将办公用房临时当作档案库房，但通风条件极差，光照又强烈，库房内也没有配备防火设备等。管理人员并没有接受岗位培训和教育，导致库房内很多档案都遭到损坏，根本不能提供服务。

第六章
档案的检索、编研与提供利用

【学习目标】

了解档案著录符号，学会著录标引一件档案或一组案卷；掌握常用检索工具的结构和编制方法，学会编制案卷目录、全引目录、文号索引、全宗指南等常见检索工具；掌握大事记、组织沿革、档案文件汇编、会议简介、科技成果汇编、企业年鉴和员工手册的编写；领会各种档案提供利用方法的精华，掌握不同档案提供利用服务方式的注意事项。

【关键词点击】

著录　标引　目录　索引　指南　大事记　组织沿革　企业年鉴　员工手册　档案复制件　档案证明　档案网站服务

档案的检索、编研和提供利用是档案管理机构围绕档案信息内容而展开的三项工作。

档案检索是对保管的档案进行内容著录与标引，并能够根据利用者需求查找档案的工作。它是开展档案信息服务的必要条件，是开发档案信息资源的重要手段，在档案管理过程中起着承上启下的作用。

档案编研是将在内容上具有一定联系的档案组合成正式档案集合，并对外公布或出版的工作。档案编研将那些具有潜在利用价值的档案通过内容方面的联系汇集成册，这极大地发挥了档案的潜在价值，提升了档案在机构管理和社会实践活动中的地位，是开发档案信息资源的主要渠道。

档案提供利用是档案管理机构根据档案利用者的档案信息需求提供各种各样档案信息服务的工作。它是以利用者为服务对象、以提供档案馆（室）藏档案信息为手段的服务性工作。

第一节　档案的检索

一、档案检索工作的一般过程

（一）档案检索概述

档案检索是对档案的内容和形式进行分析、选择、浓缩和记录，按照一定次序编排出各种检索工具，并根据利用者的利用需求运用档案检索工具准确检出档案的过程。

档案检索一词，可以有广义和狭义解释。广义的档案检索包括存储与查找两个过程。档案信息存储是将档案内容中具有检索意义的特征标识出来编制成检索工具供档案检索使用，档案信息的查找是指利用检索工具查找所需要的档案。狭义的档案检索可以从字义上理解，检的含义就是“查”，索的含义就是“取”。因此，狭义的档案检索就是查找档案中有用信息的过程。

小贴士

“检”字，《说文解字》解为“书署也”，就是指书的标签、题签，后来有察看、挑拣的意思；“索”字最早指草编的大绳，后又有搜寻、求取等义。“检索”一词，顾名思义，即指标存、寻取。

（二）档案检索的过程

1. 存储阶段的主要内容

（1）著录标引。

著录标引是对档案的内容和形式特征进行分析、选择和记录的过程，即在准确分析和判断档案的内容特征的基础上，运用检索语言将主题概念转换成规范化的检索标志。每件（卷）档案经著录标引后形成一条记录，称为一个条目。

（2）编制检索工具。

编制检索工具是对著录标引后形成的条目加以系统排列的过程。检索工具包括手工检索工具和计算机检索工具。手工检索工具的编制是将条目形成卡片式或书本式目录；计算机检索工具的编制则是将条目输入计算机，建立机读文档或数据库。

2. 查检阶段的主要内容

（1）确定查找内容。

确定查找内容是对用户的检索提问进行具体分析，确定利用者所需档案信息的具体内容，形成概念，并将这些概念借助检索语言转换成规范化的检索标识的过程。在计算机检索中，还应按实际需求把这些检索标识之间的逻辑关系表达出来，形成检索表达式。从确定利用主题到形成检索表达式这一段工作也称为编制检索策略。

（2）查找操作。

查找，即档案工作人员通过各种手段，把表示利用需求的检索标识或检索表达式，与存储在手工检索工具或计算机数据库中的标识进行相符性比较，将符合利用要求的条目查找出来。在手工检索中，相符性比较是由人工进行的；在计算机检索过程中，则由计算机承担二者间的匹配工作。

档案的存储阶段和查检阶段是相互联系的统一体，二者共同构成了档案检索系统。档案检索系统的构成模式如图 6-1 所示。

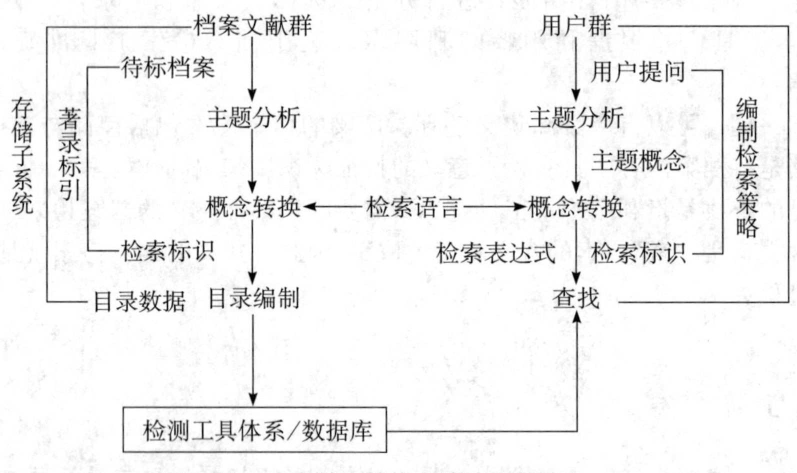

图 6-1　档案检索系统的构成模式

（三）评价档案检索的指标

档案检索效率是指在检索过程中满足利用者需求的全面性和准确性程度，它是衡量档案检索系统性能与质量的基本指标。检索效率通常采用查全率和查准率两个指标来衡量和表示。

查全率是指满足利用者需求的全面程度，即检索出的相关档案与全部相关档案的百分比。与之相对应的漏检率，即未检索出的相关档案与全部相关档案的百分比。查全率和漏检率是两个相对应的指标，其公式为：

$$查全率=\frac{检索出的相关档案}{全部相关档案}\times 100\%$$

$$漏检率=\frac{未检出的相关档案}{全部相关档案}\times 100\%$$

查准率是指满足利用者需求的全面程度，即检出的相关档案与检出的全部档案的百分比。与之相应的是误检率，即检出的不相关档案与检出的全部档案的百分比。查准率与误检率是两个相对应的指标，其公式为：

$$查准率=\frac{检索出的相关档案}{检索出的全部档案}\times 100\%$$

$$误检率=\frac{检索出的不相关档案}{检索出的全部档案}\times 100\%$$

查全率与查准率两个指标之间存在着互逆关系。如果追求高查全率，就会放宽检索范围，则查准率下降。反之，如果追求高查准率，就会限制检索范围，则查全率会下降。因此，档案馆（室）在设计检索系统与实现每次检索时，应从实际出发，根据利用者的需求，确定适宜的查全率和查准率指标。

二、档案的著录与标引

（一）档案的著录

档案的著录，是指在编制档案目录时，对档案内容和形式特征进行分析、选择和记录的过程，即根据著录规则，将档案文件的内容和形式特征记录下来，构成著录条目的工作。其中，内容特征是指从档案文件正文中直接获得的特征，如内容提要、主题词、分类号等；形式特征是指从档案文件正文以外直接获得的特征，如文件形成时间、文件编号、文件标题、作者、地点、档号、文种、载体等；条目，又称款目，是档案著录的结果，是反映文件或案卷内容和形式特征的著录项目的组合。

由于这项内容不是秘书工作的重点，因而下面仅用规范的著录格式举例说明。根据国家档案局颁布的行业标准《档案著录规则》的规定，档案著录格式如图 6-2 所示。

分类号　　　　　　　　　　　　　　　　　　　　档案馆代号
档号　　　　　　　　　　电子文档号　　　　　　　　缩微号
正题名=并列题名＊：副题名及说明题名文字＊：文件编号＊/责任者+附件＊.—稿本＊：
文种＊.—密级＊：保管期限＊.—时间.—载体类型＊：数量及单位＊：规格＊.—附注＊
　提要＊
主题词或关键词

注：有“＊”者为选择著录项目或单元。

图 6-2　档案著录格式

文件级条目著录实例如图 6-3 所示。

GE5.75　　　　　　　　　　　　　　　　　　　　411010
2-53-107-8GE5.75　　　　　　　　　　　　　　　46—94
转发国务院批转国家教委关于改革高等学校毕业生分配制度报告通知的通知：京政发〔1989〕56号/北京市人民政府+国务院通知+国家教委报告+市教委、市高教局、市人事局实施意见.—副本：通知.—内部：永久.—19890702.—8页：260mm×184mm.—教委报告不全，市高教局、市人事局实施意见全无
　国家教委报告分析了毕业生分配制度上存在的问题及进行改革的意见。国务院通知要求各地区各部门制定改革措施。北京市有关单位提出了实施意见。
毕业生分配　高等院校　教育改革　制度

图 6-3　文件级条目著录实例

（二）档案的标引

档案的标引是对文件或案卷进行主题分析，把自然语言转换成规范化检索语言的过程，即对主题分析的结果给予检索标识的过程。档案标引的目的是揭示档案的主题内容，为从内容方面查找档案提供检索途径。

检索标识是以简练的标记符号表示档案的主题，这里主要指分类号和主题词。赋予分类号标识的过程称为分类标引，赋予主题词标识的过程称为主题标引。

1. 档案分类标引

档案分类标引是将档案主题的自然语言转换成档案分类检索语言的过程，也就是对档案主题分析的结果赋予分类号标识的过程。将档案条目按所赋予的分类号排列起来，形成一个与分类体系相同的逻辑系统，从而达到系统反映档案、便于检索利用的目的。档案分类标引应依据《中国档案分类法》及其使用指南。《中国档案分类法》是对档案进行分类标引的工具，具体包括《中华人民共和国档案分类表》《清代档案分类表》《民国档案分类表》《新民主主义革命档案分类表》等。

档案分类标引的工作程序是：研读分类法，进行档案主题分析，分析题名，浏览正文，查阅文件版头和案卷封面，判定类别，即根据主题性质到《中国档案分类法》中查找其所属的类目，标引分类号，最后进行审校。

知识链接6-1　《中国档案分类法》简介

《中华人民共和国档案分类表》由主表和辅助表组成，主表共设置19个基本大类，基本大类下视需要分设了若干属类；《清代档案分类表》由主表和辅助表组成，主表设置了18个基本大类，大类之下一般设置三级类目；《民国档案分类表》由主表和辅助表组成，主表设置了16个基本大类；《新民主主义革命档案分类表》主表设置了13个基本大类，大类之下一般设置三四级类目。

2. 档案主题标引

档案主题标引是对档案赋予主题词标识的过程。主题词又称叙词，标引与检索档案时，主题词表中规定了用于表达档案主题的词语。非正式主题词又称非叙词，是正式主题词的同义词或准同义词，是主题词表中收录但规定不能作档案标识、只起指引作用的词语。档案主题词表是由反映档案内容的主题词及其词间关系组成的规范化词典，是将档案标引人员或用户的自然语言转换成规范化检索语言的一种术语控制工具书。主题标引的主要依据是《中国档案主题词表》。

《中国档案主题词表》是一部综合性主题词表，主要供各级综合性档案馆和档案室收藏档案的标引与检索之用，企事业单位的文书档案及各机关一般公文、资料的主题标引和检索也可参考使用。该表收录了不同历史时期的词汇，能够反映各个历史时期被标引文件（包括明清档案和民国档案）的特点。《中国档案主题词表》主要由主题词字顺表、范畴索引（主题词分类索引）、词族索引（主题词等级索引）及专有主题词索引

（包括人名表、机构名表）组成。其中主题词字顺表是主题词表的主体，即主表，因此其著录内容最详，每条词款目大体可分为款目词、标注项和参照项三部分；范畴索引是依据档案主题词表收词的特点、使用需要等具体情况设立类目，在大类之下再分若干小类，在小类下则将主题词和非主题词按字顺排列的一种索引；词族索引是把主表中具有属分关系、包含关系和整体部分关系的正式主题词，按规定属分级别展开全显示的一种词族系统；专有主题词索引主要设有人名表和机构名表，收录人名和机构名方面的词目。该表对党政管理工作方面的词汇收录较全，但对科技档案中的词汇收录较少，故较难满足专业档案机构的需要。

知识链接6-2 科技档案主题词表的选用

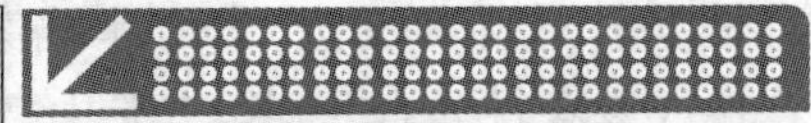

科技档案的主题标引应该选用专业的主题词表，如水利水电领域就可以选用《水利水电科技主题词表》，医学领域就可以选用《医学主题词表》。此外，《汉语主题词表》也是在主题标引中可供选择的主题词表。它是我国第一部大型的综合性的叙词表，由中国科技信息研究所和北京图书馆（现国家图书馆）负责主持，1975 年开始编制，1980 年正式出版。全表分为社会科学、自然科学和附表 3 卷，共 10 个分册，收录主题词 108 568 个。其中正式主题词 91 158 个，非正式主题词 17 410 个，词族数 3 707 个，一级范畴数 58 个，二级范畴数 674 个，三级范畴数1 080个。

主题词表从总体结构来说，一般是由一个主表和若干辅助表构成的。主表是主题词表的主体，收录的词和著录项目最完备；辅助表是主题词表的辅助部分，有的收录全部词，有的只收录一部分词，其著录项目比较简略。档案主题标引工作程序是：主题分析，选词标引，审核校对。

三、档案检索工具的编制

档案检索工具是记录、报道和查找档案的工具。档案管理人员应在档案著录和标引的基础上进行档案检索工具的编制。根据不同的划分标准，可以把档案检索工具划分成不同种类。

（一）档案检索工具的分类

（1）按编制方式分，可分为目录、索引、指南。目录是将档案的著录条目，按照一定的次序编排而成的检索工具，如分类目录、主题目录、专题目录等；索引是将档案及其组合的某一内部或外部特征和它们的出处按照一定的原则、方法排列起来的检索工具，如人名索引、地名索引、文号索引等；指南是以文章叙述的方式，综合介绍档案情况的一种工具，如全宗指南、专题指南和档案馆指南等。

（2）按载体形式分，可分为书本式检索工具、卡片式检索工具、缩微式检索工具、机读式检索工具。书本式检索工具亦称簿式检索工具，是将著录条目连续排列并装订成册的检索工具；卡片式检索工具是将一个条目著录于一张卡片，将卡片按一定顺序排列而成的检索工具；缩微式检索工具是以缩微摄影方式制作的，以胶片为载体的检索工具；机读式检索工具是以特定的编码形式将档案的内容和形式特征存储在计算机存储介质上，由计算机识读的检索工具。

（3）按检索范围分，可分为全宗范围检索工具、档案馆范围检索工具、专题范围检索工具、若干馆范围检索工具。全宗范围检索工具即以一个全宗的全部档案为对象的检索工具，如案卷目录、全引目录（案卷文件目录）、全宗指南等；档案馆范围检索工具是以一个档案馆的全部档案为对象的检索工具，如全宗目录、分类目录、主题目录、档案馆指南、人名索引、地名索引等；专题范围检索工具是以档案馆内有关某一专题的档案为对象的检索工具，如专题目录、专题指南和专题性人名索引、地名索引等；若干馆范围检索工具是以全国或某一地区若干个档案馆内的全部或某一专题的档案为对象的检索工具，如综合性或专题性联合目录、馆际档案史料指南等。

（4）按功能分，可分为馆藏性检索工具、查检性检索工具、介绍性检索工具。馆藏性检索工具是反映档案实体整理体系及其相互关系的检索工具，如全宗目录、案卷目录、案卷文件目录（全引目录）等；查检性检索工具是脱离档案实体排列顺序，从档案的某一内容或形式特征提供检索途径的检索工具，如分类目录、主题目录、专题目录、人名索引、地名索引、文号索引等；介绍性检索工具是介绍和报道档案内容及有关情况的检索工具，如专题指南、全宗指南、档案馆指南等。

（二）常用档案检索工具简介

1. 案卷目录

案卷目录是以案卷为单位，登录案卷题名和其他特征，按案卷号次序排列的一种档案检索工具。编制案卷目录以全宗为范围，通常按照全宗内档案分类的类别来编制，如按年度编制、按组织机构编制、按问题编制等。

2. 全引目录

全引目录，亦称案卷文件目录，是将一个全宗内的案卷目录和卷内文件目录汇编成册，按一定次序编排而成的一种档案检索工具。

3. 全宗目录

全宗目录是一种介绍档案馆所有全宗状况的检索工具，它的内容包括全宗名称、全宗号、全宗内案卷数量及起止年代等。全宗目录适用于档案数量较大、全宗较多的大中型档案馆。

4. 分类目录

分类目录是依据分类表将分类标识以一定次序编排而成的一种档案检索工具。档案分类目录通常应按照《中国档案分类法》的体系加以组织。在分类目录中，全部条目按照档案内容的隶属和并列关系组成一个逻辑体系，从而系统地揭示档案的主题内容。

目前用于手工检索的分类目录大多采用文献单元方式编制卡片式目录。编制卡片式分类目录的基本步骤是：

第一，填制卡片。制卡时应根据国家标准《档案著录规则》的有关规定和档案标引的有关要求进行，可采用一文一卡、一卷一卡、多文一卡、多卷一卡等多种形式。当一件（卷）档案需标引多个分类号时，应分别填写多张卡片。

第二，排列。卡片填好后需要对其进行系统排列，排列方式应以《中国档案分类法》为准，不同历史时期的档案应分别排列。一个档案馆（室）中同一时期不同种类的档案应统一排列，构成统一的分类体系。具体说来，先按字母顺序排，同一字母的卡片集中排放在一起，然后再逐级按阿拉伯数字的大小排列，类目排列顺序应与分类表相一致。

小贴士

当一件（卷）档案只标引一个分类号时，只要按其分类号排列在相应的位置即可。当一件（卷）档案标引两个以上分类号时，需要将每一个分类号轮排到前边一次，并排入居于首位的分类号相应的类目之中。

第三，安放导卡。导卡也称指引卡，是一种上端带有耳状突出处的卡片，使用时在突出处标明各类目的分类号和类目名称，便于检索者迅速准确地查到所需档案卡片。

知识链接6-3　分类卡片目录的指引卡

分类卡片目录的指引卡，又称指导卡、导卡、导片，目的在于揭示分类卡片目录的结构、逻辑系统和各类目的名称、类号及内容，是为指导利用者从目录内迅速、准确地找到所需要的档案材料而设置的一种特殊卡片。指引卡上端呈耳状凸起，突出部分称为导耳，导耳上方写明类名和类号，导耳下方列举本类所含下位类的类号、类名、本类档案的大体范围、分类标准、排列方法、类目的注释及与本类关系密切的类目。

第四，编制分类目录说明。分类目录说明是对本档案馆（室）分类目录的介绍，可由三部分组成：一是本分类目录收录档案的范围；二是类目一览表，将本分类目录中所包括的类目按分类表体系顺序列出，一般列一、二级类目即可；三是类目内容范围划分规则，将分类原则以及每一类档案的内容加以概要介绍。

第五，编写分类目录类目索引。类目索引就是将分类目录中的类目名称按字顺排列，并指出相应的类号，以便按字顺查找。

5. 主题目录

主题目录是依据主题词表将主题标识以一定次序编排而成的一种档案检索工具。主题目录以揭示档案主题的语词作为排检项，按照语词的字顺排列，能够集中反映同一事物的档案，具有较好的特性检索功能。

手工检索主题目录的编制步骤是：

第一，确定检索深度。检索深度是衡量目录质量的指标之一。目录的检索深度越深，每份文献在目录中所占标题款目越多，就越能为利用者提供更多的检索途径。但是，如果检索深度过大，不仅可能使标题款目的内容过于琐碎和庞杂，湮没其主要内容，还会大大增加目录的篇幅，从而使检索过程复杂化，使检索者感到不便。

第二，标题词的选择。手工检索的主题目录大多采用文献单元方式，一般以一份文件为单位形成标题款目，并以此为排检项，按照标题款目中主标题词首字的字顺加以排列。

第三，填制卡片及排列。主题目录的每一个条目以标题款目为排检项，制作卡片时既可以利用标准著录卡片在主题词项下加填标题款目，也可以另行填制专用卡片，将标题款目填在首位，以下选择适当项目。一件（卷）档案确定了几条标题款目，就要分别填制几张卡片。主题目录卡片的排列采用一级标题体系，即按照主标题词的字顺排列，在主标题词相同的卡片中，再按子标题词的字顺排列。

第四，安放导卡。主题目录卡片排列完毕之后，除了在每个卡片盒中安放标明该盒全部标题款目首字的综合导卡外，还应在首字不同的标题款目文献卡之间安放指引导卡。

第五，编写主题目录使用说明。编制使用说明的目的是帮助检索人员了解该主题目录的结构和编制规则，以便于使用。使用说明一般包括两方面内容：一是本主题目录收录档案的范围，二是目录中各种标题款目的形式及其排序规则。

6. 专题目录

专题目录是按照特定专题以一定次序编排而成的一种档案检索工具。专题目录能够集中、系统地揭示档案馆（室）内有关某一专门事物、某一专门内容档案的情况，具有良好的按专题报道和检索档案的功能。

专题目录的编制步骤如下：

首先，选题。选题是编制专题目录的关键。选题要遵循以下原则：第一，要注意选择与社会发展和社会生活中的重大事件、科学研究中的重大课题有关的专题；第二，选择能够反映馆藏档案特色并具有一定研究意义的专题，有特色的档案往往是利用者需要作为专题研究的；第三，不选择与分类类目重复的问题，凡已作为分类类目列出的，没有必要再编制相同问题的专题目录。

其次，选材。由于专题目录的范围涉及许多全宗，所以在编制目录时，要先依据各种目录和参考资料列出需要挑选的材料的范围，按全宗、类目列出名单。然后根据这一名单逐一查阅文件，筛选材料。选择的次序是先从材料最多的全宗或类目入手，再过渡到比较分散的全宗或类目。

再次，制作目录条目。可以一文一条、一卷一条、多文（卷）一条。在一个专题目录中，这三种形式常常交叉使用，主要视文件内容而定，内容相同或相近的文件可合并为一个条目。

小贴士

专题卡片目录的著录项目，一般有专题名称、类、项、目、文件题名、责任者、文件编号、时间、主题词、附注、档号（全宗号、案卷目录号、案卷号、页号）等。

最后，排列。专题目录内档案文件视其内容可采用问题、时间、地区等标准分类。无论采用何种分类标准，都应以符合本专题特点、进一步深化题目为原则。

7. 文号索引

文号索引是指明文件编号及相应档号，以一定次序编排而成的一种档案检索工具，它提供了按文号检索档案的途径。文号索引一般采用表格形式，所以通常称为文号、档号对照表。也有的档案室以文号为检索项设置较为全面的著录项目，形成文号目录。文号索引适用于单位内部档案室和地、县级档案馆。文号索引应按年度、发文机关分别编制，即将同一年度、同一发文机关的文件编一张表，然后将所有的表装订成册，组成一个档案馆（室）的文号索引。

表内每页有 100 格，代表 100 件发文，固定数字代表发文号。如“01”代表第 1 号发文，“99”代表第 99 号发文等。满 100 号时即在“00”前注上“1”字，满 200 号时则在“00”前注上“2”字。这样，00～99 号在第 1 页，100～199 号在第 2 页，依此类推。每满 100 号就增加 1 页。发文号旁边的空白格内填写该文件的档号。（如表 6－1 所示）

表 6－1　　文号索引表（样表）

00		10		20		30		40		50		60		70		80		90	
01		11		21		31		41		51		61		71		81		91	
02		12		22		32		42		52		62		72		82		92	
03		13		23		33		43		53		63		73		83		93	
04		14		24		34		44		54		64		74		84		94	
05		15		25		35		45		55		65		75		85		95	
06		16		26		36		46		56		66		76		86		96	
07		17		27		37		47		57		67		77		87		97	
08		18		28		38		48		58		68		78		88		98	
09		19		29		39		49		59		69		79		89		99	

8. 人名索引

人名索引是指明人名及相应档号，以一定次序排列而成的一种档案检索工具。在档案利用中，查阅人物材料占有一定的比重，由于文件标题中很少反映人名，故只有编制专门的人名索引才能解决这个问题。

人名索引包括人名和档号两部分，即把人名引向所在档案的档号，利用者通过索引的指引，可以查到记载某一人物的材料。人名索引可以分为综合性和专题性两种。综合性人名索引是将馆藏档案中所涉及的全部人名编成索引；专题性人名索引是根据所列专题范围，如任免、奖励、处分等，对涉及该专题的人名编制索引。编制手工检索人名索引时一般可选择若干比较常用的利用角度作为专题进行编制，如任免、奖惩等。某些内容特殊的档案，如外事档案、人事档案、诉讼档案等，由于涉及的人名大多具有检索意义，可考虑编制综合性人名索引。

人名索引按人名的姓氏排列，可采用以下方法：笔画数法，即以笔画为序排列；笔形法，即按汉字的起笔形状将汉字分为几大类，然后按笔形排列；音序法，即以汉语拼音的字母为序排列。

小贴士

人名索引，可以解决查人头材料的困难，能在很短的时间内，查出本馆（室）档案中有关某一个人的档案材料，具有迅速、准确、系统的特点，是其他检索工具无法代替的，在开展利用工作中，很受利用者的欢迎。

9. 全宗指南

全宗指南，又称全宗介绍，是以立档单位全宗为编制对象范围，以叙述的形式对立档单位及其档案的内容和成分等情况进行报道的材料，是向利用者介绍和报道全宗构成者（立档单位）及其所形成档案情况的工具书。编写全宗指南是档案室一项不可缺少的基本业务工作。通过编写组织全宗指南，可以做到对本组织的历史一清二楚，对本组织档案了如指掌，从而大大增强工作的主动性。由于大多数组织的档案室仅保存着本组织一个全宗的档案，因而这些组织的档案室编写全宗指南，实际上就是编写档案室介绍。

经国家档案局 1995 年 6 月 12 日批准，《全宗指南编制规范》（DA/T 14—1994）于 1995 年 10 月 1 日开始实施。该标准规定了档案全宗指南的编制原则、结构和编写细则。全宗指南的编制原则是客观、准确、真实，语言简练，文字表达清楚。全宗指南由封页、正文和备注三部分组成。

（1）封页。

封页项目主要包括全宗指南名称、时间、全宗号。全宗指南名称是由全宗构成者的名称（全称或通用简称）加“全宗指南”构成。如：“国家教育部全宗指南”“××省档案馆全宗指南”。时间是指全宗内档案文件的起止年份，一般采用公元纪年表示。如：“××委员会全宗指南（1949—1999）”。全宗号是该全宗指南所对应的全宗的编号。

（2）正文。

正文主要包括全宗构成者沿革介绍、全宗内档案情况简介及全宗内档案内容与成分介绍。全宗构成者沿革介绍的内容包括：全宗构成者的名称、时间、主要职能、隶属关系、全宗构成者内部机构的设置及其各历史阶段演变情况。除此之外，还应将涉及全宗构成者的重大事件和对全宗构成者产生重要影响的活动及全宗构成者改组和撤销的原因写入其中。全宗内档案情况简介主要包括：档案的数量及保管期限、档案的完整程度、档案的利用价值及鉴定情况、检索工具的配置情况、档案的整理情况。全宗内档案内容与成分介绍需注意五个方面：一是需注意档案内容与成分介绍的方式，即以文章叙述的形式，按全宗内档案的实际分类体系结合问题介绍，例如，可以按组织机构介绍，也可以按问题介绍；二是需注意档案内容与成分介绍一般应使用综合概括的方法；三是一般性文件介绍不使用引文，特殊性文件介绍如需使用引文，应符合一定条件和原则；四是和全宗构成者活动没有直接关系的上级文件不作介绍，必要时只作简要交代；五是人物全宗应按全宗构成者的活动特点，结合全宗内档案材料的实际情况撰写。

（3）备注。

备注主要包括：本全宗指南的编制情况；有关全宗内档案的补充说明；全宗指南中需加解释的名词、事件及问题；全宗指南编制后，全宗内档案增加、调整、遗失、销毁等情况说明及其他有关问题的说明。

案例 6-1

杭州市萧山区园林公用事业管理处全宗介绍

一、全宗构成者沿革

（一）全宗构成者名称：杭州市萧山区园林公用事业管理处

在编在职职工：274 人，其中专业技术人员 66 人，技术工人 83 人。

（二）主要职能

性质：全民事业单位。

管理职能：承担萧山区城区市政园林工程建设和设施养护管理工作。

（三）隶属关系：萧山区建设局

（四）机构沿革（略）

（五）领导变更（略）

（六）内设机构变更（略）

（七）人员编制（略）

二、档案的分类和内容

（一）全宗情况

目前该处拥有党群行政类、财会类、城市建设（业务）类、基建设备类、人事类和特种载体类六大类档案（人事类存放在办公室），共 4 250 卷（不含人事档案）。其中党群行政类 215 卷（1990 年前 88 卷已移交萧山区档案馆），财会类 2 432 卷，城市建设类 1 384 卷，基建设备类 45 卷，特种载体类 174 卷，包括照片 2 740 张、底片 1 484 张。

（二）档案的分类和内容（略）

三、全宗内档案情况简介

（一）全宗情况

1962 年至今共有档案 4 250 卷，其中党群行政档案 215 卷（永久 119 卷、长期 82 卷、短期 14 卷）、财会档案 2 432 卷（永久 49 卷、长期 218 卷、短期 2 165 卷）、城市建设档案 1 384 卷（永久 792 卷、长期 461 卷、短期 131 卷）、基建设备档案 45 卷（永久 33 卷、长期 12 卷）、特种载体档案 174 卷（照片 2 740 张、底片 1 484 张）。

（二）档案的完整程度

全宗内有党群行政、财会、城市建设、基建设备、人事（存放在处办公室）、特种载体六大类档案。

（三）档案的利用价值（略）

（四）检索工具（略）

（五）档案编目（略）

（六）编研（略）

四、备注（略）

第二节　档案的编研

档案编研工作就是档案工作人员以档案馆（室）藏档案为基础所进行的编辑、研究、输出档案信息，主动地向社会各方面提供科学、系统的档案信息服务的一项工作。档案编研工作是档案馆（室）积极主动地、系统地、广泛地深入开发档案信息资源和开展利用服务的一种重要方式，是提高档案馆（室）工作水平的重要途径，是保护档案原件的有效措施。通过档案编研工作，可以较好地体现档案的价值，扩大档案的影响。本节介绍几种常见的档案编研成果类型：大事记、组织沿革、档案文件汇编、会议简介、科技成果汇编、企业年鉴和员工手册。

一、大事记

大事记是以档案记载为主要依据，按时间顺序简要记述一定历史时期的重大事件和重要活动的史料型参考资料。大事记的名称比较灵活，除了称“大事记”外，还有的称“大事年表”“大事记述”“大事编年”“大事纪要”“大事辑要”等。大事记可以作为一种独立的参考资料，也常作为年鉴、专业辞书、史料汇编或专著的附录，置于正文之后。大事记简明扼要地记录了组织的历史发展事实，揭示了组织历史上的重大事件和活动，能够真实地反映组织的历史发展脉络。大事记可以提供有关某一问题的历史梗概，便于利用者系统扼要地了解、研究历史的演变及发展规律；可以帮助机构负责人和职能工作人员回忆过去的工作，了解本地区、本单位工作活动和发展的历史概况，便于总结经验和研究问题；可以作为档案汇编、历史著作、地方志的辅助性参考资料，为史学研究提供方便。大事记还是对社会公众宣传的良好素材，通过大事记提供的系统资料，人们可以透视历史发展的脉络，从历史发展的事实中总结经验教训，提高认识。

（一）大事记的种类

根据记载的对象和内容，大事记主要包括以下四类。

1. 机关大事记

机关大事记记载一个机关在一定时期内的重要活动，如《中国人民政治协商会议北京市委员会大事记》《郑州纺织厂大事记》等。

2. 国家或地区大事记

国家或地区大事记记载全国或一个地区在一定时期内的重大事件，如《中华人民共和国大事记》《广州海珠区改革开放 20 年大事记》等。

3. 专题大事记

专题大事记记载国家、某一地区、某一组织一定时期内在某一方面的重大事件，如《香港回归大事记》《四川水利大事记》等。

4. 个人生平大事记

个人生平大事记记载著名人物的生平及重要活动，也称为“年谱”，如《毛泽东生平大事简表》《周恩来年谱（1898—1949）》等。

（二）大事记的体例、结构与形式

1. 大事记的体例

大事记一般采用编年体，以年月为经，以事实为纬，将大事条目按照时间顺序排列，以反映同一时期大事之间的联系。大事记的编排方式有如下两种。

（1）编年体编排方式，即完全按照时间顺序记述大事。有的大事记采用先分历史时期，再于每个时期中按年、月、日的顺序排列大事的方法；有的大事记则采用直接按照大事发生的年、月、日进行排列的方法。

案例 6-2

泰康资产管理有限公司大事记（2007 年）

2007 年 2 月 14 日，保监会李克穆副主席一行七人莅临泰康资产管理有限责任公司视察工作并发表重要讲话。

2007 年 3 月 15 日，公司召开第一届董事会第二次会议审议通过《公司 2007—2011 年发展纲要》，确定了公司未来五年的发展方向。

2007 年 3 月，公司获批设立 100 亿规模的“泰康—开泰铁路债权计划”并成功发行，受到除泰康人寿以外 12 家保险机构的踊跃认购。“泰康—开泰铁路债权计划”是保监会颁布《保险资金间接投资基础设施项目试点管理办法》后，第一个正式签约运作的保险资金间接投资基础设施项目。

2007 年 7 月，泰康资产管理（香港）公司获中国保监会批准筹建，中国保监会批准泰康资产管理有限责任公司作为唯一出资人斥资 1 500 万港币设立香港子公司。

2007 年 7 月，国家外管局批复泰康资产管理有限责任公司经营外汇业务，核准公司外汇业务范围涉及受托管理保险外汇资金、外汇投资咨询、买卖境内外币债券等。

2007 年 8 月 16 日，公司召开第一届董事会第三次会议，审议通过《增加公司注册资本的议案》。

2007 年 8 月，公司 CEO 段国圣作为保险业内资产管理公司的唯一代表，被聘任为中国保险业偿付能力监管标准委员会的首届委员。

2007 年 8 月，泰康资产管理有限责任公司成为银行间交易商协会监事单位。

2007 年 9 月 3 日下午，保监会杨明生副主席一行五人莅临泰康资产管理有限责任公司视察工作并发表重要讲话。

2007 年 9 月 13 日，公司继成功发行“泰康—开泰铁路债权计划”之后，又成功将保险业资金第一次引入上海基础设施建设领域，发起设立 20 亿“泰康—上海水务债权计划”，使得公司成为在该类业务中唯一同时受托管理两单投资计划的资产管理公司。

2007 年 10 月，公司正式发行了“开泰—稳健增值投资产品”，成为业内第一家发行开放式集合理财投资产品（含权益二级市场）的资产管理公司。

2007 年 10 月，在劳动和社会保障部组织的第二次企业年金投资管理人遴选工作中，公司成功获得企业年投资管理人资格，为进军企业年金市场赢得了战略机遇。

2007 年 11 月 9 日，泰康资产管理（香港）有限公司在香港注册成立。

（2）分类编年体编排方式，即先按照事件的性质分类，再按时间顺序记述大事。如《中华人民共和国大事记》就是采用此种方法，先按性质将事件分为政治、财政经济、军事、文化教育、中外关系五大类，每类下再分为若干属类，每个属类下的大事按年、月、日排列。

2. 大事记的结构

（1）题名：包括大事记的总标题、记述事件的上下年限、编者。

（2）前言：说明编写目的、大事记的性质和范围、材料来源。

（3）目录：凡划分几个阶段或若干专题编写的大事记，阶段或专题名称即为条目。一般大事记可不设目录。

（4）正文：包括大事时间和大事记述两个部分。正文的编排可以分为三类：其一，将大事按照时间顺序进行排列，先排有确切日期的大事，日期不清的大事排于当月末，月份不清的大事排于当年末，年份不清的一般不予记录；其二，先分若干时期，每一时期的大事可以归纳到几个不同的主题下；其三，先分若干大主题，在每个主题下按照日期进行划分和记录。

（5）附注：重要机关、重要专业、重要专题的大事记，以及篇幅较大、年限较长、内容丰富、需正式出版或供专门人员研究用的大事记，应设置附注，如注释、主题索引、人名索引等。

3. 大事记的形式

大事记有文书叙述和列表叙述两种形式。文字叙述形式记事比较详细，适用于各种记述对象的大事记；列表叙述形式记事比较简略，适用于大事年表和人物年谱等专题性编研。

（三）大事记编写的要求

1. 选材要求

要本着大事突出、要事不漏的原则，明确选材范围，确定大事标准，既不能漏选大事、要事，也不能事无巨细。具体来说，选取事实时要注意选取能突出本地区、本单位特点，能反映一定时期中心工作的大事、要事。一般来说，凡是涉及以下内容的事件，应当被纳入大事记的编写范围内。

（1）组织的各种重要会议、重大活动情况；

（2）组织领导人的各种重要活动情况；

（3）以组织名义制定的方针政策，发布的规定，作出的重要决定、决议、规划；

（4）本组织的成立、撤销，以及隶属关系、职权范围、内部机构的变动情况；

（5）本组织主要领导成员的任免、奖励情况；

（6）本组织工作中出现的典型事件、事故；

（7）上级组织或上级领导对本组织的重要指示，以及上级领导到本组织检查工作的重要活动情况；

（8）报纸、刊物发表的关于本组织的经验、事故和批评的报道及重要新闻等；

（9）重大成果（生产上的重大突破、科研上的重大发明创造、重要产品等），经济建设、文化建设、科学技术的重大变革和成就，以及重大公共设施的建设。

想一想

机构大事记材料的选择应该从哪几个方面入手？

2. 时间排列要求

要按照年月日自然顺序排列事件。时间的记载要特别注意准确性，必须写明事件发生的年月日，有的甚至要精确至时分秒。对没有注明时间或时间不准确的事件，应进一步进行核实与考证，写明确切的时间。无法核实准确时间时，可依据相关档案材料表明大致时间，并在附注中加以说明。大事记的时间一般写公历。

3. 大事记记述要求

取材要真实、准确，文字简明扼要、客观，不要加以评论；要一条一事，不要一条多事；记述内容要完整，大事涉及的时间、地点、人物、数据、发展过程、因果关系等均应揭示出来。

4. 材料来源要求

档案只是机构大事记的重要材料来源之一，为了更好地丰富大事记的内容，编研人员可以从报刊、书籍、资料、调研报告等材料中进行广泛的搜集，使大事记能够全面反映机构发展变迁的方方面面。

二、组织沿革

组织沿革也称为组织机构沿革，是全面、系统地记述和反映某一地区、某一系统、某一单位组织机构演变的参考材料，其主要作用是为人们查考、研究某一主体的组织变革情况和历史发展提供客观的基础性信息。编写组织沿革要求内容全面、系统、客观，文字简明，能够直接反映机构发展变化的历程。根据反映对象的不同，组织沿革可以分为机关组织沿革、地区组织沿革、专业系统组织沿革。

（一）组织沿革的结构与形式

1. 组织沿革的结构

组织沿革由总题名、总序、目录、正文和附图五个部分组成。下面介绍一下除正文外的其他组成部分。

（1）总题名：包括标题、起止日期、编者，置于全文之首。

（2）总序：置于第一页，目录之前。主要说明编写目的、体例、材料来源、本机关的性质和主要职能以及历史沿革概况。

（3）目录：置于总序之后、正文之前。每个阶段机构名称和起止年月为一个条目，机构设置时间较短、发展阶段较少的也可以不设目录这个部分。

（4）附图：按机构的不同阶段，分别绘制树状图或流程图，也可以附表。

2. 组织沿革的形式

组织沿革的形式包括三种：文字叙述、图和表。

（1）文字叙述，主要以文字表述的形式记述机构与负责人职务变化的基本情况，其中机构性质与主要职能、隶属关系、人员编制、内部机构设置、负责人组成五个要素为必备要素。同时文字叙述要按照时间顺序或按照分机构、分部门的顺序进行。

案例 6－3

深圳市路灯管理所组织沿革

自深圳市路灯管理所成立发展到现在，在组织机构上大致可以划分为如下阶段。

(1) 1981—1983 年：深圳市路灯管理所成立于 1981 年，直属深圳市供电局，主要担负市区部分道路照明建设和维护管理。全所由 7 人增加到 15 人，内设技术部，下设罗湖、上步维修班。

(2) 1984—1991 年：路灯管理所直属深圳市市政公用事业管理公司，主要担负罗湖、上步区域内道路照明建设和维护管理。全所共有正式职工 50 名，内设办公室、技术业务员部，下设罗湖、上步、南头、沙头角维修班。

(3) 1992—1993 年：路灯管理所由直属深圳市市政公用事业管理公司改为直属市政府城管办，深圳市路灯所正式定为正科级单位。全所共有正式职工 80 名，内设办公室、技术管理部、维修班。

(4) 1994—1996 年：深圳市路灯管理所正式更名为深圳市路灯管理处，直属深圳市政府城管办，正式定为副处级单位（深编办〔1994〕48 号批复）。全处共有正式职工 120 名，内设办公室、计财科、材料供应科、技术管理科，下设罗湖工区、福田工区、南山工区。

(5) 1997—1998 年：经深编办〔1996〕92 号批复，增设政工科和巡查保卫科，科室均为正科级单位。

1997 年 6 月，深圳市路灯管理处经上级部门批准（深编办〔1997〕74 号），正式加挂"深圳市灯光环境管理中心"，增设灯光环境管理科，增配 6 名事业编制，实行一套人马、两块牌子管理模式。

1998 年，经深编办〔1998〕43 号批复，同意增设盐田工区，内设机构名称由科、室改为部、室。

(6) 1999—2001 年：深圳市路灯管理处经深编办〔1999〕8 号批复，正式更名为"深圳市灯光环境管理中心"，加挂"深圳市路灯管理处"，定为正处级单位。全中心共有正式在编职工 126 名，内设办公室、政工人事部、计财部、技术管理部、灯光管理部、设备材料部、巡查保卫部，下设罗湖、福田、南山、盐田工区。

2001 年 8 月，经深编办〔2001〕42 号文批准，深圳市灯光环境管理中心增加灯光规划设计室。

(2) 组织系统图，指介绍一段时期内机构的职能部门设置与负责人及工作人员安排等情况时形成的系统图。组织系统图的样式可以是树状，也可以是流程状（如图 6-4 所示）。

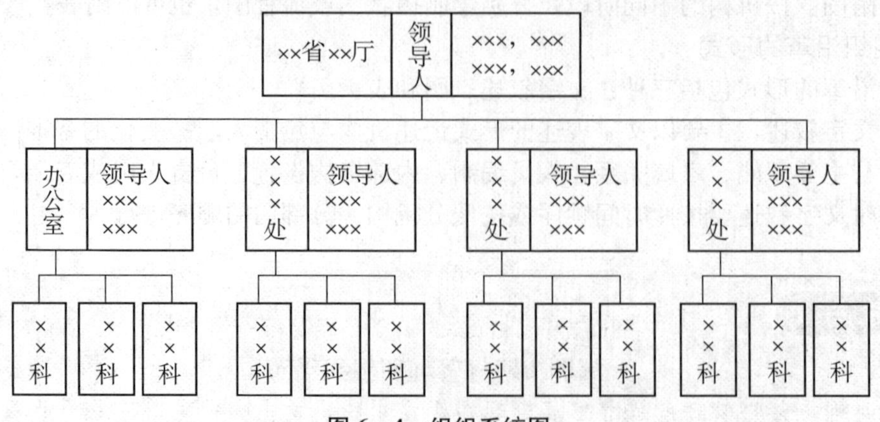

图 6-4　组织系统图

（3）组织系统表，将文字表述部分的五大要素以表格的形式表现出来（如表 6－2 所示）。

表 6－2　　**组织系统表**

年　月至　年　月

机构名称	性质和主要职能	隶属关系	人员编制	领导成员职务及任职起止时间
×××办公室				
×××部				
×××部				
…				

一般情况下，组织沿革采取文字叙述的形式。有些机构设置时间较长，机构内部职能部门设置、更替较多，人员任命与调换较为频繁，可以采用文字叙述搭配组织系统表的形式进行编排。

（二）组织沿革的内容与体例

1. 组织沿革的内容

（1）机构的历史发展概况、行政区划、建制等情况；

（2）机构的性质、任务、职权范围和隶属关系；

（3）机构内部组织机构的设置和人员编制的变化情况；

（4）机构主要负责人和相关责任人的任免情况；

（5）机构名称变更、印信的启用与废止、机构办公地点的迁移等情况。

2. 组织沿革的体例

（1）年度（阶段）—内容法，即以机构发展的各个阶段为主线，将材料按照年度或阶段分开，在每个时期下面按照顺序分别叙述机构及其各个职能部门的设置、性质、任务等。

（2）部门—年度法，即以单位内部职能部门为主线，每一个内部职能部门的沿革连续地、自成一个系列地叙述。这种体例适用于内部机构比较稳定的机构。

（3）问题—阶段—部门法，即分析机构沿革情况所涉及的问题，并划分不同的类别，每个类别下归纳出若干个问题，以这些问题为基本框架，按年度、阶段、时期，依据不同的职能部门进行内容的叙述。

三、档案文件汇编

档案文件汇编是按照一定的专题，将有关档案文件选编成册，在规定范围内使用或公开出版的参考资料。档案文件汇编具有全面性、可参考性和可替代性的特点。依据档案文件汇编的来源划分，可以分为外部档案文件汇编和内部档案文件汇编。依据档案文件汇编的内容划分，可以分为专题性档案文件汇编和普发性档案文件汇编。

知识链接6-4　我国最早的档案文件汇编

我国历史上最早的档案文件汇编是《尚书》。其内容大部分是古代帝王向臣下或民众发表的训令和向军队宣布的誓师词，以及大臣向君王提出的建议和规劝；包括典、谟、训、诰、誓、命等几种文书种类；所涉及的年代，上起于尧，下迄春秋前期，时间跨度达1 300多年（公元前2000年至公元前700年）。

（一）档案文件汇编的结构

（1）汇编名称。汇编名称即档案文件汇编的标题。如果汇编以时间阶段为主题，汇编名称就由发文机构名称和划定时期组成，即写作“文件汇编（××××—××××年）”，例如“国务院档案文件汇编（‘十一五’）”“有限公司档案文件汇编（1999—2010）”；如果汇编以某一专题为选题，汇编名称就由机构名称和专题名称组成，也可以通过划定时间段缩小收录的档案文件的范围，例如“国家工商总局关于企业管理相关工作制度的汇编（2005—2010）”。

（2）目录。如果是以时间为汇编主题，则大类可以按时间进行划分，如按年或按时间段划分；如果是以专题为主题，则可以按照专题下的细类再进行划分，细类下可以按照时间的顺序，也可以按照发文机关的顺序对档案文件进行排序。

（3）档案文件原文。这是此类汇编的主体部分，也是汇编利用者重点参考的部分。档案文件的原文由一件件独立的档案文件组成，可以使用原文，也可以通过誊写的方式将文件全文摘录下来，注意文件的标题名称、发文机关、发文字号、成文日期等反映档案权威性的标识要一一保留，切忌遗漏。

（二）档案文件汇编的编写要求

（1）档案文件汇编的内容的选择，首先要新，即选出符合主题的最新的文件；其次要典型，即选择的档案在汇编专题下要具有一定的典型性，要选择最能够反映汇编专题的档案文件；最后要全，即选入汇编内的文件要尽量全，文件与文件、档案与档案之间不应该脱节，特别是以发文时间或发文序号进行排列的汇编更要注意时间、发文序号的连贯性。

（2）汇编内的档案文件应当尽量选择档案文件的原件进行全文摘录，文件格式应当尽量还原档案文件的原貌。

（3）转引档案文件要将文件的全部内容转引，包括文件正文后的附件内容。

（4）如果选择的文件是某机构制发的请示，那么在这篇档案文件之后一定要附上上级机关针对这则请示给予的批复，使请示与批复以成套的方式联结起来。

（5）通过进一步了解国家、机构的相关政策法规，分清哪些档案文件应该对外公开，哪些档案文件需要一定的年限后才能公开，哪些档案文件不能公开。涉及国家与机构机密的档案文件不应开放，未到档案公开期限的档案文件不能开放，现行使用的文件不能作为档案文件汇编的内容开放。

四、会议简介

会议简介是简明扼要记述某次或某类会议过程和基本情况的参考资料。凡是组织机构围绕某一主题召开的会议，都要进行会议简介的编纂；重要会议的会议简介，往往具有决策、指导、启迪和教育作用。

（一）会议简介的内容

1. 标题

会议名称之后加“简介”二字，位于封面上中部或简介之首，要注明时间断限或起止届次、编写单位和编写日期。如“×××××公司第一届职工代表大会简介”。

2. 前言

写明被介绍会议的性质、届次、内容所涉及的范围、编写简介的目的、材料来源和完整可靠程度等，位于封内首页或标题之下、正文之前。

3. 正文

按照届次或开会时间先后，分别依次介绍会议名称及时间、地点、主持人或主席团成员、参加人员、会议召开方式和议程、决议和决定、选举或讨论结果及其他应该介绍的情况。对于选举结果，一般只标明选举出的主要领导人姓名、职务以及委员、候补委员的人数即可，需要时亦可将全部选举结果以附录形式附后。

4. 附注

对正文所介绍内容的出处及有关问题作出说明。

（二）编写会议简介的要求

1. 分类纂辑，连续不断

会议的简介要根据会议的内容和性质进行分类，如日常办公会议、代表大会、理事大会等，这样分类能够使人清晰地了解每一类会议的会议简要情况。同时会议的介绍要根据时间的顺序进行排列，会议与会议之间不要“断档”。

2. 实事求是，不加评判

会议的介绍要根据会议记录的内容进行整理，所转述的内容要真实可靠、实事求是，不添加编写者的评价和议论。同时对重要内容要全文照录，不能出现遗漏和失实的现象。

3. 结构完整，有所侧重

会议简介通常是对组织机构重要会议的记述，重要会议往往议程较长，程序较多，因此在介绍时要将会议的所有程序记录完整，但可以根据程序的重要程度而有所侧重。

4. 文字简练，层次分明

会议情况可以从简介绍，会议的报告和重要事项应详细一些；为避免历次会议介绍大同小异、面目相似，应注意对每次会议特色的介绍；必要时可以对会议的意义、效果作简要评价。对于专业会议，更要注意写出其专业特色。

五、科技成果汇编

科技成果汇编是专门介绍某一地区、某一系统、某一单位、某一项或某一类科研成果情况的汇编，是科技档案的编研成果之一。这种编研成果对于促进科学技术的传播、交流，促进科技成果向生产力的转化具有重要作用。根据编写形式，科研成果简介可以分为单项成果简介、多项成果简介、获奖成果简介等。科技成果简介，有用简明文字叙述的，也有采用表格形式的（如表 6－3 所示）；根据所汇集成果数量的多寡，既可以编印成一册，也可以编印多册。

（一）科技成果汇编的内容

1. 科技成果完成单位

主要标明科技成果的完成单位的全称和参与科技成果研发的组织机构的全称，如有必要应当对该科技成果研究课题组的全体成员的基本情况进行简要的介绍。

2. 是否获奖及获奖等级

主要标明该科技成果是否获得国家级、省部级、厅局级及其他级别的科研奖项，如获得相应奖项，应当标注获得的是哪个级别的奖项、奖项的等级及相关奖励明细。

3. 科技成果内容简介

用表格或文字陈述的方式简要介绍科技成果的主要内容，包括科技成果的立项时间、批准部门、经费额度、研究起止时间、项目研究的进程及执行计划表、最终成果名称、项目最终成果内容等。

4. 关键技术及其性能指标

详细说明该科技成果所依赖的技术手段、操作平台、设计理念及研究成果的相关性能指标。

5. 发现、发明及其创新点

详细说明该科技成果相较于其他同类产品具有哪些优势、创新之处，以及该项目取得了哪些技术上的进步，发现了哪些新的技术元素与新的现象，发明了哪些填补空白的成果等。

6. 应用情况及效果

主要从经济效益和社会效益两个方面分析该科技成果取得的应用性价值及效果。在陈述经济效益方面，尽量采用比较清晰的数据图表式的陈述方式；在陈述社会效益方面，尽量附带有相关的证明材料，以供日后查验。

7. 推广应用前景

主要陈述该科技成果今后大范围应用的前景及后续研究、改进的方向。

8. 评审验收情况

主要标明该科技成果经过评审验收的时间、机构及评审意见。

表 6-3　　科技成果简介

项目名称			
完成单位		项目负责人	
是否获奖		获奖等级	
项目简介			
关键技术与指标			
市场前景			
发明创新点			
适合生产或合作的企业			
项目验收情况			

(二) 科技成果汇编的编写要求

1. 成果选择要全面，同时要突出重点

科技成果汇编的主要作用在于记载和宣传本单位研发的科研成果，因此科技成果汇编要将所有由本单位在一定时期内研发的科技成果一并收集齐全。对于收集齐全的科技成果，在编写汇编时要分清主次，对具有创新性或典型意义的、为单位带来巨大经济和社会效益的科技成果要重点介绍。如对于具有创新性的科技成果，可以在“成果创新”一栏中介绍得详细具体些；对于能够带来巨大效益的科技成果，可以分类分项对成果取得的效益进行介绍，突出其在某一方面的优势。同时，在编排科技成果汇编的顺序时，可以将重要的成果安排在前面，次要的安排在后面，达到主次分明的效果。

2. 成果信息要填写完整，并能真实反映科技成果的原貌

科技成果汇编可以使用表格的形式逐项著录，也可以使用文字叙述的方式，但无论使用何种方式编写，都必须将前述科技成果汇编的八项内容填写完整。科技成果研发单位还可以根据自身成果的特点，增加相关的介绍信息。对科技成果汇编中的重要信息要经过验证、查实后方可进行著录和编写，切忌将不实的数据、影响和效果填写到汇编中。如单位有条件，可以让编写人员通过走访、咨询等方式对科技成果汇编中的各项信息进行验证、核对和查实。此外，科技成果汇编的语言要平实、简练、完整，不可出现肆意夸大事实、扭曲事实、冗杂累赘、残缺不全的语言表述和信息内容。

3. 成果汇编要定期编写，编写过程中要注意保密

科技成果汇编是一种直接介绍单位最新科技成果研发情况的文字材料，因此其编写要定期化，而且编写周期不能间隔过长。这是因为科技成果的研发和使用具有一定的时效性，如果过晚地对科技成果进行公布与介绍，就会造成相关技术和成果的现实应用性价值丧失，失去了科技成果汇编的作用。同时，在编写科技成果汇编的过程中，要注意对单位核心技术机密和带有密级的相关信息的保护。要建立科技成果信息公布的审核机制，对技术机密和秘密信息给予严密的保护，避免因为工作失误造成带有密级的信息随着科技成果汇编的公布而被泄露的事情发生。

六、企业年鉴

（一）企业年鉴概述

1. 企业年鉴的概念

企业年鉴是企业在管理中不可缺少的一种独特、系统的参考文献，它是反映企业历史发展的权威性、资料性的工具书。企业年鉴是记录企业年度发展历史的技术性编研产品，也是一种新类型的年度企业史。它主要反映了企业在企业管理、生产、经营等方面的年度情况，能够比较综合地、连续地记录企业发展的各项轨迹。企业年鉴内容的表述大都反映了企业文化建设的内容和要求。企业年鉴可为现实服务，是企业内外相关者可读、可用的文献和工具书。企业年鉴记述、记载了上一年度企业的基本情况和基本数据，将“大、特、要、新”的事物和企业方方面面有价值的信息浓缩于几十万言之中，并组成一个有机整体，给社会各界提供了解、研究该企业乃至以该企业为“麻雀”解剖现代经济所必需的真实信息。

知识链接6-5　年鉴

年鉴是以年度为时限，汇集反映一年内重要工作活动和成就的文件、数据、图片等档案信息，分栏目叙述该年度基本情况的编研成品，是密集型资料性工具书。年鉴一般逐年编辑出版，栏目相对固定，而具体内容则随年度发展变化而更新。年鉴必须在封面上标明年份，如 2007 年出版的年鉴，其内容是 2006 年的信息，截止日期是 2006 年 12 月底。近几年来，国家档案局每年都编辑出版《中国档案年鉴》，北京市地方志办公室每年都编辑出版全面反映首都各项事业的《北京年鉴》。

2. 企业年鉴的功能

由于企业年鉴的权威性，它成为企业年度重要数据公布的主要形式，利用者能够从企业年鉴中发现企业在各项工作中产生的诸多数据，这对于企业认清自身的“家底”、开展各项工作具有重要的参考价值。除存史和现实利用外，企业年鉴也是系统宣传企业形象的一种刊物，有助于增加企业以外的社会对企业的了解，有利于相互间的投资和经贸往来。企业年鉴也是企业文化建设的重要组成部分，是对外宣传、展示企业形象的有力载体。企业文化表现于企业的管理、产品销售、售后服务、工序衔接、岗位职责、职工素质等各方面。

（二）企业年鉴的编写要求

1. 企业年鉴的内容选择要有特色，突出企业工作的亮点

企业年鉴之所以区别于其他年鉴，主要在于其鲜明的企业自身特征和专业特点。企业年鉴要紧密围绕本企业、本公司进行材料的选择。在年鉴的编撰过程中要明确突出企业的经营理念、管理模式、生产方式、员工素质，以及取得的成果、业绩、经验、影响，做到“大事一件不落，小事一应俱全”。只有这样，企业年鉴才更能体现企业的特点，进而与其

他企业的年鉴、其他类型的年鉴区分开来。

2. 合理科学地安排年鉴的结构

企业年鉴的结构一般可以分为五个部分。

（1）前言。前言部分主要阐述企业年鉴编纂的目的、意义和编纂委员会名单等，如条件允许，可以请企业的负责人撰写前言的内容。

（2）企业制发和接收的具有重要作用的文件。首先，将国家制发的关于企业发展与建设的法规性、政策性文件按照制发机关和内容的重要程度及相关程度进行全文转载。其次，按照企业年鉴的编纂年限，将企业制发的具有重要决策意义的决定、通知、会议纪要等文件按照时间顺序进行全文转载。最后，将企业向上级主管机关制发的请示、报告按照时间顺序进行全文转载。

（3）企业大事记。按照企业年鉴的编纂年限，将在这一时期企业发生的重大事件按照时间顺序编纂成大事记列于文件汇编之后（大事记的编写方法详见本节第一部分）。

（4）相关数据汇总。对企业年鉴编纂年限内关于企业生产、贸易往来、职工相关信息、基础建设等业务活动中的数据进行统计和汇总。

（5）附录。其他可以作为企业年鉴内容的材料可载于附录内，如企业获得的奖励、科研项目研究进展情况、企业参与社会实践情况等。

3. 年鉴内容要紧跟企业发展

条目是年鉴的基本单元和主要表现形式，条目的设置是框架的细化，条目的选题和选材对突出年鉴特色而言非常重要。企业年鉴作为企业年度现实的真实记录，其历史性寓于现实性之中，“新”是第一位的，选题选材首先要考虑选择新，然后才是记“大”记“要”，突出特色。这样才能体现年鉴的年度性、时代性和特色，实现年鉴“常编常新”的目的。

企业年鉴要保持相对稳定的条目，所以处理好题材创新与内容资料连续性的关系很重要，其原则有二：一是一般性的连续性资料尽可能在概况条目中集中反映，以留出版面选收当年新颖、有亮点的题材；二是某些需要连续记载的重大题材，切入角度要与时俱进，符合时代特色，内容要及时更新，更新条目的标题要因时因事而异，使年鉴信息从标题到内容、资料都充满新意与时代特色。

4. 图文并茂，注重装帧设计

企业年鉴的内容要注重图文并茂，除了一些重要的法规性、政策性文件之外，部分内容，如企业数据年报、企业职工基本信息、企业重大事件等可以附带大量的照片、表格、数据图来增加企业年鉴的可读性。这种图文并茂的编排方式一方面给读者带来清新、深刻的印象，另一方面使年鉴的编排更加直观，更具说服力。同时，企业年鉴还应在封面设计、彩版配置、版式设计、装帧等形式上，以及检索系统方面狠下功夫，以达到内容与形式的完美统一。

5. 贴近企业员工生活

企业年鉴不仅仅是企业大事要事的记录册，还要符合企业普通员工的切身利益和需求。这就要求企业年鉴在选材时，要注意收录一些与企业员工利益相关的文件，如每年国家出台的关于企业工作在教育培训、薪酬福利、升职离职等方面的政策法规，以及企业针对这些法规而作出的决定和通知。同时可适当地在企业年鉴中附设一些与本企业相关的知识性、实用性的内容，增加企业工人阅读年鉴的兴趣，同时提升其对企业文化的理解。

七、员工手册

员工手册是一部将企业或公司所有与职工生产、工作、生活、福利、待遇等相关的法规、制度、规范进行汇集而形成的编研产品。制作员工手册的目的有二：一是帮助新旧员工全面了解企业或公司的各项规章制度及应有的福利待遇，二是介绍与宣传企业或公司的基本情况、企业文化、组织结构和企业发展情况。

员工手册是企业规章制度、企业文化与企业战略的浓缩，是企业内的“法律法规”。它既覆盖了企业人力资源管理各方面规章制度的主要内容，又因适应企业具有独特个性的经营发展需要而弥补了规章制度制定上的一些疏漏。站在企业的角度，合法的员工手册可以成为企业有效管理的“武器”；站在劳动者的角度，它是员工了解企业形象、认同企业文化的渠道，也是自己工作规范、行为规范的指南。特别是在企业单方面解聘员工时，合法的员工手册往往会成为有力的依据之一。

小贴士

《劳动法》第二十五条规定的用人单位可以解除劳动合同的情形包括“严重违反劳动纪律或者用人单位规章制度的”，但是如果用人单位没有规定，或者规定不明确，在产生劳动争议时，就会因没有依据或依据不明确而陷入被动。制作一本合法的员工手册是法律赋予企业的权利。

（一）员工手册的内容

1. 手册前言

前言包括两个方面的内容：一是在员工手册正文之前，可由董事长或总经理致辞，对新员工表示诚挚欢迎，预祝事业成功，并附上亲笔签名，这种致辞会让员工备感亲切；二是对这份员工手册的目的和效力给予说明。

案例6-4

深圳市艾尔诺光电技术有限公司企业员工手册前言

欢迎您加入深圳市艾尔诺光电技术有限公司。深圳市艾尔诺光电技术有限公司是集科研、开发、生产、销售、服务于一体的生产大型LED显示屏光电系列产品的高新科技企业。作为本公司的员工，您将成为一名团队成员，为顾客提供最优质的LED显示屏生产及服务。公司要求所有的员工必须在共同信任和相互理解的基础上努力奋斗，坚持团结协作，走共同奋斗的发展道路。如果没有这种平台，您的聪明才智是很难发挥并有所收获的。因此，没有责任心、不善于合作、不能参与集体奋斗的人，等于丧失了在艾尔诺光电进步的机会，那样您会空耗宝贵的光阴。

…………

机遇总是垂青于踏踏实实的工作者。您想做一名专业LED显示屏人士吗？请从一点一滴做起吧。也许您在外面的其他公司是QC、领班、主管或者是技术人员，但是进入艾尔诺光电后您在公司外取得的地位均已消失，一切凭实际才干定位，这点在公司内已经深入人心，为绝大多数人所接受。现在您需要从基层做起，在基层工作中打好基础、积累才干。请记住公司永远不会提拔一个没有基层经验的人来做高职工作。遵照循序渐进的原则，每一个环节、每一级台阶对您的人生都有巨大的意义。

公司目前采取以经理为首的责任制，按照少数服从多数、民主集中的原则，就各大问题形成决议后由各部门去安排执行。各项制度与人员管理，有些可能还存在一定程度的不合理，我们也会不断地进行修正、调整，使之日趋合理、完善，但在正式修改、调整之前，您必须严格遵守已有的各项规章制度，严于律己，宽以待人。

…………

2. 公司简介

对公司进行简要介绍的目的是让员工快速了解公司、快速融入公司。这一部分通常包括以下几个方面：（1）公司的价值观；（2）公司的战略目标；（3）公司业务概况介绍；（4）公司的组织架构；（5）公司的发展历史；（6）公司的企业文化等。

3. 手册总则

一般包括礼仪守则、公共财产、办公室安全、人事档案管理、员工关系、客户关系、供应商关系等条款。这有助于保证员工按照公司认同的方式行事，从而达成员工和公司之间的彼此认同。

4. 行为准则

通过对行为规范或特殊的职业要求的学习和理解，可以提升公司员工整体的职业素养，进而提升员工的工作效率与业绩。这部分通常包括以下内容：（1）公司日常行为规范；（2）公司日常工作中的行为规范；（3）对外业务交往中的行为规范；（4）行业特殊职业要求。

5. 政策规定

首先是人事制度，即员工选聘依据、考核标准、晋升条件、聘用（解聘）程序；其次是工资待遇，即工资结构及分级、工龄计算、各种奖金和补贴发放办法、试用期待遇等；再次是劳动纪律，即劳动合同的签订、考勤制度、请销假制度等；其他各项制度，如报销制度（指差旅费、医药费等）、奖惩制度、车辆使用制度、安全制度、卫生制度、保密制度等，可视需要作详略不同的介绍。

现代公司为员工提供的各种社会保险，如养老保险、医疗保险、人身保险等，以及其他福利，如提供工作服、免费午餐，提供可借阅的图书，提供单身公寓或发放租房补助金，提供年度休假等，亦应列入此部分。

6. 培训

一般新员工上岗前须参加人力资源部等统一组织的入职培训。另外，员工还应按规定参加公司不定期举行的各种培训，以提高业务素质及专业技能。

7. 任职聘用

说明任职开始、试用期，员工评估、调任以及离职等相关事项。

8. 考核晋升

一般分为试用转正考核、晋升考核、定期考核等。考核评估内容一般包括指标完成情况、工作态度、工作能力、工作绩效、合作精神、服务意识、专业技能等。考核结果一般为“优秀”“良好”“合格”“延长”“辞退”。

9. 员工薪酬与福利

此项是员工最关心的问题之一。应对公司的薪酬结构、薪酬基准、薪酬发放和业绩评估方法等给予详细的说明，同时介绍公司的福利政策和为员工提供的福利项目。

10. 工作时间

使员工了解公司关于工作时间的规定，往往和费用相关。基本内容是：办公时间、出差政策、各种假期的详细规定以及相关的费用政策等。

11. 行政管理

多为约束性条款。比如，对办公用品和设备的管理、各人对自己工作区域的管理、奖惩、员工智力成果的版权声明等。

12. 安全守则

一般分为安全规则、火情处理、意外紧急事故处理等。

13. 手册附件

主要是对一些未尽条款的补充说明，包括本手册的有效性、本手册的解释权、本手册的修订、未尽事宜的参照办法、保密原则、员工签收确认函等。

（二）员工手册的编印要求

1. 在语言与条款逻辑性方面

（1）从语言风格上，审核员工手册是否与公司倡导的企业文化相吻合。通常来说，“写在前面的话”的部分，应保证语言风格的轻松并充满感情；“公司概述”部分，应保证语言风格的激昂与客观；“行为规范”“特殊的职业要求”“员工管理制度”及附则部分，应保证语言风格的客观、严谨。

（2）从用词与表述的方式上，审核员工手册的表述是否简洁流畅，是否易懂易记。应去掉多余的表述，避免过多的长句。

（3）从整体的逻辑性与条理性上，审核员工手册每项内容之间的条理性，以及各项内容之间表述的逻辑性。

2. 在手册内容表述方面

（1）重点突出。员工手册不是“企业大全”，不可能也没必要包罗万象、面面俱到。手册所含内容，应是员工最为关心的、与员工日常工作和切身利益相关度最高的事项，通常也是出现频率高、处理程序化程度高的各种事宜。手册内容不能过多过细，以免造成杂乱无章，查阅不便。至于涉及某个方面的具体细节，员工可查询有关文件，或者咨询相关职能部门。

(2) 企业文档管理机构、人力资源部要通过与相关部门的充分沟通，来调动和发挥相关部门的专业性，丰富员工手册的内容，并与其共同完成员工手册内容的草拟。

(3) 前言中的致辞由人力资源部编写，然后交给总经理或董事长审批、签字，也可以由总裁办编写，然后交给总经理或董事长审批、签字，具体由公司的权限特征与董事长或总经理的管理风格确定；公司简介部分通常交由负责对外形象宣传的部门负责，一般由市场部、企管部或行政部草拟；其他条款一般由文档机构和人力资源部草拟，但文档机构和人力资源部可以协调相关部门提供相应的制度文本与要求。

(4) 企业每年要组织人员修改一次员工手册，以便与时俱进。每当国家新的法律法规出台时，要及时修改。

3. 在手册外观和合法性方面

(1) 手册印刷精美。员工手册是新员工拿到的早期书面资料，无疑凝聚着公司精神，代表着公司形象。好的员工手册不仅要在内容上做到科学取舍、精心编写，还要在外观上做到装帧优良、印刷精美。只有这样，才能给员工留下美好的第一印象。

(2) 手册必须经过公示，得到员工的认可。经过员工代表及机构负责人表决通过的员工手册，应当至少在机构内部公示一周时间，便于所有员工周知和提出意见。不经过表决通过和公示的员工手册的法律效用会大打折扣。

案例 6－5

《员工手册》未经公示被判无效

企业《员工手册》因没有经民主程序并向员工公示，被法院认定无效。昨日，宣武区法院一审判决某食品公司的《员工手册》无效，该公司支付病假员工两个月的工资差额 1 900 余元。

曾在某食品公司工作的李女士称，该公司 2004 年 12 月 31 日以前实施的是旧版《员工手册》，其中规定员工的病假工资是其基本工资的 60%。她于去年（2004 年）7 月 28 日开始至今一直在家休病假。按照这个规定，其病假工资每月应为4 440元。

今年（2005 年）1 月，食品公司公布并实施新版《员工手册》。新版《员工手册》规定：当年病假累计超过十天，病假工资待遇按员工工作地政府规定的最低标准执行。

在这期间，食品公司按照旧版《员工手册》规定，向李女士支付了至 2004 年 12 月的病假工资；今年 1、2 月，则依据新规定支付了李女士的病假工资。但李女士认为，今年 1、2 月份自己仍应按照旧版《员工手册》每月拿 4 440 元，要求公司补齐差额1 900余元。食品公司认为，新版《员工手册》规定该手册生效日期为 2005 年 1 月，因此不同意李女士的要求，并为此起诉到宣武区法院。

法院经审理查明，李女士去年 7 月 28 日请病假，至今年 3 月起诉时始终在医疗期内。而食品公司虽将新版《员工手册》向员工公布并已送达，但未履行相应的民主程序，没有在制定期向员工公示。因此法院判决食品公司支付李女士今年 1、2 月的工资差额 1 900 余元。

（资料来源：李欣悦．《员工手册》未经公示被判无效．新京报，2005－08－18. 有改动。）

第三节　档案的利用服务

档案的利用服务是将档案馆（室）收藏的档案信息以不同的方式提供给利用者利用，是档案部门为组织内工作人员和组织外社会公众提供档案信息资源的重要手段，是档案工作价值的直接体现，是衡量整个档案工作质量的主要标志，因此档案的提供利用工作在文档管理工作中占有突出的地位。

档案的利用服务虽然在档案工作中具有突出的地位，对其他各项业务工作产生深刻的影响，但也不能忽视其他各项业务工作对档案利用服务工作的作用。只有做好了档案收集、整理、鉴定、保管、检索等工作，档案的利用服务才能落在坚实可靠的基础上。近年来，随着档案在生活、工作与学习过程中作用的日益明显，社会公众对档案利用的关注度逐年增加，档案利用服务工作也不断推出新的方式以满足不断发展的公众利用需求。本节将介绍几种常用的档案提供利用方式：提供阅览服务、档案外借服务、制发档案复制件、举办展览、制发档案证明、咨询服务和档案网站服务等。

一、提供阅览服务

提供阅览服务是指档案管理机构在固定的档案利用场所为利用者提供档案原件阅读与使用的服务过程。档案是历史的原始记录，一般都是单份或孤本，有的内容具有一定的机密性，这些特点决定了档案一般不能外借；同时，收藏的档案不便于也不必全部复制多份广为传播。通过档案馆（室）内阅览的方式，既能保证利用者的利用需求，又方便档案的保护和保密。因此，它是档案管理机构开展档案提供利用服务的主要方式之一。

（一）可供阅览的档案范围

对于一个组织机构来说，机构内的任何人员都可以阅览除涉密档案之外的档案，而机构外的利用者需要进行申请，获批准后方可浏览。因此文秘人员要根据其所在组织机构的档案馆（室）藏资源进行档案阅览范围的划分，一般情况下涉密档案和涉及机构重大利益、涉及人员利益的档案不公开阅览。

除了组织机构的档案之外，档案阅览服务还可以提供其他资料的浏览服务，如机构内部的政策规定、条令、制度，政府颁布的出版物、行业和协会的资料，各种年鉴，员工阅览权限内的客户资料，各种业务图书、手册，商业应用文文集，市内饭店、酒楼、餐厅、旅馆、会展场地、交通资料，剪报，名录，大事记，本单位人员通讯录等等属于机构内部共用的资料。

需要注意的是，可供阅览的档案是机构非密档案和资料。通常科技档案、人事档案、会计档案等专门档案有专门的阅览规则和制度，档案管理人员可以根据机构自身的要求对专门档案的开放范围进行规定。

（二）阅览室的设施要求

1. 阅览室的选址与环境

阅览室的地点首先应符合宽敞、明亮、安静、清洁的要求，尽量方便利用者阅览和从事研究工作。其次，阅览室要接近库房，以便于档案管理人员调卷和归卷。最后，阅览室内应设置服务台、阅览桌、布告栏、资料橱、开放档案目录柜、休息室和存物柜等，以方便利用者和更好地保护档案。室内可放置一些绿色植物，保持空气清新，温度适宜。

2. 阅览室的配置

应配置与馆（室）藏档案有关的历史、经济、政治出版物，报刊、辞典、年鉴、手册和指南之类的工具书以及档案检索工具等，供利用者辅助阅览。条件具备的单位除开辟大阅览室外，还可设立小阅览室，专供专家学者们查阅专门文件或系列文件；或开设视听阅览室，供利用者查阅声像档案。

3. 开辟电子阅览室

考虑到近年来档案馆（室）接收的电子档案的增多，以及一些非纸质载体的档案为社会公众所关注，有条件的档案馆（室）可以开辟电子档案阅览室，供档案利用者查阅相关档案。电子档案阅览室应当配备下列设施：电子计算机（方便利用者阅读机读文件、光盘文件等）、录音机和放像机（方便利用者借阅磁带、录像带等）、阅读器（方便利用者阅读缩微胶片等）、投影仪（方便利用者鉴赏珍贵的实物载体档案等）。

4. 计算机辅助管理

近些年来纸质的档案检索工具逐渐被方便快捷的电子档案检索工具取代，档案馆（室）应当加强计算机辅助检索和管理档案的力度，在档案阅览室设置专用的档案检索计算机；同时档案管理人员使用档案利用服务的专门软件进行各种档案利用簿册的登记与档案借阅管理，如利用计算机对档案借阅者进行借阅登记、归还登记，提供借阅预约登记，打印催还通知单。自动借阅管理系统还可以随时打印出档案借阅清单，提供档案库存、借出、归还等信息。

5. 阅览室的休闲设施

有条件的阅览室还可开设存物区、休息区等，供利用者喝水、接听电话等，为利用者提供人性化服务。

（三）档案阅览服务的注意事项

1. 建立健全规章制度

为维护阅览室的正常秩序和确保档案安全，阅览室应建立健全各项规章制度，明确规定档案馆（室）接待对象、档案的借阅范围、借阅手续、阅档者遵守事项等。

2. 控制阅览利用范围

并不是所有档案都会成为档案利用者阅览的对象，为了保护那些带有密级或尚未到公开年限的档案，档案馆（室）应当在档案利用者提出阅览需求之前向其表明哪些档案是档案馆（室）开放阅览的内容，哪些是受到保护而不被公开阅览的档案。特殊情况下，档案利用者可以向档案馆（室）的主管机构提出阅览申请，待批准后，方可阅览。此外，凡是被阅览的档案都要在档案阅览登记簿上进行登记，以供日后查考。

3. 保护档案安全

首先，作为档案利用者必须随时注意档案载体的安全，不得在档案上进行任何的圈画、涂改，不得任意复制档案，不得污损档案原件，不得将借阅的档案带出阅览室外，如需要应提交借阅的申请。阅毕的档案要随时归还到档案管理人员处，不得无故延期或夹带出馆（室）。档案管理人员要对档案利用者的阅览行为进行随时监控，发现任何的违规行为，应立即制止，并采取一定措施妥善处理问题。此外，档案管理人员要对利用者阅毕后的档案进行清点、审查，检查无误后，利用者方可离馆（室）。

其次，档案管理人员要对利用频率较高的档案进行复制件的制作，避免因为频繁使用而使档案破损或丢失，特别是对年代比较久远的档案更要提醒利用者小心使用。档案管理人员还要定期检查馆（室）内档案的破损情况，并对有问题的档案进行修补，使档案以完整的形式供档案利用者阅览。

4. 加强电子阅览管理

由于电子文件的阅览通常在网络上进行，档案管理人员很难对档案利用者的身份和阅览行为进行控制，档案的安全风险系数偏高。因此，档案馆（室）应加强对电子文件阅览的监控，避免违规浏览电子文件的行为发生。首先，档案馆（室）的电子阅览平台应实行严格的身份审核制度，即利用者需提交身份证明信息后方可登录档案利用平台；其次，在网络上添加必要的操作说明，避免发生利用者因不熟悉利用系统而胡乱点击的现象；再次，对电子档案进行加密处理，一般利用者只有在线浏览权，只有经过馆（室）授权后方可下载；最后，对恶意点击、登录、注册的行为进行监控，发现可疑利用者，当即进行处理。

5. 收集利用信息反馈

为了更好地提高档案阅览服务工作的质量，档案管理人员应当在档案利用者阅览完毕后，指导其填写档案利用效果反馈表。反馈表的主要内容包括利用者的身份、利用档案的类型和内容、利用效果、利用者的意见等。这种利用信息的反馈表要定期进行汇总分析，掌握一段时间内档案利用者的利用需求倾向和不同类型的利用者的利用需求倾向，这对于档案馆进一步开展档案利用服务、开发档案信息资源起着重要的指导作用。

二、档案外借服务

档案外借服务是指档案馆（室）为满足某些特定需要，暂时将档案借至馆（室）外使用的一种服务方式。

（一）档案外借服务的范围

在一般情况下档案不能外借使用，但在某些特殊情况下，为了利用者的工作方便，如党政领导工作的需要，或者某些组织必须利用档案原件作证据等的利用需要，档案可以适当借至馆（室）外使用。但是对于特别珍贵的资料、档案、古稀文本，以及照片、影片、录像带、录音带等原件，必须以保护档案原件为原则，不能借至馆（室）外，而只能提供相应的复制件。

对借至馆（室）外使用的档案，应严格控制借档单位和档案的形式与种类。可供外借的档案的范围应明确标出。一般情况下，可供外借的档案的范围包括：上文中可供阅览的资料；法律、法规、规章、政策性和规范性文件；公开出版或已开放的文件汇编及其他资料；与本人工作紧密相关的本机构档案，但必须经过主管领导批准。

在借档单位的控制上，应以党政领导机关为主而兼顾业务部门，以档案的立档单位为主而兼顾其他单位，以服务政法、监察机关取证为主而兼顾一般性使用。如以个人名义外借档案，必须提供必要的身份证明和相关机构的证明材料，经过主管领导批示后方可外借。

（二）档案外借服务的流程

1. 机构内部外借服务

本组织领导或机关内部各业务部门负责人、有关工作人员如需外借档案，须履行下列手续：

（1）外借档案的人员应填写档案外借申请单（如图 6－5 所示），并经分管文档工作的负责人批准后，到档案管理部门办理借出手续。

档案外借申请单

________档案室：

兹有本组织________部门________等同志，现因________________工作需要，需借出________________等档案________卷，请予以办理借出手续。

批准人

年　月　日

图 6－5　档案外借申请单

（2）外借档案的人员持获批申请书到档案管理机构，填写档案外借登记簿（如表 6－4 所示）后，档案管理人员可根据其需求，提供档案外借服务。

表 6－4　档案外借登记簿

顺序号	日期	借出者情况			借出目的	借出方式	档案		借出者签名	归还	
		姓名	职务	单位			卷号	数量		日期	经手人

（3）借阅人对所借档案进行清点核对后，必须在“借出者签名”栏内履行签收手续。

2. 机构以外的外借服务

非档案形成机构的组织或个人需要档案的外借档案服务，应持有查（借）阅档案介绍信（如图 6－6 所示），写明利用者的身份、借阅目的、范围和借阅期限等，经本组织领导批准后方能借出。同时还要进行详细的档案外借登记。

介　绍　信

档介字　　号

__________：

兹介绍______同志，系中共党员（或表明职务身份），前往你处联系查（借）阅以下档案，请接洽。

机关名称：（盖章）

年　月　日

图 6-6　介绍信示例

（三）档案外借的规章制度

无论是档案馆（室）内借阅，还是档案馆（室）外的外借服务，都要求档案馆（室）制定健全、有效的档案借阅与外借的规章制度。特别是档案外借服务，由于档案借出后，它已经不在档案馆（室）的控制范围内，因此，为了保证档案的安全，必须健全相关规章制度。规章制度的主要内容包括以下几个方面。

1. 借出期限

档案外借的时间不应当设置过长，特别是非本机构的档案外借要控制在 5～7 天以内，同时要在档案外借前向档案外借人员进行明示。在借出的档案位置，档案管理人员应当设置醒目的代卷卡，卡上要标明档案的案卷号、借出时间、借出人或机构、应归还时间，以便档案的归位和检查。

2. 外借档案的使用要求

利用者在档案外借使用过程中，要严格保证档案在物质和内容上的安全：首先，要保证档案载体的安全，特别是纸质档案，要保持档案的清洁完整，且不能随意更改档案上的文字内容；其次，在内容上，要保证档案信息内容不泄露，档案原件不丢失，特别是带有密级的档案，必须保证在办公环境下使用，严禁将其带回居住场所或与档案使用无关的场所，使用完毕后，利用者要将档案保存在具有保密设置的文件柜内，切忌随意摆放借出的档案。

3. 借阅范围

外借制度中应当明确规定，哪些档案属于该机构档案保管机构外借档案的范围，哪些档案应当首先征得相关负责人允许之后才可以外借，哪些档案需要上级主管机关的批准才可外借，哪些档案不对外借出。

4. 催还与续借

出于对档案安全和提高利用率的考虑，档案馆（室）应当催促超过借阅期限的档案利用者归还档案，催还可以采取电话通知和实地通知的方式进行。如果档案利用者仍需要已经超过借阅期限的档案，可以到档案管理机构办理续借，或者由档案管理人员亲自到档案外借机构进行现场续借。实行档案的催还和续借制度，有利于保证档案馆（室）藏资源的完整，便于为其他档案利用者开展档案外借服务。

5. 归档检查

档案外借者将档案归还到档案保管机构后，档案管理人员和外借人员应同时对档案进行清点和检查，主要检查档案是否缺件、残损、污损。待检查完毕后，及时在借出档案登记簿上进行注销，并将借出档案归入档案架。如出现档案缺损的情况，应当及时向主管负责人请示，并对档案进行补救与修复，同时依据相关规定对相关责任人进行处理。

6. 效果反馈

效果反馈是对档案利用者在利用档案后取得的效果和效益的登记。档案管理人员应当在外借人员归还档案时，引导其填写档案利用效果登记簿（如表 6－5 所示），并将登记簿妥善保存，用于日后档案的鉴定、统计和编研工作。

表 6－5　　档案利用效果登记簿

日期		单位		姓名		案卷或文件题名	
利用目的							
利用效果							

三、制发档案复制件

制发档案复制件服务是指档案馆（室）根据档案用户的合理需要，以档案原件或已有的档案副本为依据，通过复制、摘录等手段，向档案用户提供档案复制品的一种利用服务方式。近年来，随着电子文件的使用与普及，制发档案复制件的形式还包括提供拷贝磁盘或刻录光盘。

（一）制发档案复制件的形式

制发档案复制件一般由档案管理人员直接受理，或者经过档案馆（室）负责人同意后自行进行复制处理。档案馆（室）提供的制发档案复制件服务主要包括提供档案副本、提供档案摘录和提供电子文档拷贝三种方式。而利用者自行复制档案时，可采取照相机、摄影机拍摄的方式。

1. 提供档案副本

副本就是根据利用者的需要，对档案原件所进行的全文复制。复制的方法包括复印、扫描或拍摄等。

2. 提供档案摘录

摘录就是根据利用者的需要，选取档案原件的某些部分，通过摘抄、复印等方法进行复制，提供给利用者。

3. 提供电子文档拷贝

除了通过网络进行电子档案远程传输外，对于到馆（室）要求提供电子档案复制的利用者，可以采用拷贝的方法，即将利用者需要的档案拷贝或刻录到光盘、磁盘或U盘中，供利用者使用。

（二）制发档案复制件的流程

1. 利用者提出申请

机构内的档案利用者，在档案馆（室）验明其身份后，可直接查找其需求的档案并进行复制。机构外的档案利用者，则需要填写复制档案申请单（如表6-6所示），说明复制的用途、复制档案的名称、份数、规格、复制方式等，经过馆（室）负责人审验批准后，方可复制档案。所有的复制档案申请单都要集中保存。

表6-6　　复制档案申请单

年　月　日

申请人或部门		申请事由		
申请复制的资料或档案的名称			申请复制份数及其纸张规格	
申请复制形式（√）	提供副本	提供摘录	提供拷贝	其他形式
申请复制方法（√）	复印	翻拍	扫描	刻录/拷盘
批准部门领导人签字		复制人		复制时间 年　月　日
收费标准			收费价格	元

2. 进行复制

工作人员可采用抄录、复印、扫描、激光照排、翻拍、晒印蓝图、电子文档拷盘或刻录等手段对资料和档案进行复制，以满足利用者的需要。

3. 最终审查

复制完毕的档案经过与复制件的比对确认无误后，应及时归入档案架。档案管理人员随即在复制件的空白处或相关信息处加盖档案馆（室）的公章，以示负责；同时在空白处还应标注复制件档案的归档号和文件编号，便于日后查阅原件。审查完毕后复制件可由利用者带出档案馆（室）。

电子文件的复制需要进行加密处理，设置利用者专用的用户名和密码打开电子文件。同时，电子文件的复制件要在利用者使用完毕后立即交回档案馆（室），进行销毁处理，电子文件复制件在利用过程中不得随意复制，应注意档案的保密。

（三）制发档案复制件的注意事项

相较于其他档案利用形式，制发档案复制件的程序比较简单易行，能够满足不同档案利用者的需求。但是复制一份档案需要具备较高的技术水平和安全意识，如果不加注意和控制，极容易造成档案的失密泄密。因此，在制发档案复制件的同时，应当注意以下几点。

1. 提高档案复制的质量

（1）档案要经过检查后才能复制。对于单独一份的档案，如利用者能够自行通过拍照复制，可进行拍照复制；而对于一份案卷内的档案、电子档案和声像档案，则要由档案管理人员进行复制。

（2）档案复制件的幅面要清晰、准确、完整，能够突出显现档案利用者所需要的那部分信息。档案复制件的清晰度要高，如遇到残损或页面不清的档案原件，要进行加重或放大处理，或另行说明，杜绝提供给利用者模糊的复制件。

（3）复制件一般只限一份，并加盖档案管理机构的查阅章。档案复制件经管理机构盖章，注明原件档号，具有档案原件的效力。

（4）在电子档案的复制过程中，档案管理人员应将文件转换成通用标准文档存储格式，由利用者自行解决恢复和显示的软硬件平台。当利用者不具备利用电子文件的软硬件平台时，管理人员也可以向这些利用者提供打印件或缩微品，或者在计算机网络上提供可下载的文件。

2. 严格控制复制范围

（1）能够被利用者复制的档案应当符合国家有关档案、保密和保护知识产权的规定。对带有密级的档案，要对利用者进行严格的资格审验，通过资格审验才能批准复制。对尚未开放的档案，要经过相关负责机构批准后才可复制；未经有关机构的批准，任何人都不得私自复制档案，否则将承担法律责任和行政责任。

（2）档案的复制要严格履行登记制度，凡是使用完毕后需交回档案馆（室）的复制件，档案管理人员要进行催还，并要对收回的档案复制件进行集中销毁。档案复制件在使用期间不得私自翻印，如因个人行为造成档案失密泄密，将追究相关责任人的责任。

（3）对档案管理机构复制的档案，使用单位和个人均不得以任何形式公布、陈列展出或再行复制，如确有需要，应当与档案保管机构、档案形成机构协商，达成一致意见。

四、举办展览

所谓档案展览，是为了配合各项工作的开展，按照一定的专题，系统地揭示和介绍档案馆（室）内所保存档案的内容、成分的一种档案提供利用方式和档案宣传工作方式。举办档案展览的作用主要体现在以下几个方面。

其一，档案展览是档案馆（室）主动服务于组织机构和社会公众的具体体现；其二，档案展览是档案馆（室）向社会宣传档案、增强社会档案意识的重要手段，经过选择并展出的典型材料，能以原始、真实和形象鲜明的特点，给利用者留下深刻的印象，起到生动的宣传教育作用；其三，档案展览是档案馆（室）改善外部发展环境，促进自身建设的有效途径，通过丰富多彩的档案展览，能够引起人们对档案的关注和利用的兴趣，从而也扩大了馆（室）藏档案的社会效益；其四，档案展览是档案馆（室）基础业务工作的催化剂，通过展览可以促使档案馆（室）对档案馆（室）藏资源进行重新整合，有助于档案基础业务工作的革新和深化发展。

小贴士

展览，著作权法术语，指公开陈列美术作品、摄影作品的原件或者复制件。展览会既是信息、通信和娱乐的综合，也是唯一的在面对面沟通中充分挖掘五官感觉的营销媒介。20世纪尽管出现了高速的电子通信方式，但展览会作为临时的市场，仍然是最专业、有效的销售工具之一。

（一）展览准备

举办档案展览是一项严肃的工作，它的政治性和思想性较强，又具有科学性和艺术性，必须认真细致地进行组织。

1. 选好主题

举办档案展览应有明确的目的，选好展览的主题是搞好展览的关键。选题要配合组织机构、重大政治和社会事件而展开，如革命历史档案展览、各种专题性的人物和事件档案展览；同时可以配合当前的机构任务和中心工作，举办各种小型的展览，如工作成果展览和厂史、校史展览等。展览题目的大小要适当，题目过大，档案过多，质量深度就不易保证；题目过窄，感兴趣的参观者就少。

2. 精心选材

围绕展览的主题，精心选出展品，是组织展览过程中重要的工作。对于档案展览会内容的思想性、科学性和展出效果如何，档案的内容和种类的选择具有决定性意义。展出的档案材料应是最能表现和反映主题的材料，是能正确揭示事件或事物的本质、具有长远查考价值的材料；要充分注意使展览内容符合客观需求，注重社会性。一些带有密级的档案和珍贵档案，要经过相关负责人的批准后，方可展览。

3. 编排展品和编写说明

对选出的档案进行分类编排同样非常重要。展品一般按专题编排，每个专题内再按事件和时间的顺序排列，既要照顾到一个专题内档案的集中性和系统性，又要照顾到各个专题间的相互联系，使人看后既感到材料丰富、全面，又觉得主题明确、重点突出、层次分明，展览的各个部分之间形成一个有机整体。为了使观众一目了然，要为展览编写前言，在每个部分或专题之前，写明题名、提要和介绍。展览的说明文字要准确、简练、生动，能给观众留下鲜明而深刻的印象。

4. 陈列展出

综合性和专题性展览的展出场所选择对展览的效果影响甚大，档案馆（室）必须结合展览的重要程度，精心挑选适宜场地。展室的面积要合理，过大会显得空旷、冷清，过小则显得拥挤、嘈杂，均会影响展览效果。室内还要保证光线充足，环境整洁，无杂物堆放，无噪声干扰。参观者行走路线安排合理，入口和出口要分开，保持秩序井然。

（二）布置档案展览注意事项

1. 文字不宜过多，字号不宜太小

如果利用者需要花较多的时间去阅读档案展板上的文字，就会产生心理厌倦、注意力不集中等现象，影响布展的效果。因此展板或展台的制作应尽可能图文并茂，生动活泼，能吸引观众的眼球，引起阅读的兴趣。

小贴士

如果利用者在三步内观看，展板的文字设置需要 2.5 厘米高；如果希望参观者在二十步之遥就能看到图文介绍，展板的文字设置则至少需要 16.5 厘米高。因为大多数参观者经过展台时离展板后墙有 3.5 米的距离，所以，一般来说，展板的文字至少应打印 10 厘米高。

2. 展板的高度要适中，图片编排要清晰、明确

展板上从顶而下的 0.6 米的范围是最理想的文字书写范围。这是使观众在拥挤的走道里能不间断地进行观看的唯一范围。如果不能将介绍文字都安置在那么高的位置上，那么至少应该使文字都在与观众视线持平的位置上，即 1.5 米高以上。

在档案展板上只需要一个主要的影像，使观众在 9 米外能看得到。超过一个影像，就会给人乱七八糟的视觉感受。影像要求鲜明生动，能一下就抓住观众的注意力，使他们停下脚步去阅读其中的文字，并去与展板的内容进行交流。

如果展板上使用原始影像，则应该使用高度为 10 厘米到 12 厘米甚至更高的影像，这样才够明朗清晰。应力争避免使用那些低于 400 像素的扫描图像，图像不清、色彩模糊会严重影响展览效果。

3. 加大对展览档案的保护

档案展出时，必须注意展出材料的保护和保密工作，原则上不能使用原件，因为室外风吹日晒，或展厅内灯光长期照射，或参展人员用手触摸，都会影响展品的使用寿命。因此展出的材料一般用复制品。如遇特殊情况需要展出原件用，则应采用透明装置等保护措施，以防展出材料遗失和损坏；如发现档案有破损的征兆，要及时撤换并进行保护处理。

（三）展览善后处理

1. 拓展和延伸宣传效果

（1）对于已经结束的档案展览，可对其展板或展品进行拍摄，留作资料，为下次布置类似的展览提供参考。

（2）拍摄录像带，制成专题片，以便在更大范围内发挥宣传教育作用。

（3）如果不涉及保密事项，这些加工后的材料完全可以放置于单位的网站上，通过专门的栏目供本单位员工和社会公众浏览。

2. 保存或归还展出物品

（1）经请示领导后，布置的展板若还有继续展出的必要，应妥善保存，防止损坏，以备下次展出之用。若不必保留，则应细心拆除。

（2）展品如系原件，经仔细检查确保完好无损后，应完璧归赵。展品如系复制品，也应在展板拆除后，交有关部门妥善保存，防止展品的散失乃至泄密事件的发生。

（3）对制作展板的材料也应积极稳妥地进行处理，避免造成资源浪费和环境污染。

五、制发档案证明

档案证明是档案馆（室）根据利用者的询问和申请，依据馆（室）藏档案内容制发的证明某种事实的书面材料。组织和个人为了处理和解决某个问题，往往需要档案馆（室）出具档案证明，如政法和监察机关需要审理案件的证明材料，个人需要有关学历、工龄和财产方面的证明材料等。

（一）制发档案证明的工作流程

制发档案证明是一项严肃且政治性很强的工作，对任何机构和个人的申请书的审核和证明材料的出具，都需要通过严格的审查程序，方可作出。档案馆（室）制发档案证明，一般要经过如下过程：利用者提出申请—领导审查批准—查找材料—综合编写—制发。其中需要注意的问题有以下几个。

1. 利用者提出申请

索取档案证明的单位或个人必须向档案馆（室）递交申请表，说明索取档案证明的目的、所需证明的问题及相关的地点与时间等，以便档案管理人员对申请表进行审查以及查找、编写证明材料。证明材料必须根据机关、团体或个人的申请制发。制发档案证明申请表格式如图 6－7 所示。

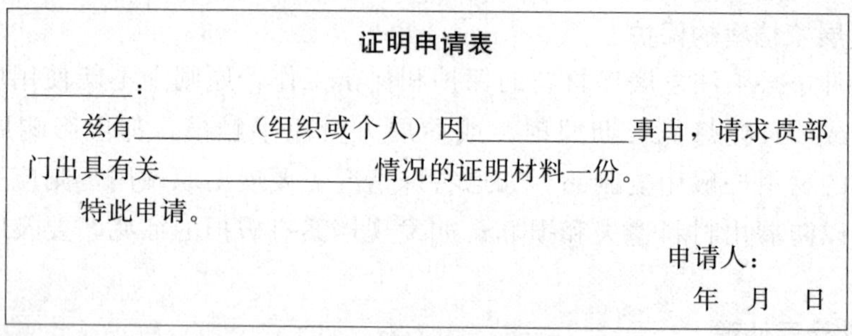
证明申请表

________：

兹有________（组织或个人）因__________事由，请求贵部门出具有关____________情况的证明材料一份。

特此申请。

申请人：

年　月　日

图 6－7　制发档案证明申请表格式

2. 审查申请并编写证明材料

档案管理部门的负责人或相关责任人须对利用者提出的申请进行认真审查，并查看其个人身份证明。如果手续完备，档案部门则根据立档单位、时间、人物、内容、地点等线索查找档案材料，综合编写证明材料的内容。

3. 制发档案证明

出具档案证明应真实、准确、明白地叙述档案内容。在叙述过程中要援引文件的标题（或文号）、日期，对档案文件不作全文抄录，但允许带引号的文件内容摘录。档案证明应依据档案文件的正式文本，以保证其法律效力。

（二）制发档案证明的要求

1. “引经据典”

在制发档案证明时，应客观叙述档案记载，而不得对档案内容作评论与解释。在档案证明正文之后，应列出所用档案的全宗号、目录号、案卷号和文件页码及证明的制发日期。

2. 格式规范

档案证明应书写在印有“档案证明”标识的专用纸上，要一式两份，档案馆（室）留副本备查。档案证明的每一页上均应盖上印章以示负责。档案证明格式如图 6－8 所示。

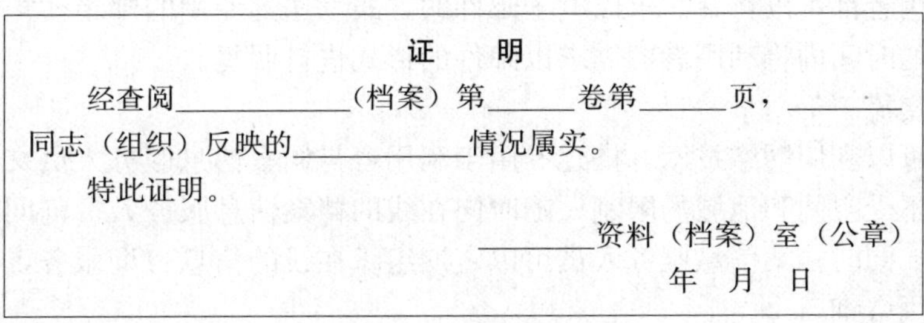

证　明

经查阅＿＿＿＿＿＿（档案）第＿＿＿卷第＿＿＿页，＿＿＿＿＿同志（组织）反映的＿＿＿＿＿＿情况属实。

特此证明。

＿＿＿＿资料（档案）室（公章）

年　月　日

图 6－8　档案证明格式

六、咨询服务

咨询服务是指档案馆（室）答复用户询问，指导其利用档案信息资源的一种服务方式。

小贴士

信息咨询作为营利性质的产业活动，已有 100 多年的历史。信息咨询起源于 19 世纪 90 年代的英国，当时以在电力、煤气等领域开展技术服务和技术咨询为表现形式，随后传入其他欧美发达国家。20 世纪 50 年代以来，随着科技进步和社会经济的飞速发展，信息咨询业呈现综合化和国际化的趋势。

（一）咨询服务的常见形式

咨询服务的范围包括：解答咨询，即通过口头或书面形式，答复利用者询问；指导利用者使用馆（室）内的检索工具，为查找馆（室）藏档案资料提供线索；计算机远程咨询服务。

1. 解答咨询

以口头（包括面谈、电话）或书面（如信函、传真、电子邮件）等形式对利用者的咨询进行答复。解答咨询是目前档案馆（室）比较常见的参考咨询方式。口头咨询能够使利用者提出的问题在第一时间获得解答，而书面咨询通常花费时间较长，且难以一次性解决问题，因此档案馆（室）通常提倡使用电话咨询的方式。

2. 指导咨询

指导咨询主要指档案管理人员向利用者介绍档案馆（室）的馆藏资源，分析其需要的档案是否属于该馆（室）的保管范围，为其提供档案检索的线索，并指导其科学使用馆（室）内的档案检索工具。这种方式主要适用于查询档案范围较广、数量较大，且有一定的专业性、知识性、情报性需求的利用者提供服务。特别需要注意的是，档案管理人员的指导咨询只是引导档案利用者查找相关档案，而不是包办代替利用者查找档案。

3. 计算机远程咨询服务

（1）电子邮件。

每个档案机构都可以在其固定的网站上标注其用于查找咨询的专用电子邮箱，凡是有利用需求的利用者都可以将其需求以电子邮件的方式发送到专用的邮箱，档案信息服务人员可以在最短的时间内将利用者的需求以邮件的形式进行回复。

（2）实时交流。

档案机构可以利用网络技术，搭建专用于利用者与档案信息服务人员交流的平台，这样利用者可以不受空间和地域的限制，随时向在线的档案信息服务人员询问各种与自身需求相关的问题，同时档案信息服务人员可以定期组织在线的信息咨询服务，在同一时间内回答多人的利用咨询。

（3）FAQ（常见问题回答）。

档案信息服务人员可以对所在馆（室）利用者在利用时经常出现的问题或所在馆（室）中利用频率最高的资源进行收集和整合，或者以网络数据库的形式，或者以内部出版物、宣传册、广告单的形式对外公布、发出。同时档案机构可以定期以电子邮件的形式向曾经问询的利用者制发此类集锦类材料，方便其日后的利用咨询。

（4）表单。

档案机构可以构建专门的档案信息咨询系统，以表单的形式进行综合性档案咨询服务。利用者根据自己的需求，在一级级菜单的引导下，选择自己感兴趣的信息或题目，填写表单并提交，档案信息服务人员会根据具体的需求进行回答。

（5）BBS（电子公告板）。

档案机构在其网站上开设供社会公众远程访问的平台，如论坛、社区等，利用者可以在BBS系统上提出自己需要咨询的问题，由档案信息服务人员一一进行回复。

小贴士

档案的计算机远程咨询服务对文档人员的要求很高，文档人员除了要具备一定的阅历和计算机知识以外，还必须对馆（室）藏资源有深入的了解，有丰富的历史知识。一般情况下，利用计算机网络进行咨询的用户，除了有一些常见的问题以外，还有一些学术性问题，需要比较权威的回答，这就要求文档人员不断提高自身的业务素质，最大限度地满足利用者的需求。

（二）咨询服务的一般步骤

1. 接受咨询

档案馆（室）一般都会设立档案参考咨询的专用电话或邮箱，档案管理人员在接到利用者的咨询时，要首先了解利用者此次咨询的目的、内容和具体要求，如可直接回答，则当场回答，或借助相关检索工具和有关材料，短时间内解决。如利用者的问题超出档案管理人员的职权范围，则与利用者另约时间，待经过相关责任人授权后再予以答复。

需要提醒的是，档案信息服务人员并非对利用者的所有咨询都必须回答。如咨询问题的内容已超出本馆（室）业务范围或应由其他机关、组织办理，或涉及党和国家机密中尚未解密的内容，或属于家庭或个人隐私、不宜公开的问题等，可对利用者说明情况，谢绝提供咨询服务。

2. 查找信息

对于一些专门询问档案馆（室）藏资源的利用者，档案管理人员可利用馆（室）的检索工具迅速地查找利用者需要的档案是否为本馆（室）所藏，如确为所藏，应与利用者商洽如何提供其需要的档案，并介绍档案利用服务的相关流程，约定档案利用服务的时间。

3. 回复咨询

对利用者提出的一般性问题，档案管理人员可以给予当面直接的回答，回答问题要详细具体，言之有据；对一些需要进一步处理后回复的问题，档案管理人员一定要明确告知利用者在多长时间内给予回复，并在问题处理完毕后直接回复利用者。

在回复利用者的咨询过程中，档案管理人员还要根据档案利用者的需求，提出一些建议性的意见或线索，帮助他们解决档案在利用方面的问题。

4. 建立记录

档案参考咨询服务是对档案利用者档案需求的一种收集和调查，掌握档案利用者的利用需求倾向是开展档案提供利用服务工作的重要依据。在向档案利用者提供咨询服务的过程中，档案管理人员要在档案咨询服务记录单（如表6－7所示）中进行详细完整的记录，其中包括利用者提出的问题、问题解决的措施、需要处理后回复的问题等内容。

表6－7　　档案咨询服务记录单

年　月　日　时

咨询者信息					
姓名		身份证号码		组织或职业	
咨询事由			接待者		
解答咨询过程					
咨询服务后记					
咨询者满意度测评		很满意	满意	较满意	不满意

5. 反馈跟踪

档案信息服务人员可以定期向那些可以联系到的档案利用者进行针对参考咨询工作的反馈调查。调查的内容主要集中在对信息服务人员答复的内容是否满意，答复的内容是否帮助到了利用者，是否满足了利用者的利用需求，对本馆（室）的档案信息咨询工作有哪些意见和建议等。反馈跟踪是提高档案馆（室）咨询服务的质量的主要依据，因此档案馆（室）要将其纳入日常工作范围之中。

七、档案网络服务

档案网络服务是指档案机构以互联网为技术依托，开展档案信息服务的一种服务方式。这种服务方式是伴随着计算机技术与互联网技术的快速发展应运而生的。目前，依托互联网技术的网络服务方式很多，对档案管理来说，比较常见的网络服务方式有网站服务、微信公众号信息推送服务、微博实时信息披露服务和移动手机客户端 App 服务。上述四种网络服务方式集档案处理、咨询、展示、服务于一体，极大地丰富了档案机构提供档案服务的形式，一方面最大限度地满足利用者对便捷、全面档案信息的需求，另一方面使档案管理与服务逐渐与现代办公环境、技术和流程衔接，有助于档案机构管理效率的提升。

（一）档案网络服务的特点

1. 资源多维性

无论是门户网站，还是“两微一端”（微信、微博和移动客户端的简称，下同），资源的供给形式较纸质文档时代都有了彻底的改变。资源形式的变化与展示方式的多样化为档案利用服务提供了全新的发展思路。资源多维化主要指上述利用服务平台集文字、图片、音频、视频于一体，能够为利用者提供全方位的、多维的档案资源，使利用者不仅能够在利用平台中查找到自己所需的纸质档案电子版，还能够浏览与下载有关的图片、音频和视频资源，多种资源相互穿插、相互映现，为利用者提供了更加直接、丰富与便捷的服务。

2. 资源丰富性

对组织机构来说，档案管理部分是一个巨大的信息资源库。凡是在组织机构业务活动中形成的和从机构外部获取的信息，只要对机构日后工作具有查考作用，都将成为档案机构保存的对象。传统的档案利用服务方式无法全面展示馆（室）藏资源的丰富性，因为传统的利用服务方式只能提供一对一的档案资源供给，即档案部门对利用者提供针对其特定需求的资源服务，所以利用者很难发现馆（室）藏档案资源的价值。档案网络服务打破传统一对一的资源供给模式，借助档案利用服务平台，档案管理人员既可以将馆（室）藏档案资源通过数字化转换存入数据库供利用者在线浏览，又可以添加与利用者利用需求相关的信息资源的链接，如各级档案馆网站、专门档案网站、国际档案网站等，以扩充档案利用者的查找范围。丰富馆（室）藏资源和互联网资源大大地扩展了利用者的档案获取范围，有助于档案利用者全方位档案需求的满足。

3. 服务便捷性

网络服务最明显的特点就是服务便捷，这主要得益于网络技术为利用者提供的便捷的服务平台。档案网络服务将一改传统到馆服务的固化服务模式，借助在互联网上开通的网站和各种安装在手机客户端的微信、微博或 App 程序，为利用者提供全天 24 小时不间断的档案阅览、信息公开与预约查档的服务，并可随时与智能化的档案服务咨询系统开展互动咨询服务。这种便捷的档案服务方式一方面节省了利用者的时间，提高了利用者浏览所需档案信息的自由度；另一方面借助网络服务平台让档案服务工作更加人性化，提升了档案社会化服务工作的质量与水平。

（二）档案网站服务的主要内容

档案网站服务是档案网络服务的重要形式，也是较早应用在档案工作中的新型档案利用服务方式。档案网站借助网站服务方便快捷的访问方式和丰富多样的资源内容，目前已成为文档机构非常重要的对外宣传、提供服务，对内优化管理，提升管理效率的工具。档案馆（室）通过档案网站为利用者提供的服务主要包括以下五个方面。

1. 提供档案在线浏览服务

档案馆（室）将经过数字化处理的档案以可视化的格式通过档案馆（室）网站展现在利用者面前，使利用者能够足不出户便浏览到所需要的档案信息。这种在线浏览服务将利用者利用频率较高且属于开放范围的档案公布到档案馆（室）的网站上，使对这部分档案有利用需求的利用者不必到馆（室）便可直接在网站上利用，大大节省了利用者的时间。

此外，档案网站提供的相关网站或网络资源库的链接可以方便利用者登录其他档案网站查找和利用档案。

2. 提供档案检索服务

提供档案检索服务是近年来档案网站开展频率较高的服务项目，目前国内很多综合档案馆将馆藏目录以数据库的形式嵌入档案馆（室）的网站中，供档案利用者检索。档案利用者通过在线的档案检索工具，输入检索的关键词，就能够初步确认自己所需的档案是否属于该馆（室）的馆（室）藏范围，进而决定是否到馆（室）查询利用档案。这种在线的服务方式免除了档案利用者亲自到馆（室）检索和利用的麻烦，节省了档案利用者使用纸质检索工具检索档案可能花费的时间，提高了其利用档案的效率。

3. 档案展览

网络档案展览主要是指档案馆（室）依托网站平台展现馆（室）藏档案资源的一种服务方式。档案馆（室）通常将本馆（室）极具特色的档案进行数字化处理后在档案网站上专门开设平台进行展示和宣传。对于企业档案馆（室）来说，这种网站展览是宣传企业管理文化和软实力的重要平台，也是宣传企业产品的主要渠道。这种档案展览因为没有前期大量人力、物力和财力的投入，而且浏览用户比较稳定，所以被诸多组织、企业的档案部门采用。

此外，网站的档案展览可以进行多门类多主题的展示。因为前期的展览规划、设计等环节均可以简化，主要根据档案的利用需求选择相应的档案嵌入供展览的平台即可，所以档案网站可以同时举办多项展览，这在一定程度上增加了特色档案资源与利用者见面的机会。

4. 在线咨询与预约服务

在线咨询与预约服务主要是档案馆（室）通过网站建立利用者与档案管理人员的沟通平台，用于回答和解决利用者提出的问题，并对其提出的利用需求给予咨询服务，同时也可用于为利用者安排入馆（室）利用档案的预约服务。在线咨询服务方便快捷，能够在很大程度上回应档案利用者对相关问题的咨询，预约服务可以使档案服务人员充分了解档案利用者的利用需求，提前做好准备，为利用者提供档案服务工作。

5. 远程档案信息服务

档案网站的优势在于能够随时随地为档案利用者服务，解决了利用者因为时间或地点的限制而无法到馆（室）利用档案的问题。提供远程档案信息服务，主要指档案馆（室）根据利用者在线提供档案的需求，提供在线的档案传输服务，使档案利用者能够在异地获得相关的档案复制件或电子件。

知识链接6-6　日本的档案网站服务

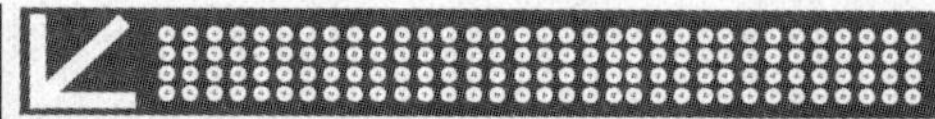

日本是较早开通档案网站服务的亚洲国家之一。位于东京的日本国家档案馆在网站服务的过程中，实行免登录模式，无条件地将丰富的档案资料以全文阅读的形式电子化，并以优质的图像显示提供给用户，通过多渠道的站内检索方式以及先进的复合式检索、站外检索等设置，使用户随时随地检索所需资料。同时，并行英语文本检索、对历史原件档案的案首前300字文本介绍、历史词典的参照使用等形成了其独有的历史档案网站服务特色。

（三）档案微信公众号服务的主要内容

微信（WeChat）是腾讯公司于2011年1月21日推出的一款为智能终端提供即时通信服务的免费应用程序，该平台通过网络快速发送免费语音短信、视频、图片和文字，同时，也可以使用通过流媒体共享的资料和基于位置的社交插件。截至2016年第二季度，微信已经覆盖中国94%以上的智能手机，月活跃用户达到8.06亿。微信程序主要针对公众个人提供即时通信与信息共享服务，社会机构或团体的信息推送服务主要采用微信程序所拓展的公众号来实现。微信公众平台订阅号（简称微信公众号）是开发者或商家在微信公众平台上申请的应用账号，该账号与QQ账号互通，通过公众号，商家可在微信平台上实现与特定群体的文字、图片、语音、视频全方位沟通、互动，形成了一种主流的线上线下微信互动营销方式。

微信公众号服务既是一种基于用户个体的商品营销与信息推送的新型手段，也是针对订阅用户定制信息服务的创新方式。档案馆（室）利用微信公众号提供档案服务的内容包括以下三个方面。

1. 档案信息发布

随着移动互联网用户基数的逐渐增加，越来越多的公众倾向于使用手机作为移动浏览与阅读的工具。档案馆（室）看重微信公众号受众面广、潜在用户数量大且信息传播范围广的特点，将其作为档案馆（室）信息发布的平台。档案馆（室）借助微信公众号发布的信息主要包括：其一，档案馆（室）及其所属机构的宣传报道类信息；其二，档案行业动态与业内前沿信息；其三，档案馆（室）提供档案信息服务的方式与举办相关活动的信息。此外，档案馆（室）微信公众号也可成为政府信息公开与面向公众调研的服务平台，供党政机构及其他社会组织定期发布可公开的公务文书或档案（如图6-9所示）。

图 6－9　南京档案微信公众号手机截屏

2. 档案文化资源推广

档案馆（室）微信公众号不仅是公众获取档案相关信息资源的平台，还是档案馆（室）面向公众开展档案文化资源推广的平台。传统纸质档案编研工作虽能够整理、加工与出版极具文化内涵的档案编研产品，但耗时费力，且受众范围并不大。微信公众号本身受众群体较大，且借助朋友圈分享能够快速吸引大批用户点击、阅读并转发信息。档案馆（室）可以将编研工作的重点从大部头的档案编研转换至片段式的数字档案编研。通过图片、专题展览、视频专题等形式向公众传播档案资源，并利用微信公众快速传递信息的特点，吸引潜在用户订阅档案馆（室）微信公众号，扩大档案文化资源的影响范围。

3. 档案查询、预约与咨询

微信公众号的互动性较好，通过此平台可以搭建档案馆（室）与社会公众的互动空间，开展移动式的档案信息服务。目前，微信公众号能够提供的档案服务主要有以下三类：其一，档案查询服务，是指利用者通过微信公众号发送消息与档案微信公众运营团队围绕档案信息查询而展开的在线档案查找服务；其二，档案预约服务，该服务与档案门户网站的查档预约功能基本相同，只不过微信公众号的预约更加方便快捷；其三，档案业务咨询服务，咨询范围不仅包括利用者围绕档案查找与利用提出的问题，还包括档案系统内关于职称评定、规章制度、工作规范与流程方面的问题。

（四）档案微博服务的主要内容

微博，即微型博客（MicroBlog）的简称，也是博客的一种，是一种通过关注机制分享简短实时信息的广播式的社交网络平台。微博是一个基于用户关系信息分享、传播以及获取的平台。用户可以通过 WEB、WAP 等各种客户端组建个人社区，以简短的文字更新信息，并实现即时分享。档案微博（如图 6－10 所示）是指档案馆（室）注册的用于传递档案馆（室）业务与服务信息，收集利用者需求，引导公众行为的社会网络平台。基于微博平台的档案服务主要包括以下几个方面的内容。

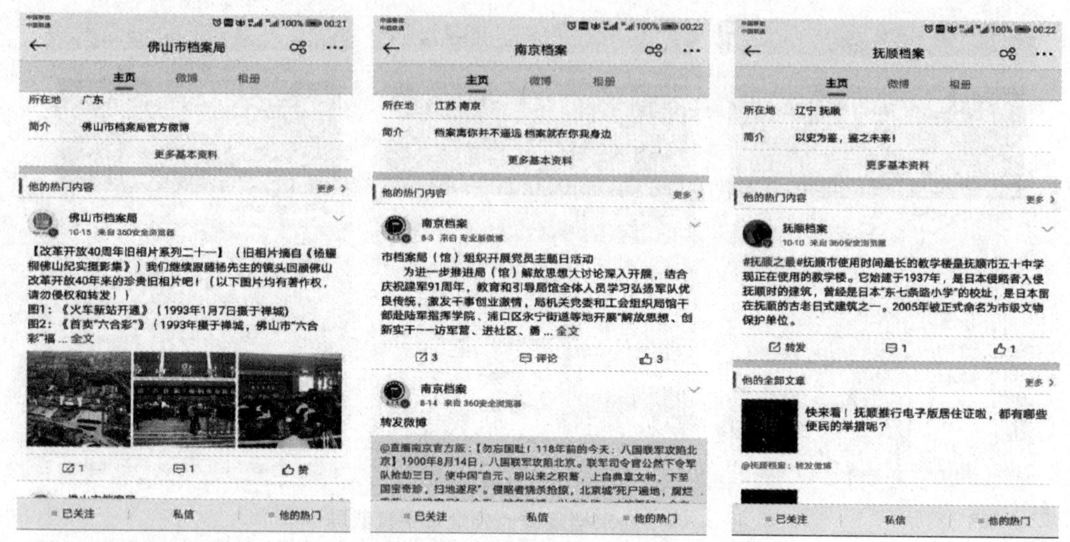

图 6-10 部分档案微博手机截屏

1. 信息发布与转发

与微信公众号的信息发布功能相同，档案微博也可以面向订阅用户发布档案馆（室）业务活动预告、行业内前沿技术、档案工作规章制度、公布开放档案名录等信息内容，并转发各级机构发布的政务信息，不仅可以发布纯文本或图片形式的信息，还可以转发短视频或网址链接。因受微信信息发布规则限制，微信公众号每天只能面向订阅用户发送一次信息，但可采用信息组的方式发送，而微博可以每天任意时刻发布信息。档案微博的信息发布频率较档案微信公众号的发布频率更高，且可根据政府信息内容与档案业务工作的关系，转发来自其他政务微博用户的信息。

2. 机构间工作互动与业务咨询

目前国内开通微博的档案机构有百余个，几乎所有地市级档案机构都开通了微博。档案馆（室）可以利用微博宣传效果好、受众面广的特点，建立微博互动沟通的机制：一方面相互转发各自发布的消息和活动预告，另一方面开展基于微博推广的档案资源共享、业务咨询与协调工作。同时，利用微博平台用户之间相互串联、互动性强的特点，打造具有区域特色的档案微博联盟，进一步凸显档案网络服务的区域优势，推动档案行业在网络时代的继续发展。

3. 开展档案用户调研

微博用户来自社会各个层次，且数量巨大，档案馆（室）可借助微博平台，定期围绕档案馆编研选题、档案展览主题或档案服务等问题面向所有微博用户征求意见或要求用户填写简短的调查问卷，并在档案微博平台上置顶发布，以此征求社会公众对档案馆（室）业务工作与服务工作的意见，及时把握网络用户的档案利用需求，有效开展具有针对性的服务工作。与此同时，档案微博也是档案馆（室）开展业务咨询与查档服务的重要平台，用户可以在微博留言处发布相关诉求或给档案馆提建议，由档案微博运营方作出有针对性的解答与回复。

（五）档案 App 服务的主要内容

App 是指安装在智能手机中的软件，主要用于弥补手机安装系统的不足，并拓展手机的衍生功能，扩大手机在社会生活中的覆盖面。档案 App 主要指由档案馆（室）设计并开发的，可以安装在智能手机中的手机软件。目前在各大手机应用软件商店可以下载到三十余款由各级各类档案馆（室）开发上线的 App（如图 6－11 所示），软件附着功能与服务模块大致相同，主要包括以下内容。

1. 档案业务咨询与服务

档案 App 一改须登录门户网站进行咨询的固化服务方式，将档案业务查询模块嵌入应用程序中，并借助人工智能问答机器人来随时回应用户提出的档案业务需求。同时，应用程序还可以提供查档预约服务，为方便公众随时登录软件提出查档诉求，部分应用软件还提供远程档案传输与待见待查服务。档案 App 实质上是档案门户网站的移动版，只不过借用手机移动终端来提供服务，档案信息服务变得更为快速、及时与精准。

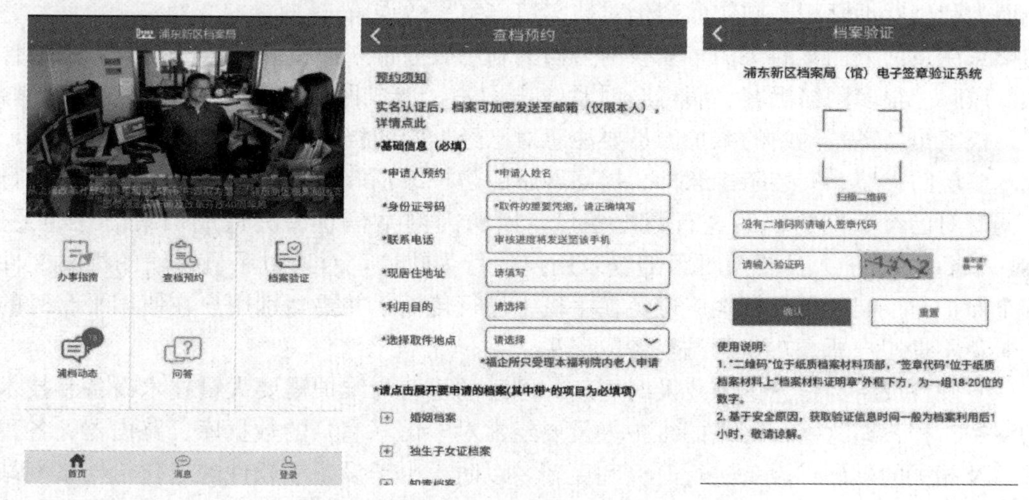

图 6－11　浦东新区档案局 App 应用软件截图

2. 档案验证服务

档案验证服务是 App 提供的特殊服务功能，主要指用户将持有的档案复制件通过手机扫描或拍照的方式上传至 App 指定界面，由人工和机器为其验证档案真伪的服务。该服务可以为用户提供已有档案真伪验证服务，还可以提供某一事实在档案记录中的验证与比对服务。这种服务方式节省了公众再次制作相同内容档案复制件的时间，还可以快速验证档案内容与提供事实证明，提高档案服务的效率。

3. 数字档案资源展示

手机移动终端为数字档案资源的社会推广提供了方便快捷的通道，档案馆（室）可以借助档案 App，将优质数字档案资源推广给用户。平台不仅可以发布文字与图片形式的数字档案资源，还可以将收集和制作的各种音视频文件制作成专题或连续纪录片的形式向社会公众展示，同时还可以提供获取其他有价值的数字资源的网络链接线索，供有兴趣的用户点击使用。

（六）档案网络服务的注意事项

（1）建立严密的用户访问体系。作为组织机构对外宣传的窗口，特别是与众多访问用户进行交互活动的平台，门户网站、“两微一端”要设立一套严密的用户访问体系，这主要包括：访问者需要申请注册，才能浏览重要的页面，并发言和利用档案；用户需要实名注册，且浏览相关档案原件要提出在线申请，经审核通过后，方可利用；设置不同级别注册用户的访问级别；实时监控利用者的访问情况，对恶意注册、访问、留言的用户要及时清理；设置访问用户的留言过滤级别，对相对敏感的词条进行过滤，并对不符合规范的留言及时进行清除。上述所有使用网络服务平台的规则与条款在用户首次注册或登录时就必须予以明示。

（2）设置醒目的服务提示。档案服务人员应当在档案网络平台首页的醒目位置或各个相关服务窗口的醒目位置添加各种网络服务平台使用的流程图、检索工具的使用说明、各种特色服务项目的链接等，方便利用者直接了解相关服务项目以及检索工具的使用方法，避免因为利用者不懂相关操作而产生对档案馆（室）的误解。

（3）注意网上档案的保护。互联网为档案利用服务带来便捷和实惠的同时，也暗含着极大的风险。很多网络黑客、病毒会时常攻击网站，造成网站信息的丢失和内容的泄露。因此，档案馆（室）网站的维护人员要注意对已经上网的档案信息实施全方位的保护，通过设置多层防火墙、安装杀毒软件、提高网站的防护级别等方式对档案和档案网站进行保护。同时对已经上网的档案进行数据备份，以防因网站信息丢失造成档案信息的丢失。“两微一端”的维护人员要及时跟随登录用户的行为轨迹，对通过手机传输的档案文件进行安全保护与控制，重要档案应避免在手机中进行传输，并要甄别用户在使用平台时的行为，避免不良用户恶意攻击网站与盗取资源。

（4）硬件设备与信息内容要及时更新。网站的运营与维护需要大量技术设备和技术条件的支持，档案馆（室）网站的维护人员要经常对本馆（室）的数据库、路由器、各种数据接口及相关的软硬件设备进行升级和更新，以防止由于设备和软件的老化给档案网站的运营和档案的传播带来安全风险。“两微一端”的运营需要依靠定期的信息内容更新，特别是微信公众号，要保证推送内容定期更新，更新推文要符合订阅用户的需求，多推送可以宣传档案机构，容易引起用户共鸣的档案资源。

案例 6-6

杭州市网上档案馆简介

杭州市网上档案馆是国家档案局电子文件归档工作及建设示范数字档案馆试点工程之一，也是杭州市政府信息化工程的一个重点项目，杭州市委、市政府非常重视网上档案馆的建设，把网上档案馆的开发和建设列入了《杭州市经济和社会信息化发展规划纲要（2001—2010 年）》，列为杭州市电子政务重点建设项目之一。2004 年 8 月 1 日，杭州市网上档案馆第一期工程正式投入运行。

杭州市网上档案馆建设（一期）涵盖了杭州市档案局在数据信息采集、资源管理和利用以及业务办理等方面的主要需求。该系统包含四个子系统：档案数据采集子系统、档案资源管理子系统、档案资料利用子系统和办公自动化子系统。四个应用子系统的软件集成为一体，实现了档案数据的统一，提高了信息资源收集、处理、交换、利用的效率。杭州市网上档案馆项目涵盖全市档案工作的各环节，以建立全市档案数字化综合应用平台为重点，以高效的业务管理、可靠的资源服务为宗旨，以满足档案利用者（单位或个人）和档案管理者（全市各级各类档案局、馆、室）需求为目标。

杭州市网上档案馆以分布式的海量数据库为支撑，基于智能检索技术和宽带高速网络技术，实现全市档案工作的现代化管理和数字档案馆多功能服务的提供。建成后的杭州市网上档案馆将成为全市档案工作的平台和社会利用档案资源的窗口。

杭州市网上档案馆系统是一个区域性、开放型的文件和档案信息中心，能够为市级机关各单位和社会各界人士提供网上档案查询服务，以实现资源共享。

（资料来源：http：//www.hangzhou.gov.cn/main/cjsfw/archive/wsdzg/）

思考与实训

1. 简述档案检索工具的种类及编写要求。
2. 试述大事记的功能及作用。
3. 组织沿革主要包括哪几个方面的内容？
4. 制发档案复制件应当注意哪些事项？
5. 简述档案咨询服务的一般步骤。
6. 试论档案网站服务主要内容。
7. 根据下列给定素材，对该件档案进行著录。

<table>
<tr><td>发文年份</td><td>2010</td><td>主题词</td><td>数字档案馆建设研讨会会议通知</td></tr>
<tr><td>发文序号</td><td>113</td><td>密级</td><td>秘密</td></tr>
<tr><td>发文机关代字</td><td>中档学会</td><td>紧急程度</td><td>特急</td></tr>
<tr><td>分类号</td><td>KY432</td><td>档案馆代号</td><td>412403</td></tr>
<tr><td>档号</td><td>2—4—31—12</td><td>缩微号</td><td>无</td></tr>
<tr><td>抄送机关</td><td colspan="3">中共中央办公厅文书局，国家档案局，中央档案馆，国家信息工业与产业局</td></tr>
<tr><td>印发机关</td><td colspan="3">中国档案学会秘书处</td></tr>
<tr><td>文件题名</td><td colspan="3">中国档案学会关于召开“数字档案馆建设研讨会”的通知</td></tr>
<tr><td>主要内容</td><td colspan="3">中国档案学会拟于2010年12月中旬在哈尔滨召开“数字档案馆建设研讨会”，文件中说明了此次研讨会的会议议题、参会人员、会议日程、会务费等相关事宜</td></tr>
<tr><td>附件内容</td><td colspan="3">“数字档案馆建设研讨会”回执</td></tr>
</table>

第七章 文书档案管理现代化

【学习目标】

掌握文档一体化管理思想的基本内容，理解实现文档一体化的前提条件，明确文档一体化管理的理论依据与技术支持。了解电子文件管理流程各环节的工作内容与要求，掌握电子文件管理的特点，掌握大数据时代电子文件管理的主要矛盾，了解大数据环境下电子文件管理流程各环节的改变。掌握文档管理系统的目标、功能和特点，了解文档管理系统的基本使用方法。

【关键词点击】

文档一体化　文件生命周期　电子文件　大数据　电子文件管理

传统文书档案管理无论是在管理方法、法律规章制度、标准规范上，还是在理论研究上，都已有了比较完善的体系。然而，在文书档案管理现代化的进程中，一些改变甚至革新逐渐出现。在信息化背景中，“文件”与其伴随的系统信息、软件信息、格式信息等相关数字信息综合形成了能够在数字环境中存在并传播的“电子文件”。由“文件”和“数字信息”两个概念交集产生的电子文件，既保有传统的文件特征，也内含特殊的数字信息属性。传统的文档流转过程在信息环境中被打散甚至重组。文档一体化管理成为新形势中文书档案管理的重要策略。因此，文书档案管理现代化的基本思路便是把握电子文件的特殊属性，以电子文件管理工作为核心，实现文档一体化管理目标。

第一节　文档一体化概述

文档一体化并非新说，早在 20 世纪 80 年代就有学者提出了这一构想。文件和档案实际上是同一事物在不同阶段价值形态的不同体现。鉴于两者间密不可分的关系，档案界提出了文档一体化的构想，将文件与档案作为一个整体，实施一体化管理。文档一体化的最大优势在于它能实现文书工作和档案工作的无缝衔接。在实际管理的过程中，档案部门在文书形成前期即介入其中，这不仅有助于档案部门指导文书部门形成符合规范以便归档后作为档案管理、保管和利用的文件，还有助于档案部门提高收集、整理等工作的效率，实现对文书的前端控制。

进入信息时代，这种一体化管理的要求得到了强化，其原因主要有以下两个方面：一是保障电子文件法律证据价值的需要。电子文件具有作为法律证据的资格，但由于其具有易删除、易更改等特性，电子文件的法律证据力度只能由它的“内容”“背景”“结构”三大要素给予支持，如果不在文件生成之初就采取技术与管理措施对电子文件的三个基本要素予以采集、保存与控制，其法律证据价值就难以得到保证。二是保障电子文件信息安全的需要。电子文件是流动的数据，随时都可能因各种原因而被更改或删除。为确保电子文件的安全性，在电子文件产生之初就要确定电子文件的归档范围、保存价值、采集的时间和方式。如果这些问题在文件生成前没有确定，在文件生成初没有得到实施，有些文件就可能会丢失，有些可能会被非法修改或损毁。因此，电子文件更需要文档一体化的管理，使文件从生成之初到其生命的终点，形成一个无缝管理系统。

所谓“文档一体化管理模式”，就是将原纸质文件归档管理系统中的许多“后控制”手段提到了前端，主张在电子文件生成之初采取行动，以保证其归档质量，即将传统理论对实体保管对象的关注，转变成对文件形成过程的关注，重视文件内容、文件形成者及文件形成过程的有机联系，以及文件的目的、相互关系、职能和可靠性。这种管理模式因此又称为“后保管模式”或“前端控制思想”。

一、文档一体化的意义

文档一体化的实现具有重要意义。它使档案事业发生了如下变化：关注焦点从文件实体转向文件形成过程；从注重分散的个别文件的性质和特征，转向关注导致文件产生的业务职能、活动、任务、事物处理和工作流程；从根据文件内在价值或研究价值进行鉴定，转向宏观鉴定形成者的主要职能、计划和活动，挑选出反映其主要工作活动的文件加以保存；从对文件实体的整理、编目和保管，转向根据信息系统和形成者在相关文件之间的有机联系进行整理；档案馆从希望与文件形成机构合作的“恳求”机构，转变为一个监督形成者及维护档案文件活动的审计机构；档案馆建筑从文件保管基地转变为一个便于公众利用各种文件的信息中心。

二、实现文档一体化的前提

实现文档一体化的首要前提是电子文件管理环境的日趋成熟。文档一体化管理策略在纸质档案管理时期就被提出，即将文件与档案作为一个整体实施一体化管理，但其表现形式只是档案工作人员到文件形成部门去指导工作，以使归档后的文件真实、完整，而并未真正形成一个文档一体化系统。

相比于原来带有人为选择性的人工文件管理系统，计算机工作流程软件管理使得文件管理越来越自动化、程序化、流程化，这是电子文件管理的突出特点。计算机软件对电子文件的管理导致了机构工作形式的根本性变革，在带来很大便利的同时，也存在不少不可控制因素，再加上电子文件载体的脆弱性、时效性，使得产生文件的一切活动，都很可能会影响到文件的保存与长期利用。例如在鉴定环节中，一方面，有保存价值而未经归档的文件极其容易被程序删除、销毁，造成电子文件流失；另一方面，没有保存价值、单凭其形成单位职能而留存的电子文件累积下来，则会形成系统空间的很大浪费。由此可见，电子文件管理系统对文档一体化的要求比纸质文件管理系统要高得多，甚至可以说，不实现文档一体化就无法实现电子文件的科学有效管理。

除此之外，要实现文档一体化，还必须满足以下前提。

1. 加强立法，制定严密的法规体系

严密的法规体系是实施有效前端控制最基本的条件。在电子文件管理系统中，电子文件的产生、流动、维护等环节涉及众多人员，关系到方方面面，要将这些多向、紊乱的要素系统化，进行有效的排列组合，关键在于完善法规体系。

2. 制定各类综合管理标准

要充分发挥各部门档案管理的整体效果，必须将档案管理的各项工作规范化、标准化，使之成为一个有机整体。这样才有可能遵照国家标准规范来统一管理电子文件，使各类文件管理系统都能和档案管理系统通过接口紧密衔接起来，实现数据共享。

3. 建立高效的档案行政管理运行机制

只有高效的档案行政管理运行机制，才能使有关领导者按照既定目标和计划对下层的活动进行监督指导，实现前端控制目标；只有高效的档案行政管理运行机制，才能引导与电子文件的生成、保管、传输有关的单位、组织、个人建立良好的相互协作、相互配合的关系，有效解决各种矛盾，发挥整个电子文件管理系统的最大效率。

4. 提高档案工作者的素质

在电子文件管理活动中，文件形成者将直接参与文件工作与档案工作，档案工作者比以往更需要得到文件形成者的帮助与支持，双方的沟通必不可少，这就要求档案工作者具有较高的综合素质；管理电子文件离不开信息技术，因此档案工作者需要掌握一定的计算机技术与网络技术。

三、文档一体化的理论依据与技术支持

无论是对于传统文件还是对于电子文件，文档一体化都是极为重要的管理策略。文件生命周期理论是文档一体化管理策略的主要理论基础；前端控制思想、来源原则等档案学理论在体现文档一体化思想的同时，也为文档一体化实践提供了理论指导；信息技术的发展则为文档一体化的实现提供了可能。

（一）文件生命周期理论

从文件生命周期理论来看，文件、档案只是文件在整个生命运动过程中的不同阶段，其物质形态、信息内容等方面并无实质性改变。这是实行文档一体化管理的理论基础。

在传统档案工作实践中，文件生命周期理论相对直观、简单。从价值形态来看，传统意义上的文件生命周期模式认为文件要经历现行期、半现行期和非现行期三个阶段，本书第二章中关于文书办理流程的内容对此已有讲解。电子文件生命周期与传统文件相比，有自己的特点，故其管理模式也与传统文件有所不同。

1. 电子文件生命周期的特点

首先，对于电子文件生命周期模式的理解，应注重根本划分准则。传统文件生命周期理论中的许多认识已不再适应电子文件的特点，按照管理程序、保存机构等准则来划分文件生命周期的方法，在电子环境中较难控制掌握。因此，应当明确根本出发点，以电子文件的价值形态为根本划分准则，全面考虑电子文件从产生至消亡或永久保存的生命规律。

其次，对于电子文件生命周期模式的理解，应注重整体性。从生命周期的角度看，电子文件在形式上模糊了各阶段文件的界限，实质上却使各阶段文件管理的关系更加密切。因此电子文件的管理需要从整体上统筹考虑计算机的软、硬件配置，更好地解决各阶段内文件的管理方法、质量控制、保密要求、存放地点、载体保护和技术更新等一系列影响文件信息完整、准确、安全的问题。

2. 电子文件生命周期管理模式

在应用实践中，人们对电子文件生命周期的认识成果往往就是经过广泛讨论之后所确立的“电子文件生命周期”管理模式，多体现在“数字化文档管理系统”（以下简称“文档管理系统”）的设计和构建层面。确定电子文件生命周期管理模式，需要文件管理部门、档案部门、信息技术部门在充分认识电子文件价值形态变化的基础上，对电子文件的运动规律达成共识，从实际出发，提出合理的软件需求分析。

1997年，国际档案理事会电子文件管理委员会提出了电子文件生命周期的推荐模式，将电子文件的生命周期分为三个阶段：概念阶段（Conception Stage）、创建阶段（Creation Stage）和维护阶段（Maintenance Stage）。

概念阶段是指电子信息系统的设计、开发和安装阶段。在这一阶段完成对机构内部信息流和信息处理的分析，以及对技术的挑选、获取和安装，并始终关注关于电子文件原始凭证性和长期保存等的各种问题。

创建阶段是指在可靠的电子环境中产生电子文件的阶段。

维护阶段是指文件从产生至被销毁或长期保存前的整个过程。这一过程包含了电子文件本身的现行、半现行、非现行三个不同阶段。

国际档案理事会提出该模式的目的在于建议各国文件管理部门建立一种合理、有效的文档管理系统，并对系统设计程序进行一定规划。在考虑电子文件生命周期模式时，理事会融合了不少软件生命周期（Life Cycle of Software）思想；特别是在电子文件生命周期的概念阶段，更将电子文件管理中的收集、鉴定、保存等功能需求融合在系统的设计与开发中，使档案管理的要求体现于文件生成之初。这种生命周期划分方式在国内外学者中引起了广泛讨论，许多文件管理专家批评该模式对于电子文件本身的生命轨迹未作深入讨论、仅在“维护阶段”中简单提及，并纷纷提出了一些其他划分模式。美国文件管理专家里克·巴里（Rick Barry）提出的“电子文件生命周期”模式较有代表性，他按照文件管理程序将电子文件生命周期分为五个阶段。①

（1）生成和认证：生成新文件，同时赋予其一定认证信息，如系统内唯一的文件标识；

（2）鉴定：通过评定文件对于机构的价值，决定文件的最终处置方式，并决定其保管期限；

（3）控制和利用：由生成者或其他授权用户对文件信息进行存储、控制和检索、利用；

（4）最终处置：根据文件保管期限表的决定来处置文件，包括销毁和向档案部门移交；

（5）保护与利用：保证文件的长期存取，提供多样的利用方式。

事实上，国内外档案部门在电子文件管理实践中，除了参照以上“推荐模式”和相关管理思想之外，最重要的是依照文件“现行、半现行、非现行”的价值形态变化规律，根据下属机构的实际情况进行综合考虑，提出适应本部门管辖范围内各个机构的文件管理标准程序，制定相应的规范。

想一想

电子文件生命周期理论对电子文件管理工作有怎样的影响？

（二）前端控制思想

前端控制思想就是将原来纸质文件管理系统中的许多后期阶段的控制手段提到了最前端，将传统理论中对实体保管对象的控制转变为对文件自身及其相关问题的关注。前端控制是现代文件、档案管理理念的重要内容，它以文件生命周期理论为基础，把文件从生成到永久保存或销毁的不同阶段视为完整的生命过程。“前端控制是对整个管理过程的目标、要求和规则进行系统分析、科学整合，把需要和可能在文件生成阶段实现或部分实现的管理功能尽量在这一阶段实现。”②

在文件生成之前就采取控制措施，能够有效预防威胁电子文件真实性与完整性的风

① Rick Barry. Modern Impact of Electronic Media：Managing Organisations with Electronic Records. http：//caldeson. com/old-site/RIMOS/barry2. html.

② 库克．1898 年荷兰手册出版以来档案理论与实践的相互影响//第十三届国际档案大会文件报告集．北京：中国档案出版社，1997.

险，保证其归档质量。电子文件的现行和半现行阶段是信息丢失的高发期，按照档案管理的传统，这一阶段的管理是由文档管理人员实施的。多数文件管理者对档案管理的需求不甚了解，如果听凭他们盲目管理电子文件，就有可能造成信息的大量流失；若干年以后，当人们回顾一个机构的发展历程时，可能会发现其中有许多盲点或疑点，为整个社会的记忆留下遗憾。所以档案工作者决不能再安于被动接受者的地位，不能像管理纸质文件那样被动地等待接收非现行文件，然后才进行鉴定、整理、统计等档案业务流程。电子文件的易失易变性，迫使档案工作者很早就必须参与到办公自动化工作流程软件的设计中，从一开始就将档案管理的需求融入系统中。

（三）来源原则

来源原则是档案工作的基本理论和核心原则，其基本思想是尊重来源，明确档案与形成者的联系，从而有力地维护和保证档案的原始记录性。从法国的尊重全宗原则、普鲁士的登记室原则、英美的档案/文件组合思想、德国的自由来源原则到苏联和我国的全宗理论，来源原则在不同历史时期、不同国家的表现形式略有差别，但都遵循了同一核心思想，即根据档案与形成者的来源联系进行整理和分类，建立全宗，同一全宗的档案不能分散，不同全宗的档案不能混杂。

来源原则要求档案部门尊重文件形成部门自成体系的管理方法，将工作重心放到文件归档之前，清晰地体现了文书部门与档案部门合作的思想，为文档一体化管理策略提供了依据。

计算机技术为文件信息内容的整理、鉴定和著录带来了前所未有的方便与快捷，但文件整理和分类标准的多元化，使来源原则受到了一定冲击。在数字环境中，文件是不稳定的，信息内容可以不留痕迹地被拆分、整合或变更，而一旦电子文件失去其真实性、完整性，它也就失去了存在的价值。随着电子文件数量增长速度和软硬件更新速度的加快，如何保证电子文件的原始记录性就成为重要的研究课题。为了维护电子文件的凭证性，不仅需要在电子文件生命周期中对内容信息进行采集、整理、鉴定和保存，还必须采集与文件形成者有关的背景信息和与文件生成环境有关的结构信息。

实践证明，不仅在应对电子文件管理的挑战时不能抛弃来源原则，而且在数字环境中，“来源”的含义还被大大地拓宽了。“电子时代档案来源的概念需要重新考虑、酝酿和定义，这种来源不仅指文件的形成机关，而且包括其形成目的、形成活动、过程、处理程序和职能范围等等。”①

为了证明来源，信息资源管理部门采用元数据（Metadata）来解决这一难题。通过元数据的采集机制来收集、整理和维护电子文件生成过程中所产生的背景信息和结构信息，解释电子文件在何种环境下产生，包括由谁、为了何种目的、在什么职能活动中、运用哪些数据、在何种技术环境下、采用怎样的文件格式生成等等，详细归纳其来源联系。元数据在记录这些信息的同时，也提供了大量的分类标准、检索入口和鉴定项目，人们可以利用元数据完成许多文件管理和利用工作。

---

① 库克．1898 年荷兰手册出版以来档案理论与实践的相互影响//第十三届国际档案大会文件报告集．北京：中国档案出版社，1997.

（四）信息技术支持

文档一体化的管理需要以技术作为后盾，文档管理系统是将文件管理与档案管理融为一体的平台。

文档管理系统是信息技术部门与文件管理部门、档案管理部门协同开发的产物，它利用先进的计算机与网络技术，在机构、组织、部门中建立起相对独立的电子信息系统，以实现该单位电子文件自生成到最终处置的整个管理过程。档案部门介入文档管理系统的设计开发工作，提出各种细节需求，使文档管理系统与办公自动化系统在功能上实现无缝衔接，从而保证文件在生成时就获得完善管理，使档案得到最充分的维护。可以说，文档管理系统是电子文件实现文档一体化的重要工具。

案例 7－1

2003 年 7 月 19 日，甲工具制造有限公司（以下简称甲公司）与乙电子商务有限公司（以下简称乙公司）签订电子商务服务合同 1 份，约定：乙公司为甲公司安装其拥有自主版权的某国际贸易电子商务系统软件 1 套，在安装后 1 年之内最少为甲公司提供 5 个有效国际商务渠道。乙公司对甲公司利用其软件与商情获得的成交业务，按不同情形收取费用，最高不超过 50 万元。如果在 1 年之内，乙公司未能完成提供有效国际商务渠道的义务，则无条件退还甲公司首期付款 5 万元并支付违约金。合同签订后，乙公司在甲公司处安装了软件平台，并代甲公司操作该系统。2004 年 10 月，甲公司以乙公司违约、未能提供有效国际商务渠道为由起诉至法院，要求解除合同，返还已付款项并支付违约金。乙公司在举证期限内提供了海外客户对甲公司产品询盘的 4 份电子邮件（打印文件），以此证明乙公司为甲公司建立的交易平台已取得业务进展，至于最终没有能够成交，是由于甲公司提供给外商的样品不符合要求。

本案经历了两轮民事诉讼。一审法院认为，电子邮件的资料为只读文件，除网络服务提供商外，一般外人很难更改，遂认定了电子邮件证据的效力。对此，甲公司不服判决并上诉。

二审法院认为，乙公司提供的电子邮件只是打印件，对乙公司将该电子邮件从计算机上提取的过程是否客观和真实无法确认，而乙公司又拒绝当庭用储存该电子邮件的计算机通过互联网现场演示，故否认了 4 份电子邮件的证据效力。

评析：

本案的争议焦点在于：乙公司在合同约定的 1 年内是否为甲公司提供了有效国际商务渠道。确定该问题的关键在于：对乙公司提供的 4 份电子邮件如何进行认定。电子证据可以作为证据使用，法学理论界以及司法实践对此均没有争议，但对于电子证据的归类、法律地位以及相对应的证据认证规则尚处于理论讨论阶段，再加上对电子证据的判断需要计算机领域的相关专业知识，这难免会给法官在证据的审查认定上带来较大的难度。从一、二审判决可以看出，一审法院基本上将电子邮件作为书证对待，适用了书证这类证据的认证规则；而二审法院虽然没有在判决中对电子邮件作为证据的法律属性加以明确阐述，但从法官要求乙公司方当场演示用储存邮件的计算机提取证据的过程及其对该过程的特别程序要求中可以看出，法院对电子邮件作为证据使用采取了与书证和视听资料等不同的认证规则。

拓展阅读

电子文件证据的证据力

(1) 客观性。又称可靠性或真实性，即证据必须具有客观存在的属性。证据的客观性是通过证据的存在形式和内容表现出来的。电子文件证据的客观性主要在于其内容必须是可靠的，是对客观事物的真实反映。而要证明其可靠性，就必须保证信息来源的可靠性和信息的完整性，能够证明计算机的操作有严格的章程，操作者的操作是合法的。系统的维护和调试也须处于严格控制下，数据不可被有意修改，以便日后核查与原始资料是否一致。

(2) 相关性。又称关联性和证明性，即证据必须与待证事实具有一定联系，并且对证明该事实有实际意义的证据特性。证据的相关性是证据能够采用的必要条件。因此，电子文件证据要想被采纳为证据，就必须解决诸如以下的问题：是否非法进入了无权进入的计算机系统；是否秘密窃取了计算机的系统内部的数据；是否向计算机系统中输入了非法的、虚假的信息数据等等。因此，在决定是否采纳电子文件证据为证据时，应考虑其关联性，如无则不予采纳。

(3) 合法性。又称有效性或法律性，指证据在程序上必须依照法律要求，才能被采用，证据的合法性标准是程序公正的必然要求。电子文件证据是否具有合法性，就要看其收集、提取是否严格按照法律规定的程序或方法进行。所以在获取电子文件证据时应出示搜查证，搜查的范围或对象在搜查中应有明确的规定，绝对禁止以搜查之名窥视他人的秘密和隐私。在扣押涉案计算机设备时应办理相应的扣押手续，并有一定的见证人在场；还应当场制作副本或者打印相关资料，并由相关人员签名、盖章。对制作的副本也应封存，以保证证据不会丢失或遭到破坏；即使原始证据发生意外，封存后的副本也可以发挥相同的证据效力。将储存于计算机系统内的电子文件固定下来时，固定过程也必须符合法律规定，只有依法对数据进行收集并转而储存到其他介质上封存，在得到查证属实后，这种证据才有证据力。

第二节　文档管理系统简介

案例7-2

微软的蓝图

比尔·盖茨在《未来时速》中提到过一个例子：数年前，微软公司位于华盛顿州雷德蒙德园区的总部大楼的蓝图不见了，而这些蓝图是制订下一阶段建筑工作计划的重要依据。于是有关人员打电话找刚退休的原微软房地产和设施集团的主任，他让大家去找一个电工，果然蓝图在这个电工那里。事实上，这个电工是世界上唯一拥有微软所有建筑平面图的人。

传统社会往往依赖一两个人来记住这个群体的历史和传统，而现代组织却需要用更好的方法来记录和传递他们的记忆。微软公司每年有建筑面积 50 万～100 万平方英尺的新办公空间，而全部重要信息的“知识基础”却装在少数人的脑袋和几堆蓝图里，这些蓝图甚至还没有存档。

微软房地产和设施集团被这次事件震动，从而决定将微软所有的蓝图、示意图及其他建筑信息放进计算机辅助设计（CAD）档案中，还为销售商创建了一个 CAD 标准，将现存的来自销售商计算机系统的电子文件转移到公司内部的系统里，又为销售商创建了一个外联网站点，项目的相关人员可以进入这个网址，并可在其中储存建筑早期阶段的问题和解决方案。因为重新控制了信息，所以相关人员就可以利用这个项目的良好基础去更好地招标，从而得到更优的报价和更高的灵活性。微软公司员工也可以在处理与重大房地产项目有关的问题和核算成本时利用这些信息，微软公司在各国的分部在规划业务发展时同样可以利用总部的房地产专门信息。微软的内联网上也公布了楼层平面图，楼层平面图页面是微软内联网上被访次数最多的地点。

目前在我国，按照不同机构的财力、人力与技术力量，在不同的文档管理意识作用下，文档管理部门一般采取以下四种方式保存电子文件。

第一，在电子文件产生或接收之时，打印输出硬拷贝（纸或胶片），在纸质文档管理系统内管理，而将计算机系统内的电子文件删除。

这种方法的优点是价格便宜，技术要求不高，有成熟的管理办法对这些硬拷贝加以管理。但是有些电子文件无法采用打印方法使它的内容完全打印出来，或有可能某些电子文件经硬拷贝输出后会造成信息丢失（如具有证据价值的背景信息可能会丢失），从而损毁或破坏电子文件的完整性。电子文件的打印拷贝不能被称为电子文件，也不能等同于纸质文件，它只是电子文件的硬拷贝。这种处理方式，不仅失去了原电子文件多途径、快速检索的特点，还销毁了电子文件。

第二，用脱机媒体拷贝电子文件，例如制作电子文件的磁带备份、光盘备份、磁盘备份，将这些电子文件备份脱机保存在档案库内。

这种管理方式比硬拷贝输出的方式更为合理，它至少有可能较完整地保存电子文件的内容与背景，并保留以电子方式检索文件的特点。但若选用脱机媒体不当，也会给电子文件的管理带来风险。

第三，以硬拷贝与电子拷贝双重备份的方式管理电子文件，分别归档管理，形成两种介质同一内容的两套档案，即双套制。

数字信息的不稳定性与网络的脆弱性，使长期保存数字信息具有较大风险，当前的技术水平还难以完全避免风险的出现。在这种背景下，双套制体现出了优越性：硬拷贝保存了电子文件的内容信息；电子拷贝保留了电子文件应有的特点与作用。因而，双套制在今天的技术条件下，是保证电子文件信息安全的过渡方法。但双套制并不是电子文件的理想管理方式，它兼容了两者所需人力物力的全部投入，囊括了纸质文件、电子文件所需的全部消耗。

第四，以电子方式保存电子文件，即建立并采用一个高效的文档管理系统，保证电子文件的有效保存、利用、检索与处置。

该管理方式应是管理电子文件的最佳方式，但仅以电子方式保存电子文件，在当前的技术条件下，可谓风险重重。以电子方式管理电子文件的成败，关键在于文档管理系统功能是否能够实现。本节在系统介绍文档管理系统的目标、功能与特点以及基本模块设计后，将以广东万维博通信息技术有限公司开发的“万维数字化档案网上管理系统”为例，通过对该管理系统的简介，力图说明文档一体化管理思想在实践中的应用，使读者对文档管理系统形成比较感性的认识。

一、文档管理系统的目标

国际档案理事会将文档管理系统定义为“为了存储与检索文件而开发的信息系统，它控制着记录的创建、存储与被存取的功能，它保护着记录的真实与可信”①。文档管理系统至少应实现以下目标：

（1）保证电子文件的行政有效性和法律证据力度；

（2）确保电子文件最大限度地支持机构的职能活动；

（3）保护电子文件的完整、真实与可靠，维护系统内的记录长期可读；

（4）保证机构内外在线文件的检索和利用；

（5）保证系统中所存储的信息安全、可靠；

（6）确保系统的各个环节符合相应法律法规的要求；

（7）保护系统内的电子文件中涉及的个人隐私与知识产权；

（8）确保文件在现行期后的归档与在线移交。

二、文档管理系统的功能与特点

一般而言，文档管理系统应当覆盖数字档案室各项工作的全部功能，主要功能包括档案接收、档案整理编目、档案利用、全宗管理、查阅利用、多媒体文件管理、目录管理、案卷级档案管理、卷内文件管理、自动归档处理、数据录入、一键扫描、全文录入、数据统计报表、网上利用效果智能分析、档案编辑、光盘打包管理、开放档案鉴定等。系统不仅将各业务环节紧密衔接，且形成了对档案全线业务的有机管理机制。

文档管理系统具有两大特点：一是全面性。文档管理系统的工作职能包含了电子文件整个生命周期的各个阶段，囊括了文件的采集、组织、分类、鉴定、保存、检索利用与最

① International Council on Archives，Committee on Electronic Records. Guide for Managing Electronic Records from an Archival Perspective. Paris，1997.

终处置。换句话说，它控制着文件的生成、管理与处置。二是连续性。文档管理系统的文件管理功能是连续、长期、非间断性的，始终呈动态表现。

三、文档管理系统的模块设计

设计文档管理系统时，应尽量将功能需求体现到系统结构中，以方便用户的操作，提高信息利用率。文档管理系统的功能模块主要包含文件的收转、管理、利用和安全四个方面。

（一）文件收转系统模块

文件收转系统模块，是指通过建立本系统与其他信息系统之间的收转接口，来处理电子文件的收集和转移活动。其中收集模块包括电子文件自动捕获、电子文件人工采集、其他载体文件的数字化等内容；转移模块包括本机构间的信息交流、电子文件向档案部门电子文件管理系统转移等。

（二）文件管理系统模块

文件管理系统模块负责处理电子文件在系统内应得到的所有控制与管理活动，包括元数据管理、文件格式标准化、建立文件间的信息联系、主题词自动标引、分类号自动标引、档案信息鉴定、档案信息统计等内容。

（三）信息利用系统模块

信息利用系统模块负责处理电子文件信息的开发、检索、利用活动。开发利用包括文件汇编、信息深层开发、综合智能查询等内容，文件应既可以在系统内直接利用，也可以通过网络传输、光盘刻录、纸质打印、缩微制品制作等途径传递信息。

（四）信息安全系统模块

信息安全系统模块负责处理系统内所有的安全问题，包括用户权限管理、文件操作权限管理、信息加密、数据维护、数据备份、信息更新与系统迁移、数字信息长期保存等内容。

四、文档管理系统的基本使用方法

（一）进入系统

“万维数字化档案网上管理系统”主要采用 B/S 结构，对 SQL Server 数据库进行了结构升级与逻辑优化，提高了软件的响应速度及系统的数据承载量，具有超过 1 000 万数据条目的处理能力；通过服务器的扩容，还可实现海量数据的存储管理。除文档管理以外，该系统还可以为图书、资料、法律法规等各类常用资源提供类似于立卷归档的辅助管理。

当文档管理系统采用了类似上网操作的模式后，“虚拟档案室”的实现无疑又向前推进了一步。在某一单位的服务器上完成系统安装设置后，用户只需用个人电脑访问指定的网址即可开始操作，从而有效解决了地域局限造成的信息隔离。身处异地的档案管理员可登录服务器管理文档，下属单位可以通过网络向上级单位档案部门归档，上级单位也可通过网络对下属单位的档案工作进行监督和指导。在单位内部有必要的安全措施的条件下，利用 VPN 技术，可实现远程办公，如某位领导在外地出差时，找一台可以上网的电脑即可实现远程档案查询，随时了解单位的情况。

用户打开 IE 浏览器，在地址栏中输入本单位“万维数字化档案网上管理系统”（以下统一简称为“系统”，如有特别情况另外指出）的网址，即可进入系统登录界面（如图7－1所示）。系统要求输入用户名和密码，这是系统安全控制手段之一。用户应牢记自己的密码，不得随意泄露，并谨防他人恶意窃取密码，以免造成信息损失。

图 7－1　系统登录界面

输入正确的账号和密码，即进入系统主界面（如图 7－2 所示）。主界面中央的菜单和左侧的“导航树”均可指引用户轻松进入任务界面。

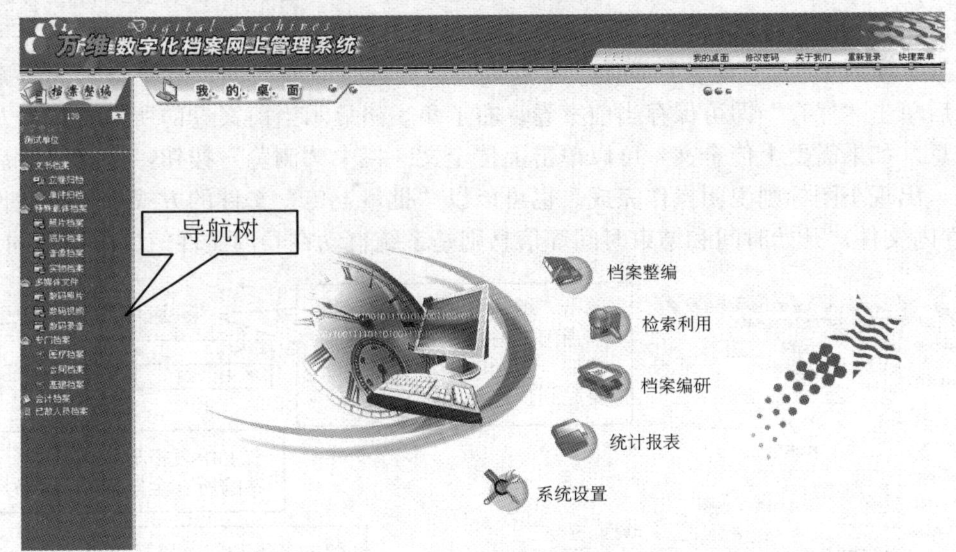

图 7－2　系统主界面

（二）文件归档

系统可以通过手动归档与查询归档两种方式实现收、发文归档。当用户知道要归档的收文编号或发文编号时，适合用手动归档方式，通过输入收、发文编号进行归档。当用户不清楚要归档的文号时，可以使用查询归档方式，通过多个查询条件的组合选择要归档的文件，然后归档。

由于系统提供基于格式化文本/XML/数据库的数据接口，因此可以与第三方办公系统、业务系统等实现无缝衔接，使其数据直接归档，减少档案人员的工作量，同时也使软件的维护与扩展变得更为容易。

（三）档案整理与编目

立卷文件的归档共分为目录级管理、案卷级管理、文件级管理三个层次。除了文书档案之外，一些专门档案（如工程项目档案、设备档案、人事档案、司法档案等）也都适宜采用立卷法进行归档。

1. 目录级和案卷级的整理与编目

单击导航树中的“立卷归档”即可进入立卷归档的目录级管理界面（如图 7－3 所示）。单击界面上的“添加”按钮增加新目录，填写目录号、目录描述、数据状态和选择是否入库后保存，即可完成新目录的增加。单击“保存新增”按钮既可保存当前目录，又可增加新目录。

文书档案 立卷归档　　添加　刷新　查询

全宗号	目录号	目录描述	是否入库	数据状态	操作
138	A1.001	关于市劳动局的会议文件	否		[进入] [修改] [删除]
138	A1.002	关于市劳动局下乡慰问活动材料	否		[进入] [修改] [删除]
138	A1.003	关于东莞市人民政府的通知	否		[进入] [修改] [删除]
138	A1.004	关于市政府会议的通知	否		[进入] [修改] [删除]

文书档案 立卷归档　　添加　刷新　查询

图 7－3　目录级管理界面

在一个案卷目录中，可添加一个或多个案卷。图 7－4 展示的是案卷级管理界面的主要内容。档案管理员可在此页面填写档案室号、档案馆号、案卷标题、（归档）年度、分类、页数、所属单位、（保管）期限、立卷人、检查人、立卷时间及卷末备考表等案卷信息，之后单击“保存”即可保存当前案卷。右上角表格显示当前案卷的所在全宗号及目录号等信息。如果需要上传全文，可以单击上传全文一栏中“浏览”按钮，选择文件后单击“上传”，出现小图标则说明操作完成。也可以以“批量上传”文件的方式上传全文件。页数、（卷内文件）开始时间和结束时间等信息则是系统自动在卷内文件信息中提取的。

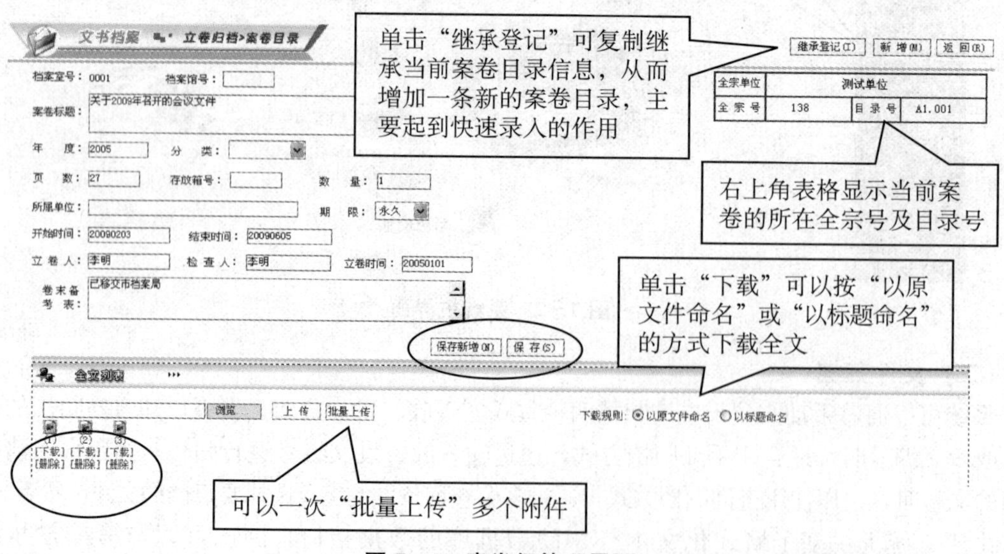

图 7－4　案卷级管理界面

进入卷内文件管理界面，可对卷内文件进行编辑管理。单击图 7-5 中的“添加”，可以增加一份新的卷内文件；添加文件时，需要填写相关的文件信息，如序号、文号、文件标题、责任者、主题词、文件日期、密级、页次、页数、分类号等，可上传全文件与附件。页面上还会显示该文件所在的全宗号、目录号和案卷号等信息。

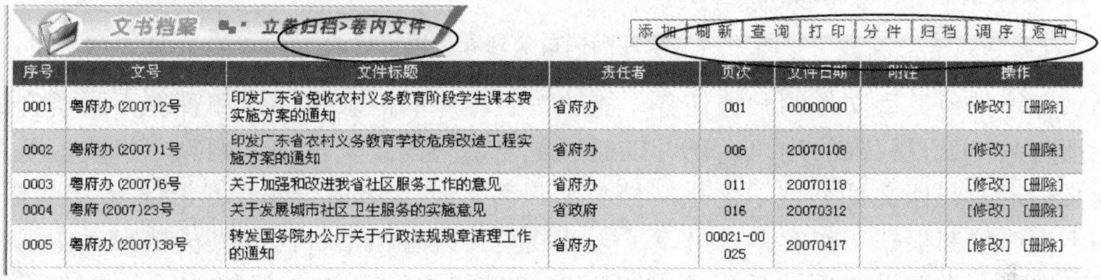

文书档案　立卷归档>卷内文件

添加　刷新　查询　打印　分件　归档　调序　返回

序号	文号	文件标题	责任者	页次	文件日期	附注	操作
0001	粤府办(2007)2号	印发广东省免收农村义务教育阶段学生课本费实施方案的通知	省府办	001	00000000		[修改] [删除]
0002	粤府办(2007)1号	印发广东省农村义务教育学校危房改造工程实施方案的通知	省府办	006	20070108		[修改] [删除]
0003	粤府办(2007)6号	关于加强和改进我省社区服务工作的意见	省府办	011	20070118		[修改] [删除]
0004	粤府(2007)23号	关于发展城市社区卫生服务的实施意见	省政府	016	20070312		[修改] [删除]
0005	粤府办(2007)38号	转发国务院办公厅关于行政法规规章清理工作的通知	省府办	00021-00025	20070417		[修改] [删除]

图 7-5　卷内文件管理界面

2. 文件级的整理与编目

在文档一体化的大环境下，尤其是自我国《归档文件整理规则》(DA/T 22—2000)颁布实施以来，文书档案的管理应以“件”为单位进行归档。文件级归档分为目录级管理、文件级管理两个层次，即减少了“案卷级管理”，简化了文档管理的流程，发挥了计算机高速处理数据的优势。此外，对于一些档案数量较少、类型较单纯的单位而言，单件文件归档法也是较为经济、高效、合理的档案管理模式。

单击主界面左侧“导航树”中的“单件归档”即可进入单件归档目录管理界面（如图 7-6 所示）。单击“添加”后，可增加新目录，选择类别、年度、机构、期限、数据状态、是否入库，即可完成一个新目录的增加。

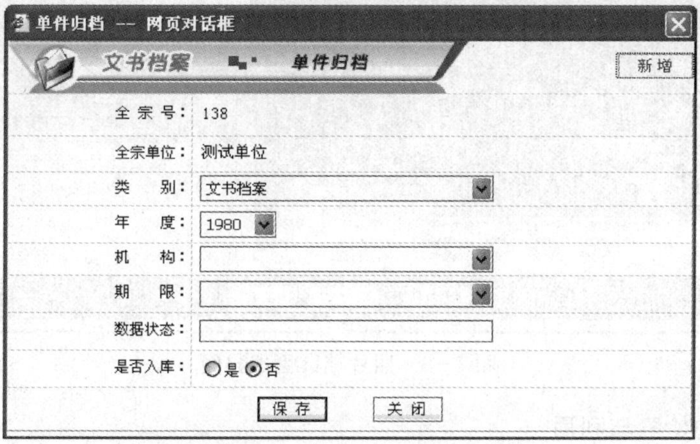

单件归档 -- 网页对话框

文书档案　单件归档　新增

全 宗 号：138

全宗单位：测试单位

类　　别：文书档案

年　　度：1980

机　　构：

期　　限：

数据状态：

是否入库：○是 ◉否

保存　关闭

图 7-6　单件归档目录管理界面

进入某一目录后，可进行针对单件文件的添加、刷新、查询、打印、分件、归档、调序等相关操作（如图 7-7 所示）。新增文件时需要填写文件相关信息，其步骤和注意事项与前文立卷归档的文件管理相似，此处不再赘述。

3. 其他类型文件的整理与编目

系统还提供了照片档案、底片档案、音像档案、实物档案、数码照片、数码视频、

文书档案 单件归档>归档文件

添加 刷新 查询 打印 分件 归档 调序 返回

件号	文号	标题	责任者	文件日期	附注	操作
0001	市委办(2006)15号	省教育强市授牌仪式隆重举行	教育局	20060215		[修改] [删除]
0002	市政府(2006)115号	我市被授于“广东省教育强市”的称号	教育局	20061125		[修改] [删除]
0003	市政府(2006)10号	国家教育部副部长莅莞考察	教育局	20061125		[修改] [删除]
0004	市政府(2006)11号	财政部　国家税务总局关于印发《税务稽查办案专项经费管理暂行办法》的通知	教育局	20061125		[修改] [删除]
0005	市政府(2006)14号	关于表彰2006年度城建管理工作先进单位的通报	教育局	20061125		[修改] [删除]

图 7-7　单件归档目录列表与编辑界面

数码录音等其他类型文件的归档任务，能够按照相应的需求来保存和管理不同类型的文件。拥有系统设置权限的用户，还可以通过更改系统设置来增加、删除、修改、整合或自定义一定的归档文件类型，优化文档类型设置，使其更适合本单位档案工作的需求。例如不少单位都根据工作实践，另设了会计档案、人事档案、已故人员档案、专门档案等档案类型。类型设置更改后，用户可以在导航树中顺利进入经修改后的各个子管理系统。

以照片档案管理为例，系统提供了可视性强、操作简便的图文对照管理模式。进入照片文件的目录后，管理员可批量上传归档照片，根据一定标准由系统自动调整顺序。当单击该目录时，管理员即可快速便捷地浏览其中的多张照片，同时可以一边预览照片，一边填写相关注释信息（如图 7-8 所示）。

图 7-8　照片档案管理界面

（四）文档的检索与利用

检索分为前期著录和后期查询两个步骤。在档案整理与编目的过程中，系统详尽地记录了与文档有关的各种背景信息和结构信息，有的还收录了文档的全文内容，因此已完成了前期著录工作。后期查询既是检索工作的重要组成部分，更是文档利用的开端，具有重要的意义。在人工档案管理时代，数字化文档管理系统所能提供的如此快速、便捷、高效、完善的查询服务是不可想象的。

系统提供了综合查询、快速查询、条件查询、主题查询、高级检索等多种文档检索方式，针对不同类型的文档还设置了门类查询，能够满足用户的各种检索需求。即便查询条件十分模糊，系统也提供了一系列的文档检索、利用方案。图 7－9 所展示的是归档文件自定义查询界面。用户通过选择界面左上角的查询内容、比较符以及输入查询要求，既可组成一条查询语句，又可以通过选择“和”或“或者”单选框将多条查询语句任意组合成一个查询条件。

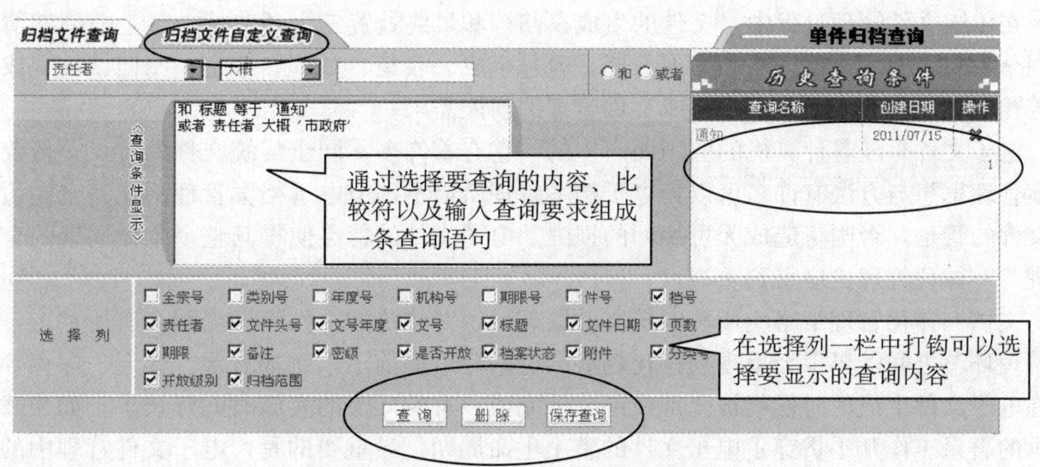

图 7－9　归档文件自定义查询界面

系统具备档案的在线借阅利用功能，对申请、审批、借阅等情况进行详细的记录、管理，支持超期催还，有助于推进档案利用的规范化和效率化。在编研利用方面，系统对文件汇编和专题目录都提供详细管理，支持光盘打包、编研管理，可根据用户需求自动生成编研目录册及电子文件集，方便制作成为编研光盘或图书，并可以对光盘内容进行离线数据读取、数据输出、数据交换及电子档案的脱机保管。

系统为各个栏目提供相应的打印功能，用户指定需要打印的内容后，即可对目录、封面、脊背、档案移交表等多种格式进行选择性的打印。系统还支持打印页面规格的调整。

（五）系统设置

系统设置主要是对系统的核心数据进行调整，它需要由具有相应权限的人员来操作。系统设置主要分为“基本设定”及“系统管理”两大设置模块，管理员可根据本单位档案管理的需求对各项设置进行修改和优化。总的来说，系统设置能够使得系统更好地适应数字档案室各项业务需求，将档案规划、采集、整理、加工、管理、编研、利用各业务环节紧密衔接起来，形成对档案业务整个流程的有机管理。

想一想

你是否留意过企业、高校、医院、政府机关等不同机构的文档管理系统？它们应该如何体现其业务特色？

第三节　电子文件管理

在传统文件管理过程中，文件的生成、归档和最终处置三个环节将文件生命周期清晰地划分为现行期、半现行期和非现行期，通过生成、收集、整理、鉴定、归档、移交或销毁等相对独立的管理环节实现完成文件管理的功能需求。

电子文件是随着计算机的应用而产生的，它有着许多不同于传统文件的特点。传统的档案管理思想与方法有许多可以为电子档案管理所借鉴，但电子档案管理不能完全模仿传统文件的管理，否则将造成无可挽回的损失。电子文件的特点使得其整个生命周期的全程管理与一体化管理更应得到重视。

文档一体化管理策略应用于电子文件管理后，对传统的文件管理流程会有所冲击，文件管理环节之间的界限会呈现模糊化趋势。有的环节提前了，例如著录、鉴定、保存等工作在电子文件生成的时候就被全部或部分地完成；有的环节的实施时间延长了，如加载元数据的著录工作几乎贯穿了电子文件的整个生命周期。最重要的是，电子文件管理中的文档一体化流程在总体上呈现集成化趋势，不同的业务环节交叉进行或同时进行，各管理阶段的界限不像在纸质文件管理系统中那么明显。

一、电子文件生成阶段的管理

电子文件的生成是指电子文件产生的过程，它是电子文件生命周期的开始。一般说来，电子文件来源于两个方面：一是职能部门自身创建的；二是从工作网络上采集的。

职能部门自身创建的电子文件一经生成，便由文件创建者直接采集下来。这类电子文件一般又分为两种类型：一是原生性电子文件；二是模数转换来的电子文件。另一类电子文件，并非由职能部门直接创建，而是来源于该职能部门的工作网络（内联网或外联网）。这类电子文件一般是在部门间的业务交流、上下级机关的工作交流中产生的，它们流动在网络上，职能部门为了工作需要而将其采集下来。

文件无论以哪种方式产生，一旦产生，为了固定下来并区别于其他文件，都需要进行命名。电子文件的命名与传统文件的命名有相同处，也有不同点，主要应注意以下问题。

（一）对某份文件命名

1. 文件命名的原则

每份文件都应有一个文件名。为了便于文件检索与管理，对文件命名要遵循以下原则。

（1）唯一性。该文件名在整个系统中都具有唯一性。这个原则保证了文件检索的高效和准确，同时可避免在存储过程中后来存储的文件取代前期存储的同名文件，造成文件丢失的情况。

（2）概括性。该文件名应能高度概括被保存文件的主要内容，即将文件的关键内容纳入文件名中，便于管理者从文件名中知晓文件的大概内容。

（3）关联性。若该文件具有不同版本，则通过该文件名应能辨析不同版本间的联系。

（4）规范性。若文件名需要用缩写表示，则应采用约定俗成的通行缩写形式。

2. 文件命名的注意事项

（1）一般情况下，文件不要使用日期命名。一则日期与文件内容的关联不大；二则文件生成与运作时，操作系统会自动给文件进行日期签章。

（2）给文件命名时还要考虑到应用软件的限制。早期的计算机系统，对文件名的长度、字符均有严格要求，尽管目前的操作系统在这方面有所改善，但仍应对此加以注意。

（3）区分好文件名与网址的关系和异同。文件名是系统赋予每份文件的区别于其他文件的独有名称，而网址是指文件在网络上所在的位置。文件在网络上的位置是人为指定的，同一位置有可能放置过多个不同的文件，所以网址不能取代文件名；而且用网址命名文件，无法满足文件的命名原则，因此在命名文件时，切忌使用网址代替文件名。

（4）要处理好电子文件与其硬拷贝的关联问题。如果本机构内实行电子文件与传统文件的双套制管理，就要特别重视电子文件与传统文件名称的一致性与相应性。

（二）对文件夹命名

为便于文件管理，有时需要制作文件夹，将与主题相关的文件集中在一个文件夹中进行分类整理。对文件夹进行命名时应考虑以下三个问题：一是唯一性，即某一个文件夹的名称也应是该系统中唯一的；二是主题性，即该文件夹名应简洁、明了地揭示该文件夹内文件的主题，便于文件的分类整理；三是关联性，即当某份文件需要同时保存在不同的文件夹内时，为了便于揭示主题的关联性，应对该文件进行标示或链接。

想一想

在日常工作的计算机信息处理中，你是否考虑过如何为文件命名？不规范的文件名称曾给你的工作和生活带来过麻烦吗？

二、电子文件的采集

采集，是指在一个文档管理系统中对文件进行捕获、登记、分类、添加元数据和存储的过程。电子文件形成后要及时进行采集，以防信息损失和变动。

电子文件的采集应当由形成（制作）者或承办者按照归档要求进行。因为只有文件形成（制作）者或承办者最清楚电子文件的内容、价值以及与其他文件之间的关系，由他们采集，才能保证电子文件的归档质量。

（一）采集的范围

电子文件的采集范围可按照国家关于文件归档范围的现行规定执行，使有保存价值的电子文件得以留存。由于电子文件不同于纸质文件，在采集时除考虑文件自身价值外，还应考虑到以下因素，以保证被采集文件的完整性。

1. 复杂的数据类型

当前电子文件的数据类型有文本文件、图像文件、图形文件、声音文件、影像文件、多媒体文件、数据文件、计算机程序文件等，这些不同数据类型的文件给文件的完整采集增加了难度。

严格地讲，当前简单的文件越来越少，复杂的文件越来越多。例如，最为常见的文本文件为了管理或安全的需要，也变得复杂起来。许多文本文件常常被加载一些非文本元素，如采用数字隐藏技术使文件保密，添加数字水印版权信息、数字签名、日期签章等。在采集文件时，必须使被采集的文件包括以上内容，而不能因系统的技术原因或管理原因，将这类信息排除在采集范围之外，造成文件信息的不完整。

2. 完整的文件信息

采集到的电子文件必须具有内容信息，能够准确反映在特定时间内，特定单位或个人在行使职责、活动与事务处理中发生的事实。同时，要特别注意采集与文件有关的背景信息和结构信息，使电子文件能以易于被人理解的方式存在，必要时能以电子方式恢复或重建，从而保证电子文件的证据价值和长期保存。

电子文件的背景信息与传统文件不同，它与电子文件的内容信息相分离，但仍应与内容信息一样作为文件的一个不可或缺的部分一并保存。任何只有内容信息而不具备背景信息的电子文件都是不完整、缺乏凭证性的。

传统档案的背景信息可以在文件形成之后获得，只要能追溯到文件的来源，就可以收集到背景信息，如定稿上的标记；而电子文件背景信息的收集工作应该在文件生成时就着手准备。一般来说，电子文件形成部门应采集的背景信息至少包括以下一些：文件形成机构；与文件有关或曾经有关的其他机构；文件履行机构职责的目的；文件的年代；与文件有关的时期；与机构职能有关的文件价值与重要性；曾与文件有过关系的文档管理系统；该文件与其他文件或资料间的关系；对该文件有影响的其他事项。

（二）元数据的采集机制

元数据可以充分描述文件的特征，为用户提供多途径检索，精确定位系统内文件的被保存位置，并支持文档管理系统的各种管理功能。合理采集、维护并利用元数据，是确保信息完整、真实、可靠和长期可读的有效措施。在电子文件采集之初就要进行元数据添加工作，将电子文件的背景信息、结构信息植入元数据中去，最大限度地保证文件的证据力。文档管理系统还必须保证元数据与文件内容信息始终捆绑为一体，在文件需要被迁移的时候，元数据可以与内容信息一同迁移。

元数据的来源是多样的，有的可以直接从原文件内容中提取，有的来自软件程序的自动记录，有的由文件的传送路径和存储服务器来提供。为便于操作，文档管理系统应设置采集元数据的对话窗口。文档管理人员可以对自动捕获完成的元数据项目进行审核与修改，也可以完成那些需要手工录入的元数据项目。有些元数据项目是动态的，会随着文件的生命周期演变而不断产生新的信息，例如电子文件的运转情况、使用日志、迁移过程等，对此应留出足够的数据空间。

三、电子文件的传送

电子文件的传送，是指电子文件在机构业务活动中的发文、文件流转和收文等过程。在电子文件的生命周期中，文件的传送是很重要的环节。电子文件的传送可以利用网络中的不同途径来实现，除了通过电子邮件系统进行公文运转以外，还可以通过 FTP 文件传输、网页公告、电子公告板等方式进行传送。无论采取什么形式传送，都应当支持已有的软硬件设置，遵循相应的网络协议和标准，与文档管理系统中的采集模块实现无缝接入。

（一）传送格式的选择

在现实中，各机构使用的计算机平台与计算机软件多种多样。如果发送方的文件生成软件与接收方的阅读软件不能兼容，那么即使文件传送成功，接收方的计算机也未必能够读取信息。为此，必须充分考虑文件的传送与读取，选择一种规范的文档格式，使电子文件能实现跨平台、跨软件的无障碍流通。

以文本文件为例。目前市场上较通用的文本文件传送格式是美国 Adobe 公司开发的 PDF（Portable Document Format，便携式文档格式），它可以将在各种主要平台（如 Windows、Macintosh、SGI、Sun 等）上利用多种软件（包括文书处理、表格软件、简报软件、排版软件、绘图软件、图像处理软件等）制成的文件，依照原外观，原原本本地转换成 PDF 电子文档，无论字体、字距行间、图表位置还是图案颜色，都与原文件丝毫不差。典型的 PDF 文档是由一系列的页面构成的，每幅页面都包括正文、字形规范、边缘、版面设计、图形成分以及背景和正文颜色等数据。接收方只需通过 Adobe 公司提供的免费电子文档阅读器（Acrobat Reader、Acrobat Reader for Palm OS、Acrobat eBook Reader 等）就可完整打开文件。

除此之外，在文件传送和流转中，PDF 还因具有以下功能而值得推荐。

（1）书面文档外观一致，满足了政府机关、高科技厂商，或是法律、财经相关行业，对于文档或表单的严格规格要求。

（2）PDF 采取了压缩技术，缩小了文件所占空间，提高了传输效率。

（3）PDF 提供动态表单系统，用户可以填写资料、进行数学算式计算并加以数字认证，还可以与 JavaScript 语言结合触发许多关联性动作，为文件收发双方针对电子文件的交流互动提供了可能，适用于机构内部公文呈转或客户线上交易。

（4）文件管理者可以在 PDF 文档中另加注释标记或是数字签章，加载元数据，进一步完成文件管理程序。这一功能也是文件管理中常常要用到的。

近几年还出现了其他一些具有竞争力的文件传送软件产品。如 WDL 是台湾华康科技推出的便携式文件格式（简称 DynaDoc），可以出色地支持中文等双字节文字，在国内外反响很好；北京世纪超星公司开发的 PDG 格式在中国数字图书馆界也得到了应用。

某种格式的文件往往只能用支持该格式的软件来读取，给信息资源的共享造成障碍。推行文件格式的标准化，有利于不同软件生成的文件可以相互读取。例如 RTF 文件就可以用多种字处理软件程序打开，XML 文件作为网络通用格式也为国内外不少国家的数字图书馆工程所采用。

（二）文件传送的安全防范

安全问题在电子文件的传送过程中显得尤为重要。特别是考虑到可能存在的恶意截获和安全漏洞，人们对于保密信息管理的电子化一直持谨慎态度，尽可能地避免通过网络传送，“不能上网”的尴尬极大地阻碍了信息交流和利用。

信息的安全与保密是一个涉及面很广的问题，必须同时从法规政策、管理、技术这三个层面综合着手，采取有效措施，方可获得较为理想的解决。从法规政策来看，目前国家和行业部门的相应法律、法规正逐步出台，文档管理部门要善于利用法律规范自身行为，维护自身利益。从管理来看，各机构应建立相应的网络安全管理办法，加强内部管理。

先进的技术是信息安全与保密的保证措施之一，文档管理人员、网络管理人员需要对本机构信息传送系统面临的威胁进行风险评估，决定自身需要的安全服务种类，选择相应的安全机制，然后集成先进的安全技术，建立合适的网络安全管理系统，建立安全审计和跟踪体系，提高整体网络安全等级，形成一个全方位的安全系统。为了使信息在网络中获得安全、高效的传输，人们采取了许多安全保障措施，目前常用的有加密、信息隐藏、防火墙、虚拟专用网、反病毒等。

想一想

你知道关于保障信息传输安全有哪些最新的技术和法规吗？

四、电子文件的鉴定

电子文件的鉴定，是指鉴别电子文件的价值、确定其保管期限的过程。鉴定工作应由文件形成部门与档案部门合作完成。

（一）双重鉴定思想

长期以来，人们将文件的鉴定主要定位在文件内容价值的鉴定上。“美国档案鉴定理论之父”谢伦伯格将文件价值的鉴定框定在对文件的第一价值和第二价值的鉴定上。所谓第一价值，是指文件的原始记录性对其形成机关工作事务的有用性，体现为行政管理价值、法律价值、财务价值和科技价值；第二价值是指文件对其他机关与个人利用者的从属价值，它是指文件对形成机关以外的其他利用者的有用性，包括证据价值和情报价值（也称研究价值）。文件的证据价值蕴含于反映文件生成机关的结构和职能运行情况的信息中，而信息价值来源于机构文件中所涉及的人、事或现象。然而，电子文件的读出对技术的依赖性，使文件的价值鉴定有了新的内涵，即既要对文件内容的价值进行鉴定，也要对文件的技术状况进行鉴定。

法国档案学者哈罗尔德·瑙格勒（Harold Naugler）1984年在其研究报告《机读文件的鉴定》中首次提出并系统阐述了电子文件双重鉴定的思想。他认为“机读文件的鉴定包括文件所含信息的鉴定（内容鉴定）和文件技术状况的鉴定（技术分析）”。这一思想在理论上为鉴定电子文件的保存价值建立了两个支点——内容的有用性和技术状况，为电子文件的鉴定工作提供了一条新的思路。

（二）鉴定工作的内容

电子文件归档前必须进行认真的鉴定。在鉴定过程中，应从文件的完整性与真实性、凭证价值、信息价值及该文件的技术状况等方面进行评定，认真识别并维护电子文件的元数据。

传统文件的鉴定工作集中在内容鉴定上，即通过非现行文件的内容信息来识别文件的证据价值或信息价值，确定文件是否需要长期、永久保留。电子文件的内容鉴定，可以借鉴纸质文件鉴定的原则、标准与方法；传统的文件保存期限表对文件保存期限的规定，同样适用于电子文件。

技术鉴定是指对电子文件的各方面技术状况进行全面的检查，包括对信息真实性、完整性与可读性的鉴定和对文件载体性能的检测。电子文件的技术鉴定应考虑以下几个方面。

1. 真实性鉴定

真实性鉴定可从对电子文件的版本的鉴别入手。非正式版本的文件不具有法定的证据价值。电子文件的版本不像纸质文件的稿本那样易于识别，可以借助计算机中记录下来的相关元数据（如生成日期、责任人等）进行比较和鉴别。

2. 完整性鉴定

完整性鉴定主要从文件的相关性分析入手。在文档管理系统中，一组电子文件的文字、图表、数据有可能分布在不同的物理位置，一份电子文件也可能与若干份文件具有互参关系，鉴定时应核实相关数据是否已收集齐全。尤其要注意审查数据库中数据与栏目是否吻合，结构是否正确；某些结构比较复杂的关系型数据库还应有相应的说明文件，以保证文件与相关数据库的顺利连接。

3. 可读性鉴定

在文档管理系统中，可读性鉴定应从以下几方面入手：一是检查文件的可存取性，即是否可以获得所需要的文件、是否易于得到所需要的文件以及得到的文件是否可以被识别；二是检查文件的可处理性，即是否可以满足文件编辑、处理等功能；三是检查文档管理系统，即是否满足文件存取功能；四是检查程序文件的收集情况，如果一些特殊的计算机程序文件没有被收进文档管理系统，就会造成相关电子文件无法读取；五是检查载体状况，载体质量如存在问题，会直接损伤存储在上面的信息。鉴定时可将电子文件放在有关设备上演示或检测，确认归档文件载体质量是否良好、运行是否正常。

（三）确定保管期限

确定电子文件保管期限的工作，需要档案部门与文件管理部门协调合作：由档案部门制定详细准确的电子文件保管期限标准，文件管理部门根据实际情况执行。这也是文档一体化管理策略的重要体现。

虽然机构内其他工作人员有义务在文件运转和使用过程中对其价值进行评议，但只有文档管理人员才最有资格确定电子文件的保管期限。文档管理人员有责任将一系列既定的保管期限表存入系统，并依此定义系统的鉴定模块。在文件的整个生命周期中，文件管理员也可以根据需要变更文件的保管期限。

文件保管期限不应当是永久恒定的，文档管理人员应根据文件自身的变化、利用率的改变、特殊事件的反应，对文件保管期限作出适当的调整与修正。在文档管理系统中，任何文件都应能够利用保管期限表进行鉴定。系统必须具有文件鉴定的自动提示功能，文件初次打开（或关闭）时，系统应当提示工作人员根据文件保管期限表对文件的价值进行鉴定。系统还必须具有自动追踪每份文件的保管过程的能力，一旦期限截止就开始执行最终处置程序。对于特定的文件，如重要文件或保密文件等，文档管理系统可设置提示和警告，允许在执行最终处置程序之前启动特殊的处理程序，由管理者或文件管理员对文件进行再次鉴别。

（四）对电子文件鉴定过程的记录

鉴定是一项难度很大的工作，也具有相当大的风险。为了监督鉴定过程，保证其合乎规范，应当遵守有关程序、政策和标准，及时纠正某些不当处置，并对鉴定工作予以记录。对于电子文件的内容鉴定和部分处置工作（如销毁）的过程及结果，系统应自动完成记录；对于技术鉴定及另外一些处置工作（如缩微）的过程及结果，一般由人工记录。传统鉴定工作中也有类似的内容，如将鉴定卡片、鉴定计划、鉴定报告、保管期限表等组成案卷并妥善保存等，这被称为后处理工作。

五、电子文件的最终处置

对电子文件的最终处置一般包括三种：销毁，在本机构文档管理系统内长期保存，向档案部门移交。在后两种处置方式中，经过鉴定后被保存下来的电子文件，可称为电子档案。

（一）销毁

电子文件的销毁，是指通过删除文件、格式化或破坏载体等方式，使文件不可能再以电子方式重建，其内容无法恢复与还原。

不再具备保存价值的电子文件，在经过鉴定确认已失去其现行效用后，应当及时销毁。销毁工作的执行必须慎重仔细，以电子文件保管期限表为基本依据，并须符合严格的审批程序。在文档管理系统中，应通过保留相关元数据的方式记录文件的销毁情况，生成销毁报告。

文档管理人员应当注意，将一份文件从磁盘上删除并不等于销毁文件。除非存储载体被完全重新格式化，或者新产生的文件占据了原磁盘空间，并达到一定时限，否则无法保证该文件确实不可再建。有时即使文件已被删除，也仍可利用软件工具直接读取磁盘驱动器，通过某些方式使该文件恢复。因而，对于敏感性文件，要通过对其物理载体的破坏来确保文件被销毁。当文件存在多份拷贝时，文件管理员要注意同时销毁这些拷贝。

在文档管理系统中，一份文件可以通过超链接的方式被多个文件夹同时收录在内。当文件需要被销毁的时候，应特别重视对各个链接的检测，看该文件在其他文件夹中是否仍有保留。

（二）在本机构文档管理系统内长期保存

反映了本机构一般工作活动、具有业务凭证价值但不具有广泛的社会价值和历史研究价值的电子文件，可在本机构的文档管理系统中加以保存，并在鉴定过程中决定其保存期限。系统应为电子文件划分专门的磁盘空间，对其集中存储，并将备份件异地存储。

对于在某一机构内归档的电子文件，其他机构若希望获得利用授权，则需要与该机构协商决定。得到授权的机构，可在线访问该机构的服务器，或由授权者将电子文件在线传输给对方，也可以将相关电子文件的拷贝交付对方使用。

（三）向档案部门移交

反映了本机构主要职能活动和基本情况、对本机构具有业务凭证价值或其他长远利用价值，或者具有一定社会价值、历史研究价值的电子文件，应由机构定期向档案管理部门移交。机构向档案管理部门移交文件的过程就是电子文件归档的过程。

1. 电子文件的归档原则

尽管电子文件有许多不同于纸质文件的地方，但二者在归档原则上有许多方面是一致的。应坚持由形成电子文件的机构向档案部门归档。同时，应贯彻优化精练的归档原则，对归档的电子文件进行鉴别、选择，去粗存精，避免在经济上和管理上给档案部门带来不必要的负担。

2. 电子文件的归档方式

电子文件的归档方式通常有两种，即逻辑归档和物理归档。

逻辑归档是指档案部门不接收实体电子文件，仅在计算机网络上接收归档的电子文件目录，并通过网络对归档的电子文件进行远程管理。逻辑归档方式不改变归档的电子文件的存储位置和存储方式，使之不脱离原机构的文档管理系统，始终保存在生成环境的系统中。这种管理方式既有利于电子文件的完整与真实，又可保持电子文件长期可读，也方便了电子文件生成机构对档案信息频繁的查考利用。电子文件经逻辑归档后，其所有权发生了变化，不再仅属于原机构，档案部门也有权对归档的电子文件实行在线管理、信息加工与公共服务。

物理归档是指移交时将电子档案实体从原机构的文档管理系统中转移至档案部门的档案管理系统中。至于是否要删除本机构系统内已移交的电子文件，可视各机构具体情况和文件价值而定，档案部门一般不作强行规定。物理归档方式与传统档案管理模式类似，有章可循，操作性较强，有利于档案部门对归档电子文件的直接管理，避免因机构管理不善引起的信息流失，同时也减轻了电子文件形成机构的文件管理负担。物理归档主要有两种方法：一是脱机移交，二是在线移交。脱机移交是指电子文件形成机构按归档要求将电子文件进行脱机处理，存储到脱机数字媒体（如磁带、磁盘、光盘）上，再向档案部门移交。脱机移交方式要求媒体必须能够完整地接收电子文件各种格式的内容信息、结构信息和背景信息。目前我国电子文件的归档大多采用脱机的物理归档方式。在线移交是指通过内部网或局域网传输归档的电子文件，档案部门以一定媒介将电子文件实体化处理并保存。在线移交方式充分利用了网络传输方便快捷的优势，还可以采取相应安全措施，确保数据完整。同时由档案部门进行电子文件实体化工作，有利于统一归档文件的格式与媒体，便于电子档案实体的管理。

无论采用何种方式归档，电子文件都必须由形成机构按统一元数据标准进行整理后，移交给档案部门，而不应由档案部门自行在网络上采集。

3. 电子文件的归档要求

电子文件的归档应依循国家、地方、行业的相关标准、规范施行，其中需要特别注意以下几点。第一，归档的电子文件应按档案馆统一要求的格式进行采集。第二，在文件管理部门尚不具备在线移交条件的情况下，可采取脱机移交方式。脱机文件存储载体的优先顺序依次为：只读光盘、一次写光盘、磁带、可擦写光盘、硬磁盘等。移动硬盘、优盘（U 盘）等不宜作为电子文件长期保存的载体。第三，电子文件形成部门应在归档前认真检查电子文件的质量（可靠性、完整性、成套性等），并按档案要求整理拷贝，填写电子文件移交目录。第四，凡属数据库类型的文件，还要将支持该数据库运行的软件和使用说明书一并归档。第五，电子文件移交时，移交人要让接收人当面打开文件验收，查实文件可读、数据完好后，方可办理移交手续。

六、大数据时代的电子文件管理

近年来，计算机技术与网络技术日新月异的发展使得信息爆炸式增长，海量积累带来了“质”的改变，大数据、云计算、区块链等新名词、新技术应运而生。电子文件是产生于信息时代的社会信息资源，它的管理与时代背景密切相关。新背景、新技术的出现无疑会对电子文件带来新的冲击和影响，相应地，电子文件管理也迎来了新挑战。在大数据时代，微观上，电子文件管理的具体流程和环节需要适应、革新；宏观上，与电子文件管理相关的法律法规、标准、人才等保障也需相应调整、完善。

（一）大数据时代电子文件管理的主要矛盾

数据量（Volume）大、速度（Velocity）快、类型（Variety）繁多、价值（Value）密度低是大数据的突出特征，又称大数据的 4V 特征。对于电子文件管理而言，这是一种机遇，但更是一种挑战：海量的信息意味着更大更多样的潜在信息价值，但这些价值的显性过程依赖于对海量信息的控制、管理和利用。然而，体量庞大、类型繁多、繁殖迅速的大数据给管理带来重重难题，海量信息处于失控、失存、失用甚至失密的危险状态。在大数据时代，要实现电子文件的有效管理，需要抓住并解决两对主要矛盾：一是海量信息存量与精准信息需求的矛盾；二是信息开放、共享与信息隐私、安全的矛盾。

1. 海量信息存量与精准信息需求的矛盾

准确、快速、全面地获取所需信息是信息用户亘古至今的核心诉求。大数据所带来的海量、新鲜、多样的信息似乎能够更好地实现这一目标，然而，过多的选择可能意味着无法选择。对于信息用户而言，信息污染可能比信息贫瘠更棘手。在大数据时代，信息管理者面临更为严峻的挑战——信息捕获、处理、提供利用，每一环节都难度倍增。在电子文件管理中，为迎接这一挑战，管理者应更加坚持文档一体化的管理理念，推进落实前端控制，把握大数据环境中文件生命周期每个阶段的新特点，在环节和流程上做出相应的革新。

2. 信息开放、共享与信息隐私、安全的矛盾

大数据时代，信息交流进一步打破时空限制，传播与共享更为便捷，民主与自由愈加

彰显。自媒体的崛起、社交网络技术的发展使得地球上任一族群、任一角落都有了“发声”的权利、存在的证明。在大数据环境中，“记忆”成为常态，而“遗忘”成了例外。然而，信息主体不应只保有记录和公开的权利，更应保有遗忘和隐藏的权利。在大数据环境中，隐私权、被遗忘权应该被更慎重地考虑和保护。此外，更多的开放和流转意味着更高的信息安全风险，大数据环境中的泄密、病毒侵害将造成难以估量的利益损害。电子文件是具有证据效力的特殊信息，对其管理更应谨慎，在大数据环境中，要仔细甄别文件性质，详细制定管理策略，既保证“存”的安全，更保障“用”的方便。

（二）大数据时代电子文件管理环节的革新

电子文件的文档一体化管理策略在大数据环境中仍需坚持，甚至更应予以重视。在海量、复杂、稍纵即逝的大数据面前，电子文件管理者更应从全局把控，从前端入手，在坚持传统电子文件管理流程的同时，结合大数据特色对各环节进行审视和相应的革新。

1. 严控归档时间节点，保证及时归档

电子文件的归档时间对电子文件的质量和日后利用工作有极大影响。时间过早，会影响现行工作的开展，时间过晚，会导致文件堆积过多，梳理难度增大。大数据时代，电子文件数量的激增给这一问题带来了更大挑战。因此，在电子文件的归档中，相关人员应加强对时间节点的把控，结合电子文件自身特征及相关单位的内部实际情况制定个性化的归档节点，以保证及时归档，有效提高效率、提升质量。

2. 规范文件存储结构，保证科学整序

大数据时代来临后，电子文件的整理将逐步由人工操作转变成利用大数据工具自动处理。大数据信息类型多样、内容庞杂，有时原生的电子文件达到几十种，数据的格式和类型多种多样，这是电子文件存储整序中最直观的阻力。然而，数据库结构的改变是内在不可逆的改变，当非结构形式的文件越来越多时，固有的数据库已不适合继续使用。因此，相关管理者应树立规范意识，建立规范的文件存储结构，以有效保存各种形式的数据与文件。

为便于计算机管理，可建立这样一套档号编码①：

编码结构：全宗号—类型—归档年度—文件号

文件存储结构：\\全宗号\类型\归档年度\文件号\文档流水号．文件类型｜原始文件

全宗号即档案管理部门给予档案单位的代号；类型即文件格式类型，可用 2 位数字表示，如 01 文档、02 照片、03 音频、04 视频、05 数据库、06 图形设计文件、07 程序、08 网站……；归档年度为 4 位数字；文件号为文件的顺序号。对于简单类型的文档、照片、音频、视频等，文件号下采用“文档流水号．文件类型”的结构，对于复杂的系统、网站等，可直接将原始文件复制到文件号下。

例如：

（1）编码结构“DH231—02—2008—00021”表示建国后档案 231 全宗，照片类，2008 年度归档，00021 文件。其文件存储结构为：\\DH231\02\2008\00021\0001.jpg。

（2）编码结构“DH231—07—2008—00151”表示建国后档案 231 全宗，程序类，

① 张勇．大数据时代档案电子文件管理流程研究．数字与缩微影像，2014（3）：18－19.

2008 年度归档，00151 文件。其文件存储结构为：\\DH231\07\2008\00151\note. exe。

3. 转变鉴定工作重点，重视信息安全

空间限制和管理成本促进了传统鉴定工作的诞生。但在大数据环境下，云存储技术有了较大发展和广泛应用，存储空间不再紧张，存储成本和难度大大降低。另外，全文检索技术的发展使大批量数据中的快速检索与知识发现成为可能。因此，在大数据环境下，电子文件鉴定工作的侧重点将发生改变，将由单纯的价值判断转向价值与安全相结合的判断。换言之，虽然处置与销毁可能不再进行，但是文件筛选、价值判断、安全保护会越来越受到重视。① 如何在低价值密度的大数据中准确识别和挖掘价值信息，如何对可能涉及隐私的文件加以甄别和保护是大数据环境中鉴定工作的重点。

4. 合理引入云计算技术，谨慎进行备份操作

云计算可以说是顺势而生的一种新兴技术，它利用新的思维模式进行资源集合，虚拟化、共享化特点突出。对于电子文件管理而言，云技术的出现是一种难得的机遇。首先，电子文件在云端被自动备份大大提升了电子文件储存的安全性。当发生某些自然灾害或是意外事故时，即使本地硬件损坏，保存在云端的文件还是完好如初的。其次，云计算为电子文件管理提供了新思路，大大降低了文件管理成本。云模式提供的可供无限次使用的存储空间大大节省了人力、财力。然而，正是由于云计算使电子文件的迁移变得格外方便，危险性也随之成倍增长。从云端转移过来的信息资源是否真实可靠，又会不会在转移过程中丧失完整度，这一切目前没有一个统一的判断标准和应对方案。在大数据环境里，私有云、公有云混杂在一起，电子文件的泄密风险大大增加。

案例 7-3

大朗镇档案馆网上管理系统

东莞市大朗镇档案馆是广东省第一个镇级档案馆，于 2010 年晋升为国家二级档案馆。为提升农村档案信息化水平，大朗镇档案馆采用了“万维数字化档案网上管理系统”，引入 IT 业界流行的云计算概念，构建了一套全新的档案管理体系（如图 7-10 所示）。

为更好地理解云计算技术，可以将大朗档案馆类比于自来水公司。自来水公司需要至少一个水池，需要自来水管道，需要为数众多的水龙头。档案管理系统便相当于水池，这个水池提供一系列资源，供给自来水管道、水龙头。所谓的自来水管道就是大朗镇建立的网络平台，水龙头就是各立档单位（村、社区）。这种以云计算方式运作的档案模式，被称为“云档案”。

首期接入系统的有规划建设办、会计核算中心、外经办、长富社区、重点办、环保分局、安监分局、新莞人服务管理中心、文化执法分队、城市管理综合执法分局等立档单位档案室，其他包括村委会、学校等在内的 28 个单位也陆续将已有的单机版档案系统迁移到云计算平台中来。系统运行以来，各级用户反应良好。

---

① 宋魏巍．大数据环境下电子文件鉴定研究．北京档案，2015（12）：16-19.

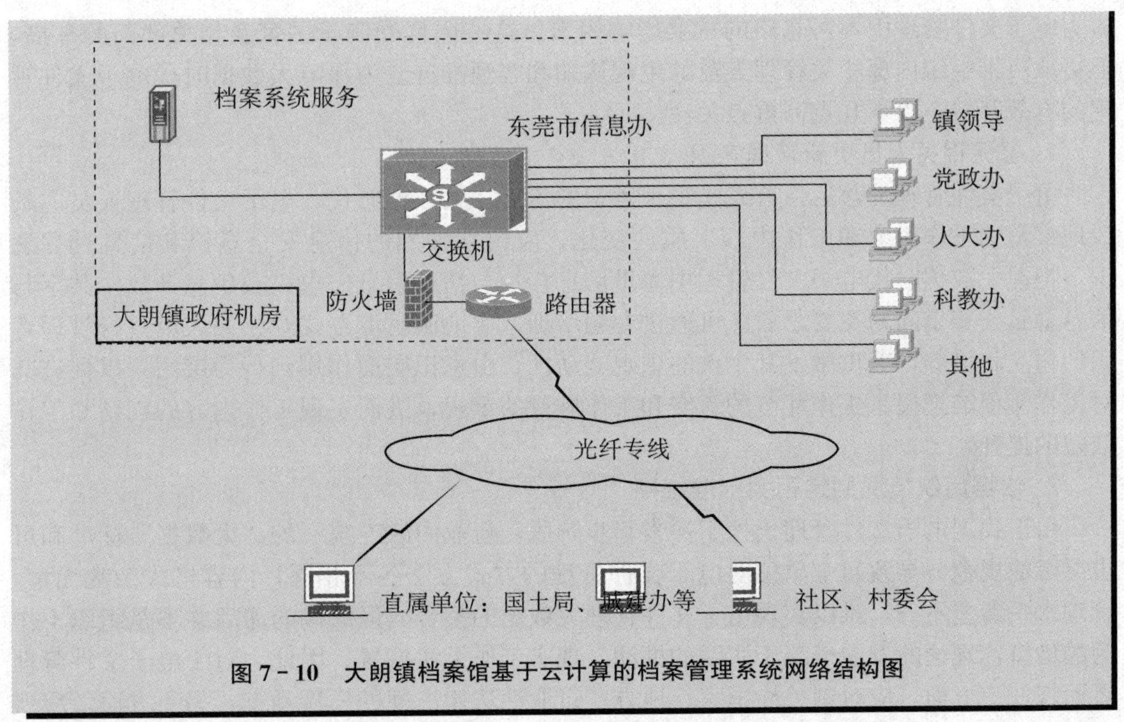

图 7－10　大朗镇档案馆基于云计算的档案管理系统网络结构图

评析：

在本案例中，大朗镇档案馆作为大朗镇档案主管单位，可全面监控下属各立档单位的档案整理与利用情况，对各门类档案材料收集是否齐全完整、内容是否真实有效、整理是否规范、归档是否及时，以及各部门的归档难度、归档数量等进行实时监控和综合评价。

云计算对用户端的设备要求最低，使用起来也最方便。维护系统软件是一项繁杂的日常工作，而立档单位只要有一台可以上网的电脑，有一个适当的浏览器，就可以采用上网模式管理档案，无须对文档管理系统进行维护、监测和升级等操作，大大减少了工作压力。平台为各大门类档案系统提供标准的管理模式，保证了全镇档案管理的统一、规范，这也为镇级档案管理部门减少了监督指导工作量。在授权的范围内，在当前立档单位的网络环境内，任何一台电脑均可查询利用档案，为提高档案的利用率开辟了一条有效途径。

云计算提供了最可靠、最安全的数据存储中心，用户不用再担心数据丢失、病毒入侵等麻烦。很多人觉得档案信息只有保存在自己看得见、摸得着的电脑里才最安全，其实不然。个人电脑可能会因为自己的不小心而被损坏，或者被病毒攻击，导致硬盘上的数据无法恢复；有机会接触你电脑的不法之徒也可能利用各种机会窃取你的数据。反之，将档案信息存储在档案馆提供的云档案平台上，各立档单位就再也不用担心档案信息丢失或损坏了。因为在“云”的另一端，有档案馆及镇信息办的专业 IT 团队来帮助管理档案信息和保存数据。同时，严格的权限管理策略可以帮助立档单位放心地与他人共享数据。档案数据的安全、备份工作由镇政府信息部门统一完成，大大降低了各立档单位的管理成本。

（三）大数据时代电子文件管理保障的完善

大数据时代，电子文件的有效管理依赖于环节的创新、流程的完善，但更需要相关保障的指引和支撑。在实际操作中，工作衔接的脱节、标准规范的缺位、技术人才的匮乏等成为电子文件管理中不可忽略的重要影响因素。这些因素受制于国家及相关部门的举措，但更取决于组织内部相关管理人员的主观认知和客观推进。为保障大数据时代电子文件管理的有效开展，以下几点需重点关注。

1. 督促相关人员更新管理意识

电子文件管理的落后，首先是管理意识的落后。大数据时代，电子文件管理人员应敏锐地察觉到工作对象和工作内容上质的变化，应树立强烈的信息安全意识和信息挖掘意识，把握大数据时代电子文件管理中海量信息存量与精准信息需求以及信息开放、共享与信息隐私、安全间的主要矛盾。可通过专题培训、实地调研等方式对相关人员进行管理意识的树立和培养，着重激发其个人的主观能动性，由意识层面作用到行为层面，以促进其对工作流程的把握、工作环节的落实和工作质量的重视，进而实现工作内容的创新和工作效益的提升。

2. 依据组织情况制定相关标准细则

由于我国电子文件管理仍处于探索起步阶段，行业内缺乏统一的“大数据”标准和可供参考的规范，导致每个单位对电子文件管理的方式方法各不相同，内容格式杂乱无章，管理水平参差不齐，难以实现电子文件管理大数据的整合。但法律的滞后并不是组织不作为的借口，理论的发展来源于实践的推动，现实工作无法搁置。因此，对于电子文件管理者而言，一方面，应时刻关注国家、地方、行业性法律法规的发展动态，另一方面，应从实际工作出发，通过调研先进单位的经验，结合地方档案行政管理部门的要求和现有的法律法规，制定出适应本单位工作特色的标准细则。需要注意的是，标准细则规范的范围不应局限于文档管理部门，更应考虑业务部门。在大数据时代，电子文件的流转更为复杂，应加强对电子文件的前端控制，确保业务部门与文档管理部门的有效衔接，以保证电子文件的真实性、可靠性、完整性与可用性。

3. 加强资源投入和结构完善

巧妇难为无米之炊。电子文件的有效管理需要强有力的资源进行保障，既包括对基础设施的投建、维护，更包括对人才队伍的搭建、完善，设施是基础，人才是灵魂。重视对人才的引进和培养是保障电子文件可持续发展的关键。对于文档管理部门来说，首先，应重视单位现有的专业人才，对专职管理人员开展相关的业务培训；其次，应积极引进外来人才，壮大管理人员队伍，完善人才资源结构，确保人才队伍中知识技能、年龄层次、学历水平的科学配比。

拓展阅读

区块链技术在电子文件管理中的应用展望①

互联网时代，各种思维、技术、理念及模式创新日新月异。比特币的巨幅升值使得其底层技术——区块链（Blockchain）浮出水面并迅速风靡全球。众多研究者甚至认为其可能是触发新一轮信息技术革命的核心技术。

① 刘越男．区块链技术在文件档案管理中的应用初探．浙江档案，2018（5）：7－11.

区块链有狭义和广义两种理解。狭义上的区块链是一种链式数据结构，链上的每个数据单元即数据区块，这些区块按照时间顺序依次相连，并以密码学方式保证其不可篡改和不可伪造，区块链同时存储在多个节点上，也称为分布式账本。广义上的区块链代表的是一种技术，是利用块链式数据结构来验证与存储数据、利用分布式节点共识算法来生成和更新数据、利用密码学的方式保证数据传输和访问的安全、利用由自动化脚本代码组成的智能合约来编程和操作数据的一种全新的分布式基础架构与计算范式。

区块链环境下形成的文件将以一种永不删除的方式保存，并通过链式数据结构、摘要、时间戳、数字签名等技术保证文件内容不被更改，因此在文件档案真实性保护方面具有突出优点。数字签名、时间戳和数字摘要是维护文件档案真实性的典型技术，早在区块链出现之前就已被广泛认可。数字签名用来识别文件责任者，防止伪造、抵赖和篡改；时间戳用来记录文件创建或签署的时间，防止时间作假；数字摘要是将文件经哈希函数运算后获得一个值，该值被称为摘要，也称数字指纹、哈希值，原文若有变化，哈希值则随之不同。相比这些传统的文件档案真实性保障技术，区块链至少在以下两个方面有了创新性突破。

一是将所有文件的真实性维护任务绑定在一起，在区块链中，文件通过非对称加密机制签名，打上时间戳，计算了哈希值。更为精妙的是，为了防止事后造假、抵赖和篡改，它将业务记录按时间逐条串接成链式结构，前一个区块链的哈希值放入第二个区块链中。这样一来，区块链实现了“块块相扣”，对任何文件的任何非法修改，势必引发其他所有数据块中哈希值的改变，正所谓“牵一发而动全身”。

二是实现了去中心化的真实性维护机制。区块链网络中的各个节点保存同样的区块链数据，且每个节点都参与数据的验证和维护。只有超过半数的节点都同意故意修改数据，才能达到篡改数据的目的，而这在实际场景中几乎是不可能的。这种发挥每个参与方作用的信任机制被称为去中心化的信任机制，第一次依靠技术而不是某个权威机构的方式实现了跨节点的信任。

基于区块链技术与电子文件真实性保障的契合，按照应用场景，区块链技术在文件档案管理中的应用可有三种类型。

一是基于区块链的业务系统，用以支持文件的创建和保存。比如互联网保险公司众安保险采用区块链电子保单系统处理健康险业务，将计费、客户及理赔信息添加到区块链上。

二是基于区块链的电子文件管理系统，用来支持电子文件的归档管理。此类应用很少，美国特拉华州公共档案馆牵头实施了“智能文件”项目，该项目中州政府机关的文件经捕获登记进入区块链中，其后利用智能合约技术来实现电子文件的到期自动处置。

三是基于区块链的电子档案保存系统（也称数字档案馆系统，是档案最终归宿地，主要应用在档案馆），用来支持电子档案的接收、长期保存和利用服务。已有一些国家的档案馆先行先试，比如鞑靼斯坦共和国国家档案馆、英国国家档案馆都在开展区块链应用实验。这些国家档案馆在接收电子档案时，将其哈希值登记进区块链中。与之相同，石化盈科于2017年底也提出了基于区块链的电子档案征信体系的设想方案，要求不同地方、单位的档案部门构建档案联盟链，在电子档案移交进馆时将其哈希值同步存入各节点的区块链中。

思考与实训

1. 谈谈你对目前电子文件几种归档方式的看法。

2. 如何在电子文件管理过程中，利用信息技术实现前端控制和来源整理？

3. 你认为与传统文件相比，电子文件保管期限的划分应增加怎样的考虑？

4. 为什么说“无纸时代”的到来是历史的必然？你对“虚拟档案室”有哪些设想？

5. 请登录互联网，搜索并下载可供共享的档案管理软件，尝试利用数字化方式对你的家庭档案进行整理和保管。

第八章
声像档案管理概要

【学习目标】

掌握声像档案特点与作用；了解照片档案、光盘档案的种类；掌握照片档案、数码照片档案和光盘档案的具体管理方法，其中重点掌握每类档案的保管条件与要求。

【关键词点击】

照片档案　底片　照片　文字说明　数码照片档案　光盘档案

声像档案是指国家机构、社会组织以及个人在从事政治、经济、科学、文化、教育、军事等活动中形成的、有保存价值的、以音响和形象等方式为载体并辅以文字说明的历史记录，亦称音像档案、视听档案。声像档案作为我国全部档案的组成部分，在社会生活中的用途是很广泛的。除了具备一般档案的作用之外，声像档案还具有为宣传报道服务、为信息交流服务、为科学研究服务、为文化艺术服务等作用。随着科技的进步，一些新兴载体材料应用到档案领域，尤其是磁性和光学载体材料的应用更是给档案管理带来了一定的难度，如何管理这些新型载体档案成为不可回避的问题。

声像档案具有以下特点。

一是形意结合，形象逼真。声像档案和文字档案相比，更能给人以活灵活现的感觉。有些事件或活动，通过文字甚至是连篇累牍的文字也很难表达清楚，然而通过反映事物变化的照片、录音、录像等，就很快可以解决问题。声像记录和文字说明是形意结合的整体，它们互相依赖、互相印证、互相补充。声像档案以画面的可视形象，生动地展现在读者面前，而且配有音乐、语言，便于利用者理解和接受，可以使利用者有身临其境的感觉。声像档案的形象性与直接感受性超过其他类型的档案。

二是时空感强。声像档案由于依赖于先进的科学技术和传输手段，它的时间感与空间感比一般档案强，甚至可以进行超越时空的远距离传送，这是一般档案望尘莫及的。声像档案可以把声音和图像真实地记录下来并予以再现，可以将人们引向对历史的深切怀念或者使人们对历史有更深刻的认识。

三是易复制、好转移。胶片、磁带、磁盘、光盘等所记录的声像信息比纸质档案更易复制。纸质档案的信息与载体间的关系是难以分割的，而记录在声像档案载体上的信息，可转录到其他载体上。而且作为声像档案载体的磁带、磁盘、光盘可用来多次记录。本章将涉及声像档案中常见的三种类型：照片档案、数码照片档案和光盘档案。

第一节　照片档案管理概要

《照片档案管理规范》指出，照片档案是国家机构、社会组织或个人在社会活动中直接形成的、以静止摄影影像为主要反映方式的、有保存价值的历史记录。

一、照片档案的构成与种类

（一）照片档案的构成

照片档案主要由底片、照片及文字说明材料构成。

1. 底片

底片分为原底片与翻版底片。原底片是照片在形成过程中最初产生的底片。原底片是照片档案的原始材料，也是照片档案中的重点部分。翻版底片，又称复制底片。复制底片的目的，除了保护原底片以外，还在于补充缺损或遗失的底片。一旦原底片损坏或损失，就可以将翻版底片补充进去，作为照片档案保管。

2. 照片

照片是通过底片洗印而成的。照片清晰，便于辨认，一般情况下，归档的每张底片均附有一张照片。在底片损坏或遗失时，还可以根据照片翻制。随底片同时归档的照片，可以作为档案保存。

3. 文字说明材料

文字说明材料主要是指照片的题名与文字说明。照片上所表现的形象只是事件的片段。它所反映和说明的事实具有一定的局限性，需要由文字加以说明补充。照片和文字说明是相辅相成的，是互不可分的整体。

（二）照片档案的种类

按摄影的目的与表现方式，照片档案可以分为记录照片档案和艺术照片档案两大类。

按照片的感光材料主要可分为卤化银照片和数码感光照片。

二、照片档案的管理流程

由于各地、各单位的情况不一样，照片档案的状况、质量与数量也不一样，故照片档案的管理方法不尽一致。现将其主要管理方法分述如下。

（一）照片档案的归档范围

照片档案工作开展得如何，关键在于是否有简便易行的归档制度。归档制度对归档时间、范围、方法以及质量要求作出专门规定，应把它作为档案接收工作中不可缺少的组成部分。在注意其他种类档案归档的同时，不能忽视照片档案的归档。

归档制度中最重要的是明确照片档案的归档范围，归档照片应以反映本单位工作活动为主，并且具有一定的参考利用价值。具体归档范围应是：

（1）本单位在工作活动中产生的具有凭证和参考价值的照片；

（2）领导人和著名人物参加与本单位、本地区有关的重大公务活动的照片；

（3）反映本地区重大事件、重大事故、自然灾害及异常现象的照片；

（4）本单位向有关单位提出内容和要求，组织拍摄或征集的照片；

（5）与本单位其他载体档案有密切联系的照片；

（6）外单位形成但经本单位选用的照片。

（二）照片档案的整理

按照《照片档案管理规范》的要求，应本着有利于保持照片档案的有机联系、有利于保管、便于为用户提供服务的原则，进行照片档案的整理。照片档案的底片应单独整理和存放，照片和文字说明应一同整理和存放。

照片档案的整理方法因照片档案的数量、状况及保管单位的情况不同而有较大的差别。在非专门保管照片档案的档案馆（室），以及照片档案数量比较少的单位，照片档案一般是从属于文书档案或科技档案的，并与其统一排序与编号。

保存档案数量较多的专门性档案馆（比如中国照片档案馆），对照片档案的整理方法既系统又规范，标志着我国照片档案管理的最高水平。

1. 照片档案的分类

根据照片档案的特点，底片与照片应有不同的分类方法。

（1）底片的分类。按制成材料分类，分为软质底片、硬质底片；按尺寸大小分类，即2英寸、4英寸、特大号各为一类；按年度分类，即按不同历史时期产生的底片来分类；按内容分类，即按底片所反映的问题、剧目、工程、项目、产品类型来分类。底片数量少的单位也可以不进行底片分类，按底片收到的先后次序流水编号即可。

小贴士

底片的整理

1. 底片的排列编号

采用照片和底片合一编号法，照片号即底片号。

2. 底片号的登录

宜使用铁笔将底片号横排刻写在胶片乳剂面片边上，但不得影响画面；也可采用其他方式将底片号附着在胶片乳剂面片边处，不得污染胶片。

3. 底片袋的标注

底片放入底片袋保管，一张一袋。应在底片袋的右上方标明底片号。底片袋应使用表面略粗糙和无光泽的中性偏碱性纸质材料制作，其 pH 应为 7.2～9.5，α 纤维素含量应高于 87%。底片袋应使用中性胶黏剂，接缝应在袋边。

（2）照片的分类。一般按照照片所反映的内容或专题来进行分类，将同一内容或同一性质事物的照片归于一类，保持其内在的联系。照片的分类，应在全宗内按年度—内容分类。分类应保持前后一致，不应随意变动。也可以考虑与文书档案的分类方法保持一致。照片档案数量较多的单位，还可以根据摄影的目的、记载的内容和表现形式，划分为记录性照片和艺术性照片两大类。

2. 照片文字说明的编写

文字说明同底片、照片一起构成了照片档案的组成要素。如果没有文字说明作补充，就会使人无法明白画面上所反映的内容、时间与地点。

文字说明包括事由、时间、地点、人物、背景、摄影者六个要素，编写时要综合运用上述六个要素，概括地揭示照片影像所反映的全部信息。单张照片的文字说明在照片正下方书写，也可在照片右侧或左侧书写。大照片的文字说明可另纸书写，一同保存。单张照片文字说明格式如表 8－1 所示。

表 8－1　单张照片文字说明

<table>
<tr><td>题　名</td><td colspan="3"></td></tr>
<tr><td>照片号</td><td></td><td>参见号</td><td></td></tr>
<tr><td>本组
照片
说明</td><td colspan="3"></td></tr>
<tr><td colspan="4">题名：
照片号：
参见号：
摄影时间：
摄影者：
文字说明：</td></tr>
</table>

3. 照片档案的立卷

照片档案分类以后，应将照片组合成案卷，一般情况下，一项内容即为一卷，内容相近的也可组成一卷，每卷不宜超过 30 个芯页。照片档案数量很少的单位，也可将一年的照片组合成一卷。卷内照片一般按照重要程度或时间顺序进行排列，依序嵌进装具。给照片编号时，应先编每卷的卷号，再编每卷的页号，再编卷内照片的序号。照片的分类号、底片号、参见号应在文字说明栏中写清。

小贴士

照片编号示例

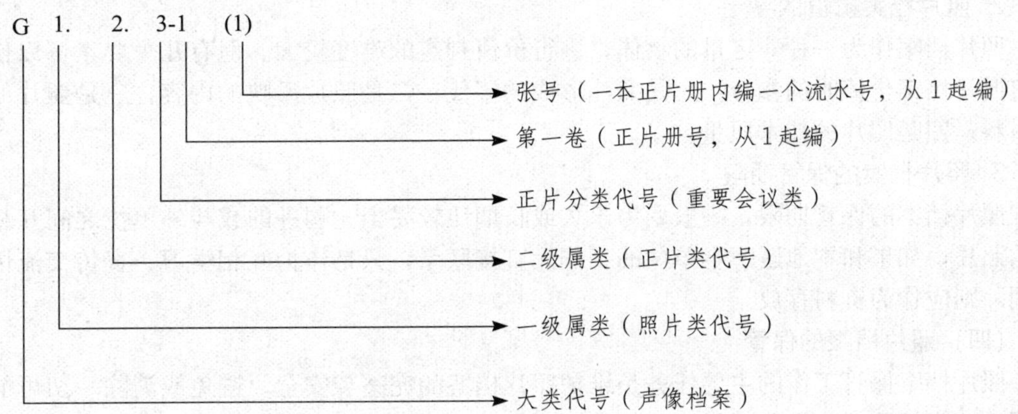

4. 照片档案的编目

照片档案的编目是指按照《照片档案管理规范》的要求，填写照片档案的卷内目录（如表 8－2 所示）、卷内备考表和案卷目录（如表 8－3 所示）。

底片较多的单位，对底片分类以后，要编号登入目录登记簿中。一张底片或一组密不可分的底片为一个保管单位，编一底片号。底片号是按收到（或发出）的先后次序编号登记保管的。底片目录登记簿包括以下项目：分类号、底片号、简要内容、拍摄者、拍摄地点、拍摄时间、底片数量、技术状况、底片来源、收到或发出日期、备考。其中底片号是上述项目中最重要的一项。它编写在乳剂面片约右上角。底片是装入纸袋中保管的，因此在纸袋外面要同时打上底片号。

对接收或移交来的相册，不要轻易拆掉，而应经过简单登记入册与整理加工，注明形成单位、时间、数量、作者和相对应的底片号。

表 8－2　　照片档案卷内目录

照片号/底片号	题名	拍摄时间	备注

表 8-3　　照片档案案卷目录

案卷号	题名	日期	张数	保管期限	备注

（三）照片档案的考证、价值鉴定与保管期限

1. 照片档案的考证与鉴别

照片档案，尤其是形成时间较久的照片档案，由于形成时间距现在较远，给准确判定增加了难度，为此应通过如下方法考证：一是通过文字档案与史料考证鉴别；二是通过调查询问进行考证鉴别；三是实地考察鉴别；四是对照比较考证鉴别。

2. 照片档案价值的鉴定

照片档案作为一种非定量的物体，进行价值判定的难度较大。但有几个要素可以作为判定照片档案价值时的参考：一是照片形成的年代；二是照片反映的内容；三是照片的制成材料；四是照片的技术质量。

3. 照片档案的保管期限

照片档案的保管期限，一般划为永久或长期比较妥当。购进的或与外单位之间互相赠送的照片，如果和本地区、本单位的工作无直接联系，只是作为互相学习、宣传交流情况之用，则应作为资料存放。

（四）照片档案的保管

照片档案保管工作的主要任务是维护照片档案的完整与安全，避免或消除一切可能损毁照片档案的因素，尽量延长照片档案的寿命。

1. 照片档案库房

有条件又有必要的单位，应建造符合《照片档案管理规范》要求的照片档案库房；不具备条件的单位，也应选择温湿度比较适宜的房间作为保存照片档案的场所，至少要有专门的柜、箱来保管照片档案。其中对于底片的保管，要求更为严格一些，库房内昼夜温度变化不应大于±3℃，湿度变化不应大于±5%。同时，库房还要注意防火、防尘、防光、防污染、防地震。

2. 照片档案的装具

照片档案在保管装具与保管要求上和文书档案有一定区别。一般情况下，保管文书档案案卷的装具是不适用于照片档案保管的。一直以来，出现了多种保管照片档案的装具，然而经过实践的检验，有些装具并不适用，例如普通的相册和自制的相册。目前适用于保管照片档案的装具主要有两种。

（1）仿照文书档案规格自行设计的相册。每卷 12 张芯页、装入 96 张照片，并把照片用相角固定在芯页相应的位置上，卷内芯页用三孔一线法装订。

仿照文书档案卷皮的规格自行设计相册，是一种可行的方法。它的规格与文书档案一致，有利于照片档案与文书档案的统一管理。

（2）新型照片档案册。它按照国家标准，从封面到内芯，使用质量上乘的中性纸，同时活页装订，便于组卷，照片册与底片册两相对应，存用方便。比如，北京市精美纸制品厂生产的照片档案册和照片底片册，就是由北京市档案局业务监督指导处依照我国国家标准《照片档案管理规范》监制的。至于大张照片档案的保管，应按《照片档案管理规范》格式写上说明，并在说明下方注明“此系大照片，存放于大照片第×盒”。同时在卷内目录的备注栏内注明“大张”或“大照片”，这样既方便查找大照片，又利于大照片的单独存放与保管。

照片档案册应竖放，不应堆积平放，以免堆在下面的照片、底片受压后形成粘连。每隔两年应对照片、底片进行一次抽样检查，不超过五年进行一次全面检查。

（五）照片档案的提供利用

由于照片档案具有形象真实性、直观性和易传播性的特点，因而自产生以来，照片档案始终被人们广泛利用。提供利用的具体方式有以下几种。

1. 展览

展览是根据工作需要，按照一定的主题，系统地陈列照片档案，供参观和展阅的一种重要的提供利用方式。它以生动引人的宣传和丰富多彩的内容，引起人们对照片档案的注意和利用的兴趣。

照片档案展览，可以根据单位自身条件，与其他档案一起设立长期的展览厅（室），也可以与有关部门共同举办；可以在国内举办，也可以在国外举办。

2. 咨询与宣传

照片档案工作人员要尽量向社会各界揭示所藏照片档案的状况和内容，并做好宣传工作。

3. 编辑出版照片画册

编辑出版照片画册的原则是：服务现实，忠于原照，考虑馆藏，保证质量。

编辑照片画册的基本程序是：选题、拟制编辑画册方案、选材、加工和排列、审校和出版。

第二节　数码照片档案管理概要

数码照片是用数字成像设备拍摄获得的，以数字形式存储于磁带、磁盘、光盘等载体，依赖计算机等数字设备阅读、处理，并可在通信网络上传送的静态图像文件。

数码照片档案是指机关、团体、企事业单位和其他组织在处理公务过程中形成的对国家和社会具有保存价值并归档保存的数码照片。《数码照片归档与管理规范》（DA/T 50—2014）是进行数码照片档案整理的重要依据。

一、数码照片的立卷归档

（一）归档范围

由于数码照片形成的便捷性，一个单位会形成大量的数码照片，为了保存重要的有价值的照片档案，需要确定数码照片的归档范围。具体的归档范围如下。

（1）记录本单位主要职能活动和重要工作成果的数码照片。包括本单位主办或承办的重点工作、重大活动、重要会议的数码照片；本单位重点建设项目、重点科研项目的数码照片；领导人、著名人物和国际友人参加与本单位、本地区有关的重大公务活动的数码照片；本单位劳动模范、先进人物及其典型活动的数码照片；本单位历届领导班子成员的数码证件照片。

（2）记录本单位、本地区重大事件、重大事故、重大自然灾害及其他异常情况和现象的数码照片。

（3）记录本地区地理概貌、城乡建设、重点工程、名胜古迹、自然风光以及民间风俗和著名人物的数码照片。

（4）其他具有保存价值的数码照片。

此外，数码照片档案的保管期限和文书档案的保管期限一致，包括永久和定期，其中定期包括 30 年和 10 年。

（二）归档时间和归档要求

数码照片在拍摄完成后，应及时整理和归档，最迟在第二年 6 月底前完成归档。在归档过程中要做到以下几点。

（1）归档的数码照片应是用数字成像设备直接拍摄形成的原始图像文件，不能对数码照片的内容和 EXIF 信息进行修改和处理。

（2）对反映同一内容的若干张数码照片，应选择其中具有代表性和典型性的数码照片归档，所选数码照片应能反映该项活动的全貌，且主题鲜明，影像清晰、完整。反映同一场景的数码照片一般只归档一张。

（3）归档的数码照片应为 JPEG、TIFF 或 RAW 格式，推荐采用 JPEG 格式。

（4）归档的数码照片应附加文字说明。文字说明应综合运用事由、时间、地点、人物、背景、摄影者等要素，概括揭示该张数码照片所反映的主要内容。

（5）数码照片可通过存储到符合要求的脱机载体上进行离线归档，也可通过网络进行在线归档。

（6）归档时，应参照《电子文件归档与管理规范》（GB/T 18894－2002）对数码照片进行真实、完整、可用和安全方面的鉴定、检测。

二、数码照片的整理和保管

（一）数码照片的整理

按照《数码照片归档与管理规范》的要求，应本着便于利用的原则，进行数码照片的整理工作。

（1）数码照片的分类和排列。同一全宗内的数码照片档案按“保管期限—年度—照片组”分类；同一照片组内的数码照片档案按形成时间排列。

（2）数码照片的命名。整理过程中，应对数码照片文件进行重命名；数码照片文件采用“保管期限代码—年度—照片组号—张号．扩展名”格式命名。

①保管期限代码：分别用“YJ”“30”“10”代表永久、30 年、10 年。

②年度：为 4 位阿拉伯数字。

③照片组号：为 4 位阿拉伯数字，同一年度内的照片组从“0001”开始顺序编号。

④张号：为 4 位阿拉伯数字，同一照片组内的数码照片从“0001”开始顺序编号。

（二）数码照片的存储

数码照片档案可采用建立层级文件夹的形式进行存储。一般应在计算机硬盘非系统分区建立“数码照片档案”总文件夹，在总文件夹下依次按不同保管期限、年度和照片组建立层级文件夹，并以保管期限代码、年度和照片组号命名层级文件夹。

数码照片档案应存储在耐久性好的载体上，本推荐采用硬磁盘、磁带和一次写光盘作为数码照片档案长期保存的存储载体。

数码照片档案应存储为一式三套，一套封存保管，一套供查阅利用，一套异地保存。

存储数码照片档案的载体应有专门的装具，且应在载体装具上粘贴标签，标签上注明载体套别（封存保管、查阅利用、异地保存）、载体序号、保管期限、起始年度、终止年度和存入日期等。

（三）数码照片的保管

根据存储形式的不同，数码照片的保管分为以下几种方式。

（1）在线存储的数码照片档案的保管条件应符合《计算机场地通用规范》（GB/T 2887—2011）的要求。

（2）离线存储在磁性载体上的数码照片档案的保管应符合《磁性载体档案管理与保护规范》（DA/T 15—1995）的要求。

（3）离线存储在光盘上的数码照片档案的保管应符合《电子文件归档光盘技术要求和应用规范》（DA/T 38—2008）的要求。

其中，对存储数码照片档案的磁性载体每满 2 年、光盘每满 4 年进行一次抽样机读检验，抽样率不低于 10%，如发现问题应及时采取恢复措施。对存储在磁性载体上的数码照片档案，应每 4 年转存一次。原载体同时保留时间不少于 4 年。

三、数码照片的利用

数码照片档案的利用参照各单位档案利用借阅制度执行，利用时应确保数码照片档案的信息安全。同时，依据国家有关规定，对已到保管期限的数码照片档案开展鉴定、销毁工作。

第三节　光盘档案管理概要

光盘是一种用激光和光学系统读写的光存储信息载体。光盘有存储容量大、数据存取方便、归档寿命长、单位信息存储价格低和易于保存等优点，可以用作归档载体。[①]

一、光盘档案的记录原理与种类

（一）光盘的记录原理

光盘技术是利用激光束的发射和反射来记录和读取信息的技术。光盘信息存储是通过记录介质在激光作用下产生物理变化来实现的。其记录方式有烧蚀记录、变形记录、相变记录、磁光记录等，目前光盘的记录方式较多采用烧蚀记录。

烧蚀记录光盘的记录原理主要是：由于光盘记录介质的吸光能力强、熔点较低，在激光束的照射下，其照射区域由于温度升高而被熔化，在记录介质膜张力的作用下，熔化部分被拉成一个凹坑，此凹坑可用来表示一位信息，此为写入过程。用凹坑代表“1”、非凹坑代表“0”，从而根据烧蚀的凹坑区和未烧蚀的非凹坑区对光反射能力的差异，利用激光读出信息，此为读取的过程。

（二）光盘的种类

1. 只读光盘

只读光盘只能用来检索或者播放已经记录在盘上的信息，如 CD-ROM、CD-I、VCD、DVD 等。

2. 一次写入光盘

一次写入光盘可根据需要录入信息，但只能写入一次，一旦录入便不能再进行修改和删除。

3. 可擦写光盘

可擦写光盘允许反复删改、录入信息。

4. 光盘塔、光盘库

光盘塔由几台或十几台 CD-ROM 驱动器并联构成，可同时支持几十个到几百个用户访问信息。光盘库是一种可存放几十张或几百张光盘并带有机械手和一个光盘驱动器的光盘柜。它利用机械手从机柜中选出一张光盘送到驱动器进行读写，或将光盘取出放置到机柜的指定位置上。光盘库容量极大，适用于海量多媒体信息的存储。

二、光盘档案的管理流程

光盘档案的管理应当按照“遵循形成规律、保持成套完整、便于保管利用”的原则进行。光盘档案的保管期限一般为长期或永久。以下是主要管理流程。

（一）光盘档案的归档

归档前必须对光盘的外观、病毒和数据可读性、完整性、准确性等方面进行检测，检测合格的方可归档，检测不合格的光盘需报废，重新刻录并检测合格后才可归

① 国家档案局．电子文件归档光盘技术要求和应用规范（DA/T 38—2008），2008.

档。归档光盘检测前，检测设备必须用基准光盘校验定标，保证检测数据的可靠性和一致性。

档案部门使用光盘作为电子文件归档载体时，必须建立定期检测制度，监控归档光盘关键技术指标，适时实施归档光盘的数据迁移。当检测指标超出规定时，应将该批光盘上的数据迁移到新的光盘或其他归档载体上。

（二）光盘档案的分类

光盘档案可以采用年度—内容分类法，年度之下按照政治、经济、文学艺术、科学、教育分为若干类别。如果数量多，还可以再分属类。

（三）光盘档案的登记与编目

档案馆（室）对验收并须分类入库的光盘档案，应登记入册。登记的主要项目包括全宗号、目录号、张号、收到日期、刻录日期、刻录人、内容、责任者、数量、光盘格式、备注等。

同时，每张光盘的封套及盘面上还要著录详细说明（如表 8－4 所示），并进行光盘的盘面设计与打印。档案管理人员可以选择有本单位标志性特征的图案作为光盘盘面的背景，以便识别和管理。

归档光盘上禁止使用粘贴标签，归档光盘的标签面应使用可书写型油墨或可打印型油墨印刷。若必须在标签面上书写，则必须使用专门的“光盘标签笔”。如通过光盘打印的方法制作光盘标签，应使用支持光盘盘面打印的喷墨打印机，在电脑上排版和操作打印机。

表 8－4　光盘详细说明

全宗号		目录号	
分类号		卷　号	
盘　号		光盘名称	
刻录人		刻录日期	

最后，要根据光盘档案的基本信息，填写光盘档案卷内目录（如表 8－5 所示），并将卷内目录装订成册，以备查考。

表 8－5　光盘档案卷内目录

序号	光盘名称	刻录日期	刻录人	密级	备注

（四）光盘档案的鉴定

光盘档案的鉴定分为归档前鉴定和定期鉴定。归档前必须对光盘的各项指标进行鉴定，鉴定合格的方可归档。定期鉴定主要是指，由于光盘保存一段时间之后，可能受到外界环境的影响，从而导致光盘的物化性质发生改变，为了不影响光盘上所承载档案信息的读取，要定期对光盘进行相关技术指标鉴定。

（五）光盘档案的保护

光盘档案的保管与保存比纸质档案的保管更加严格。光盘档案的保护具体要注意以下几个方面。

1. 控制温湿度

光盘档案应保存在低温干燥、恒温恒湿的环境中。一般情况下，光盘产生物理和化学变化很缓慢，受温湿度影响较小，在适宜的温湿度环境下，光盘的老化衰变将会非常缓慢。但在高温高湿的环境下，光盘材料的化学反应速度则会加快，造成记录层染料褪色、反射层氧化等现象，严重威胁光盘的寿命和数据的安全。所以，要控制好温湿度，避免温湿度的急剧变化。《电子文件归档光盘技术要求和应用规范》中规定：光盘档案的保存环境温度范围是 4℃～20℃，相对湿度范围是 20%～50%；工作环境温度范围是 15℃～35℃，相对湿度范围是 45%～70%。

2. 防止有害气体、灰尘和光照

光盘档案的保护，要注意保存环境中的有害气体和灰尘的影响。空气中的有害气体对光盘的危害极大。光盘对臭氧等氧化气体的抵抗力较差，这类氧化物会氧化光盘的记录层，造成记录染料褪色、反射层氧化和反射能力降低，导致信噪比下降、误码率增高等。因此，档案库房应远离有机溶剂工厂和实验室等污染源，改善环境，做好密封防尘、净化空气工作。在光盘保存、工作和检测过程中应尽量减少或避免光对光盘记录层的照射。

3. 避免损伤盘面

划痕是光盘最常见的机械性损伤，在光盘的使用和保存过程中，稍不注意就可能造成光盘的损伤，导致信息被破坏，甚至造成永久性的损失。因此，要注意以下两点。

（1）避免读取面损伤。光盘的信息读取面包括记录层和反射层，它们很薄也很脆弱，光盘面如有灰尘或被坚硬的物体划伤，所存信息便会遭到损坏。因此，在使用和保管光盘的过程中要避免读取面被划伤，注意搞好卫生。

（2）防止标记面的机械损伤。标记面主要有保护层和反射层，如果反射层受到破坏，激光将不能被反射，记录信息也就无法读取。因此，不要在光盘上做标记，一方面做标记可能会划伤反射层，另一方面字迹材料可能会对盘片产生污染。

4. 日常的维护工作

除了注意以上几个方面的因素之外，还要做好日常的维护工作。具体来说主要包括以下三点。

（1）光盘的存放要求。光盘应放在光盘盒内，垂直置于光盘架内存放，保持光盘盘片的平直，严禁弯折；手拿光盘时用两根手指捏住光盘的中心孔和外缘，不能用手直接接触光盘盘面。

（2）光盘的整理要求。应定期对光盘记录的信息进行转存。《电子文件归档与管理规范》中规定，每 4 年转存一次。

（3）光盘的清洁要求。擦拭光盘，去除光盘上的灰尘、异物、污斑、指纹和液体，应使用干净的棉布从光盘的中心沿半径方向朝光盘的外缘擦拭，禁止沿光盘的圆周方向擦拭光盘。应使用 3 级水清洁光盘；对实在难以清洁的，可使用稀释的异丙醇。清洁后，用无绒布或擦镜纸擦拭干。

思考与实训

1. 如何编写照片档案的文字说明?

2. 你在个人照片档案的整理中有什么好的经验?

3. 找一家刚成立的企业，尝试用你学过的数码照片的整理方法为其整理数码照片档案。

4. 光盘档案保存时需要注意哪些问题?

5. 调查你所在学校的档案部门是如何管理声像档案的。

第九章 专门档案管理概要

【学习目标】

了解人事档案和会计档案的概念、特点、内容与管理方法。区分人事档案与会计档案在内容和管理上的异同。掌握人事档案管理中收集、鉴别、整理、保管、利用、转递等各个环节的方法和程序。掌握会计档案管理中整理立卷、保管、归档与移交、借阅、鉴定等环节的方法。学会运用理论知识来解决现实中人事档案、会计档案管理的实际问题。

【关键词点击】

人事档案　会计档案　会计凭证　会计账簿　会计报表

人类社会的实践领域广泛而多样，在不同的领域里产生各自的专业信息，形成不同类型的档案，这种在各领域的业务工作中产生的档案就构成了专门档案。因它们的范围、形成、功能等不同，人们在对其管理和使用上采取的方式也会各有区别。人事档案和会计档案是档案大家族中的重要成员，它们与人们的日常工作和经济活动关系密切，在当今经济社会，其影响尤为突出。进入本章内容的学习，将使我们对这两类档案的形成与管理获得较为全面的认识。

第一节　人事档案管理概要

一、人事档案概述

（一）人事档案的概念

人事档案是在组织人事管理活动中形成，并经组织审查或认可的，记录、反映人员经历和德才表现等原貌，以个人为单位立卷归档保存的文字、声音、图像、照片等形式的档案。简言之，人事档案即记录和反映个人德、能、勤、绩、廉等方面情况的，经组织认可归档保存的个人材料。①

（二）人事档案的特点

人事档案是以人为核心的一种专门性档案，因此，人事档案在具有一般档案属性和特点的同时，还具有其自身的属性及特点。具体体现在以下几个方面。

1. 专属性

人事档案是以个人为单位，按照一定原则和方法组成的文件材料的专卷，卷内材料反映的必须是某个个体在不同时期或不同单位的经历、思想面貌、工作业绩等情况。每一份材料都具有鲜明的专属性，即反映某个个体的状况，不得夹杂混入他人的材料。同时，该份材料只能作为反映此个体的专属档案，不得作为他人档案材料的替代物。

2. 真实性

建立人事档案的目的就是真实准确地反映个人的基本情况。如果违背了真实性原则就失去了档案的价值，甚至造成损失或严重后果。因此，凡归档的材料必须实事求是，如实反映个人情况。

3. 认可性

有人认为，凡是真实地记录一个人的经历和德才表现的个人材料都属于人事档案的内容，其实这是认识上的一个误区，其忽略了一点，即人事档案必须是经组织、人事部门认可的个人材料。有时，有些记录个人情况的材料还须经过鉴别、认可后才能成为人事档案。

4. 动态性

人事档案不是一经形成就永久不变的材料汇合体，而是随着人的社会实践活动的调整、转移而不断丰富，始终处在“动态”之中。如：随着工作中调动、晋升、免职、学习、出国（境）等情况的发生，其人事档案的内容也将不断得到充实和丰富。

5. 机密性

人事档案记录了个人的自然情况、学习经历、身体状况、婚姻状况、工资标准、政治

---

① 朱玉媛．现代人事档案管理．北京：中国档案出版社，2002：14.

面貌、专业特长、奖惩情况、职务职称等多方面内容，大多数信息是无须特别保密的，但有些内容涉及个人隐私，有些个人档案内容还涉及单位或国家的某些敏感问题，在一定时期内是保密的，不能对外开放，否则侵犯个人权益或损害国家利益，就会构成违法或犯罪行为。

案例 9-1

某单位为改善职工的住房条件，拟建一批经济适用房，并拟定职工购房工作细则。其中职工工龄是决定购房面积和房源的关键因素。张某为该单位的一名职工，为了使自己在选房时获得有利的条件，他利用和人事主管单位档案处一领导李某的私人关系请其“关照”。正好，李某手中持有一把档案室的钥匙，便乘档案管理员下班之机，私自取出张某的人事档案，为张某顺利地涂改自己档案中的工龄信息提供了方便。事后在个人信息公示期，张某的工龄引起知情人的质疑，经单位进一步核实，张某、李某的行为无法隐瞒，两人分别受到相应的处分。

评析：

该案例反映出档案管理工作中的诸多细节和特点：

一是档案专人专管的要求。为了做好档案的保密工作，档案保管室应实行一人一匙制，除档案管理员外，他人一般不得持有档案室钥匙。案例中的李某，因违规持有钥匙，才为张某擅改档案提供了方便和可能。二是不能私自涂改、抽取或伪造档案材料。张某的行为显然违反了相关规定，不过，档案的真伪一经鉴定，涂改后的档案就丧失了真实性。三是档案属机密性文件材料，应按照《中华人民共和国档案法》所规定的查阅手续利用档案，假公济私者必受处理。

二、人事档案的文件材料收集

人事档案材料产生于与个人有一定关系的各有关组织或部门的现实工作中，从其来源看，有个人形成的，也有组织上形成的。档案管理者只有充分了解人事档案的来源，才能在收集工作中做到心中有数，才能及时、全面地收集好个人的档案材料，个人在某个时期或阶段的历史面貌才能通过完备的档案材料得到整体的反映。收集人事档案是人事档案管理的起点，也是人事档案管理的重要环节。

以干部档案收集为例，根据《干部人事档案工作条例》《干部人事档案材料收集归档规定》，以下文件材料都属于干部档案收集内容。

（1）履历类材料。主要有干部履历表和干部简历等材料。

（2）自传和思想类材料。主要有自传、参加党的重大教育活动情况和重要党性分析、重要思想汇报等材料。

（3）考核鉴定类材料。主要有平时考核、年度考核、专项考核、任（聘）期考核，工作鉴定，重大政治事件、突发事件和重大任务中的表现，援派、挂职锻炼考核鉴定，党组织书记抓基层党建评价意见等材料。

（4）学历学位、专业技术职务（职称）、学术评鉴和教育培训类材料。主要有中学以来取得的学历学位，职业（任职）资格和评聘专业技术职务（职称），当选院士、入选重大人才工程，发明创造、科研成果获奖、著作译著和有重大影响的论文目录，政策理论、业务知识、文化素养培训和技能训练情况等材料。

（5）政审、审计和审核类材料。主要有政治历史情况审查，领导干部经济责任审计和自然资源资产离任审计的审计结果及整改情况、履行干部选拔任用工作职责离任检查结果及说明、证明，干部基本信息审核认定、干部人事档案任前审核登记表，廉洁从业结论性评价等材料。

（6）更改（认定）姓名、民族、籍贯、国籍、入党入团时间、参加工作时间等材料，个人申请、组织审查报告及主要依据与证明材料、上级批复，计算连续工龄审批材料等。

（7）党、团类材料。主要有中国共产党入党志愿书、入党申请书、转正申请书、培养教育考察，党员登记表，停止党籍、恢复党籍，退党、脱党，保留组织关系、恢复组织生活，中国共产主义青年团入团志愿书、入团申请书，加入或者退出民主党派等材料。

（8）表彰奖励类材料。主要有表彰和嘉奖、记功、授予荣誉称号，先进事迹以及撤销奖励等材料。

（9）违规违纪违法处理处分类材料。主要有党纪政务处分，组织处理，法院刑事判决书、裁定书，公安机关有关行政处理决定，有关行业监管部门对干部有失诚信、违反法律和行政法规等行为形成的记录，人民法院认定的被执行人失信信息等材料。

（10）工资、任免、出国和会议代表类材料。主要有转正定级审批、工资待遇审批、参加社会保险，录用、聘用、招用、入伍、考察、任免、调配、军队转业（复员）安置、退（离）休、辞职、辞退，公务员（参照公务员法管理人员）登记、遴选、选调、调任、职级晋升，职务、职级套改，事业单位管理岗位职员等级晋升，出国（境）审批，当选党的代表大会、人民代表大会、政协会议、群团组织代表会议、民主党派代表会议等会议代表（委员）及相关职务等材料。

（11）治丧材料。生平，非正常死亡调查报告等材料。

（12）干部人事档案报送、审核工作材料。干部人事档案报送单，干部人事档案有关情况说明等材料。

（13）其他可供组织参考的材料。主要有毕业生就业报到证、派遣证，工作调动介绍信，国（境）外永久居留资格、长期居留许可等证件有关内容的复印件和体检表等材料。

三、人事档案的文件材料鉴别

人事档案是在组织、人事工作关系中形成的有归档保存价值的文件材料。由于现实中文件材料复杂多样，在收集中须区分鉴别、去留存毁。人事档案的鉴别就是档案管理部门根据一定的原则和标准，对收集起来的人事档案材料进行审查，以甄别材料的真伪，判断材料的保存价值，确定是否归入档案的过程。以干部档案材料为例，在鉴别中可参照如下原则。

（1）判断是否属于干部人事档案材料。其范围以上文所列收集内容为依据，把非专属的和不属于人事档案的材料挑拣或剔除出去。

（2）审查材料是否属于办毕材料。归入干部人事档案的文件材料必须确保所涉事务已处理完毕，否则不得归档。

（3）审查材料是否齐全、完整。一份材料必须有始有终、条理连贯，能够全面反映事务的基本过程，既不能略去其中某个环节，也不能缺张少页。以干部政审材料为例，一份政审材料一般包括审查结论、调查报告、上级批复、证明材料、个人陈述等内容，它们构成完整、严密的材料链条，缺一不可。

（4）审查材料是否手续完备。凡材料中须签字、盖章部分要履行相关手续。审查结论、处分决定、组织鉴定、民主评议和组织考核中形成的综合材料，应有本人的签署意见或由组织注明经过本人见面。任免呈报表须注明任免职务的批准机关、批注日期与文号。出国、出境审批表须注明出去的任务、目的及去返日期。凡不符合归档要求、手续不完备的材料须补办手续后才能归档。

四、人事档案的整理

人事档案的整理工作就是对已经收集起来并加以鉴别后的个人材料，档案管理部门依据一定的原则、方法和程序进行分类、排列、编制目录、装订，使之系统化、条理化的过程。

（一）人事档案的分类

按照《干部人事档案工作条例》和《干部档案整理工作细则》中关于正、副本十类内容的划分，干部档案正本由历史地、全面地反映干部情况的材料构成。内容分为十类，可参考本节第二部分干部档案收集内容第 1～5 条、第 7～10 条、第 13 条。为叙述方便，此外仅列分类。

第一类，履历类材料。

第二类，自传和思想类材料。

第三类，考核鉴定类材料。

第四类，学历学位、专业技术职务（职称）、学术评鉴和教育培训类材料。

第五类，政审、审计和审核类材料。

第六类，党、团类材料。

第七类，表彰奖励类材料。

第八类，违规违纪违法处理处分类材料。

第九类，工资、任免、出国和会议代表类材料。

第十类，其他可供组织参考的材料。

在整理工作中，根据以上十大类范围，须对人事档案进行归类，即把每份材料归入相应的类中去。归类的方法有两种：一是按文件材料名称归类。如：履历表、简历表归入第一类；毕业登记证、结业证、学习成绩表、学历证明等材料归入第四类。二是按材料的内容归类。有些材料没有名称，有些材料从名称上无法确定归属，在这种情况下就需要根据其内容来进行归类。

内容交叉的材料，可根据材料的主要内容或用途确定类别。

（1）带自传的履历或简历表，以自传为主，归第二类。

（2）履历表和简历表有鉴定的，以履历为主，归第一类。

（3）有任免职务内容的干部登记表、任免呈报表所附的考察材料或主要表现情况的综合材料、提升工资级别的评级、评定军衔的鉴定表等材料，以其主要用途为主，归第九类。

（4）政治历史问题与违纪错误混同一起给予处分的结论、调查报告、处分决定等材料，一律归第八类；凡未给予处分，以政治历史问题为主的，归第五类，以违纪错误为主的归第八类。

干部档案副本是干部档案正本主要材料的复制件。干部档案副本的具体内容，由正本中以下主要材料的复制件（或重复件）构成。

第一类的近期履历材料；

第三类的主要鉴定、干部考核材料；

第四类的学历、学位和评聘专业技术职务的材料；

第五类的政治历史情况的审查结论（包括甄别、复查结论）材料；

第七类的奖励材料；

第八类的处分决定（包括甄别、复查结论）材料；

第九类的任免呈报表和工资、待遇、出国审批材料。

其他类别如有重复的材料，也可归入副本。

干部档案正本，由干部的主管部门保管；干部档案副本，由主管或协管干部的部门保管；军队干部兼任地方职务的，其档案正本由军队保管；地方干部兼任军队职务的，其档案正本由地方保管。

（二）人事档案的文件材料排列

人事档案以个人为单位立卷，卷内档案材料的排列不得随意错置，而要体现一定的规律。《干部档案整理工作细则》第十五条“档案材料排序的基本方式”规定：

（1）按档案材料形成时间排序的，有第一类、第二类、第三类、第四类、第七类、第十类材料。

（2）按档案材料内容的主次关系进行排序的，有第五类、第六类、第八类材料。其中第五类、第八类材料的排序为：上级批复，结论或处分决定，本人对结论或处分决定的意见，调查报告，证明材料，本人检讨或交代材料等，证明材料应根据每份材料所证明的主要问题相应集中排列。第六类材料中，入团志愿书排列在入团的其他材料之前；入党志愿书应排在入党的其他材料之前，党员登记表等可按时间先后依次排序。

（3）按时间顺序或按材料性质相对集中排序的，有第九类材料。这类材料可根据不同层次干部的档案材料情况按材料性质相对集中排序，具体方法是：工资情况的材料，任免材料，出国、出境材料和其他材料。然后再根据每种材料形成时间顺序排列。

（三）文件目录的编制

目录是查阅档案内容的索引，编制目录就是针对卷内文件进行逐项登记的工作，登记的项目包括文件号、类号、材料名称、材料形成时间、份数、页数、备注等。《干部档案整理工作细则》对编制文件目录作了如下规定：

（1）按照类别排列顺序及档案材料目录格式，逐份逐项地进行填写。

（2）根据材料题目填写“材料名称”。无题目的材料，应拟定题目。材料的题目过长，可适当简化。拟定或简化题目，必须确切反映材料的主要内容和性质特点。凡原材料题目不符合实际内容的，须另行拟定题目或在目录上加以注明。

（3）“材料形成时间”，一般采用材料落款标明的最后时间。复制的档案材料，采用原材料形成时间。

（4）填写“材料份数”，以每份完整材料为一份（包括附件）；材料页数的计算，采用图书编页法，每面为一页，印有页码的材料、表格，应如数填写。

（5）书写目录要工整、正确、清楚、美观，不得使用圆珠笔、铅笔，红色及纯蓝色墨水书写目录。填写目录后，要检查核对，做到正确无误。

（6）书写目录时，每类目录之后，须留出适量的空格，供补充档案材料时使用。

（四）档案材料的装订

《干部档案整理工作细则》第二十一条规定：每个干部的档案材料必须装订成卷。装订后的档案，目录在前，材料排列顺序与目录相符；卷面整洁，全卷整齐、平坦，装订结实实用。

装订人事档案的步骤如下：一是拆除档案材料的回形针、大头针、订书钉等金属物。二是按目录顺序将材料理齐，做到四面整齐。如材料实物形态存在事实差异，应保证装订线一边和下边两面齐整。三是沿材料左侧竖直打上统一的装订孔。四是使用标准档案卷皮，档案卷皮须填写人事档案针对人的姓名、籍贯、档案号。

五、人事档案的保管

（一）人事档案保管的范围

（1）各级管理人员，其全套人事档案由主管部门保管，主要协管的部门只保管档案副本。

（2）离休、退休和退职人员，就地安置的，档案由原管理单位或工作单位保管；异地安置的，则可转到负责管理该人员的组织、人事部门保管。

（3）开除公职人员，未就业的，其档案由原管理单位保管；另就业的，其档案转给有关的人事部门保管。

（4）受刑人员，在处分期内，其档案由原管理单位保管；刑满释放后，重新安排工作的，其档案由有关人事部门或政府部门所属的人才流动服务中心保管。

（5）出国不归、失踪及逃亡人员，其档案由原管理单位保管。

（6）干部档案管理人员及其本单位的直系亲属的档案，由所在单位组织指定有关部门专人保管。

拓展阅读

“无头档案”的管理

“无头档案”，是指不能确定档案所属人员去向而被存放在档案管理部门的各类档案材料。据不完全统计，目前全国范围内的“无头档案”已达到60万份①，其数量还在继续上升。“无头档案”的产生，是由档案转递和档案材料补充不及时，或转出不彻底，档案工作人员频繁易人，交接手续不严格，衔接不够，制度不完善等原因造成的。如何管理这些长期沉睡的大量档案，对档案管理部门而言既是挑战，也是总结经验的机遇。对“无头档案”要严肃认真地妥善处理。在认真鉴别后，对有保存价值的档案材料，应查找人员下落，转给有关部门；对下落不明人员的档案，应移交档案所记录主体的原籍档案馆保管；对无保存价值的档案，须造册登记，并经领导同意后销毁。要从源头上防止“无头档案”的产生，在人事调动中，档案的转递要做到及时、准确，避免档案转错或转递不到位等情况的发生。当前，人们选择弃档是造成“无头档案”剧增的主要因素，因此，加强档案意识的宣传刻不容缓。另外，做好流动人员的档案保管和转递，降低特殊群体的档案管理费，也是防止“无头档案”产生的重要举措。

（二）人事档案保管的设施与要求

人事档案管理部门要建立坚固的、防火、防潮的专用档案库房，配置铁质的档案柜。库房面积，每千卷需20～30平方米。库房内应设置空调、去湿设备、灭火设备等。经常检查库房内的各类设施和安全措施，保证所有设施能正常使用。要保持库房的清洁和适宜的温湿度。人事档案管理部门，要设置专门的档案查阅室和档案管理人员办公室，档案库房、查档室、档案人员办公室应三室分开。严禁任何个人私自保存他人的档案。对利用档案材料营私舞弊的，应视情节轻重，予以严肃处理。

六、人事档案的利用

人事档案的利用就是人事档案管理部门根据现实需要，通过相应的管理程序，将所保管的人事档案或档案信息提供给使用者的过程。利用人事档案主要通过以下五种途径实现：一是提供阅览；二是提供外借；三是出具档案证明；四是提供综合性的档案信息；五是咨询服务。

① “无头档案”逐年上升：专家提醒档案永远有用．（2010－03－30）［2011－04－01］．http://www.gs.chinanews.com/news/2011/03－30/113703.shtml.

人事档案属于保密性材料，因此，在提供档案利用时必须遵守以下规定。

（1）规范审查程序。档案管理部门应对利用者的身份、凭证、查阅目的、内容加以查对和了解，查阅前要办理审批手续。

（2）查阅干部档案，利用单位应派中共党员干部到保管单位查阅室查阅。

小贴士

有些单位为了加强档案的保密工作，要求根据档案的机密情况，对派往档案馆查阅档案的党员进行合理安排。凡与所查档案内容有关的党员干部应予回避；查阅较为重要的档案，所派党员人数要适当增加，一般需有两人。

（3）人事档案一般不外借。必须借出使用时，要说明理由，经主管部门负责人批准，并严格履行登记手续，限期归还，不得擅自转借他人。

（4）任何个人不得查阅或借用本人及其直系亲属的档案。

（5）严禁涂改、圈画、抽取、撤换档案材料，查阅者不得泄露或擅自向外公布档案内容。

（6）借用、查阅档案的单位或个人，不得擅自拍摄复制档案内容。因工作需要而从档案中取证的，必须请示干部档案主管部门，获得审查批准后才能复制（拍摄）。

七、人事档案的转递

人事档案管理依据档案随人原则。也就是说，随着人员工作关系的调整迁移，其人事主管单位如果发生变动，就要办理人事档案转移手续，原人事主管单位必须将已调离人员的档案转到新的主管或协管单位。另外，在办理干部职务的任免、奖励、处分等项工作中，形成新的人事档案材料，所在单位也要将材料转给管理人事档案的部门。这些就是人事档案的转递工作。人事档案转递工作中要尽可能避免以下两种情况发生：一是有人无档；二是有档无人。

想一想

人事档案转递工作中，“有人无档”和“有档无人”的情况各是怎样的？如何避免这两种情况的发生？

《干部人事档案工作条例》针对转递档案作出如下规定：

干部人事档案管理权限发生变动的，原管理单位的干部人事档案工作机构应当对档案进行认真核对整理，保证档案内容真实准确、材料齐全完整，并在 2 个月内完成转递；现管理单位的干部人事档案工作机构应当认真审核，严格把关，一般应当在接到档案 2 个月内完成审核入库。

干部出现辞职、出国不归或者被辞退、解除（终止）劳动（聘用）合同、开除公职等情况，在党委（党组）或者组织人事等有关部门对当事人作出结论意见或者处理处分，经保密审查后，原管理单位的干部人事档案工作机构应当将档案转递至相应的干部人事档案工作机构、公共就业和人才服务机构或者本人户籍所在地的社会保障服务机构。接收单位不得无故拒绝接收人事档案。

转递干部人事档案必须通过机要交通或者安排专人送取，转递单位和接收单位应当严格履行转递手续。

因行政区划调整、机构改革等原因单位撤销合并、职能划转、职责调整，国有企业破产、重组等，组织人事部门应当制定干部人事档案移交工作方案，编制移交清单，按照有关要求及时移交档案。

干部死亡 5 年后，其人事档案移交本单位档案部门保存，按同级国家档案馆接收范围的规定进馆。

第二节　会计档案管理概要

一、会计档案概述

（一）会计档案的概念

会计档案是指单位在进行会计核算等过程中接收或形成的，记录和反映单位经济业务事项的，具有保存价值的文字、图表等各种形式的会计资料，包括通过计算机等电子设备形成、传输和存储的电子会计档案。

（二）会计档案的特点

会计档案和其他类型档案相比，有以下几个特点。

1. 会计档案内容的专业性

会计档案的产生与经济活动密切相关。它是以会计核算的专门方法，对经济活动和财务收支予以连续记录，通过会计凭证和会计账簿，以及最后生成的会计报表这样一个完整的体系，全面、连续、系统、综合地反映与监督机关和企事业单位在某一特定时期所发生的经济活动的全过程及其结果。

2. 会计档案的客观性

会计档案是在会计核算的过程中，通过设置账户、复式记账、填制和审核凭证、登记账簿以及编制会计报表等一系列专门方法，进行连续、系统、完整的记录、计算、反映和监督而形成的，是会计核算的产物。由于要对财务收支进行价值量的记录和描述，要反映经济活动的变化，因而会计资料对客观性和真实性有着很高的要求。

3. 会计档案的巨量性

会计体系包括工业会计、农业会计、商业会计、银行会计等，其门类很多，遍布生产流通和非生产流通各个领域。这些领域每天都在发生大量的会计事项，每年形成的原始凭证、记账凭证、会计账簿和会计报表等会计档案数以万计，总量惊人。

二、会计档案的归档范围

为了加强会计档案的科学管理，统一全国会计档案管理制度，做好会计档案的管理工作，2015 年 12 月 11 日，国家财政部、国家档案局在 1998 年 8 月 21 日发布的《会计档案管理办法》基础上，修订发布了《会计档案管理办法》，2016 年 1 月 1 日起施行。这一规定对会计档案的收集、整理、保管、利用和鉴定销毁等管理制度作出了明确规定，是文档人员进行会计档案管理的重要依据。会计档案的归档范围包括以下几类。

第一，会计凭证。会计凭证是记录经济业务，明确经济责任的书面证明。它包括原始凭证和记账凭证。

第二，会计账簿。会计账簿是由一定格式、相互联结的账页组成，以会计凭证为依据，全面、连续、系统地记录各项经济业务的簿籍。它包括总账、明细账、日记账、固定资产卡片及其他辅助性账簿。

第三，财务会计报告。财务会计报告是反映企业会计财务状况和经营成果的总结性书面文件，包括月度、季度、半年度、年度财务会计报告。

第四，其他会计资料。其他会计核算资料属于经济业务范畴，是与会计核算、会计监督紧密相关的，由会计部门负责办理的有关数据资料。它包括银行存款余额调节表、银行对账单、纳税申报表、会计档案移交清册、会计档案保管清册、会计档案销毁清册、会计档案鉴定意见书及其他具有保存价值的会计资料。

三、会计档案的整理立卷

（一）会计凭证的立卷方法

会计凭证一般按月立卷。会计人员根据凭证登记账簿后，应将各种记账凭证按时间和原始凭证号顺序组卷，每本为一卷，每卷厚薄要适中（3 厘米左右）。凭证卷装订前要剔除金属物，编写页号，所附原始凭证可以不编号，但应折叠整齐，要填写好凭证封面和脊背，并在封面与脊背的接封处加盖财务专用章和装订人的印章，然后装入会计凭证盒，并填写好凭证盒封面。

（二）会计账簿的立卷方法

会计账簿按年度立卷，在会计年度终结时进行。账簿一般有固定格式和明确分类，立卷时要严格按照账簿的种类进行，一本账簿为一卷。对于活页账簿，保留已使用过的账页，编制页码，去除空白页，撤掉账夹，用会计档案封皮装订成册。对于死页账簿，应该保持原来面目，不必拆去空页，编制页码后用会计档案封皮装订。账簿装订时，应有卷内文件目录和备考表。封面应填写齐全、平整，并注明所属年度及账簿名称。封皮上的栏目除全宗号、目录号、档案号、案卷号外，均由财务部门填写。

（三）财务会计报告（会计报表）的立卷方法

财务会计报告（会计报表）按年度立卷。立卷时要区分不同的保管期限，年度报表与季度、月度报表分别组卷。本单位的报表与下属单位的报表，可根据保管期限的异同，分别装订或合订成卷。会计报表装订前要按编报目录核对是否齐全，整理报表页数，下边和左边对齐压平，防止折角，如有损坏部位，应在修补后完整无缺地装订。在整理会计报表时，可能会遇到一些文字材料，这些材料是对会计报表的分析和说明，应作为会计报表的组成部分，与会计报表合在一起组卷，以保持内容上的密切联系。装订前要编制页码，填写卷内文件目录及备考表，去除金属物，用会计卷皮装订。工资表、银行对账单等整理方法参照会计报表。

四、电子会计资料的管理要求

各单位可以利用计算机、网络通信等信息技术手段管理会计档案。

同时满足下列条件的，单位内部形成的属于归档范围的电子会计资料可仅以电子形式保存，形成电子会计档案。

第一，形成的电子会计资料来源真实有效，由计算机等电子设备形成和传输。

第二，使用的会计核算系统能够准确、完整、有效接收和读取电子会计资料，能够输出符合国家标准归档格式的会计凭证、会计账簿、财务会计报表等会计资料，设定了经办、审核、审批等必要的审签程序。

第三，使用的电子档案管理系统能够有效接收、管理、利用电子会计档案，符合电子档案的长期保管要求，并建立了电子会计档案与相关联的其他纸质会计档案的检索关系。

第四，采取有效措施，防止电子会计档案被篡改。

第五，建立电子会计档案备份制度，能够有效防范自然灾害、意外事故和人为破坏的影响。

第六，形成的电子会计资料不属于具有永久保存价值或者其他重要保存价值的会计档案。

满足上述条件，单位从外部接收的电子会计资料附有符合《中华人民共和国电子签名法》规定的电子签名的，也可仅以电子形式归档保存，形成电子会计档案。

五、会计档案的保管

（一）会计档案的保管期限

会计档案的重要程度不同，其保管期限也有所不同。会计档案的保管期限分为永久、定期两类。定期保管期限一般分为 10 年和 30 年。会计档案的保管期限，从会计年度终了后的第一天算起。各类会计档案的保管期限原则上应当按照表 9－1 和表 9－2 执行，其中规定的会计档案保管期限为最低保管期限。

表 9-1　　企业和其他组织会计档案保管期限表

序号	档案名称	保管期限	备注
一	会计凭证		
1	原始凭证	30 年	
2	记账凭证	30 年	
二	会计账簿		
3	总账	30 年	
4	明细账	30 年	
5	日记账	30 年	
6	固定资产卡片		固定资产报废清理后保管 5 年
7	其他辅助性账簿	30 年	
三	财务会计报告		
8	月度、季度、半年度财务会计报告	10 年	
9	年度财务会计报告	永久	
四	其他会计资料		
10	银行存款余额调节表	10 年	
11	银行对账单	10 年	
12	纳税申报表	10 年	
13	会计档案移交清册	30 年	
14	会计档案保管清册	永久	
15	会计档案销毁清册	永久	
16	会计档案鉴定意见书	永久	

表 9-2　　财政总预算、行政单位、事业单位和税收会计档案保管期限表

序号	档案名称	保管期限			备注
		财政总预算	行政单位事业单位	税收会计	
一	会计凭证				
1	国家金库编送的各种报表及缴库退库凭证	10 年		10 年	
2	各收入机关编送的报表	10 年			
3	行政单位和事业单位的各种会计凭证		30 年		包括：原始凭证、记账凭证和传票汇总表
4	财政总预算拨款凭证和其他会计凭证	30 年			包括：拨款凭证和其他会计凭证
二	会计账簿				
5	日记账		30 年	30 年	
6	总账	30 年	30 年	30 年	
7	税收日记账（总账）			30 年	

续前表

序号	档案名称	保管期限			备注
		财政总预算	行政单位事业单位	税收会计	
8	明细分类、分户账或登记簿	30年	30年	30年	
9	行政单位和事业单位固定资产卡片				固定资产报废清理后保管5年
三	财务会计报告				
10	政府综合财务报告	永久			下级财政、本级部门和单位报送的保管2年
11	部门财务报告		永久		所属单位报送的保管2年
12	财政总决算	永久			下级财政、本级部门和单位报送的保管2年
13	部门决算		永久		所属单位报送的保管2年
14	税收年报（决算）			永久	
15	国家金库年报（决算）	10年			
16	基本建设拨、贷款年报（决算）	10年			
17	行政单位和事业单位会计月、季度报表		10年		所属单位报送的保管2年
18	税收会计报表			10年	所属税务机关报送的保管2年
四	其他会计资料				
19	银行存款余额调节表	10年	10年		
20	银行对账单	10年	10年	10年	
21	会计档案移交清册	30年	30年	30年	
22	会计档案保管清册	永久	永久	永久	
23	会计档案销毁清册	永久	永久	永久	
24	会计档案鉴定意见书	永久	永久	永久	

注：税务机关的税务经费会计档案保管期限，按行政单位会计档案保管期限规定办理。

（二）会计档案的保管要求

会计档案的具体保管要求是：会计档案室应选择在干燥防水的地方，并远离易燃品堆放地，周围应备有相应的防火器材；采用透明塑料膜作防尘罩、防尘布，遮盖所有档案架和堵塞鼠洞；会计档案室应保持通风透光，防止潮湿，并有适当的空间、通道和查阅场地，以利查阅；设置归档登记簿、档案目录登记簿、档案借阅登记簿，严防毁坏、损失、散失和泄密；电子会计档案保管要采取防盗、防磁等安全措施。

小贴士

会计档案的保密，是指会计档案的信息不能超过规定的范围传递。保密制度，包括接收会计档案信息的范围、对象，利用会计档案时保密的程序、方法，以及各环节保密的责任等。任何人如有伪造、非法涂改、变更、故意毁坏数据文件、账册、备份磁盘等的行为，都将受到行政处分，情节严重者，将追究其法律责任。

六、会计档案的归档与移交

单位的会计机构或会计人员所属机构（以下统称单位会计管理机构）按照归档范围和归档要求，负责定期将应当归档的会计资料整理立卷，编制会计档案保管清册。

当年形成的会计档案，在会计年度终了后，可由单位会计管理机构临时保管一年，再移交单位档案管理机构保管。因工作需要确需推迟移交的，应当经单位档案管理机构同意。单位会计管理机构临时保管会计档案最长不超过三年。临时保管期间，会计档案的保管应当符合国家档案管理的有关规定，且出纳人员不得兼管会计档案。

各单位会计管理机构在办理会计档案移交时，应当编制会计档案移交清册，并按照国家档案管理的有关规定办理移交手续。

纸质会计档案移交时应当保持原卷的封装。电子会计档案移交时应当将电子会计档案及其元数据一并移交，且文件格式应当符合国家档案管理的有关规定。特殊格式的电子会计档案应当与其读取平台一并移交。

各单位档案管理机构接收电子会计档案时，应当对电子会计档案的准确性、完整性、可用性、安全性进行检测，符合要求的才能接收。

第一，单位因撤销、解散、破产或其他原因而终止的，在终止或办理注销登记手续之前形成的会计档案，按照国家档案管理的有关规定处置。

第二，单位分立后原单位存续的，其会计档案应当由分立后的存续方统一保管，其他方可以查阅、复制与其业务相关的会计档案。

第三，单位分立后原单位解散的，其会计档案应当经各方协商后由其中一方代管或按照国家档案管理的有关规定处置，各方可以查阅、复制与其业务相关的会计档案。

第四，单位分立中未结清的会计事项所涉及的会计凭证，应当单独抽出由业务相关方保存，并按照规定办理交接手续。

第五，单位因业务移交其他单位办理所涉及的会计档案，应当由原单位保管，承接业务单位可以查阅、复制与其业务相关的会计档案。对其中未结清的会计事项所涉及的会计凭证，应当单独抽出由承接业务单位保存，并按照规定办理交接手续。

第六，单位合并后原各单位解散或者一方存续其他方解散的，原各单位的会计档案应当由合并后的单位统一保管。单位合并后原各单位仍存续的，其会计档案仍应当由原各单位保管。

第七，建设单位在项目建设期间形成的会计档案，需要移交给建设项目接收单位的，应当在办理竣工财务决算后及时移交，并按照规定办理交接手续。

单位之间交接会计档案时，交接双方应当办理会计档案交接手续。移交会计档案的单位，应当编制会计档案移交清册，列明应当移交的会计档案名称、卷号、册数、起止年度、档案编号、应保管期限和已保管期限等内容。交接会计档案时，交接双方应当按照会计档案移交清册所列内容逐项交接，并由交接双方的单位有关负责人负责监督。交接完毕后，交接双方经办人和监督人应当在会计档案移交清册上签名或盖章。

电子会计档案应当与其元数据一并移交，特殊格式的电子会计档案应当与其读取平台一并移交。档案接收单位应当对保存电子会计档案的载体及其技术环境进行检验，确保所接收电子会计档案的准确、完整、可用和安全。

七、会计档案的借阅

会计档案为本单位提供利用，原则上不得借出，如有特殊需要须经上级主管单位或单位领导、会计主管人员批准。外单位人员借阅会计档案时，应持有单位正式介绍信，经会计主管人员或单位领导人批准后，方可办理借阅手续；单位内部人员借阅会计档案时，应经会计主管人员或单位领导人批准后，办理借阅手续。借阅人应认真填写档案借阅登记簿，将借阅人姓名、单位、日期、数量、内容、归期等情况登记清楚。借阅会计档案人员不得在案卷中乱画、标记，不得拆散原卷册，也不得涂改抽换、携带外出或复制原件（如有特殊情况，须经领导批准后方能携带外出或复制原件）。借出的会计档案，会计档案管理人员要按期如数收回，并办理注销借阅手续。

八、会计档案的鉴定与销毁

各单位应当定期对已到保管期限的会计档案进行鉴定，并形成会计档案鉴定意见书。经鉴定，仍需继续保存的会计档案，应当重新划定保管期限；对保管期满，确无保存价值的会计档案，可以销毁。

会计档案鉴定工作应当由单位档案管理机构牵头，组织单位会计、审计、纪检监察等机构或人员共同进行。

经鉴定可以销毁的会计档案，应当按照以下程序销毁。

第一，单位档案管理机构编制会计档案销毁清册，列明拟销毁会计档案的名称、卷号、册数、起止年度、档案编号、应保管期限、已保管期限和销毁时间等内容。

第二，单位负责人、档案管理机构负责人、会计管理机构负责人、档案管理机构经办人、会计管理机构经办人在会计档案销毁清册上签署意见。

第三，单位档案管理机构负责组织会计档案销毁工作，并与会计管理机构共同派员监销。监销人在会计档案销毁前，应当按照会计档案销毁清册所列内容进行清点核对；在会计档案销毁后，应当在会计档案销毁清册上签名或盖章。

电子会计档案的销毁还应当符合国家有关电子档案的规定，并由单位档案管理机构、会计管理机构和信息系统管理机构共同派员监销。

保管期满但未结清的债权债务会计凭证和涉及其他未了事项的会计凭证不得销毁，纸质会计档案应当单独抽出立卷，电子会计档案单独转存，保管到未了事项完结时为止。

单独抽出立卷或转存的会计档案，应当在会计档案鉴定意见书、会计档案销毁清册和会计档案保管清册中列明。

思考与实训

1. 人事档案有何特点？

2. “凡是真实地记录一个人的经历和德才表现的个人材料都属于人事档案的内容。”这句话对吗？请联系人事档案的特点说明理由。

3. 人事档案的装订可分为几个步骤？

4. 联系实际谈谈“弃档族”现象。

5. 分组联系参观某单位人事档案馆，并在管理人员的安排和指导下，了解人事档案的分类、装订、立卷、保管情况。

6. 会计档案应如何进行借阅、销毁？

7. 请谈谈下列案例对你的启示。

某单位办公室人员李某，在负责本局办公室工作期间，为了腾出空间，在没有向领导汇报的情况下，将1980年至1982年期间形成的会计档案从柜中搬出，装入麻袋，堆放在机要室，后因办公室调整又转放到其他地方。此后，李某再未过问此批档案，致使档案遗失。后李某作了深刻检查，并被处分。

参考文献

1. 曾湘宜．文书与档案管理基础．北京：北京工业大学出版社，2006.
2. 李会平，吕维宁．文书档案通论．兰州：兰州大学出版社，1997.
3. 周耀林，张煜明，任汉中．文书学教程．武汉：武汉大学出版社，2009.
4. 王健．文书学．北京：中国人民大学出版社，2005.
5. 倪丽娟．文书学：第二版．北京：高等教育出版社，2010.
6. 冯惠玲．政府电子文件管理．北京：中国人民大学出版社，2004.
7. 杨戎．公文处理案例精选．成都：四川人民出版社，2010.
8. 陆予圻，朱小怡，范明辉．秘书文档管理．上海：复旦大学出版社，2005.
9. 赵映诚．文书工作与档案管理：第二版．北京：高等教育出版社，2007.
10. 朱玉媛．档案学基础：第二版．武汉：武汉大学出版社，2008.
11. 冯惠玲，张辑哲．档案学概论．北京：中国人民大学出版社，2006.
12. 马良生．档案管理概论．合肥：安徽人民出版社，2003.
13. 陈兆祦，和宝荣，王英玮．档案管理学基础：第三版．北京：中国人民大学出版社，2005.
14. 郭树银．归档文件整理工作指南．北京：中国大百科全书出版社，2001．
15. 陈智为，邓绍兴，刘越男．档案管理学：第三版．北京：中国人民大学出版社，2008.
16. 陈祖芬．职业秘书资料与档案管理教程．北京：清华大学出版社，2008.
17. 倪丽娟，于元元．文书与档案管理．哈尔滨：黑龙江人民出版社，2006.
18. 冯惠玲．电子文件管理教程．北京：中国人民大学出版社，2001.
19. 金波，丁华东．电子文件管理学．上海：上海大学出版社，2007.
20. 朱玉媛．现代人事档案管理．北京：中国档案出版社，2002.
21. 吴宝康，冯子直．档案学词典．上海：上海辞书出版社，1994.
22. 王英玮．专门档案管理．北京：中国人民大学出版社，2004.
23. 华林．档案管理学新论．北京：中国社会科学出版社，2010.

附录 1
重要法规及规范性文件目录

序号	法律或规章名称	发布机关	发布日期（以最新的为准）
1	档案馆工作通则	国家档案局	1983/04/26
2	各级国家档案馆收集档案范围的规定	国家档案局	1986/02/07
3	开发利用科学技术档案信息资源暂行办法	国家档案局、财政部	1988/10/26
4	档案工作中国家秘密及其密级具体范围的规定	国家档案局、国家保密局	1990/02/14
5	各级国家档案馆馆藏档案解密和划分控制使用范围的暂行规定	国家档案局、国家保密局	1991/09/27
6	各级国家档案馆开放档案办法	国家档案局	1991/12/26
7	外国组织和个人利用我国档案试行办法	国家档案局	1991/12/26
8	档案执法监督检查工作暂行规定	国家档案局	1992/03/30
9	开发区档案管理暂行规定	国家档案局、国务院特区办、国家科委	1995/06/30
10	中华人民共和国档案法	全国人大	1996/07/05
11	城市建设档案归属与流向暂行办法	国家档案局	1997/07/28
12	国家重点建设项目档案管理登记办法	国家档案局、国家计委	1997/08/19
13	档案专业技术人员继续教育暂行规定	国家档案局	1997/10/29
14	乡镇档案工作试行办法	国家档案局	1998/01/05
15	中华人民共和国档案法实施办法	国家档案局	1999/05/05
16	档案行政处罚程序暂行规定	国家档案局	2000/05/10
17	电子公文归档管理暂行办法	国家档案局	2003/07/28
18	档案行政许可程序规定	国家档案局	2005/05/17
19	机关文件材料归档范围和文书档案保管期限规定	国家档案局	2006/12/18
20	党政机关公文处理工作条例	中共中央办公厅　国务院办公厅	2012/04/16
21	企业文件材料归档范围和档案保管期限规定	国家档案局	2012/12/17
22	会计档案管理办法	财政部、国家档案局	2015/12/11
23	机关档案管理规定	国家档案局	2018/10/11
24	干部人事档案工作条例	中共中央办公厅	2018/11/20

附录 2 重要标准目录

序号	标准号	标准名称	批准时间	实施时间
国家标准				
1	GB/T 17678.1—1999	CAD电子文件光盘存储、归档与档案管理要求 第一部分：电子文件归档与档案管理	1999/02/26	1999/10/01
2	GB/T 11821—2002	照片档案管理规范	2002/12/04	2003/05/01
3	GB/T 18894—2002	电子文件归档与管理规范	2002/12/04	2003/05/01
4	GB/T 20163—2006	中国档案机读目录格式	2006/03/15	2006/10/01
5	GB/T 9705—2008	文书档案案卷格式	2008/11/13	2009/05/01
6	GB/T 11822—2008	科学技术档案案卷构成的一般要求	2008/11/13	2009/05/01
7	GB/T 13967—2008	全宗单	2008/11/13	2009/05/01
8	GB/T 15418—2009	档案分类标引规则	2009/09/30	2010/02/01
行业标准				
1	DA/T 6—1992	档案装具	1992/07/20	1992/10/20
2	DA/T 7—1992	直列式档案密集架	1992/07/20	1992/10/20
3	DA/T 13—1994	档号编制规则	1995/06/12	1995/10/01
4	DA/T 15—1995	磁性载体档案管理与保护规范	1996/03/01	1996/10/01
5	DA/T 16—1995	档案字迹材料耐久性测试法	1996/03/01	1996/10/01
6	DA/T 18—1999	档案著录规则	1999/05/31	1999/12/01
7	DA/T 21—1999	档案缩微品保管规范	1999/05/31	1999/12/01
8	DA/T 1—2000	档案工作基本术语	2000/12/06	2001/01/01
9	DA/T 24—2000	无酸档案卷皮卷盒用纸及纸板	2000/12/06	2001/01/01
10	DA/T 25—2000	档案修裱技术规范	2000/12/06	2001/01/01
11	DA/T 28—2002	国家重大建设项目文件归档要求与档案整理规范	2002/11/29	2003/04/01
12	DA/T 32—2005	公务电子邮件归档与管理规则	2005/04/30	2005/09/01
13	DA/T38—2008	电子文件归档光盘技术要求和应用规范	2008/04/23	2008/07/01
14	DA/T 42—2009	企业档案工作规范	2009/11/02	2010/01/01
15	DA/T 12—2012	全宗卷规范	2012/11/15	2013/01/01

续前表

序号	标准号	标准名称	批准时间	实施时间
16	DA/T 14—2012	全宗指南编制规范	2012/11/15	2013/01/01
17	DA/T 50—2014	数码照片归档与管理规范	2014/12/31	2015/08/01
18	DA/T 22—2015	归档文件整理规则	2015/10/25	2016/06/01
19	DA/T 31—2017	纸质档案数字化规范	2017/08/02	2018/01/01
20	DA/T 35—2017	档案虫霉防治一般规则	2017/08/02	2018/01/01
21	DA/T 62—2017	录音录像档案数字化规范	2017/08/02	2018/01/01
22	DA/T 63—2017	录音录像类电子档案元数据方案	2017/08/02	2018/01/01
23	DA/T 67—2017	档案保管外包服务管理规范	2017/08/02	2018/01/01
24	DA/T 68—2017	档案服务外包工作规范	2017/08/02	2018/01/01
25	DA/T 69—2018	纸质归档文件装订规范	2018/04/08	2018/10/01
26	DA/T 70—2018	文书类电子档案检测一般要求	2018/04/08	2018/10/01

图书在版编目（CIP）数据

秘书文档管理/陈祖芬主编．—3版．—北京：中国人民大学出版社，2019.7
21世纪高等院校秘书学专业系列教材/杨锋，张同钦总主编
ISBN 978-7-300-27052-4

Ⅰ.①秘… Ⅱ.①陈… Ⅲ.①文书档案-档案管理-高等学校-教材 Ⅳ.①G275.2

中国版本图书馆CIP数据核字（2019）第126620号

中国高等教育学会秘书学专业委员会专家审定
21世纪高等院校秘书学专业系列教材
总主编 杨 锋 张同钦
秘书文档管理（第三版）
主 编 陈祖芬
副主编 贺 军 范明辉 任 越
Mishu Wendang Guanli

出版发行 中国人民大学出版社
社 址 北京中关村大街31号　　**邮政编码** 100080
电 话 010－62511242（总编室）　　010－62511770（质管部）
010－82501766（邮购部）　　010－62514148（门市部）
010－62515195（发行公司）　　010－62515275（盗版举报）
网 址 http://www.crup.com.cn
经 销 新华书店
印 刷 北京宏伟双华印刷有限公司　　**版 次** 2011年8月第1版
规 格 185 mm×260 mm 16开本　　2019年7月第3版
印 张 18.5　　**印 次** 2021年11月第2次印刷
字 数 420 000　　**定 价** 45.00元

关联课程教材推荐

ISBN	书名	作者	单价
978-7-300-13685-1	秘书礼仪	方尢瑜	25.00 元
978-7-300-13742-1	秘书实用写作	杜福磊	29.00 元
978-7-300-19268-0	秘书学概论（第二版）	张同钦	25.00 元
978-7-300-19999-3	会议管理	杨锋	38.00 元
978-7-300-25793-8	新编中国秘书史	杨树森	38.00 元
978-7-300-20977-7	秘书实务（第二版）	杨锋	29.80 元
978-7-300-19269-7	写作学教程（第四版）	段轩如	36.00 元
978-7-300-21309-5	大学写作训练（第三版）	任遂虎	32.00 元
978-7-300-23253-9	应用写作教程（第四版）	孙秀秋　吴锡山	35.00 元
978-7-300-24494-5	应用文写作教程（第三版）	高玲　段轩如	39.00 元

配套教学资源支持

尊敬的老师：

衷心感谢您选择使用人大版教材！相关的配套教学资源，请到中国人民大学出版社网站（www.crup.com.cn）免费下载，或是直接与我们联系。

欢迎您随时反馈教材使用过程中的疑问、修订建议以及您个人制作的课件。您的课件一经采用，我们将署名并付费使用。

样书申请及课件处理，请联系：

龚洪训

电话：010-62515637

电子邮件：6130616@qq.com

选题策划及出版，请联系：

刘　静

电话：010-62513587

电子邮件：12918646@qq.com

地址：北京海淀区中关村大街31号

邮编：100080

欢迎全国秘书学专业教师加入QQ群：

人大版
宏 ①